Dôgen Zenji

Eihei Kôroku

Angkor Verlag

Bibliografische Informationen der Deutschen Bibliothek:

Die Deutsche Bibliothek verzeichnet diese Publikation in der Deutschen Nationalbibliografie; detaillierte bibliografische Daten sind im Internet über http://dnb.ddb.de abrufbar.

Eihei Kôroku./Dôgen Zenji. Aus dem Englischen von Guido Keller. – Frankfurt: Angkor Verlag, 2017.

2. überarbeitete und ergänzte Auflage

Die Originalausgabe stammt von Yûhô Yokoi (Sankibô Press, Tôkyô 1987).

Die Umschrift der Fremdworte wurde vereinfacht, dabei aber nicht jedes einzelne chinesische, japanische oder Sanskrit-Wort in der Vorlage auf seine Richtigkeit überprüft. Die manchmal eigenwilligen und nicht immer einheitlichen Umschriften der Namen wurden beibehalten (zwei Beispiele: In Heinrich Dumoulins „Zen-Geschichte“ steht Nan-ch'üan für Nan-chüan und Ta-kuei für Ta-wei; auch die Lebensdaten der Meister weichen gelegentlich bei Dumoulin ab). Monatsnamen wurden meist ersetzt, da der Mondkalender gemeint sein dürfte (aus Januar wurde so der erste Monat usf.).

Hergestellt in Deutschland
Website: www.angkor-verlag.de

ISBN: 978-3-936018-93-6

Inhalt

„Niemand fragte, ob es ein Juwel oder ein Kieselstein ist.
Viele hundert Jahre lang war es mit Staub bedeckt,
nur weil niemand ein Auge für die Erkenntnis des Dharma besaß.“

(Aus einem Gedicht von Meister Ryôkan, verfasst zum Studium des *Eihei Kôroku*)

In den vergangenen Jahren hat Dôgen Zenjis (1200–1253) Hauptwerk *Shôbôgenzô* über die Zen-Kreise hinaus Interesse erregt. Es war also an der Zeit, eine weitere bedeutende Textsammlung des Begründers der japanischen Sôtô-Schule ins Deutsche zu übertragen, das vorliegende *Eihei Kôroku* (auch *Dôgen Oshô Kôroku*), die „ausführlich[illegible]zeichnung von Dôgens Worten". Dafür standen zwei englische Ausgaben zur Verfügung, von Taigen Dan Leighton & Shohaku Okumura (Boston 2004) und von Yûhô (Kakudô) Yokoi (Tokio 1987). Wie mir schon aus anderen Übersetzungen bekannt war, hat sich auch hier im Falle von Versen, wie sie im *Eihei Kôroku* vorkommen, der japanische Überträger ins Englische stets schwerer getan als ein „native speaker" der Zielsprache. Auf der anderen Seite erwies sich die Wortwahl eines Japaners ansonsten als meist schlichter und damit verständlicher. Zuweilen war den Zen-Insidern, Ordinierten und Lehrern, auch ihre eingefahrene buddhistische Sprache ein Hindernis. Ein Vergleich der beiden Fassungen erbrachte zudem erhebliche Deutungsunterschiede.

Okumura/Leighton haben ihre Übersetzung akribisch mit erklärenden Fußnoten versehen, die zuweilen andere Lesarten bieten oder Zitate in die Zen-Literatur einordnen, was vor allem Akademikern dient. Insgesamt liest sich ihre Fassung meines Erachtens weniger offen, und nicht zuletzt machte mich die Kritik an Yokois Arbeit stutzig (wiederholt etwa von Steven Heine, der zugleich darauf hinweist, dass gerade Dôgen gerne selbst Kritik an seine Zitate alter Patriarchen anschloss und deren Schriften häufig eigenwillig umdeutete). Yokoi war Priester der Sôtô-Schule und Professor an der buddhistischen Universität Komazawa (zu seinen Schülern zählten u. a. Brian Victoria und Dainin Katagiri). Er übersetzte u. a. Dôgens *Eihei Shingi* und *Shôbôgenzô* sowie Keizans *Denkôrôku* und erstellte ein umfangreiches Zen-Lexikon (das 2018 im Angkor Verlag erscheinen soll).

Ich möchte hier exemplarisch zwei Stellen zum Vergleich herausgreifen. Okumura/Leighton benutzen die Monkaku/Rinnôji- und die praktisch identische Sôzan-Version des *Eihei Kôroku* aus dem Jahr 1598 bzw. dem 14. Jh. und halten diese für verlässlicher, Yokoi zieht auch die Manzan- oder Rufubon-Version aus dem Jahr 1672 heran, die als populärer gilt.

In Kapitel IV. lautet es bei Okumura/Leighton: „Das Leben hat keinen Ort, von dem es kommt, ertragt es einfach und kommt, wieder und wieder. Gleicherweise hat der Tod keinen Ort, an den er geht, ertragt ihn einfach und geht, wieder und wieder." Bei Yokoi liest sich dies so: „Im *Diamant-Sutra* heißt es: ‚Die Geburt kommt niemals.' Doch sie kommt. Oder es heißt: ‚Der Tod verschwindet nie.' Doch er verschwindet. Was bedeutet dies also? Es bedeutet: Wenn unser Geist recht ist, dann entdecken wir, dass alle Dinge eins sind."

Im gleichen Kapitel bei Okumura/Leighton: „Vermeidet es, anderen zu folgen, um den Weg zu verwirklichen und den Geist zu klären. Warum sollten wir die auf den Kopf gestellten Illusionen von anderen und (mir) selbst fürchten?" Das liest sich ganz anders bei Yokoi: „Ihr solltet bestimmt nicht den Weg verwirklichen oder euren Buddha-Geist klären, indem ihr anderen folgt. Sogar Zazen für immer abwerfend und die Leere allein empfangend, müsst ihr nur deren Klang hören."

Diese Neuauflage ist so gestaltet, dass sich in runden (Klammern) Ergänzungen zum besseren Verständnis befinden, die meist von Yokoi stammen. In eckigen [Klammern] und kleinerem Schrifttyp finden sich alternative Lesarten von Okumura/Leighton bzw. aus den früheren Ausgaben des *Eihei Kôroku.* Bei besonders kryptischen Stellen wurde in Einzelfällen ein Kompromiss aus den verschiedenen Fassungen gesucht. Weiter wurden für diese Neuausgabe etliche Fußnoten und Querverweise auf die Quellen Dôgens ergänzt.[1]

Im Gegensatz zum *Shôbôgenzô*, das aus informellen Reden im *jishu*-Stil besteht und in japanischer Umgangssprache verfasst ist, besteht das *Eihei Kôroku (EK)* vor allem aus formellen Reden im *jôdô*-Stil und ist in Kanbun (klassischem Chinesisch) verfasst.[2] Das *EK* spiegelt eher den späten Dôgen wider. So wie vom *Shôbôgenzô* mit dem *Shushôgi* 1890 eine Kurzversion entstand, so auch vom *EK* mit dem ähnlich klingenden *Eihei Dôgen Zenji Goroku* oder *Eihei Gen Ryaku Roku.* Es wurde von Dôgens Dharma-Bruder Wu-wai I-yüan, dem Nachfolger von deren Meister Ju-ching (in der folgenden Übersetzung: Tien-tung) in China gut zehn Jahre nach Dôgens Tod erstellt[3], nachdem dessen Schüler Giin das *EK* zur Bestätigung dorthin gebracht hatte, und 1358 als erste Publikation der Sôtô-Schule überhaupt in Japan vom sechsten Eiheiji-Abt Donki publiziert[4]; deutlich wird hier der Einfluss Hung-chihs auf Dôgen, dessen Lehre über viele Jahrhunderte vornehmlich durch die genannten Kurzversionen bekannt war. Diese entstellen jedoch die umfangreicheren Werke. So betont das *Shushôgi* – nicht zuletzt in Antwort auf den Einfluss des Christentums – Reue und erwähnt mit keinem Wort Zazen; im *Eihei Goroku*

[1] Für die Nachlässigkeiten in der 1. Auflage von 2011, die in einer stressigen Situation unter Zeitdruck unmittelbar vor einem langen Auslandsaufenthalt entstand, bitte ich um Entschuldigung. Zum Ausgleich wird es eine günstige Ebook-Version dieser Neuauflage geben, die kurz nach der gedruckten Ausgabe erscheinen wird.

[2] Für mehr Informationen siehe u.a. Steven Heine: „An Analysis of Dôgen's Eihei Goroku", in: *Zen Classics* (Oxford 2006).

[3] I-yüan hatte 1242 bereits selbst eine Kompilation der Lehren Ju-chings verfasst.

[4] Giin soll die von I-yüan kompilierte Version auch den damals führenden Lin-chi(Rinzai)-Meistern Yüanning und Hsü-t'ang vorgelegt und Lob dafür geerntet haben.

wird – im Einklang mit chinesischem Chan – die ursprüngliche Erleuchtung *(hongaku shisô)* unterstrichen und der Einfluss anderer Religionen toleriert, während der späte Dôgen im *EK* sich vehement gegen Synkretismus ausspricht und den „wahren Glauben an die Kausalität" *(jinshin inga)* in den Vordergrund rückt.

Das EK enthält in den Kapiteln (Bänden) I.–VII. über 500 formelle Reden *(jôdô)*, zunächst aus dem Tempel Kôshôji, dann vor allem aus dem Daibutsuji, der ab 1246 Eiheiji hieß und wo Dôgen Abt war. In Kapitel VIII. finden sich gut 30 informelle Reden in Umgangssprache aus dem Kôshôji und Eiheiji, vor allem im *shôsan-* und *hôgo*-Stil, der dem *jishu*-Stil des *Shôbôgenzô* ähnelt; dazu kommt die Meditationsanleitung *Fukanzazengi*. In Kapitel IX. lesen wir Verskommentare (jap. *juko*, chin. *sung-ku*) zu 90 Kôan, die 1236 entstanden, ein Jahr nachdem Dôgen seine unkommentierte Sammlung von 300 Kôan mit dem Titel *Mana Shôbôgenzô* zusammengestellt hatte. In Kapitel X. schließlich sind lyische Gedichte versammelt, die auf Chinesisch im *geju-* und *jisan*-Stil verfasst wurden und teils schon auf Dôgens Reisen nach China von 1223–1227 entstanden. Die Kapitel haben drei verschiedene Herausgeber: Senne (I., VIII.–X.), Ejô, der auch hauptverantwortlich für das *Shôbôgenzô* ist und zweiter Abt im Eiheiji war (II.–IV.), und Gien, ein Schüler Ejôs und vierter Abt im Eiheiji (V.–VII.).

Ich danke Yûhô Yokoi, geboren 1918, der mir im März 2010 aus einem Altenwohnheim in Japan die Genehmigung gab, seine Übertragung des *Eihei Kôroku* einzudeutschen.

G. K.

永平広録

I. Kôshôji Goroku

1. Am 15. Tag des zehnten Monats[5] im Jahre 1236 verbrannte Meister Dôgen bei der Eröffnungszeremonie der Vortragshalle im Tempel Kôshoji[6] Weihrauch und betete für den Frieden aller Seelen. Später sagte er: „Ich habe mich nicht in vielen Klöstern aufgehalten. Sobald ich Ju-ching[7] sah, erkannte ich klar, dass meine Augen horizontal und meine Nase vertikal angeordnet sind.[8] Ohne von anderen getäuscht worden zu sein, kehrte ich mit leeren Händen nach Japan zurück. Darum bin ich nun ohne Buddhismus. Ich habe mich eine Weile dem Lauf der Dinge überlassen. Am Morgen geht die Sonne im Osten auf, in der Nacht zeigt sich der Mond im Westen. Wolken haben sich zerstreut und die Berge zeigen sich deutlich. Der Regen hat aufgehört, und die benachbarten Berge erscheinen niedrig. Was bedeutet dies?"

   Nach einer Weile fuhr er fort: „Alle vier Jahre ist ein Schaltjahr. Ein Hahn kräht früh am Morgen." Dann erhob er sich für eine kurze Zeit auf dem Podium und stieg schließlich herab.

2. In der Vortragshalle sagte Dôgen[9]: „Das Reich des Buddha-Geistes wird mit allen Dingen identifiziert. Ein Kloster ist der beste Ort für diesen Buddha-Geist. Dort erteile ich von meinem Sitz aus einen Hieb und schlage drei Mal die Trommel, um die wundervolle Stimme des Tathâgata[10] auszudrücken. Was meint ihr Mönche dazu?"

   Nachdem er ein Weilchen geschwiegen hatte, sagte er: „Jede Provinz ist ein Staat des Buddha-Geistes. Gewöhnliche Menschen sind endlos mit ihm identisch."

[5] Die Monate nach dem Mondkalender werden im Folgenden mit unseren gleichgesetzt.

[6] Gegründet von Dôgen in Uji nahe Kioto.

[7] Tien-tung Ju-ching (1163–1228), Dôgens Meister und Abt der Ching-te-ssu und Ching-tsu-ssu-Tempel, im Folgenden meist Tien-tung genannt.

[8] D.h. die buddhistische Lehre verweist auf die Realität der Dinge.

[9] Hier steht in der Regel statt des Namens „mein Meister". Die Absätze werden mit „In der Vortragshalle sagte mein Meister" und „Nach einer Weile fuhr er fort" eingeleitet, was wir im Folgenden meist weggelassen haben. Es spricht dann stets Dôgen.

[10] Der „So Gekommene", ein Titel Shâkyamuni Buddhas. Beschreibt jemanden, der aus der absoluten Realität jenseits aller phänomenalen Formen existiert.

3. „Selbst wenn einer vom Verschwinden des Reichs vom kosmischen Gesetz sprechen würde, ist das nur, als würde jemand in einem Frühlingstraum die eigene Zukunft vorhersagen. Selbst wenn einer vom Weg spricht als einem Abwerfen der Täuschung zugunsten der Erleuchtung, so ist das nur, als würde er einer Schönheit Rouge auftragen. Sobald ihr wahre Erleuchtung verwirklicht habt und nicht nur einen Traum, werdet ihr wissen, dass das Reich des kosmischen Gesetzes nicht groß und ein Atom nicht klein ist. Ersteren als groß und letzteres für klein zu halten entspricht nicht der Wahrheit. Woher kommt dieser Ausspruch: ‚Eine Kröte auf dem Brunnengrund verschluckt den Mond. Ein Hase im Mond schläft selbst auf Wolken'?"

4. „Selbst wenn ihr die Dinge erfasst, kann man euch nicht geschickt nennen. Denn auch wenn die Buddhas den Dharma erklären, indem sie sich in vielerlei Formen manifestieren, liegt das jenseits unseres Verständnisses. Darum fragt man: ‚Was ist auf diese Art gekommen?'[11] Nun – was ist damit gemeint?

   Die Wahrheit bedeckt niemals die Falschheit. Das Falsche verbirgt nie das Wahre."

5. „Wenn jemand den hervorragenden Dharma aus der Täuschung heraus darlegt, dann runzelt sogar ein runder Pfeiler seine Stirn. Wenn jemand die wunderbaren Dinge noch in Täuschung befangen darlegt, dann irrt er vom Weg ab, wie eine schwarze Schildkröte sich zum Feuer hinbewegt. Ob einer die Vergangenheit und Gegenwart in seinem friedlichen und ruhigen Leben preist oder verleumdet, er kann weder sich noch andere retten. Was kann man noch sagen? Ein Schaltjahr kommt alle vier Jahre, doch heute ist der 9. des neunten Monats, nicht wahr? Der letzte Tag eines ungeraden Monats ist auch der letzte eines geraden Monats, nicht wahr? Wenn man jedoch an einer solchen Ansicht haftet, entfernt man sich von der Wahrheit. Doch auch wenn man ihr nicht anhängt, ist man noch weit von der Wahrheit entfernt."

---

[11] Dieser Verweis auf etwas Unbeschreibliches wurde einst von Hui-neng benutzt, um Nan-yüehs Verständnis zu prüfen.

6. „Den Weg in Kuan-yin-yuan oder Shang-lan-yuan[12] zu praktizieren bedeutet, ein reisender Bettler zu sein. Dies gilt auch, wenn wir berühmte Tempel oder Zen-Meister so häufig aufsuchen, dass wir unsere Strohsandalen abnutzen. Was bedeutet es, als Bettler umherzuziehen? Es bedeutet, Körper und Geist abzuwerfen."

7. „Die buddhistische Übung über einen besonders langen Zeitraum ist sehr wirkungsvoll, doch die Buddhas hören nie mit der Übung auf. Tatsächlich kann man die Erleuchtung in einem Augenblick erfahren, darf jedoch nicht daran haften. Ein alter Zen-Meister sagte: ‚Die Bedeutung in Sutren[13] zu suchen wird den Buddhas der drei Zeiten schaden, sie jedoch außerhalb der Schriften zu suchen wird einen zum Opfer von Dämonen machen.' Wie soll man also mit den Schriften oder über sie hinausgehend üben? Wollt ihr alle die Sutren sehen?"

Hier hob Dôgen seinen *hossu*[14] hoch und sagte: „Dies ist mein *hossu.* Was ist das Sutra?"

Nach einer Weile ergänzte er: „Darüber zu sprechen dauert zu lange."

8. In der Vortragshalle sagte Dôgen: „Wenn ein Drache in einer abgelegenen und stillen Höhle brüllt, wird das ganze Universum still. Brüllt ein Tiger auf einem steilen Felsen, wird es sogar in einem kühlen Tal warm. *Kwatz!*[15]"

9. „Wenn man Ma-tsus[16] Aussage ‚Dieser Geist ist selbst Buddha'[17] glaubt, dann hat Ta-mei[18] mehr als dreißig Jahre Zazen gemacht, während er auf dem gleichnamigen Berg lebte, beim Geräusch eines Sturzbaches und inmitten der Farben des Gebirges, weitab von menschlichen Behausungen. Schließlich schickte Ma-tsu einen Mönch zu Ta-mei und ließ ihm ausrichten: ‚Seit kurzem hat Ma-tsu eine andere Meinung über den Buddhismus.' Ta-mei fragte: ‚Welche denn?' Der Mönch antwortete: ‚Der Nicht-Geist selbst ist Nicht-Buddha.'[19] Ta-mei erwiderte: ‚Außer dieser Ansicht teile ich nur jene: Dieser

[12] Zwei Tempel, denen Chao-chou (778–897) vorstand.

[13] Die Sutren sind ein Teil des buddhistischen Kanons, der Gespräche und Lehren des Buddha Shâkyamuni enthält.

[14] Skt. *vîjnana,* ein kurzer Stab mit Pferdehaaren an einem Ende, der in Indien ursprünglich als Fliegenwedel benutzt wurde und im Zen zeremonielle Bedeutung erlangte.

[15] Ein lauter Schrei, mit dem ein Zen-Meister etwas Unbeschreibliches auszudrücken oder Übende auf dem Weg zu erwecken sucht.

[16] Ma-tsu (707–788) war Nachfolger von Nan-yüeh Huai-jang (677–744).

[17] Jap. *„sokushin sokubutsu"* oder *„zeshin zebutsu"*.

[18] Ein Nachfolger Ma-tsus. Die Zen-Meister trugen oft die Namen der Berge, auf die sie sich zurückzogen.

[19] In einem Kôan des *Wu-teng-hwei-yuan* heißt es: „Ein Mönch fragte Ma-tsu: ‚Warum sagt ihr *sokushin sokubutsu* (Geist ist Buddha)?' Ma-tsu antwortete: ‚Um ein schreiendes Kind zu besänftigen.' Da fragte der

Geist selbst ist Buddha.' Als der Mönch nach seiner Rückkehr Ma-tsu davon berichtet hatte, meinte dieser: ,Eine Pflaume ist gereift.' Dazu sage ich: ,Die Worte ,Dieser Geist ist selbst Buddha' kommen dem Weg am nächsten. Dessen Pflaume reift jedes Jahr im Hochsommer.'"

10. „Wenn wir über den Weg sprechen, hinterlassen wir keine Spuren, so wie wenn Eis schmilzt oder ein Ziegel sich auflöst. Wenn wir vom Weg sprechen, soll es so sein, als würde er ein Tal oder einen Graben vollständig bedecken. Sagt mir, welche Worte die Buddhas der drei Zeiten oder die sechs Patriarchen seit Bodhidharma[20] gebrauchten? Ich kenne einen Ausdruck, den keiner von ihnen je benutzte. Ich werde ihn euch verraten."

Nach einer Weile sagte Dôgen: „Es ist offensichtlich." [„Die leuchtende Klarheit des Geistes vom alten Meister ist die leuchtende Klarheit der hundert Grasspitzen."]

11. „Auf der Spitze eines hundert Fuß hohen Pfostens einen Schritt vor oder zurück zu machen, das ist das freie Wirken des Buddha-Geistes. Ich habe euch dies stets mittels eines runden Pfeilers und einer Steinlaterne dargelegt, gestern wie heute. Habt ihr es je gehört? Wenn nicht, werden sie euch mit offenen Mündern verlachen. Darum kann man behaupten, Darlegen und Üben seien beide der höchste Weg.

Einst meinte Ta-tsu[21]: ,Eine kleine Anstrengung ist bedeutsamer als ein großes Wort.' Tung-shan[22] sagte: ,Wir üben etwas Unbeschreibliches und beschreiben etwas nicht Übbares.' Yün-chü[23] sagte: ,Die Darlegung ist kein Weg des Übens. Das Üben ist kein Weg der Darlegung. Was sollen wir tun, wenn wir keines von beiden haben?' Lo-pu meinte: ,Wenn wir sowohl üben als auch darlegen, dann überschreiten wir unsere eingeborene Buddha-Natur; wenn nicht, dann haben wir bloß diese Buddha-Natur.'

Selbst wenn Ta-tsu so ausgiebig darlegen kann, bedeutet dies nicht, dass er nicht auch üben würde. Tung-shan übt das Unübbare und legt das Unbeschreibliche dar. Yün-chü geht mit Darlegen und Üben frei um. Lo-pu glaubt, wenn sowohl Darlegen als auch Üben praktiziert werden, würden Staat und Familie erblühen; andernfalls würden Buddhas und Patriarchen klar die Richtung weisen."

Mönch: ,Was sagt Ihr, wenn das Kind aufgehört hat zu schreien?' Ma-tsu erwiderte: *,Hishin hibutsu'* (Nicht-Geist ist Nicht-Buddha).'"

[20] Außer Bodhidharma sind das Hui-ko, Seng-tsan, Tao-hsin, Hung-jen und Hui-neng.

[21] 780–892, ein Nachfolger Pai-changs, der wiederum Ma-tsus Schüler war.

[22] 807–869, Nachfolger von Yün-yen; er verfasste das *Tung-shan-lu* (jap. *Tôzan goroku*).

[23] Gest. 902, Nachfolger Tung-shans.

12. „Von Ânanda[24] heißt es, er habe Erleuchtung beim Einholen eines buddhistischen Banners erlangt. Doch befindet er sich immer noch im Kreislauf von Leben und Tod. Hsüan-sha[25] soll das Reich der Erleuchtung mit diesen Worten gezeigt haben: ‚Inmitten des Gartens steht ein hoher Baum.‘ Klammern wir uns jedoch an diese Aussage, dann befinden wir uns im Reich der Täuschung. Wer die letztgültige Wirklichkeit verwirklicht, ist eins mit den Buddhas. Wer die Phänomene erfasst, ist eins mit dem Selbst. Die Ausdrücke ‚eins sein mit den Buddhas oder mit dem Selbst‘ und ‚Fuß‘, ‚Füße‘, ‚neun‘ oder ‚zehn‘ unterscheiden sich alle voneinander. Was ist das Reich der Phänomene? Es ist dasjenige des Selbst. Was ist das Reich letztgültiger Wirklichkeit? Es ist der dasjenige der Buddhas.

Nun erzähle ich euch dies: Ma-tsu unterwies andere in der Provinz Chiang-hsi im Zen-Buddhismus, als Nan-yüeh[26] die Mönche fragte, ob Ma-tsu ihnen den Dharma darlege. Sie bestätigten dies. Nan-yüeh bemerkte: ‚Niemand erklärt mir, wie man die Erleuchtung verwirklicht.‘ Die Mönche sagten nichts dazu. Eines Tages sandte Nan-yüeh einen Mönch zu Ma-tsu und trug ihm auf: ‚Warte, bis Ma-tsu in die Vortragshalle geht, stell ihm dann eine Frage und berichte mir genau von seiner Antwort.‘ Der Mönch befolgte diese Anweisungen. Schon bald kehrte er zu Nan-yüeh zurück und überbrachte Ma-tsus Worte: ‚Dreißig Jahre sind vergangen, seit ich Erleuchtung erfuhr. Doch es hat mir nie an Salz und Soja gemangelt.‘

Daraus mache ich einen Dampfkloß und bringe ihn den Buddhas und Patriarchen als Ehrenopfer dar. Drei Mönche werden sich dazu äußern. Einer wird sagen: ‚Ich bringe ihnen Ehrenopfer mittels *mandâlâ*[27] und *manjushaka*[28] dar.‘ Ein anderer wird sagen: ‚Mit *Candana*[29]-Weihrauch am Meeresufer.‘ Ein dritter wird sagen: ‚Mit meinem Kopf, meinen Augen, meinem Hirn und meinem Mark.‘ Wie werdet ihr Mönche nun gewöhnlichen Menschen erklären, dass es Buddhas und Patriarchen eine Million Jahre seit ihrer Erleuchtung nie an Salz und Soja des Weges mangelte?“

---

[24] Ein Cousin Shâkyamunis und einer seiner zehn Hauptschüler, der für sein hervorragendes Gedächtnis berühmt war.

[25] 835–908, Nachfolger von Ching-yuan Hsin-tsu (–740).

[26] 677–744, Schüler Hui-nengs und siebter Patriarch des chinesischen Zen.

[27] Rote Himmelsblumen.

[28] Weiße Himmelsblumen.

[29] Ein duftender Baum.

13. „Das Rad der Zeit hält niemand auf. Man muss die Zeit achten. Seit alters zollten wahre *bodhi*[30]-Sucher der Zeit Respekt – und nicht Nationen, Hierarchien, den sieben Schätzen[31] oder anderen wertvollen Dingen. Die Übung des Weges geschieht mit dem Vergehen von Zeit. Darum sollt ihr den Weg praktizieren, indem ihr von dem hundert Fuß hohen Pfeiler einen Schritt vor oder zurück macht. Ein Drittel dieser Sommer-Übungsperiode ist bereits vorbei. Könnt ihr Worte des Weges erkennen oder nicht? Einst sagte jemand: ‚Trete von der Spitze des hundert Fuß hohen Pfeilers einen Schritt vor', und ein anderer meinte: ‚Trete einen Schritt zurück'. Niemand hat je gesagt: ‚Bleib mit einem Fuß drauf.' Bei der Übung des Weges tritt einer einen Schritt vor oder zurück oder bleibt mit einem Fuß stehen. Auf der Spitze des Pfeilers legt man gelassen alles ab, dort verwirklichen die Buddhas Erleuchtung.

Ich erinnere mich an Huang-pos[32] Worte, die er an einige Mönche richtete: ‚Ältere Mönche aus dem ganzen Land befinden sich auf der Spitze meines Stabes[33].' Einer der Mönche verbeugte sich ehrfürchtig und erzählte Ta-shu von dem Ausspruch. Ta-shu sagte: ‚So etwas kann Huang-po tatsächlich gesagt haben, doch ich frage mich, ob er erkannt hat, was die älteren Mönche verspeisen.'

Dazu meinte Lang-yen[34]: ‚So etwas kann Ta-shu tatsächlich gesagt haben, doch ist er nur ein blinder Narr. Huang-pos Stab kann von keinem zerbissen werden, so sehr er sich auch anstrengen möge.'

Lang-yens Worte sind gelungen, lassen aber noch etwas vermissen. Warum sagte er nicht: ‚Huang-pos Stab kann zerbissen werden, sobald alle es tun'? Ich frage mich, ob er vollständig verstanden hat.

Auf der Spitze dieses rauen Stabes befinden sich die alten Meister. Wenn er plötzlich vom weiten Himmel herabfällt, werden unsere bisherigen Vorstellungen von ‚lang' und ‚kurz' verschwinden."

14. In der Nacht vom 15. des achten Monats sprach Dôgen in der Vortragshalle: „Die höchste Buddha-Weisheit ist nur getäuschter Geist. Selbst die Lehren, die Shâkyamuni darlegte, sind vom Standpunkt absoluter Wahrheit nur zweit- und drittrangig.

---

[30] Die Wahrheit.

[31] Gold, Silber, Lapislazuli, Quarz, Achat, Rubin und Karneol.

[32] Gest. 850, ein Nachfolger Pai-changs und Autor des *Denshin hôyô.*

[33] Gemeint ist ein *shujô,* ein langer Stab, der ursprünglich von Wandermönchen und später bei der Ernennungszeremonie für einen neuen Abt benutzt wurde.

[34] Nachfolger von Feng-yang Shan-chao.

Ich erinnere mich an die Geschichte von Ma-tsu, wie er mit Nan-chüan[35] den Mond betrachtete. Hsi-tang[36] und Pai-chang standen in der Nähe, und Ma-tsu sagte: ‚Was denkt ihr über diese Zeit?' Hsi-tang meinte: ‚Sie ist gut, um Ehrenopfer darzubringen.' Pai-chang sagte: ‚Es ist eine gute Zeit, den Weg zu praktizieren.' Nan-chüan aber ging entschlossen davon. Ma-tsu kommentierte: ‚Sutren sind zum Schatz des gesamten Schriftgutes geworden. *Samâdhi*[37] sind zum Ozean des Dharma zurückgekehrt. Nur Nan-chüan ist jenseits des unterscheidenden Geistes.'

Die Antworten der beiden Mönche und die Handlung Nan-chüans zeigen das vollständige Wirken des Zen. Wenn Ma-tsu zum Mond schaut, bestätigt dies der Hase darin ebenso wie die Kröte am Brunnengrund.

15. Am Tag der Öffnung der Feuerstelle[38] sagte Dôgen in der Vortragshalle: „Ich öffne nun diese Feuerstelle. Selbst Buddhas und Patriarchen könnten ihr nicht entrinnen. Wenn jemand nach der Bedeutung dieser Feuerstelle fragt, dann antworte ich ihm: Dies ist der Morgen des ersten Tages im zehnten Monat."

16. „Die Buddha-Natur erscheint aufgrund des Ursache-Wirkungs-Prinzips und der Weg existiert seit anfangsloser Zeit. Darum darf man keine günstigen Umstände verpassen, den Weg zu praktizieren. Das geschieht auf zwei Weisen: indem man die Täuschung überwindet und indem man Erleuchtung verwirklicht. So muss der Weg im täglichen Leben praktiziert werden. Dazu bedarf es der aufrichtigen Übung des Zazen. Wenn jemand eine Sache augenblicklich verwirklichen kann, dann kann er alle Dinge verwirklichen; wenn nicht, verpasst er alles.

Habt ihr nicht die Geschichte von Hsüan-tse gehört, der zum *kansu*[39] von Fa-yens buddhistischer Gemeinde ernannt wurde? Eines Tages fragte Fa-yen[40]: ‚Wie lange bist du nun schon hier?' Hsüan-tse antwortete: ‚Drei Jahre.' Fa-yen meinte: ‚Du bist mir untergeordnet. Warum fragst du mich nicht etwas über den Buddhismus?' Hsüan-tse erwiderte: ‚Ich habe dich nie getäuscht. Als ich bei Ch'ing-feng weilte, habe ich Erleuchtung erfahren.' Fa-yen fragte: ‚Durch welche Worte?' Hsüan-tse antwortete: ‚Als ich Ch'ing-feng nach der Bedeutung des Buddha-Geistes für Übende fragte, antwortete er, es sei wie

---

[35] 748–834, Nachfolger von Ma-tsu Tao-i.

[36] 720–814, Nachfolger von Nan-yüeh Huai-jang.

[37] Konzentration, Versenkung. Diese beiden Sätze beinhalten Wortspiele mit den Nachnamen von Hsi-tang und Pai-chang.

[38] Dies geschah traditionell zu Beginn des zehnten Mondmonats: Ein großer Metallbehälter hinter dem Altar wurde zum ersten Mal benutzt, um Kohle zu verbrennen und Wärme zu spenden.

[39] Der für die allgemeinen Angelegenheiten eines Tempels zuständige Mönchsälteste.

[40] 885–958, Nachfolger von Lo-hang Kuei-shen.

mit einem Kind, das übers Feuer wacht und doch um Feuer bittet.' Fa-yen meinte: ,Er ist in Ordnung, aber ich befürchte, dass du ihn nicht verstehst.' Hsüan-tse sagte: ,Ein Kind, das fürs Feuer zuständig ist, hat eine Verbindung mit dem Feuer. Feuer ist für Feuer, was die Buddha-Natur des Übenden für seine Buddha-Natur ist.' Fa-yen kommentierte: ,Du verstehst Ch'ing-feng wirklich nicht. Wenn der Dharma so wäre, hätte man ihn nicht so lange übertragen können.' Hsüan-tse ging wütend davon. Auf dem Weg dachte er jedoch: ,Fa-yen ist ein herausragender Zen-Meister mit fünfhundert Schülern. Er wird genug Verdienst erworben haben, um mich für meinen Fehler tadeln zu dürfen.' Dann ging er zu Fa-yen zurück und verbeugte sich entschuldigend. Fa-yen forderte: ,Frag mich noch mal!' Hsüan-tse fragte: ,Was ist der Buddha-Geist eines Übenden?' Fa-yen erwiderte: ,Es ist wie mit einem Kind, das übers Feuer wacht und doch um Feuer bittet.' Bei diesen Worten erfuhr Hsüan-tse Erleuchtung.'

Hsüan-tse hörte zwei Mal die Worte: ,Es ist wie mit einem Kind, das übers Feuer wacht und doch um Feuer bittet.' Warum konnte er nicht gleich verstehen, als er noch an einem unterscheidenden Geist litt? Und warum konnte er beim zweiten Mal verstehen, als er seinen früheren Geist ablegte? Wollt ihr das wissen?

Als er die erste Antwort von Ch'ing-feng hörte, war er weit davon entfernt, ihre wahre Bedeutung zu erfassen. Damals wurden weder ein runder Pfeiler noch eine Steinlaterne wirklich. Deshalb suchte Hsüan-tse im Reich konzeptionellen Verständnisses zu begreifen. Später zerstörte Fa-yen dieses Verständnis, indem er den Buddha-Geist Hsüan-tses bloßlegte. Nach dem erneuten Fragen verwirklichte dieser die Erleuchtung."

17. „Als Sudhana-shreshthi-dâraka[41] zum Bodhisattva Manjushrî[42] kam, sagte dieser: ,Geh vors Tor und sammle ein Bündel Kräuter.' Sudhana ging hinaus, blickte zu Boden und sah nichts als Kräuter. Zurück bei Manjushrî sagte er: ,Der ganze Boden ist mit Kräutern bedeckt. Welche davon soll ich bringen?' Manjushrî erwiderte: ,Bring ein einziges Kraut.' Das tat Sudhana und übergab es Manjushrî. Der zeigte es den Mönchen und sprach: ,Selbst ein einziger Stängel ist stark genug, andere zu töten oder geistig wiederzubeleben.'

Was ist der Unterschied von einem zum anderen?

Der Unterschied ist nur ein einzelnes Kraut."

---

[41] Ein Bodhisattva im *Avatamsaka-Sutra*, bei dessen Geburt verschiedene kostbare Dinge in einem Zimmer aufgetaucht sein sollen. Er erwachte unter Manjushrî und suchte dann dreiundfünfzig herausragende Lehrer auf.

[42] Ein Bodhisattva, der Buddhas höchste Weisheit personifiziert, die sich im Zazen ausdrückt.

18. Dôgen erzählte in der Vortragshalle vom Nationallehrer Hui-chung[43], der die Kraft des Gedankenlesens[44] beim aus Indien stammenden Tripitaka[45]-Lehrer Ta-erh prüfte. Yang-shan[46], Chao-chou, Hsüan-sha[47], Hai-hui[48] und Hsüeh-tou[49] haben dies später kommentiert. Dôgen fragte: „Warum hat er nicht zu Ta-erh gesagt: ‚Wie viel Kraft hattest du zum Gedankenlesen? Konntest du nur die Gedanken anderer lesen oder auch deine eigenen[50]?‘ Hätte Hui-chung so gesprochen, wäre Ta-erh nicht so zerstreut gewesen. Alle fünf älteren Mönche meinten, Ta-erh konnte Hui-chungs Aufenthaltsort bei der dritten Frage nicht erkennen, doch keiner von ihnen erkannte, dass dies auch für die beiden ersten Fragen galt. Wenn sie diese Kraft des Gedankenlesens der zwei Fahrzeuge[51] für eine der Buddhas und Patriarchen halten, dann befinden sie sich noch immer im Reich der zwei Fahrzeuge, also in den Vorurteilen eines Ta-erh. Wollt ihr etwas von der Kraft des Gedankenlesens der Buddhas und Patriarchen erfahren? Sie ist Selbst-Geist, Geist der Anderen, Töten allein, Wiederbeleben allein, Einheit und Verschiedenheit – oder wie Wasser aus einem Becken holen und Tee machen.“

19. „Vor dem fünfzehnten Tag bläst der Wind hoch und der Mond ist kalt; nach dem fünfzehnten Tag ist der Ozean ruhig und der Fluss ist klar. Der fünfzehnte Tag selbst ist der, an dem Himmel und Erde ewig sind. Nun, da ich dieses Reich absoluter Freiheit verwirklicht habe, bin ich ein erleuchteter Mensch. Trete ich einen Schritt vor, erscheinen die Buddhas und Patriarchen. Trete ich einen Schritt zurück, taucht der universelle Geist auf. Selbst wenn ich weder vor noch zurück gehe, behauptet ihr hoffentlich nicht, ich würde den Dharma nicht darlegen. Ich selbst werde nicht behaupten, dass ihr weit von der Erleuchtung entfernt seid. Nun habt ihr von diesem Reich absoluter Freiheit gehört. Besitzt ihr irgendeinen Geist, um es zu finden?

Wer tausend oder zehntausend Menschen als solche ansieht, muss zurück in die Meditationshalle.“

---

[43] Gest. 775, Nachfolger Hui-nengs.

[44] Jap. *tashinzû.*

[45] Der „Dreikorb“ der buddhistischen Lehre, bestehend aus Sutren, Vinaya (Regeln) und Abhidharma (Kommentaren).

[46] 840–916, Nachfolger von Wei-shan Ling-yu.

[47] 831–908, Nachfolger von Hsüeh-feng I-tsun.

[48] 1025–1072, Nachfolger von Yang-chi Fang-hui.

[49] 980–1052, Nachfolger von Chih-men Kuang-tsu.

[50] Jap. *jishinzû.*

[51] Die Schulen der *shrâvaka* (die *bodhi* mithilfe von Lehrern erlangen) und *Pratyeka*-Buddhas (die *bodhi* ohne Lehrer erlangen).

20. „Es gibt Worte für die universelle Wahrheit und vollständige Klarheit. Spricht man sie aus, hinterlassen sie keine Spuren im eigenen Geist; behält man sie für sich, bleiben jedoch Spuren zurück. Zen-Meister Ts'ao-shan sagte: ‚Der wahre Dharma-Körper Buddhas ist wie der weite Himmel. Wie der Mond sich auf dem Wasser spiegelt, so zeigt sich der Dharma-Körper im Einklang mit zahllosen Dingen.' Kein Patriarch hat danach so gesprochen und nur den Einklang mit den Dingen erwähnt. Darum wurde nur eine Hälfte zum Ausdruck gebracht, die andere jedoch nicht. Was sagt ihr dazu?

Der wahre Dharma-Körper Buddhas ist nichts als der wahre Dharma-Körper Buddhas. Darum zeigt er sich im Einklang mit anderen Dingen. Er ist die Meditationshalle und die Buddha-Halle."

21. „Ein König Ostindiens lud den Ehrwürdigen Prajnâtara[52] zum Abendessen ein und fragte: ‚Andere Mönche lesen die Sutren, warum macht Ihr es nicht?' Der Ehrwürdige antwortete: ‚Mein Ausatmen ist jenseits jeder Beziehung und mein Einatmen fern von Selbst und Anderen. Ich lese stets solch unzählige Sutren.'

Sagt etwas! Ich werde zuhören."

22. „Tung-shan sagte zu einigen Mönchen: ‚Es gibt einen Mann, der weder für noch gegen irgendeinen unter tausend oder zehntausend Menschen ist. Wer ist dieser Mann?' Yün-chuh trat vor und sagte: ‚Ich gehe zurück in die Meditationshalle.' Wenn ihr einen solchen Standpunkt einnehmt, werden alle Buddhas in dieser Welt erscheinen, und auch ihr werdet in die Meditationshalle zurückkehren – ob ihr Reisschleim esst, ein Wort des Weges äußert, von den Rängen der Gleichheit, Unterscheidung und Neutralität kommt oder euch im Reich absoluter Freiheit aufhaltet. Versucht einen Ausdruck zu finden, der sich von dem Yün-chuhs unterscheidet."

Nach einer Weile sagte Dôgen: „Ihr müsst in die Meditationshalle zurückgehen."

23. „Tao-wu sagte zu Shi-t'ou: ‚Was ist die Hauptbedeutung des Buddhismus?' Shih-t'ou antwortete: ‚Sie liegt jenseits dessen, was einer erfassen oder wissen kann.' Tao-wu fragte weiter: ‚Gibt es noch ein anderes Reich der Freiheit?' Shih-t'ou erwiderte: ‚Der weite Himmel behindert niemals die dahinziehenden weißen Wolken.'

---

[52] Der siebenundzwanzigste indische Patriarch; er übertrug die Lehre auf Bodhidharma.

Die Hauptbedeutung des Buddhismus liegt jenseits dessen, was einer erfassen oder wissen kann. Die Essenz des Buddhismus ist selbst an einem seichten Ort unwandelbar. Der weite Himmel behindert niemals die dahinziehenden weißen Wolken. Hätte Tao-wu dieses Reich der Freiheit verwirklicht, dann hätte er sich nicht die Mühe machen müssen, Shih-t'ou zu fragen."

24. „Wer erkennt, dass ein blauer Berg ständig Schritte macht und ein weißer Stein des Nachts ein Baby zur Welt bringt?"[53]

25. „In den zehn Richtungen gibt es nichts, was die Buddhas der drei Zeiten nicht ausgesprochen hätten. Darum sagte der Buddha Shâkyamuni: ‚Auf die gleiche Art, in der die Buddhas der drei Zeiten den Dharma erläuterten, lege nun ich den Weg jenseits des unterscheidenden Geistes dar.'[54]

Ihr Mönche hier praktiziert den Weg auf die gleiche Art wie es die Buddha taten. Jede eurer Taten ist der Dharma, den sie selbst darlegten. Das solltet ihr nicht vernachlässigen. Ich habe freilich auch Worte, die die Buddhas nie ausgeführt haben. Wollt ihr sie hören?

Auf die gleiche Art, in der die Buddhas der drei Zeiten den Dharma erläuterten, lege nun ich den Weg jenseits des unterscheidenden Geistes dar."

26. Zur Wintersonnenwende am ersten Tag des elften Monats sprach Dôgen in der Vortragshalle: „Verwirklichen wir den Weg, erkennen wir, dass der Himmel klar, die Erde heiter, der Mensch gelassen ist und die Zeiten glücklich sind. Dieser Weg ist ewig. Dort erreichen die Buddhas und Patriarchen ihre Lebenserwartung und ihr Mönche verwirklicht diese Wintersonnenwende durch das Erwachen zum *bodhi*-Geist, in der Übung des Zazen. Ihr besitzt die Wirkung und das Leben des Dharma in Ewigkeit, wie es die Buddhas und Patriarchen in den 365 Tagen seit der letzten Wintersonnenwende bis heute taten. Man kann sagen, die Buddhas und Patriarchen haben euch dies vollbringen lassen.

Nun sind die Buddhas ewig in Körper und Geist. Jade-Ringe und runde Juwelen werden im Himmelspalast geschliffen und strahlen unermesslich an diesem glückverheißenden Tag."

---

[53] Siehe das Kapitel „Sansuikyô" im *Shôbôgenzô.*

[54] *Lotus-Sutra*, Kap. 2.

27. Ein erwachter Mensch legt sich hier nieder, wirft seinen Geist aber dort ab. Wo ist ‚dort'? Es ist das Reich des Nirwana[55]. Wo ist ‚hier'? Es ist das Erscheinen der Wahrheit. Abgesehen von den beiden, was ist noch so? Wenn ein Meister den Dharma vollständig erläutert, versteht der Gast; wenn ein Gast den Dharma vollständig erläutert, versteht der Meister; wenn ihr den Dharma vollständig erläutert, verstehe ich; und wenn ich den Dharma vollständig erläutere, versteht ihr; wenn ihr und ich den Dharma vollständig erläutern, verstehen ihn der Fliegenwedel und der Stab; wenn Fliegenwedel und Stab den Dharma vollständig erläutern, verstehen ihn ihr und ich. Was müsste ich zu den Worten ‚sich niederlegen' noch sagen?

Meister und Gast erläutern sich gegenseitig vollständig den Dharma. Der Gast steht mit *shashu*[56] auf, während der Meister sitzen bleibt. Der Dharma wurde bisher schon häufig dargelegt. Wie ist es möglich, dass ihr ihn nicht wenigstens ein Mal versteht?"

28. „Einst verputzte Mahâkâshyapa[57] eine Wand, als ein anwesender *shrâmanera*[58] ihn fragte: ‚Warum machst du das selbst?' Der Ehrwürdige antwortete: ‚Wenn nicht ich, wer dann?'

Sein Geist ist wie ein Fächer im zwölften Monat und sein Körper wie Wolken in einem kühlen Tal. Wenn man erkennt, dass das, was man selbst zu tun hat, nur einem selbst obliegt, und dass die Taten der anderen nur von ihnen getan werden können, dann ist Selbst wirklich Selbst und Andere sind allein Andere."

29. „Eine große Rede wird oft Unheil bringen, eine kleine Rede aber keine Wirkung zeigen. Gibt es noch etwas zu sagen?

Betretet das Gras ein und übertragt den Wind."

---

[55] Wörtlich „Auslöschen"; ursprünglich ein Hinweis auf den Zustand der Erleuchtung, der vom Buddha Shâkyamuni erlangt wurde und der durch das Auslöschen aller Illusionen und das Abschneiden allen Karmas (der Ursache für die Wiedergeburt) erreicht werden kann. Im Mahâyâna-Buddhismus auch der Zustand jenseits von Geburt und Sterben, der mit Weisheit und letztgültiger Wahrheit gleichgesetzt wird.

[56] Eine Respektbezeugung, bei der im Sôtô-Zen die linke Faust von der rechten Hand umschlossen vor dem Oberkörper ruht, wobei die Unterarme von Ellbogen zu Ellbogen etwa parallel zum Boden sind.

[57] Einer der zehn Hauptschüler Buddhas und der erste Zen-Patriarch.

[58] Ein männlicher Novize, der sich verpflichtet, die zehn buddhistischen Hauptgebote einzuhalten.

30. „Wir können nur in seltenen Fällen in all den Zeitaltern den Dharma hören. Darum ist es entscheidend, dass tugendhafte und erleuchtete Menschen vergangener Zeiten ihren Körper und ihr Leben an den Dharma hingaben. Gewöhnliche Menschen, Maulwürfe, Grillen, Ameisen, Moskitos, Pferdebremsen, Menschen mit falschen Ansichten und Nicht-Buddhisten messen ihrem Körper und ihrem Leben einen hohen Wert bei. Wir sollten jedoch nichts und niemanden achten, der noch nicht den Dharma vernommen hat. Wie oft auch immer wir in einem menschlichen Körper wiedergeboren würden, unser Leben wäre nicht in Ordnung, solange wir nicht den Dharma vernommen hätten. Ich denke, wir hören den Dharma gemäß unserer unterschiedlichen Anlagen, die reif, mittelmäßig oder unreif sind. Ein reifer Mensch hört den Dharma mit seinem nicht-unterscheidenden Geist, ein mittelmäßiger mit unterscheidendem Geist und ein unreifer mit seinen eigenen Ohren. Wir sind bereits mit allen drei Anlagen ausgestattet. Mit welchen hören wir den Dharma? Welchen Dharma vernehmen wir?

Habt ihr nicht gehört, dass der Buddha Shâkyamuni sagte: ‚Mein Dharma geht über Leben, Alter, Krankheit, Tod und unterscheidendes Denken hinaus, er wirkt ganz natürlich aus sich selbst‘? Dies sind die Worte Buddhas. Sagt einfach: ‚Wir brechen die Knochen dieses Dharma, entnehmen ihnen das Mark, reinigen es und holen dann die Essenz heraus.‘ Wie könnte ich das weiter erläutern?

Mich lässt ein kühler Wind frösteln, und ich kann nicht sagen, für wen der Mond hell scheint. Auch das ist jenseits des Dharma, jenseits des Markes, jenseits von reif, mittelmäßig und unreif. Was ist der Weg der Buddhas und Patriarchen? Versteht ihr ihn vollständig? Ein weißer Reiher steht im Schnee, hat aber nicht dieselbe Farbe. Der helle Mond und eine helle Schilfblume haben keine Ähnlichkeit miteinander.“

31. „Ta-wei[59] fragte Yang-shan: ‚Welche Teile der vierzig Abschnitte des *Mahâparinirvâna-Sutras* wurden von Buddha und welche von Dämonen dargelegt?‘ Yang-shan erwiderte: ‚Alle Teile wurden von Dämonen dargelegt.‘ Er folgte Ta-wei auf dessen Weg zu seinem Zimmer und sagte: ‚Ich habe dir diese Antwort gegeben, als ich zerstreut war. Ich fühle mich eben unwohl auf einem Haufen matter Steine.‘ Ta-wei erwiderte: ‚Ich finde deine Ansicht richtig.‘

So hat Ta-wei Yang-shan geantwortet. Doch diese Antwort lässt etwas vermissen. Wäre ich Yang-shan gewesen, hätte ich etwas zu Ta-wei gesagt, mich dann von den anwesenden Mönchen nach vorn begeben und vor Ta-wei verbeugt, bevor ich zu den Mönchen zurückgegangen wäre. So hätte ich für

[59] 771–853, Nachfolger von Pai-chang Huai-hai und Gründer der Wei-yang-Sekte.

Yang-shan gesprochen. Doch ich habe auch den herausragenden Mönchen hier etwas zu sagen.

Buddhas Weisheit *Mahâprajnâpâramitâ*[60] spricht von der Essenz des Weges, die jenseits der Unterscheidung von eins und zwei liegt. Selbst wenn Yan-shan behauptete, Dämonen und Buddhas seien eins, würde ich ihm entgegnen, dass er nicht unbedingt Recht hat."

32. Zen-Meister Teng-yimfeng wollte gerade Ma-tsu verlassen, als dieser fragte: ‚Wohin gehst du?' Teng antwortete: ‚Ich gehe zu Shih-t'ou.' Ma-tsu meinte: ‚Der Weg zu Shih-t'ou ist glitschig.' Teng ging mit den Worten davon: ‚Ich werde einen Stab oder ein Stück Holz benutzen, im Einklang mit seiner Länge und den Umständen.' Als er bei Shih-t'ou ankam, ging er um Shih-t'ous Stuhl herum, schüttelte ein Mal sein *shakujô*[61] und fragte: ‚Was bedeutet dies?' Shih-t'ou sagte: ‚Ich fürchte, du verstehst mich nicht.' Dann schwieg er.

Zurück in der Provinz Chiang-hsi erzählte Teng dem Ma-tsu davon. Dieser meinte: ‚Geh noch einmal zu ihm. Sollte er das Gleiche sagen wie zuvor, dann seufze auf.' Teng ging also noch einmal zu Shih-t'ou und stellte die gleiche Frage wie zuvor. Da seufzte Shih-t'ou auf. Teng war gezwungen zurückzukehren, ohne etwas gesagt zu haben. Ma-tsu kommentierte: ‚Ich habe dir doch gesagt, der Weg zu Shih-t'ou sei glitschig, nicht wahr?'

Einige haben dieses Kôan[62] kommentiert, indem sie sagten: ‚Diese Lehre entstammt der Tatsache, dass Ma-tsu jenseits konzeptionellen Verständnisses ist', oder: ‚Diese Lehre beruht darauf, dass Ma-tsu sich nicht an ein einzelnes Verständnis klammert.' Ich sehe das anders. Wenn ich Teng-yimfeng sagen hörte: ‚Ich gehe zu Shih-t'ou', dann würde ich ihm entgegnen: ‚Der Weg zu Shih-t'ou ist eben.' Würden nun Shih-t'ou und Teng-yimfeng gar zur gleichen Zeit seufzen und sagen: ‚Ich befürchte, du verstehst mich nicht', und würde Teng mir nach seiner Rückkehr davon erzählen, dann würde ich ihm dennoch sagen: ‚Der Weg zu Shih-t'ou ist eben.'"

---

[60] Große Weisheit.

[61] Skt. *khakkhara,* eines der achtzehn Dinge, die ein Mönch besitzen durfte; dieser Stab besaß an einem Ende Ringe, deren Klang vor wilden Tieren schützen sollte.

[62] Eigentlich „öffentlicher Aushang", eine Anekdote oder Sentenz, die einen pointierten Ausdruck eines Zen-Meisters enthält, der zunächst meist paradox erscheint und dem Schüler beim Überwinden des diskursiven Denkens helfen soll.

33. Am Neujahrstag (1241) sprach Dôgen in der Vortragshalle: „Heute ist der erste Tag des Jahres und zugleich der erste Morgen dieses Monats und dieser Woche. Ich erzähle euch eine Geschichte. Ein Mönch fragte einst Ching-ch'ing[63]: ‚Gibt es auch am Neujahrstag einen Dharma?' Ching-ch'ing bejahte dies. Der Mönch fragte: ‚Wie sieht er aus?' Ching-ch'ing erwiderte: ‚Der Neujahrstag ist ein guter Tag und alle Dinge sind neu.' Der Mönch bedankte sich. Ching-ch'ing sagte: ‚Ich habe gerade Verdienst verspielt.'

Jener Mönch fragte ebenfalls Ming-chiao: ‚Gibt es auch am Neujahrstag einen Dharma?' Ming-chiao verneinte dies. Der Mönch sagte: ‚Warum nicht? Jeder Tag und jedes Jahr sind doch gut.' Ming-chiao erwiderte: ‚Wenn der alte Tsang Wein trinkt, wird der alte Li betrunken.' Der Mönch meinte: ‚Ihr gleicht dem Drachenkopf und Schlangenschwanz.' [Die beiden letzten Sätze sind Zitate von Yünmen, Ming-chiaos Lehrer. Der zweite Satz bezeichnet etwas, das stark beginnt und flau endet.] Ming-chiao sagte: ‚Ich habe gerade Verdienst verspielt.'

Sowohl Ching-ch'ing als auch Ming-chiao sagten also: ‚Ich habe gerade einen Vorteil verspielt.'

Wahrscheinlich denkt ihr Mönche jetzt: ‚Das ist ja ein schönes Kôan.' Ich möchte widersprechen. Die beiden redeten ja davon, dass sie etwas verspielt und nicht etwas gewonnen hätten. Wenn mich jemand fragte: ‚Gibt es auch am Neujahrstag einen Dharma?', würde ich dies bejahen. Und wenn er weiterfragte: ‚Wie ist er?', dann würde ich antworten: ‚Das eigene Leben ist vollkommen glücklich.' Wenn er dann sagte: ‚Dann werde ich also glücklich leben', würde ich erwidern: ‚Ich habe gerade viel Verdienst erworben.' Versucht dies zu verstehen.

34. „Es waren die alten Buddhas und Patriarchen, die den Dharma verwirklichten und übernatürliche Fähigkeiten[64] erwarben. Es ist sehr schwer, Buddha und Patriarch zu werden. Wir sehen einen Menschen mit übernatürlichen Fähigkeiten als vollkommen diszipliniert an und einen erleuchteten Menschen als außerordentlich fähig. Diese hervorragende Disziplin und umfassende Fähigkeit werden dank unserer aufrichtigen Suche nach der Wahrheit und der Übung auf dem Weg erlangt.

Chao-chu sagte: ‚Mönche, folgt einfach der Wahrheit und entdeckt das Reich jenseits von Denken und Nicht-Denken! Wenn ihr den Weg auch nach zwanzig- und dreißigjähriger Übung nicht verwirklichen könnt, dürft ihr meinen Kopf abschlagen und ihn als Schöpfkelle für Urin und Exkremente benutzen.'

---

[63] Nachfolger von Hsüeh-feng I-tsun.

[64] Jap. *jinzû.*

So sprach der alte Zen-Meister. Und heute praktizieren die Menschen seine Worte. Wie könntet ihr das vernachlässigen? Da sind freilich auch jene, die an der äußeren Welt und den Dingen anhaften und die dennoch erwarten, Erleuchtung zu erlangen. Es wäre bedauerlich, wenn ihr diese Einstellung annehmt und euch in der äußeren Welt verirrt. Nun, wo ihr eine gute Gelegenheit hattet, den wahren Dharma zu hören, übt vor allem Zazen; brennt außerdem Weihrauch ab, macht eure Niederwerfungen, ruft Buddhas Namen an, bekennt eure Missetaten und lest in Stille die Sutren.

Ich erinnere mich, dass Chao-chu, als er zu Yün-chuh ging, von diesem die Frage gestellt bekam: ‚Du bist ein wirklich fähiger Mönch, warum findest du nicht heraus, wer du bist?‘ Chao-chu erkundigte sich: ‚Wer bin ich denn?‘ Yün-chuh erwiderte: ‚Vor mir befinden sich die Überbleibsel eines alten Tempels.‘ Chao-chu meinte: ‚Du solltest selbst dort leben.‘ Dies bedeutet, dass ein Erleuchteter seine übernatürlichen Fähigkeiten hier anders gezeigt hat als Bodhisattvas auf den höheren Stufen der Entwicklung [den *bhûmi* des *Dashabhûmika-Sutras*].

Ich zeige Chao-chu anstelle Yün-chuhs die herausragendste übernatürliche Fähigkeit. Zunächst hatte Chao-chu ja gefragt: ‚Wer bin ich?‘, und dann gesagt: ‚Du solltest selbst dort leben.‘ Er hatte diese übernatürliche Kraft erlangt, also musste er erleuchtet sein. Was kann ich da noch ergänzen? Ich sage: ‚So erlangt, solltest du so sein.‘“ [Zitat Yunjus aus dem Kapitel „Immo“ (Soheit) im *Shôbôgenzô*]

35. „Wenn eine Pflaume nicht bis ins Mark abgekühlt wurde, wie können dann ihre auf dem Boden verteilten Blüten süßlich duften?“

36. „Ist Shâkyamuni der Tathâgata Buddha oder der Pâpîyas[65]? Wenn wir ihn Buddha nennen, wird es auf der gesamten Welt keinen Frieden geben. Nennen wir ihn aber Pâpîyas, dann sind wir dem Buddha noch immer nicht dankbar für seine Güte. Versucht etwas zu sagen! Wie können wir ihn nun nennen?

Wenn ihr mich verstehen könnt, gebe ich zu, dass ihr das Buddha-Auge der Erleuchtung besitzt.“

37. „Unser Einatmen und Ausatmen bedeutet, dass wir stets alte Sutren lesen. Unser Pinkeln und Scheißen bedeutet das Auftauchen alter Zen-Meister. All dies manifestiert sich selbst überall und ist verehrungswürdig. Der Frühling kommt nun im gesamten Himmel zu einem Ende. Das Feld ist leuchtend grün. Die Pfirsichblüten sind voll erblüht. Wo kann ich Ling-yün[66] finden?“

---

[65] Der Dämon, der den Geist des Übenden verwirrt.

[66] Nachfolger von Chang-ching Ta-an, der beim Anblick voll erblühter Pfirsichblüten erwacht sein soll. Hiermit wird angedeutet, dass jeder dieses Erwachen selbst realisieren muss.

38. „Shâkyamuni Buddha sagte: ‚Als der leuchtende Stern auftauchte, verwirklichte ich den Weg gemeinsam mit allen fühlenden Wesen auf der Erde.‘ Versucht zu erklären, was dieser Weg war. Wenn ihr es verstanden habt, wird Shâkyamuni sich für sein Selbstgespräch schämen. Warum? Sagt es geschwind, sagt es geschwind!“

39. „Ein wahrer Buddhist ist schwer zu finden. Warum? Gewöhnliche Menschen können nicht mit den *shrâvaka*[67] höherer Stufen des Erwachens verglichen werden. Diese stehen unter den Bodhisattvas auf deren höheren Stufen des Erwachens. Die Bodhisattvas wiederum haben den Weg Buddhas nie verwirklicht. Wenn jemand Soheit[68] erkennt, dann ist er bereits ein Mensch der Soheit. Darum muss er sich weder um die Soheit noch um sonst etwas sorgen. Ich frage mich, ob man das so sagen kann. Doch auch wenn nicht, habt ihr auf diese Weise alles von den Buddhas und Patriarchen verstanden. Abgesehen von ‚sagen‘, ‚nicht sagen‘ oder ‚alles verstanden haben‘, was ist denn ‚Soheit‘? Seit dem Buddha Vipashyin[69] haben sich die Menschen damit beschäftigt, ohne deren Essenz zu verwirklichen.“

40. „Ching-ching fragte einst einen gewissen Mönch: ‚Was sind das für Geräusche außerhalb des Tores?‘ Der Mönch antwortete: ‚Die Geräusche von Regentropfen.‘ Ching-ching sagte: ‚Alle fühlenden Wesen verfehlen das wahre Selbst, wenn sie äußeren Dingen nachlaufen.‘ Der Mönch fragte: ‚Wie steht es mit Euch?‘ Ching-ching erwiderte: ‚Ich bin fast darüber hinweg.‘ Der Mönch fragte: ‚Was meint Ihr damit?‘ Ching-ching sagte: ‚Äußere Dinge hinter sich zu lassen ist leicht, doch Körper und Geist abzuwerfen ist schwierig.‘

Obwohl wir Körper und Geist abwarfen, hören wir die Geräusche von Regentropfen. Wenn wir äußere Dinge hinter uns gelassen haben, welche Geräusche gibt es dann noch außerhalb des Tores? Ob wir das wahre Selbst verfehlen oder nicht, ‚leicht‘ und ‚schwierig‘ hängen von unserem Geist ab. Im Reich der Erleuchtung laufen wir weder äußeren Dingen noch dem inneren Geist, weder der Täuschung noch der Nicht-Täuschung nach.“

41. „Ihr alle habt die Macht, den Himmel zu berühren. Ihr dürft also nicht das Verhalten Buddhas nachahmen. [Klärt also, was die Tathâgata klärten.]“

---

[67] Ursprünglich waren damit die Schüler Shâkyamuni Buddhas gemeint. In der Schule des „Großen Fahrzeugs“, dem Mahâyâna-Buddhismus, sind damit Anhänger des „Kleinen Fahrzeugs“ (Hînayâna) gemeint, die sich auf die Stufe eines Arhat zu bringen trachten, indem sie als Mönche 250 und als Nonnen 348 Gebote befolgen.

[68] Jap. *nyoze,* die irrtumsfreie Wahrheit.

[69] Der erste der sieben Buddhas der Vergangenheit.

42. Zum Jahrestag von Buddhas Geburtstag sprach Dôgen in der Vortragshalle: „Dies ist der Tag, an dem unser großer Lehrer Shâkyamuni[70], der Tathâgata, im Lumbini-Garten geboren wurde. Jedes Jahr kommt dieser Tag wieder und wird auf ewig mit dem Lumbini-Garten verbunden sein. Sagt mir, ob der Buddha Shâkyamuni tatsächlich an diesem Tag geboren wurde. Ob ihr es bestätigt oder nicht, ich betrachte dies als seine Übung.

Er wurde in einem königlichen Palast geboren, den keine Berge und Ozeane behinderten. Das ist wahr, doch wurde er nun vom Leben behindert oder nicht? Selbst wenn die alten Buddhas und Patriarchen es bestätigten, verneine ich dies nun. Demnach wurde er weder von Bergen und Ozeanen noch vom Leben behindert. Alle Menschen werden gleichzeitig mit Shâkyamuni, dem Tathâgata, geboren, der sprach: ‚Im Himmel wie auf Erden bin ich allein der Ehrwürdigste.' Dies ist das Brüllen eines Löwen und der Schrei eines Babys. Auf diese Art wurde der Buddha geboren. Wie soll ich das beschreiben?

Als der mitfühlende Buddha geboren wurde, waren Himmel und Erde mit glückverheißenden Zeichen bedeckt. Welche Opfergaben sollten wir nun, wo der Buddha geboren ist, vor seinem Abbild darbringen, und wie sollten wir dieses ansehen, uns vor ihm verneigen und süßes Wasser darüber gießen? Nun, da ich in Begleitung von Mönchen die Buddha-Halle betreten habe, benehme ich mich selbst wie der Buddha."

43. „Wollt ihr alle Bodhidharma[71] kennenlernen? Um einen Menschen zu finden, der den Dharma verwirklichen kann, kam Bodhidharma auf eine Weise nach China, als würde er Berge und Ozeane niederdrücken wollen. Wollt ihr auch Hui-ko kennenlernen? Er zähmte seine Täuschungen und erlangte einen friedvollen Geist. Wo ist Bodhidharma nach seinem Tod mit nur einer Strohsandale hingegangen? Seine Lehrmethode wird jedenfalls auf ewig bekannt bleiben."

---

[70] Er wurde um 565 v. Chr. als Sohn von Suddhodana, dem König von Kapilavastu, geboren, was im heutigen Nepal liegt. Mit 29 Jahren verließ er Frau und Kind, um die Bedeutung des Lebens zu klären, mit 35 Jahren erwachte er, während er in Meditationshaltung unter dem so genannten *Bodhibaum* saß. Von da an lehrte er bis zu seinem Tod im Alter von 80 Jahren.

[71] Ein indischer Mönch, der am 21. des neunten Monats 519 in China angekommen sein soll, wo er nach einem Treffen mit dem Kaiser Wu zum Shaolin-Tempel reiste und in dessen Nähe neun Jahre in Meditation verbrachte. Er gilt als achtundzwanzigster Patriarch nach Buddha und erster Zen(Chan)-Patriarch in China.

44. Zu Beginn der Sommer-Übungsperiode sagte Dôgen in der Vortragshalle: „Einhundert Pflanzen haben nun mit der Sommerübung begonnen. Eine, eintausend und zehntausend Pflanzen in der ganzen Welt haben das gleiche getan. Eine Pflaumenblüte hat ihre fünf Blüten geöffnet und, gesegnet von der Sonne, auf natürliche Weise Früchte getragen."

45. „Unsere Leben ist nicht immer schön. Wenn wir uns die Dinge betrachten, dann finden wir in ihnen weder Gewinn noch Verlust. Sollten wir dies nicht als herrliche Weisheit *Mahâprajnâpâramitâ* bezeichnen?"

46. „Bodhidharma sagte zu seinen vier Schülern: ‚Ich werde nun sterben. Warum sagt ihr mir nicht, was ihr erkannt habt?' Zunächst antwortete Tao-fu: ‚Ich habe erkannt, dass ich die Wirkung des Weges jenseits von Unterscheidung besitze.' Bodhidharma meinte: ‚Du besitzt die Haut meines Dharma.' Dann antwortete Tsung-chin: ‚Ich bin nur wie Ânanda, der ein für allemal das Land des Buddha Aksobhya sah.' Bodhidharma meinte: ‚Du besitzt das Fleisch meines Dharma.' Danach sprach Tao-yu: ‚Die vier Elemente sind ursprünglich Leere. Die fünf *skandha*[72] haben ebenfalls kein ursprüngliches Wesen. Daher kann nichts erlangt werden.' Bodhidharma meinte: ‚Du besitzt die Knochen meines Dharma.' Schließlich macht Hui-ko lediglich eine Verbeugung vor seinem Meister und blieb dann still auf seinem Platz stehen. Da sagte Bodhidharma: ‚Du besitzt das Mark meines Dharma.'

Spätere Generationen dachten, Bodhidharma hätte seinen vier Schülern unterschiedliche Urteile zuteilwerden lassen, je nach ihrem Rang. Doch das war nicht im Mindesten seine Absicht. Die ‚Haut' bedeutet eine Steinlaterne und einen runden Pfeiler; das ‚Fleisch' bedeutet: Dieser Geist selbst ist Buddha; die ‚Knochen' sind Berge, Flüsse und die Erde; das ‚Mark' bedeutet, der Buddha Shâkyamuni hob eine Udumbara-Blume empor und blinzelte mit den Augen. Es gibt aber kein Urteil im Sinne von hoch und niedrig, überlegen oder unterlegen. Wenn ihr dies versteht, werdet ihr schon bald die ersten Patriarchen sehen und ihre Roben und Schalen erlangen. Wenn ihr mir nicht glauben könnt, hört euch diese Verse an:

[72] Körperliche und geistige Merkmale (Körperlichkeit, Gefühl, Wahrnehmung, Geistformation, Bewusstsein).

Der Dharma der Buddhas und Patriarchen ist mächtig
und verbreitet sich über die ganze Welt bis zu einem Atom hin.
Obwohl Hui-ko Robe und Schale von Bodhidharma erhielt,
können Männer und Frauen überall den Dharma empfangen."

47. „Sobald ihr das Wort ‚Dharma' hört, sind eure Ohren davon beschmutzt. Bevor ihr also in diese Vortragshalle kommt, habt ihr bereits dreißig Stockschläge empfangen. Dennoch will ich heute mein Bestes für euch geben." Da schrie Dôgen „*Kwatz!*" und stieg von seinem Podest herab.

48. „Ich habe euch lange Zeit nicht mehr den Dharma dargelegt. Doch die Buddha-Halle, die Meditationshalle, das Rauschen des Bergstromes und der Schatten eines Baumes haben euch stets den Dharma erläutert. Habt ihr das je gehört? Wenn ja, was haben sie denn dargelegt? Wenn nicht, dann muss ich euch tadeln."

49. „Es heißt, nachdem Ma-tsu einen ‚*Kwatz!*'-Schrei an Pai-chang gerichtet hatte, sei dieser drei Tage lang taub gewesen. In Zen-Klöstern halten das sowohl die älteren wie die jüngeren Mönche für eigenartig. Doch ich habe euch etwas noch Seltsameres zu erzählen. Ich habe zwar bisher noch kein ‚*Kwatz!*' von Ma-tsu erhalten, war aber doch in meinem ersten, zweiten, dritten und vierten Leben recht taub. Auch die Buddhas und Patriarchen der drei Zeiten waren halb taub; selbst die ersten sechs Patriarchen Chinas waren ein bisschen taub. Was ist dieses ‚taub'?

Dieses herrliche Prinzip von ‚taub' verbreitet sich überall auf der Welt. Wir sollten es freilich nicht gewöhnlichen Menschen bekannt machen [Lasst es keine sechs Ohren hören].[73]"

50. „Alle Menschen sind mit der Buddha-Natur ausgestattet und jeder von ihnen verwirklicht sie. Warum ist die Vortragshalle mit zehn Fuß hohem Unkraut überwuchert? Wollt ihr das wissen?

Blumen verwelken schnell, obwohl wir sie lieben. Unkraut wächst immer weiter, obwohl wir es hassen."

[73] Siehe Kapitel „Yuibutsu Yobutsu" im *Shôbôgenzô*, mit Bezug aufs *Lotus-Sutra*: „Ein Buddha kann nur mit einem Buddha den Dharma ergründen"; und das *Keitoku Dentôroku,* mit Bezug auf Ma-tsus „Sechs Ohren (drei Menschen) können keinen Plan machen.".

51. „Um uns selbst konzentriert der Übung widmen und Erleuchtung verwirklichen zu können, müssen wir besonders darauf achten, der Erleuchtung nicht anzuhaften. Wenn ihr ‚Licht' oder ‚Dunkelheit' verhaftet seid, gebe ich euch dreißig Stockschläge. Habt ihr das bereits verstanden, dann werdet ihr nach gar nichts mehr verlangen. Die Erleuchtung verweigert sich euch nicht. Ihr seid bloß von äußerlichen Dingen verwirrt. Es ist, als würden diese äußeren Dinge die Erleuchtung in die Irre führen. Ich frage mich, ob auch das Gegenteil der Fall ist. Wenn ihr freilich euren Körper in äußerliche Dinge werft, mit den Händen fuchtelt und dabei zu üben sucht, dann werdet ihr gewiss das ‚Zen des runden Pfeilers' oder das ‚Zen des Nirgrantha-jnatîputra'[74] verwirklichen, jedoch nicht das Zen Bodhidharmas und des Tathâgata Shâkyamuni.

Wenn ihr zeitweise fälschlich eine Robe äußerlicher Dinge tragt und kokett zur Schau stellt, dann werdet ihr in eurem Geist entweder *Hakutaku*[75] finden oder eine verführerische Hexe. Durch eifrige Übung könnt ihr eure Täuschung jedoch schnell und unerwartet abwerfen. Sobald ihr überrascht euren Kopf hebt und euch auf die Brust tippt, werdet ihr den Weg verwirklichen.

Wenn ein Mensch den Weg verwirklicht, dann auch ein anderer [dann tun dies Selbst und Andere gemeinsam]. Verwirklicht ihr eines Morgens den Weg, dann habt ihr dies sowohl vor als auch nach der Erleuchtung [mit vergangenem und zukünftigem Körper] getan. Es ist als würde man selbst mit anderen auf einem Boot oder einer Brücke gemeinsam das gegenüberliegende Ufer erreichen und als würde sich der Weg offenbaren, wodurch man frei nach Osten oder Westen gehen kann. Dieses Boot wird sowohl von Menschen genutzt, die nach Osten gehen, wie von solchen, die nach Westen wollen – das Boot ist eins, die Passagiere sind verschieden, doch jeder von ihnen erreicht sein Ziel. Dies ist eine Erscheinungsform der Erleuchtung. Eure Erleuchtung stammt letztlich von äußeren Dingen. Das gilt auch für eure Täuschung. Es gibt keine Kluft zwischen diesen beiden, so wie zwei Menschen ein und dasselbe Boot benutzen.

Einst hat ein gewisser Mönch Fa-yen gefragt: ‚Wann werden wir die Worte ‚äußerliche Dinge' [Ton und Farbe] überschreiten?' Fa-yen antwortete der Versammlung: ‚Wenn ihr Mönche diese Frage begreift, dann wird es euch leicht fallen, äußerliche Dinge zu überschreiten.' Wann werdet ihr diese hervorragende Geschichte verstehen? Ein Erleuchteter weiß, dass er selbst den Klang einer saitenlosen Koto hören oder einen schattenlosen Baum sehen kann. Ich sage aber auch: Wir können den Klang einer Koto mit Saiten hören und einen Baum mit Schatten sehen. Fa-yen hatte dies bereits verstanden. Nun frage ich euch alle: Was wollt ihr ‚äußerliche Dinge' nennen? Wo sind die denn jetzt gerade?"

---

[74] Nicht-buddhistisches Zen.

[75] Glückverheißendes mystisches Wesen.

52. „Ich sage: Ursprünglich ist nichts unveränderlich [existiert nicht ein Ding][76], und in der ganzen Welt wurde nichts je verborgen."

53. „Welche Wiedergeburt ihr auch immer habt und welche Reden ihr auch haltet, sagt einfach, wie ihr fühlende Wesen retten wollt.
Diese Nase ist drei Fuß lang und dieses Gesicht wiegt einen halben *kin*[77]."

54. „Wer kann erkennen, dass alle Dinge das Erscheinen der Buddha-Natur sind? Die Menschen lachen freilich über ein verlassenes Kind[78] auf dem Weg zum Berg Huang-mei."

55. „Einst meinte ein gewisser Mönch zu Shao-hsin[79]: ‚Es heißt, man könne den Berg Sumeru[80] in einem Mohnsamen unterbringen und einen Mohnsamen im Berg Sumeru. Was also ist der Berg Sumeru?' Shao-hsin sagte: ‚Der Berg Sumeru hat deinen Geist zerstört.' Da fragte der Mönch: ‚Was ist ein Mohnsamen?' Shao-hsin antwortete: ‚Er hat deine Augen bedeckt.'
Wenn jemand mich fragt: ‚Was ist der Berg Sumeru?', werde ich ihm antworten: ‚Wie traurig! Du kennst den Buddha-Geist nicht.' Wenn er fragt: ‚Was ist ein Mohnsamen?', dann antworte ich: ‚Wie traurig! Du kennst das Buddha-Auge nicht.'"

56. „Einst meinte ein gewisser Mönch zu Tai-ping: ‚Was ist der Geist früherer Zen-Meister?' Tai-ping erwiderte: ‚Das Lied einer Nachtigall wird überall gleichermaßen gehört.' Der Mönch fragte weiter: ‚Was ist ein Erleuchteter?' Tai-ping antwortete: ‚Die Knochen seiner Stirn hängen an seinen Augen.'
Durch Frage und Antwort würde der Dharma mit Täuschung beschmutzt, so wie Dinge beschmutzt werden, wenn Urin und Exkremente auf sie spritzen. Ohne Frage und Antwort wird der Dharma hallen wie ein Donnerschlag. Dann wird die ganze Erde ruhig und heiter und der ganze Himmel zerschmettert. Ohne jede innere oder äußere Kluft erkennen wir alle Dinge und schlagen laut mit einem Schlägel den Holzblock. Doch unsere Nase steht uns wie gewöhnlich im Gesicht, und unser Augenpaar ist reichlich schwarz."

---

[76] Zitat nach Huineng.

[77] Gewichtseinheit, die ca. 1,3 Pfund entspricht.

[78] Bezieht sich auf den fünften chinesischen Patriarchen Hongren, der als Kind auf den vierten Patriarchen Tao-hsin traf und schließlich sein Nachfolger wurde, ihm allerdings schon einmal als alter Mann in einem früheren Leben begegnet war. Beide lehrten auf dem Huang-mei. Siehe Kapitel „Busshô" im *Shôbôgenzô*.

[79] Ein Schüler von Lo-hang Kuei-shen.

[80] Der zentralste und höchste Berg der Welt, der gemäß alter indischer Vorstellungen von vier Kontinenten umgeben ist. Auf seinem Gipfel lebt König Shakrendra (Indra) und an seinen Hängen die Könige der vier Gebiete.

57. „Ihr sollt nicht sagen, dass Dôgens Lehre nichts sei als seine eigene. Wenn ihr es dennoch tut, gebe ich euch sechzig Stockschläge, so wie sie Huang-po aus Freundlichkeit an Lin-chi[81] verteilte."

58. „Als Zen-Meister Fa-yen unter Meister Ti-tsang[82] [Luohan Guichen] übte, fragte dieser: ‚Wohin gehst du?' Fa-yen erwiderte: ‚Ich gehe auf eine lange Reise als Bettelmönch.' Ti-tsang fragte: ‚Was meinst du damit?' Fa-yen sagte: ‚Ich weiß nicht.' Ti-tsang meinte: ‚Nicht zu wissen heißt eins mit dem Dharma zu sein.' Durch diese Worte wurde Fa-yen von der Täuschung befreit.

Wäre ich Fa-yen gewesen, hätte ich zu Ti-tsang gesagt: ‚Nicht zu wissen und zu wissen sind beide eins mit dem Dharma.' Abgesehen von diesem ‚einen', was könnt ihr da vereinigen?"

59. „Ihr müsst schnell das manifestierte Kôan verwirklichen. Was ist es dann? Es ist die Buddhas der zehn Richtungen und die vergangenen wie gegenwärtigen Patriarchen. Sie manifestieren sich gerade selbst. Könnt ihr sie sehen? Rattanblenden auf- und abzurollen oder von einer Plattform herabzusteigen – all das ist die Manifestation des Kôan. Warum könnt ihr dieses herausragende Kôan nicht erkennen? Ich bin nun bereit, mein Leben und meine Augenbrauen für den Dharma aufzugeben. Ich werde euch den Dharma noch einmal darlegen." Da ließ Dôgen sein erhobenes *shujô*[83] fallen und stieg von seinem Sitz herab.

60. „Tung-shan sagte zu Yün-chuh Tao-ying: ‚Einst fragte Nan-chüan einen Mönch, der das *Mi-le-sia-sheng-chin*[84] darlegte: ‚Wann wird der Bodhisattva Maitreya in diese Welt kommen?' Der Mönch antwortete: ‚Nun ist er im Tushita-Himmel, doch in der Zukunft wird er hierher kommen.' Nan-chüan sagte: ‚Es gibt keinen Maitreya, weder im Himmel noch auf der Erde.'

Nach dieser Geschichte fragte Yün-chuh: ‚Wenn es weder im Himmel noch auf der Erde einen Maitreya gibt, wer würde diesen Bodhisattva dann so nennen?' Da spürte Tung-shan plötzlich, wie sein erhöhter Sitz erbebte, [Da rüttelte Tung-shan an seinem Sitz] und sagte: ‚Du bist es, Abt Yin.'

Es gibt keinen Maitreya, weder im Himmel noch auf der Erde. Das heißt, der Name Maitreya hat keine Bedeutung. Dies ist der wahre Maitreya. Wollt ihr dennoch diesen Maitreya sehen?"

[81] Nachfolger Huang-pos, gest. 867; Gründer der Lin-chi-Schule.

[82] 869–928, Nachfolger von Hsüan-sha Shih-pei.

[83] Holzstab.

[84] Ein Sutra über die Wiedergeburt des Bodhisattvas Maitreya in der menschlichen Welt.

Da erhob er sein *hossu* und sagte: „Ihr habt nun gewiss Maitreya gesehen. Versucht nun zu sagen, ob es einen Maitreya gibt oder nicht.' Danach warf er seinen *hossu* hin und stieg von seinem Sitz herab.

61. Dôgen kommentierte die Geschichte von Pai-chang und dem Fuchs, in der es hieß: ‚Ich dachte fälschlich, der Barbar hätte einen roten Bart, und nun ist hier ein rotbärtiger Barbar[85].'

„Der Kausalität nicht unterworfen zu sein oder sie nicht abschneiden zu können ist ursprünglich beides Kausalität selbst. Wollt ihr diese Kausalität verstehen?" Da ergriff er den *hossu* und sagte: „Schaut! Schaut! Die Kausalität ist klar."

Dann warf er den *hossu* hin und stieg von seinem Sitz herab.

62. „Ein alter Zen-Meister erhob seinen Fächer und sagte: ‚Dieser Fächer legt die verschiedenen Wege dar, die jedoch alle ursprünglich eins sind.'

Davon bin ich weit entfernt. Zwar legt dieser Fächer die verschiedenen Wege dar, doch zudem erläutert er noch mehr unterschiedliche Wege." Dann warf er seinen Fächer weg und sagte: „Wie könnt ihr diesen Fächer annehmen und nutzen?"

63. „Die sieben weisen Mädchen waren Töchter von Königen großer Länder. Im Frühling wollten tausende Menschen an einem Ferienort ihre Zeit verbringen. Eines der sieben weisen Mädchen sagte: ‚Schwestern! Wir sollten nicht die gleiche gute Zeit wie gewöhnliche Menschen haben. Lasst uns lieber auf einem Friedhof spielen.' Die anderen Mädchen erwiderten: ‚Solch ein Ort ist mit Leichnamen verunreinigt. Es gibt dort nichts Gutes.' Die erste meinte jedoch: ‚Wenn ihr nur hingeht, werdet ihr etwas Gutes finden.' Als sie sich schließlich gemeinsam dort einfanden, zeigte sie auf einen Leichnam und sagte: ‚Hier ist eine Leiche. Wo ist ihr Geist hingegangen?' So erkannten die anderen klar und verwirklichten den Weg. Als sie in den Himmel schauten, fielen Himmelsblumen herab. Jemand pries sie: ‚Gut gemacht, gut gemacht!' Das erste Mädchen fragte: ‚Wer hat uns gepriesen und Blumen aus dem Himmel regnen lassen?' Die Stimme im Himmel sagte: ‚Ich bin Shakra-devânâm Indra[86]. Ihr habt den Weg verwirklicht, darum kam ich mit meinem Gefolge

---

[85] Bodhidharma wurde ein roter Bart nachgesagt, und Pai-chang erweist mit dieser Anspielung Huang-po die Ehre, der sich mit ihm über jenes berühmte Kôan zum Wildfuchs austauschte, das in der Sammlung *Mumonkan* umd im *Shôyôroku* (Fall 8) auftaucht.

[86] Auch: Shakrendra, fortan: Indra. Einer der Wächtergötter des Buddhismus, der im Sudarshana-Palast auf dem Gipfel des Berges Sumeru lebt und über den Himmel der 33 Gottheiten herrscht. Die Könige der vier Gegenden berichten ihm von der Moral der Menschen. – Die sieben weisen Mädchen kommen im *Shûmon Rentô Eyô* (1189) vor, das Dôgen häufig in seiner Kôan-Sammlung *Mana Shôbôgenzô* zitiert.

hierher, um euch zu preisen und Blumen auf euch regnen zu lassen. Ich bitte euch alle, mir zu sagen, was ihr braucht. Ich werde es euch geben, solange ich lebe.‘ Das Mädchen sagte: ‚Ich habe genug zu essen und zu trinken, ausreichend Kleidung, eine Schlafstätte, Medizin und die sieben Schätze in unserem Haus. Ich möchte nur drei Dinge: einen Baum ohne Wurzeln, ein Stück Land ohne Licht und Schatten, und ein Tal ohne Echo.‘ Indra sagte: ‚Ich habe alles, außer diesen Dingen. Lasst und zu Buddha gehen und ihn darum bitten.‘ Der Buddha aber sagte: ‚Shakrendra (Indra)! Viele Schüler und große Arhats[87] sind sich dieser Bedeutung nicht bewusst. Die höchste Weisheit des Tathâgata wird nur von wahren Bodhisattvas erkannt und überschritten, nicht jedoch von großen *shrâvaka*.‘

Ich würde anstelle von Indra antworten: ‚Du willst einen Baum ohne Wurzeln? Da ist eine Eiche im Garten.‘ Wenn das Mädchen dies nicht versteht, würde ich mein *shujô* erheben und sagen: ‚Genau so ist es.‘ Dann würde ich ergänzen: ‚Du willst ein Stück Land ohne Licht und Schatten? Da ist ein Friedhof.‘ Wenn sie dies nicht akzeptiert, würde ich sagen: ‚Es ist das ganze Universum.‘ Dann würde ich fortfahren: ‚Du willst ein Tal ohne Echo?‘ Dann musst du sieben weise Mädchen zusammenrufen.‘ Wenn sie ‚Ja‘ sagen, würde ich so zu ihr sprechen: ‚Sie haben dir ein Tal ohne Echo gegeben.‘ Antworten die Mädchen aber nicht, dann würde ich sagen: ‚Das erwartete Echo ist ausgeblieben.‘“

64. „Weiße Wolken haben keinen Geist, sie verlassen einen Berg und kehren wieder zu ihm zurück, als würden sie sich nach ihm sehnen. Was sind also ‚weiße Wolken‘? Was ist dieser ursprüngliche Berg?“

Daraufhin schlug Dôgen mit dem Griff seines *hossu* auf seinen Sitz und sprach nach einer Weile: „Am Drachentor ist kein Gast. Schildkröten und Kraniche sind ursprünglich Weise.“ [Zitate von Dongan Changcha, einem Nachfolger Yaoshans; Wolken stehen für Mönche, Berge für Meister; Fische, die durchs Drachentor schwimmen, werden zu Drachen (Verweilen kann man dort nicht).]

65. „Die Frühlingsszenerie der zehn Provinzen ist auch hier sichtbar. In der menschlichen und himmlischen Welt bin ich der einzige, der sie wahrnimmt. Erkennt auch ihr sie durch Zazen!“

---

[87] Ein Heiliger auf der vierten Stufe des Theravada-Buddhismus, der Befreiung erlangt hat, indem er Leidenschaften und Ego ablegte.

66. „Wenn ihr nur einen Ausdruck von ganzem Herzen äußert, wird euch sogar ein nahe stehender, gefühlloser runder Pfeiler noch zum Ratgeber. Übt ihr euren Geist und verwirklicht diesen einen Ausdruck, wagt sogar eine gefühllose Kelle, ein Wort zu äußern. Wer diese Stimme hören kann, hinterlässt keine Spuren. Sie manifestiert sich geräuschvoll in allen Phänomenen. Wenn ihr unbewusst einen Schritt auf das Buddha-Reich hin macht, werdet ihr erleuchtet, ohne eine Spur davon zu hinterlassen. Geht ihr einen Schritt davon weg, werdet ihr überall eure nackten Füße verletzen. Manchmal tretet ihr den Berg Sumeru um und zwingt ihn in eure Augäpfel. Manchmal trampelt ihr auf den Ozean, dreht ihn herum und drückt ihn in eure Nasenlöcher. Warum wisst ihr nichts davon?

Letzte Nacht haben sich Blumen geöffnet, und die Welt roch süß. Diesen Morgen hat der *Bodhibaum* Nüsse getragen."

67. „Heute erläutere ich in dieser Halle den Dharma für euch. Darum habe ich den Drei Schätzen[88] ein Ehrenopfer dargebracht, und auch den achtundzwanzig Patriarchen in Indien, den sechs in China, den ‚Nasenlöchern' überall auf der Welt, den vergangenen und gegenwärtigen ‚Augäpfeln', einem Exkrementen-Spatel, vier Pfund Hanf, einem Zen-Stab und einem runden Kissen. Ich werde diese reine Übung und die unendlich gute Ursache dem Reich absoluter Freiheit darbringen, wo eine Kröte in den Himmel Brahmadevas[89] springt und ein Erdwurm durch die östliche See kriecht, und wo Wolken und Wasser (Novizen) zu Pferden und Ochsen werden. Dieses Ehrenopfer wird mit den Buddhas, den ehrwürdigen Bodhisattvas und *Mahâprajnâpâramitâ* in den zehn Richtungen und drei Zeiten identifiziert.

68. „Ich bin jetzt in diese Halle gekommen, genau wie die Buddhas der drei Zeiten, die nachfolgenden Patriarchen, die Mönche mit sechzehn Fuß hohen goldenen Körpern[90] oder anderen höchsten Wirkungen. Sie alle waren also bereits hier. Welcher Dharma wird dann hier gelehrt? Kein anderer als dieser. Was meine ich damit? Er wird im Shan-lan Tempel dargelegt, im Kuang-yin Tempel [Chao-chus], in der Meditationshalle und in der Buddha-Halle."

69. „Wir erkennen nur, dass wir in endloser Täuschung verstrickt sind. Alle fühlenden Wesen haben eine Nicht-Buddha-Natur." Nach diesen Worten stieg Dôgen von seinem Sitz herab.

---

[88] Buddha, buddhistische Lehre (Dharma) und buddhistische Gemeinde (Sangha).

[89] Der unterste der vier Meditationshimmel in der Welt der Form, dessen Bewohner ohne sexuelle Gelüste sein sollen.

[90] Ein Attribut Buddhas.

70. Dôgen fragte in der Vortragshalle: „Ist unter meinen Mönchen einer erleuchtet?“ Da trat ein Mönch hervor und verbeugte sich. Dôgen sagte: „Du bist von Anfang an mit der Funktion des Dharma ausgestattet, aber man kann nicht sagen, du hättest ihn vollständig verwirklicht.“ Der Mönch fragte: „Was ist die Verwirklichung des Dharma?“ Dôgen sagte: „Du glaubst ja nicht mal meinen Worten. Willst du einen Erleuchteten kennenlernen? Er gerät nie in Widerspruch mit anderen und muss deshalb nie vor Scham erröten. [Körper und Geist sind aufrecht und direkt, die Stimme ist stark.]“

71. „Die Stimme ist eine Äußerlichkeit. Könnt ihr mir etwas ohne Äußerlichkeit sagen?

Ich erinnere mich oft daran, wie süß im dritten Monat im Distrikt Chiang-nan Hunderte Blumen duften und die Rebhühner singen.“

72. „Zen-Meister Yuan-wu[91] sagte: ‚*Shôji-korai*[92] [Kommen und Gehen in Leben und Tod] ist der Körper eines wahren Menschen.‘ Nan-chüan meinte: ‚*Shôji-korai* ist ein wahrer Körper.‘ Chao-chou sagte: ‚*Shôji-korai* ist ein wahrer Mensch.‘ Chang-sha meinte: ‚*Shôji-korai* ist der wahre Körper der Buddhas.‘

Jeder dieser vier Ehrwürdigen zeigt hier seine Lehrmethode und seine ursprüngliche Natur. Diese Worte sind wohl gesprochen, lassen aber noch etwas vermissen. Ich würde es so ausdrücken: ‚*Shôji-korai* ist einfach nur *shôji-korai.*‘“

73. An Buddhas Geburtstag sprach Dôgen in der Vortragshalle: „Die ganze Welt war eins mit der Zeit. Der Himmel klarte auf und bunte Lichter erschienen im Universum. Da wurde der Buddha geboren und machte kraftvoll sieben Schritte in die zehn Richtungen. Doch die Umstehenden lachten sicher nur über ihn.“

74. „Die Wolken und die Herbstsonne sind friedlich. Teils scheinen sie der Zeit hinterherzurennen, teils zu verweilen. Wie wollt ihr in einem einzigen Ausdruck Worte ohne unterscheidenden Geist benutzen?“

---

[91] Gest. 1135, Nachfolger von Wu-tsu Fa-yen.

[92] Der Kreislauf von Leben und Tod; gemeint ist hier, dass es keine Kluft zwischen Täuschung und Erleuchtung gibt.

75. „Ein Judas-Baum[93] im Mond ist so vollständig gefällt worden, dass das Mondlicht hell scheint. Darum sehne ich mich am heutigen Abend nicht nach vergangenem Mondlicht. Ob nun ein Barbar oder ein Chinese kommt, er wird in diesem Mond gespiegelt. Dieser Mond strahlt das ewig helle Licht aus."

76. „Heute scheint der Mond hell auf alles und ist mit allem eins. Jeder Mönch sitzt mittels Zazen jenseits der zehn Richtungen und verwirklicht das Eine. Die Wirkung und das Erscheinen dieser Verwirklichung können nicht beschrieben werden. Sobald wir die Leere verwirklicht und [Körper und Geist] abgeworfen haben und den Himmel betrachten, scheint es nichts damit Vergleichbares zu geben. Wollt ihr das vollständig verstehen?

Das eigene strahlende Juwel[94] kann nicht schwarz oder gelb gefärbt werden. Es spiegelt eine schöne und eine hässliche Frau gleichermaßen wider. So scheint auch der helle Mond auf unzählige Länder jenseits unserer Vorlieben, und verweilt in den Korallen des Meeresgrundes."

77. „Buddhas und Patriarchen tauchen fünfzigtausend Mal auf und bringen hunderte und tausende Kôan zum Ausdruck. Wenn wir ein universelles Kloster aus einem Grashalm errichten, werden besonders Zen-Übende ohne Einladung dorthin kommen."

78. „Es gibt viele Arten von Wissen: das vom rotbärtigen Barbaren, von des Barbaren roten Bartes, von Göttern und Dämonen. Wenn ihr den Weg studieren wollt, solltet ihr das tun, indem ihr Körper und Geist der Buddhas und Patriarchen benutzt. Wenn diese Wissen brauchen, sollten sie eures borgen und anwenden. Von daher war es ein ausgezeichneter Weg, als Mahâkâshyapa auf dem Geierberg lächelte und das Schatzauge des Wahren Dharma[95] verwirklichte. Ein feines Beispiel ist auch Hui-ko[96], der sich auf dem Berg Sung den Arm abschnitt und später die Essenz von Bodhidharmas Lehre erfasste. Hätten diese beiden nicht Körper und Geist von Buddhas und Patriarchen benutzt, wäre ihnen dies nicht gelungen. Da es aber gelang – habt auch ihr es nun verwirklicht?

Ich lehre euch dies um den Preis meines Lebens, doch ihr wechselt die Farbe und schüttelt stark zweifelnd den Kopf. Führende Menschen geben Juwelen und Edelsteine weg, ohne von ihnen Notiz zu nehmen. Sie tragen Roben, praktizieren den Weg und haben Buddhas Geist."

---

[93] Symbol für Täuschung.

[94] Die Buddha-Natur.

[95] Der höchste Dharma, den der Buddha auf dem Geierberg übertrug.

[96] 487–593, Nachfolger Bodhidharmas.

79. „Letzte Nacht blies eine reine Brise vom weiten Himmel. Heute Morgen hat eine Eiche den Weg in einem Augenblick verwirklicht." Nach diesen Worten stieg Dôgen von seinem Sitz herab.

80. „Die ursprüngliche Essenz aller Dinge hat nichts für oder gegen sich. Die letztgültige Erleuchtung ist jenseits aller Maßstäbe. Wir verwirklichen sie und kochen daraus einen Haferschleim, der so gut schmeckt, dass er Mönchen aus allen Teilen des Landes vorgesetzt werden kann.

Alle Dinge besitzen eine große Wirkung. Diese durchdringt vergangene und moderne Zeiten und verbreitet sich frei im ganzen Universum, indem sie die Grenzen der Täuschung durchbricht. Die Faust eines Zen-Meisters hallt auf der ganzen Welt wieder und ist eins mit allen Dingen."

81. „Dies ist nicht Geist, nicht Buddha, nicht Dinge, noch selbst oder andere – solches Verständnis bringt nicht viel. Im Ozean von Frühling und Herbst befindet sich eine Gottheit [In Unbeständigkeit findet sich Erleuchtung]."

82. An einem verschneiten Morgen sprach Dôgen in der Vortragshalle: „Der weiße Körper des Dharma manifestiert sich stattlich und klar. Der Schnee ist tief und scheint hell.

Einst fragte Yün-chu den Hsüeh-feng[97]: ‚Ist der Schnee vorm Tor geschmolzen?' Hsüeh-feng erwiderte: ‚Ursprünglich ist da kein Schnee, der schmelzen könnte. Wie könnte das also sein?' Yün-chu meinte: ‚Der Schnee ist geschmolzen.'"

Dôgen kommentierte dies: „Selbst und Andere ignorieren einander." In Bezug auf Hsüeh-fengs Worte „Ursprünglich ist da kein Schnee, der schmelzen könnte. Wie könnte das also sein?", sagte Dôgen: „Versteht ihr, wo solch feiner Schnee liegt?" Und zu Yün-chus Worten „Der Schnee ist geschmolzen", sagte er: „Was ist das gesamte Universum? Yün-chu manifestierte die unzähligen Körper des Dharma und öffnete sein höchstes Tor."

83. „Ihr praktiziert den Weg, indem ihr eifrig die Täuschung abwerft. Euer ganzes Streben liegt in der Erwartung begründet, Erleuchtung zu verwirklichen. Solange ihr eure Zeit eitel vergeudet und allein an weltlichen Angelegenheiten hängt, wie könnt ihr da den Weg in einem Kloster verwirklichen?"

[97] 822–908, Nachfolger Te-shans.

84. „Es gibt jemanden, der – gesättigt vom Mahl des Buddhismus – das höchste Wirken übernatürlicher Kräfte zeigt und den Dharma mit dem Dharma-Körper den versammelten Übenden darlegt. Wer ist das?
Er ist jenseits meiner Erklärungen, aber herrlich und belebend."

85. „Ein herausragender Lehrer legt frei die unzähligen Lehren dar und nimmt je nach Auffassungsgabe der Zuhörer verschiedene Formen an. Zen-Übende bezweifeln dies, doch können sie es nicht ergründen. Warum nicht? Könnt ihr es verstehen? Ihr solltet den Geist eines alten Zen-Meisters vollständig verwirklichen, und zwar nicht in Worten, sondern durch euren Körper."

86. „Nach Shâkyamunis Tod waren wir zweitausend Jahre lang seine Kinder und Enkel. Vor seinem Tod waren wir zweitausend Jahre lang seine Väter und Großväter. Es gibt verschiedene Ausdrücke: ‚einem Ertrinkenden Wasser anbieten', ‚hohen und niedrigen Wellen folgen', ‚etwas Falsches wiederholen'. Was bedeuten sie? Ob ihr die Buddha-Natur seid oder nicht, hängt von der Verwirklichung eurer eigenen Weisheit ab. Habt ihr einmal die Buddha-Natur erfasst, dann besitzt ihr Buddhas Gesicht und könnt seine Taten tun.
Sollte ich heute Abend unbewusst auf einen Scheißhaufen [Buddhas Weisheit] treten, wird ein Exkrementen-Spatel daraus emporspringen und die ganze Welt bedecken. Trete ich nochmal darauf, wird er sich selbst Shâkyamuni nennen. Noch einmal, und er schlägt sich die Brust des Tathâgata, setzt sich nieder zum Zazen, sieht einen leuchtenden Morgenstern, wirft die ursprüngliche Täuschung ab und verliert seine früheren Konzepte. Oder er manifestiert – ohne dass jemand von außen an die Schale klopfte – zweiunddreißig Unterscheidungsmerkmale[98] gleichzeitig mit allen Buddhas und rezitiert mit mir diese vier Verse:

Ich trat auf die Brust des Tathâgata, sein Rückgrat brach,
dann kippten Berge und Flüsse um, während der Morgenwind blies.
Im Reich absoluter Freiheit, mit Himmel durchdringendem Geist,
erhielt ich die goldene Haut Buddhas."

[98] Sie reichen von flachen Fußsohlen bis zu einer Beule auf dem Scheitel.

87. „Einst sagte ein Mönch zu Yün-men: ‚Gibt es in der absoluten Erinnerung einen Fehler oder nicht?' Yün-men erwiderte: ‚Sie ist unbeweglich wie der Berg Sumeru.'

Der Berg Sumeru ist nichts als der Berg Sumeru. Wer das erkannt hat, wird selbst lächeln, wenn der Buddha eine Udumbara-Blume hochhebt. Diese eine Erinnerung umfasst einhundert Jahre ebenso wie sechsunddreißigtausend Tage. Der wahre Aspekt eines Holzfällers wird in den Bergen erkannt."

88. Am Morgen des Neujahrstages sprach Dôgen in der Vortragshalle: „Nun ist der Himmel offen und klar. Wir haben einen neuen Frühling gewonnen und den letzten zwölften Monat verloren. Jeder Distrikt ist benetzt und alle Dinge erwachen zum Leben. Was könnten wir da noch sagen?

Die Vorboten des Frühlings sind da und der ganze Boden duftet. Der Gott des Frühlings macht Zazen in der Meditationshalle. Alle Äste der Bäume sehen korallenfarbig aus. Überall erblühen Blumen wie in einem Himmelsreich."

89. „Shâkyamuni Buddha sagte: ‚Nachdem ich den Weg verwirklicht habe, erläutere ich auf ewig den Dharma hier auf dem Geierberg.' Darum solltet ihr nicht behaupten: ‚Unsere Schule kennt keine Worte.' Auch Hsüan-shas ‚Ich bin in Wirklichkeit Hsieh-sam-lang[99]' oder Buddhas ‚Alle Dinge haben ihren Platz, und Formen sind in der Welt stets gegenwärtig'[100] sind wahr. Wildgänse kehren in ihr Nest zurück, Nachtigallen kommen aus dem Wald heraus. Was sollten wir dazu sagen?

Die Frühlingsfrucht[101] schmückt den *bo*-Baum[102], lässt ihn in einer Nacht erblühen und seinen Duft auf der ganzen Welt verteilen."

90. „Unter den Mönchen gibt es einen mit endgültiger Erleuchtung. Kennt ihr ihn? Wenn ja, müsst ihr bei ihm studieren und ihn zum Weg befragen. Wenn nicht, dann erkennt ihr ihn selbst von Angesicht zu Angesicht nicht."

[99] Hsüan-shas früherer Name.

[100] Ein Bezug aufs *Lotus-Sutra*, Kap. 2 über „geschickte Mittel".

[101] Die Folge unserer Übung.

[102] Die Erleuchtung.

91. In der Vortragshalle sprach Dôgen über Pai-chang und den wilden Fuchs[103]: „Berge, Flüsse und die Erde sind die Höhle dieses wilden Fuchses. Als Fuchs wiedergeboren zu werden und den Körper mit Haut, Fleisch, Knochen und Mark abzustreifen ist eins. Das Gesetz der Kausalität ist klar und nichts Persönliches. Im Spätfrühling singen Rebhühner unaufhörlich, und zahllose Blüten fallen."

92. „Zwanzig Jahre lang habe ich die Essenz der Patriarchen studiert und weithin unter Herbstchrysanthemen und Frühlingskiefern [verschiedenen Lehrern] verwirklicht. Ich werde den Weg bekannt machen, zum Wind emporschauen, Unkraut beseitigen und jedes Verdienst übertragen, das mir von einem früheren Buddha verliehen wurde."

93. „Der Dharma ist schwer zu studieren. In der Ära Yung-ei der späteren Han-Dynastie hörte man nur selten vom Buddhismus. In der Ära Pu-tung der Liang-Dynastie kam Bodhidharma von Indien nach China. Wäre er nicht aus Indien gekommen, wäre uns die Essenz des Dharma nicht bewusst, und noch weniger könnten wir das Reich jenseits Buddhas erkennen. Selbst wenn wir sagen, der Dharma sei feinsinnig und hochstehend oder entspreche dem Geist und der Buddha-Natur, ist das weit von der Wahrheit entfernt. Haften wir aber nicht an solchen Worten, dann können wir äußere Dinge frei benutzen. Sobald wir solche Worte abgelegt haben, werden äußere Dinge bedeutungslos. Warum ist das so?

Unser rauer Geist lässt uns den Dharma verlieren, doch der feinsinnige Geist lässt ihn uns gewinnen."

94. „Ihr besitzt von Natur aus Buddhas Licht. Sowohl die Buddha-Halle als auch die Meditationshalle haben dieses unzerstörbare Licht. Ich frage euch: Woher kommt ihr? Das unzerstörbare Licht lässt das unzerstörbare Licht antworten."

95. Zu der Zeremonie, bei der Duftwasser über den Scheitel des Buddha-Bildnisses gegossen wird, sprach Dôgen in der Vortragshalle: „Unser Tathâgata Buddha wurde an diesem Tag geboren und ging gleichzeitig sieben Schritte in die zehn Richtungen. Wer weiß, dass jeder Schritt Shâkyamuni Buddhas die zahllosen Buddhas erzeugt? An diesem Tag übertragen die Buddhas die Stimme Shâkyamuni Buddhas unmittelbar und werden gleichzeitig mit ihm geboren, bleiben am selben Ort und tragen die gleichen Namen wie der Shâkyamuni Buddha in der Vergangenheit, Gegenwart und Zukunft, und nehmen Zuflucht zu ihm. Nun gießen wir süßes Wasser auf den Kopf dieses Buddha-Bildnisses.

[103] Über diese Geschichte spricht Dôgen ausgiebig im Kapitel „Jinshin-inga" des *Shôbôgenzô*.

Das Gießen steht für Geburt. Was bedeutet diese Zeremonie? Über eine lange Zeit hat unser Buddha das Wasser des Dharma über die Mönche gegossen, doch heute gießen wir süßes Wasser über unseren Buddha.

Alle Mönche sollen zur Buddha-Halle gehen und Duftwasser über unseren Buddha gießen."

96. „Der Weg, der auf rechte Weise von Buddhas und Patriarchen übertragen wurde, ist eins mit dem Selbst. Darum ist er dem Selbst nicht bekannt und wurde in der Vergangenheit auch nicht dargelegt. Es gibt verschiedene Äußerungen zum Weg: Sein, Nicht-Sein, die vier Ausdrücke[104], die einhundert Verneinungen, Denken, Nicht-Denken, Buddha, Nicht-Buddha, Soheit, Nicht-Soheit, ‚Katzen und Ochsen wissen, dass sie die Buddha-Natur haben' und ‚Buddhas wissen nie, dass sie die Buddha-Natur haben', dazu die richtige Übertragung der Robe aus goldenem Brokat und die Schatzkammer des Wahren Dharma. Davon abgesehen würde ich dem zweiten Patriarchen, selbst wenn er seinen Arm abschnitte, die Essenz von Bodhidharmas Lehre erfasste und sie mir zeigte, Folgendes sagen: ‚Unter meinen Schätzen findet sich kein solches Schwert.'"

97. „Die buddhistische Übung ist nichts Besonderes. Hält man den Weg für etwas Besonderes, dann entfernt man sich von ihm. Darum heißt es: ‚Die Buddhas sind sich des Reiches, das Shâkyamuni Buddha überschreitet, nicht bewusst; die Patriarchen verstehen nicht.' Wer die Buddhas und Patriarchen überschritten hat, kann das Vorhängeschloss mit einem Blindschlüssel öffnen."

98. „Ein herausragender Schüler namens Chin sagte zu einem anderen vorbildlich Übenden namens Sin[105]: ‚Ich verstehe klar die Natur von Entstehen und Nicht-Entstehen, doch frage ich mich, warum ich am Entstehen hafte.' Sin sagte: ‚Ein Bambusspross wächst heran, um schließlich zu Bambus zu werden. Kannst du nun aber schon den Bambusspross als Spatel sehen?' Chin meinte: ‚Du wirst es in Zukunft selbst verwirklichen.' Sin sagte: ‚Das ist meine Meinung. Wie steht's mit deiner?' Chin erwiderte: ‚Dies ist der *kan-in*-Raum. Dort ist der *tenzo*[106]-Raum.' Da verneigte sich Sin vor Chin.

Dieses Kôan manifestiert sich grenzenlos. Dennoch haben die Menschen in den letzten fünftausend Jahren neue Täuschungen erzeugt."

---

[104] Gleichheit, Unterscheidung, Sein, Nicht-Sein.

[105] Chin und Sin waren Nachfolger von Lo-hang Kuei-shen.

[106] Der (meist ältere) Mönch, der fürs Kochen zuständig ist.

99. Am letzten Tag der Sommer-Übungsperiode sprach Dôgen in der Vortragshalle: „Um fühlende Wesen zu retten, haben die Buddhas und Patriarchen den Dharma gemäß der Fähigkeiten ihrer Zuhörer erläutert und sich als Pai-chang, Lin-chi, Shâkyamuni, Bodhidharma und vergangene oder gegenwärtige Buddhas manifestiert. In jedem Sommer, ob vergangen oder gegenwärtig, manifestieren sich ihre Wirkung. So ist die sommerliche Übungsperiode von neunzig Tagen Dauer ein großer Segen und eine Freude für uns. Nun ist sie vorbei. Wie viel Verdienst haben wir erlangt?

Je mehr Verdienst aus der Übung die fühlenden Wesen auf der Erde haben, desto größer wird ihre Verwirklichung."

100. „Endlos wiederholt man Geburt und Tod in den sechs Reichen der Existenz. Ein Ausdruck des Wahren Dharma wird kaum vernommen. Mönche, hört auf zu dösen! Einhundert Jahre gehen vorbei wie der Klang eines Kiesels."

101. „Am ersten Tag im achten Monat feiert man das Herbstfest des *tenchû,* damit die Dämonen ‚Rotmund' und ‚Weißzunge' verschwinden. Wolken sammeln sich um den Gipfel eines Berges, das herbstliche Wasser ist klar. Der Regen zieht außen am Fenster vorbei, und auch der Morgenwind ist voller Freude."

102. Nachdem er die Aufzeichnungen seines Lehrers Tien-tung erhalten hatte, stand Dôgen in der Vortragshalle auf, hielt sie hoch, parfümierte sie mit Weihrauch und sprach: „Dies ist von Tien-tung, der den großen Sprung geschafft hat. Nun trampelt er auf unserem Land herum und überrascht sogar Drachen und Fische. Wie versteht ihr Mönche das?

Der Gott des Ozeans[107] ist sich der Größe und Bedeutung (dieser Aufzeichnungen) bewusst. Sie verbleiben in der menschlichen und himmlischen Welt, um die Nacht[108] zu erhellen." Dann stieg Dôgen von seinem Sitz herab und warf sich gemeinsam mit den Mönchen drei Mal davor nieder.

---

[107] Dôgen.

[108] In der Täuschung.

103. „Vor und nach dem 15. des achten Monats strahlt der Mond[109] gleichermaßen sein Licht nach hier und dort aus. Auch das Reich der Erleuchtung, in dem wir den Dharma verwirklichen, bereinigt vom Schmutz[110] und gewährt völlig freies Wirken. Wer mit diesem Zeichen und dieser Würde versehen ist, ist überall angesehen und legt überall den Dharma dar. Dennoch ist das – vom Standpunkt des Überschreitens selbst des Buddha – nur eine lachhafte Angelegenheit. Versteht ihr das?

Es gibt nichts zu sagen. Ist da irgendetwas anderes zu studieren als dieser Mond?"

104. „Wenn die ganze Welt der zehn Richtungen erkannt wird, erwacht man zum *bodhi*-Geist, praktiziert den Weg, klärt den Buddha-Geist und legt seinen täuschenden Körper und sein irriges Denken ab.

Einst fragte ein Mönch Hsüan-sha: ‚Du behauptest, die ganze Welt sei ein leuchtendes Juwel. Wie sollten wir Mönche dies verstehen?' Hsüan-sha antwortete: ‚Die ganze Welt der zehn Richtungen ist ein leuchtendes Juwel. Was nutzt es schon, das zu verstehen?' Später fragte Hsüan-sha den Mönch seinerseits: ‚Die ganze Welt der zehn Richtungen ist ein leuchtendes Juwel. Wie verstehst du das?' Der Mönch wiederholte: ‚Die ganze Welt der zehn Richtungen ist ein leuchtendes Juwel. Was nutzt es schon, das zu verstehen?' Hsüan-sha kommentierte: ‚Du bist einer, der an einem sonnenlosen Ort, an dem Dämonen leben, an allerlei Dinge denkt.'

Die zehn Richtungen und die ganze Welt sind ein leuchtendes Juwel. Die Sonne, der Mond und die Sterne sind wie Hasen [im Mond] und Krähen [in der Sonne, also Sonnenflecken; diese Geschichte behandelt das Kapitel „Ikka no Myôju" im *Shôbôgenzô*]. Wenn ihr diesen leuchtend runden Juwel begreifen wollt, ist es gerade so, als würdet ihr ihn nicht verstehen. Der völlig sonnenlose Ort, an dem Dämonen leben, ist genau der richtige, an dem ihr den Weg praktizieren solltet."

105. „Erleuchtete sind jenseits aller früheren Buddhas und Patriarchen, unabhängig von den vier Richtungen. Wenn Wind[111] und Wolken[112] einander begegnen und ein paar Reiskekse mit Sesam essen, dann überschreiten sie den Unterschied zwischen heilig und weltlich, und sogar deren Einssein."

---

[109] Symbol für die Wahrheit.

[110] Symbol für die Täuschung.

[111] Meister.

[112] Schüler.

106. Zur Öffnung einer Feuerstätte sagte Dôgen in der Vortragshalle: „Nun öffnet eine Feuerstelle ihren großen Mund und erläutert allgemein alle Lehren Buddhas. Wenn ihr aus kalter Asche[113] Eisen[114] formt, wird dessen Buddha-Geist leuchtend vor euch brennen."

107. Für den Seelenfrieden des toten Mönchs Eki sprach Dôgen in der Vortragshalle: „Eine Pflaumenblüte[115] öffnet ihre fünf Blüten und überschreitet dabei Geburt und Tod. Sie bringt auf natürliche Weise Früchte hervor und wird so zu Buddhas und Patriarchen. Ältestenmönch Eki! Hast du diese Essenz erkannt oder nicht? Hast du sie vollständig verwirklicht? Du solltest den menschlichen Körper von Geburt und Tod überschreiten und unverzüglich das Reich der Erleuchtung in der ewigen Gegenwart betreten. Dort wetteifern die Buddhas und Patriarchen darum, in Erscheinung zu treten, und selbst König Yama[116] und der Dämon des Karma[117] werden zu Buddhas."

108. Für den Seelenfrieden des herausragenden, verstorbenen Mönchs Sôkai sprach Dôgen in der Vortragshalle: „Sôkai rezitierte folgenden Vers am Tor des Todes:

‚Siebenundzwanzig Jahre lebte ich in dieser Welt,
ohne die Verbrechen meiner Vergangenheit ausgleichen zu können.
Nun bin ich bereit zu sterben, werde über den leeren Himmel springen
und so schnell wie ein Pfeil zur Hölle fahren!'

An diesem Abend hat Sôkai den Tod überschritten. Doch ihr Mönche wetteifert miteinander in der Trauer um ihn. Sôkai, der Geburt und Tod überschritten hat, hasst es jedoch, als verloren zu gelten. Das solltet ihr wissen. Er starb zwar, bevor er den *hossu* vor meiner Brust erblickte, doch nun ist er wiedergeboren."

---

[113] Ein Unerleuchteter.

[114] Ein Erleuchteter.

[115] Symbol für den Buddha-Geist.

[116] Skt. Yamarâja, der König der Schatten.

[117] Handlungen – auch im Geist –, die entsprechende Folgen bewirken.

109. Für den Seelenfrieden des herausragenden, verstorbenen Mönchs Sôkai sprach Dôgen in der Vortragshalle noch ein weiteres Mal: „Chao-chou sagte: ‚Seit ich einst einen großen Mönch gesehen habe, ist mir klar, dass er niemand anderes als ich selbst ist.‘

Sieht einer einen großen Mönch, dann verliert er sein altes Gesicht. Sôkai hat das Zen-Kloster nicht mehr verlassen, nachdem er diesem großen Mönch begegnet war. Der Wind war kalt und Nüsse fielen vom Baum, als er die Täuschung ablegte, Schaumblasen als seinen Körper und Wolken als seinen Geist ansah."

110. „Das Weisheitsauge ist jenseits des unterscheidenden Geistes. Sein Stoßzahn ist so scharf wie ein Baum aus Schwertern, sein Mund so rot und groß wie eine Wanne voll Blut."

111. „Es gibt drei Dinge, die ein Buddha an andere übermittelt. Es sind der Schoß eines Esels, der Bauch eines Pferdes und die Lederhaut eines Ochsen. Darin taucht unverzüglich die Lehre auf."

112. Am Tag der Wintersonnenwende sprach Dôgen in der Vortragshalle: „Alljährlich kehrt an diesem Tag der Frühling zurück. Die Wintersonnenwende ist jenseits des alten und neuen Jahres, ihr Verdienst ist tief. Dies ist ein glücklicher Tag, da alle Dinge erstehen. Beginnt diesen Tag, indem ihr gut ausgeruht euren Reis esst."

113. Am 15. des ersten Monats sprach Dôgen in der Vortragshalle: „Der ganze Himmel ist klar und die ganze Erde feucht. Darum heißt es, Buddhas – so unzählbar wie die Sandkörner des Ganges – tanzten zur Musik von Samtai, und bald würden auf der ganzen Welt die Blüten erblühen. Wie glücklich ich bin, den Gott des Frühlings auf den sechs Löchern seiner Flöte blasen zu hören! Wolken und Wasser (d.h. Mönche) des Frühlings sind die Begleiter dieses Tages."

114. „Der Weg muss aufrichtig und ernsthaft praktiziert werden. Solange wir ernsthaft üben, wird der Weg sich unmittelbar verwirklichen.

Schritt für Schritt geht ein Erleuchteter auf dem Weg des Frühlings, ohne behindert zu werden. Am Neujahrstag erkennen die Menschen dessen Bedeutung[118]."

[118] Die Essenz des Weges.

115. Zu Beginn der Sommerübung sprach Dôgen in der Vortragshalle: „Nun habe ich Mönche in einen Kleidersack gesteckt, ihn oben zugebunden und ihn gestoßen wie einen Ball. Unzählige Buddhas und Patriarchen springen aus diesem Sack. Ich werde sie in diesem Kloster festhalten und Pferde und Ochsen ausbrüten lassen."

116. „Die Buddhas des Belohnungs-Körpers[119] und Wandlungs-Körpers[120] sind nicht die wahren Buddhas. Unterscheidende Menschen sind keine wahren Menschen. Darum heißt es, bevor Buddha den Dharma darlege, offenbare der Dharma den Buddha."

117. „Auf der ganzen Erde gibt es keine Nicht-Buddhisten. In Vergangenheit und Gegenwart existieren keine zwei Fahrzeuge. Dies solltet ihr verstehen."

118. An Buddhas Todestag sprach Dôgen in der Vortragshalle: „An diesem Abend haben wir ein bisschen Regen und viel Wind. Der Mond sieht aus wie ein gespannter Bogen, mit verwelkenden Blumen und fließendem Wasser bildet er ein vollständiges Rund. Mitten in der Nacht trat der Gautama[121] in das große *samâdhi* ein und legte mit authentischer Stimme und wahren Worten das *Mahâparinirvâna-Sutra* dar." Dann stieg Dôgen von seinem Sitz herab.

119. Zur Eröffnung einer Feuerstelle sprach Dôgen in der Vortragshalle: „Schaut! Schaut! Mein rotglühendes Feuer formt die ganze Welt! Dort will ich die Lebenden[122] schmieden. Heute Morgen strecke ich meine Hand aus und lege Kohlen ins Feuer."

120. „Völlige Dummheit ist unzählige Zentimeter dick, und vollständige Täuschung ist unzählige Meter lang. Heute Abend habe ich den weiten Himmel zwanzig Mal geschlagen, spüre aber keinen Schmerz in meiner Faust. Doch der weite Himmel hat Schmerzen und die ganze Erde wird unverzüglich zu einem Reiskeks mit Sesam[123]. Plötzlich sagt jemand zu mir: ‚Ich will diesen Reiskuchen kaufen.' Ich frage ihn: ‚Wer bist du?' Er sagt: ‚Ich bin der Bodhi-

---

[119] Skt. *sambogha-kâya,* der Körper als Folge des Einhaltens der Vorschriften und der religiösen Übungen, symbolisiert z.B. durch Amitâbha.

[120] Skt. *nirmâna-kâya,* der Körper, der sich zum Wohle fühlender Wesen manifestiert, symbolisiert z.B. durch Shâkyamuni.

[121] Shâkyamuni Buddhas bürgerlicher Name war Siddharta Gautama (oder Gotama), wobei der letzte Teil seine Sippe kennzeichnete.

[122] Buddhas und Patriarchen.

[123] Das Reich jenseits der Buddhas.

sattva Avalokiteshvara[124]. Mein Vorname ist Chang und mein Familienname ist Li[125].' Ich frage ihn: ‚Hast du Geld dabei?' Er verneint. Da sage ich: ‚Ob du ihn wohl ohne Geld kaufen kannst?' Ohne darauf einzugehen sagt er: ‚Ich will ihn kaufen. Ich will ihn wirklich kaufen.' Versteht ihr das?

Wenn der Bodhisattva Avalokiteshvara auftaucht, sind Erde, Berge und Flüsse keine kalte Asche mehr. Ihr müsst begreifen: Wenn im dritten Monat die Rebhühner singen, vergessen auch die Blumen nie, zu erblühen."

121. „Jetzt ist eine gute Zeit, Zazen zu machen. Wenn diese Zeit vorbei ist, wie weit seid ihr dann in den Dharma vorgedrungen? Wie könntet ihr ihn sonst verwirklichen? Mithilfe dieser Zeit verwirklicht ihr leicht den Weg. Nun bläst ein starker Frühlingswind und der Frühlingsregen hört nicht auf. Ihr messt den Körpern, die eure Eltern euch gaben, einen hohen Wert bei. Wie viel mehr solltet ihr dann erst von der Essenz des Dharma halten, die die Buddhas und Patriarchen auf rechte Weise übertragen haben. Wer nichts daraus macht, ist wirklich ein Tier.

Wenn ihr das Reich jenseits der Wirkung des Frühlings erkannt habt, wird eure Geistesblüte[126] an einem toten Baum wachsen. Niemand kennt die wahre Absicht des Menschen, der neun Jahre vor einer Wand saß[127]. Doch während dieser Zeit ging er oft über fließenden Sand nach Indien zurück."

122. „Wenn Zen-Übende sich vor dem *sandaisei*[128] verbeugen, öffnet sich ein lange verschlossenes Haupttor. Mittels Zazen schneiden sie unzählige Täuschungen ab, ihre Wirkungen durchdringen alle Dinge zur gleichen Zeit und lassen Wind und Donner entstehen.

Hier ist eine Geschichte. Huang-po sagte einst zu einigen Mönchen: ‚Ihr seid alle so töricht, euch mit Trester zufrieden zu geben. Wie könnt ihr mit dieser Übung Erleuchtung verwirklichen? Wisst ihr nicht, dass es im Tang-China[129] keinen Zen-Meister gibt?' Da trat ein Mönch vor und sagte: ‚Wie kommt es dann, dass Zen-Meister Mönche empfangen und sie in allen Teilen unseres Landes zurechtweisen?' Huang-po erwiderte: ‚Ich sage nicht, es gäbe da kein Zen, aber da ist kein Zen-Meister.'

Ich sage nicht, da sei kein Zen. Aber es ist nun unzählige Jahre her, seit der Buddha starb. Also gibt es lediglich keinen Zen-Meister mehr. Schließlich ist Selbst nichts als Selbst."

---

[124] Steht für großes Mitleid, Güte und Liebe.

[125] Diese Namen stehen für einen gewöhnlichen Menschen.

[126] Der Buddha-Geist.

[127] Bodhidharma.

[128] Buddhas Scheitel.

[129] 618–907.

123. „In der Nacht ging der Zen-Meister Ta-man[130] heimlich zur Reisstampf-Hütte und fragte den Laien Hui-neng[131]: ‚Hast du den Reis weiß gestampft?‘ Hui-neng antwortete: ‚Ja, aber ich habe ihn noch nicht gesiebt.‘ Da klopfte Ta-man drei Mal mit seinem Stock auf den Steinmörser. Hui-neng siebte drei Mal den Reis in einer Wanne. So verwirklichte er den Weg. Später erbte er Ta-mans Dharma in dessen Zimmer.

Hui-neng stampfte den Reis weiß. Doch da waren noch vier oder fünf *shô*[132] ungesiebten Reises. Als ‚drei‘ mit ‚drei‘ eins geworden war, wurde Hui-neng von Ta-man der Dharma übertragen. So öffnete eine Pflaumenblüte ihre fünf Blütenblätter. Doch keiner wusste davon, wie die Brokatrobe übertragen wurde. In diesem Moment kam in der dunklen Nacht der ewige Frühlingswind auf.“

[130] 688–761, Nachfolger von Ta-i Tao-hsin.

[131] 637–712, Nachfolger von Hung-jen und des sechsten chinesischen Patriarchen; er soll Erleuchtung beim Reisstampfen im Tempel auf dem Berg Huang-mei erlangt haben.

[132] Ein *shô* entspricht 1,805 Litern.

II. Daibutsuji Goroku

Am 18. des siebten Monats des zweiten Jahres Kangen[133] ging Dôgen in den Tempel Daibutsu. Im folgenden Jahr kamen etliche Zen-Mönche aus allen Teilen des Landes zu ihm.

1. Am ersten Tag der Sommer-Übungsperiode *ango* sagte Dôgen in der Vortragshalle, während er mit seinem *hossu* einen Kreis in die Luft zeichnete: „*Ango* ist vollständig eins mit diesem Kreis." Indem er einen weiteren Kreis zeichnete, sagte er: „*Ango* ist auch vollständig eins mit diesem Kreis. Darum sagt man, durch den Empfang des Lebens dieses Kreises wurde der König Bhîshmagargitasvarârgha[134] zum Buddha oder Patriarchen, und durch das Erlangen seines Wirkens übermitteln sowohl Fäuste wie *shujô* den Dharma und Buddhas Robe. Jedes *ango* ist die Essenz eines Augenblickes. Ihr dürft es jedoch weder als Beginn eures Erwachens noch als Reich jenseits der Buddhas ansehen. Wenn ihr dies tut, legt diese Gedanken sofort wieder ab. Nur so löst ihr euch vom Beginn und vom Reich jenseits der Buddhas. Wie könnt ihr dies nun meistern?"

   Wieder zeichnete er mit seinem *hossu* einen Kreis und sprach: „Verweilt im *ango* dieses Kreises."

2. „Einst gab es bei einem buddhistischen Treffen mit Zen-Meister Ts'u-ming Chu-yüan[135] eine Diskussion um ein großes und ein kleines Kloster. Der alte, tugendhafte Mönch konnte zwar debattieren, ermangelte aber des Buddha-Auges. Erklärt doch mal, was ein großes Kloster ist und was ein kleines. Ihr dürft einen großen Tempel mit vielen Mönchen nicht großes Kloster nennen und einen kleinen Tempel mit wenigen Mönchen nicht kleines Kloster. Wenn ihr Klöster nach der Größe ihrer Gebäude oder der Anzahl ihrer Mönche beurteilt, ist diese Diskussion nutzlos. Ein großer Tempel mit vielen Mönchen, in dem es keinen *bodhi*-suchenden Geist gibt, ist ein kleines Kloster. Ein kleiner Tempel mit Mönchen, die den *bodhi*-suchenden Geist besitzen, ist hingegen ein großes Kloster. Es ist so wie bei einem Staat, der einen heiligen Herrscher und weise Gefolgsleute hat und nicht einfach nur ein großes Volk und viel Land.

[133] 1243-1247.

[134] Der erste Buddha der Vergangenheit. (?)

[135] 987–1040, Nachfolger von Feng-yang Shen-chao.

Die buddhistische Gemeinde von Zen-Meister Feng-yang Shen-chao[136] bestand aus nur sieben oder acht Mönchen. Chao-chou hatte weniger als zwanzig Mönche, Yueh-shan[137] nur zehn, doch sie hielten jeden Abend eine Ansprache. Neuerdings kommen fünfhundert, siebenhundert oder gar tausend Mönche in einem Tempel zusammen, doch keiner von ihnen ist ein würdiger Schüler mit *bodhi*-suchendem Geist. Wie könnten wir einen solchen Tempel vergleichen mit dem Yueh-shans, Chao-chus oder Feng-yangs? Zuletzt gab es deshalb auch keine Abendansprachen und Zeremonien mehr. Da kommt mein verstorbener Lehrer Ju-ching gerade recht. Dies ist eine Gelegenheit, der wir nur ein Mal in tausend Jahren begegnen. Nun herrscht das Zeitalter des verfallenden Buddhismus, doch die Regeln seines Klosters sind die strengsten. Um Mitternacht oder abends nach dem Essen, ganz unabhängig von der Zeit, wird eine Trommel geschlagen, um die Mönche in sein Zimmer zu rufen, wo er den Dharma ausgiebig darlegt. Oder die Trommel erläutert behelfsmäßig selbst den Dharma, während die Mönche sein Zimmer betreten. Manchmal schlägt er auf ein Holz in der Meditationshalle oder erklärt ausgiebig den Dharma in der *shôdô*[138]-Halle und kehrt dann in sein Zimmer zurück. Manchmal schlägt er die Holztafel vor dem Zimmer des Hauptschülers, legt ausführlich den Dharma dar und kehrt dann in sein Zimmer zurück. So gibt er ein unerreichtes Beispiel. Ich werde nun die Abendansprache als buddhistischer Sohn Ju-chings halten. Dies geschieht zum ersten Mal in Japan.

Tan-hsia[139] erzählte einmal: ‚Te-shan[140] sagte zu einigen Mönchen: ‚Meine Sekte hat keine Worte und auch sonst nichts, was sie anderen geben könnte.‘ Diese Aussage bedeutet, dass einer ins Gras läuft, um einen herausragenden Menschen zu finden, dabei aber nicht bemerkt, wie sein ganzer Körper mit Schlamm beschmutzt wird. Wenn ich seine Worte betrachte, finde ich ihn lediglich mit Buddhas Auge ausgestattet. Ich würde stattdessen sagen: ‚Meine Sekte besitzt vollständige Worte, die ich nicht einmal mit einem goldenen Schwert öffnen könnte. Dies ist das Reich, in dem eine unfruchtbare Frau des Nachts ein Baby gebärt.‘‘

So also sprach Tan-hsia. Seine Augäpfel können den ungeschliffenen Teshan durchdringen und freimütig über Buddhas und Patriarchen der Vergangenheit und Gegenwart lachen. Wenn ich Tan-hsia wäre, würde ich dennoch anders antworten. Ihr alle hier, wollt ihr hören, wie?

---

[136] Nachfolger von Shou-shan Sheng-nien.

[137] 750–839, Nachfolger von Shih-tou Hsi-chüan.

[138] Eine kleine Halle zwischen der Meditationshalle und dem Waschraum, wo gelegentlich ein Hauptschüler *(shuso)* anstelle des Abtes den Dharma erläutert.

[139] 739–824, Nachfolger von Shih-tou Hsi-chüan, der aus dem Kôan bekannt ist, in dem er eine hölzerne Buddha-Statue verbrennt.

[140] 782–855, Nachfolger Lung-tan Chung-hsins und Kenner des *Diamant-Sutras*.

Meine Sekte hat nichts zu sagen. Geist und Mund sind sich Feind. Sollte ich es anderen darlegen, dann möge ich als Esel oder Pferd wiedergeboren werden."

3. „Wenn unter der einstigen Herrschaft von Yao und Shun[141] jemand das Gesetz brach, wurde sein Verbrechen lediglich auf seiner Kleidung verzeichnet. Doch niemand brach wirklich das Gesetz, denn es war angesehen. Später wurden die fünf Arten grausamer Strafen eingeführt. Da brachen viele Menschen das Gesetz, weil sie sich nichts mehr daraus machten. Nun sind wir glücklicherweise dem herausragenden Gesetz des Dharma begegnet, das man mit jenem der Herrscher Yao und Shun vergleichen kann. Selbst wenn wir unsere Verbrechen nicht auf der Robe verzeichnet bekommen, wie könnten wir dieses Gesetz brechen? Wie könnten wir handeln, ohne uns auf Buddhas Güte zu stützen?

   Wenn wir uns mit der Hand über den Kopf streichen und dabei über uns selbst schämen, werden wir bemerken, dass es unter unserer Robe nicht kalt ist."

4. „Als Nan-chüan Huang-po fragte: ‚Wohin gehst du?', antwortete dieser: ‚Gemüse ernten.' Nan-chüan fragte: ‚Mit was?', und Huang-po zeigte ein Messer. Nan-chüan bemerkte: ‚Du verwirklichst es nur als Gast, nicht als Gastgeber.'

   Es gibt keinen Unterschied in den Fähigkeiten von Nan-chüan und Huang-po. Wenn ich aber an ihrer Stelle wäre, müsste ich noch etwas anderes verwirklichen. Als Huang-po ein Messer zeigte, hätte ich zu ihm gesagt: ‚Solch ein Messer habe ich [nicht (!)] in meiner Schatzkammer.'"

5. Am letzten Tag der Sommer-Übungsperiode sprach Dôgen in der Vortragshalle, während er mit seinem *hossu* einen Kreis in die Luft malte: „Wenn ihr das seht, dürft ihr nicht glauben, dass eure Zeit als Buddhist beendet sei oder ihr eure Schalen daran zerbrechen könntet. Was sagt ihr dazu?

   Nirgendwo ist auch nur ein Grashalm. Wenn ihr das versteht, werdet ihr mit den Beinen schlottern [eure Beine ausstrecken] wie Shih-tou und auf einem hohen Berg[142] leben."

---

[141] Legendäre weise Herrscher im alten China.

[142] Nämlich als herausragende Mönche.

6. „Als Huang-po den Pai-chang fragte: ‚Wie erläuterten die Mönche früher den Dharma?‘, blieb Pai-chang einfach auf seinem Sitz. Huang-po fragte weiter: ‚Wie soll ich den Dharma an spätere Generationen weitergeben?‘ Pai-chang stand auf und sagte: ‚Ich dachte wirklich, du seist ein hervorragender Mensch.‘

Diese beiden besonderen Mönche konnten nur über die Flecken eines Tigers sprechen, aber nicht über die des menschlichen Geistes, auch nicht über die Nicht-Flecken eines Tigers und des menschlichen Geistes oder eines Riesenvogels oder Drachens. Warum nicht? Ihr alle hier, hört ihr mich? Huang-pos Worte ‚Früher erläuterten die Mönche den Dharma‘ bedeuten, dass Pai-chang auf seinem Sitz ruht. Und die Worte ‚Den Dharma an spätere Generationen weitergeben‘ bedeuten, dass Pai-chang zurück in sein Zimmer geht. Das ist zwar richtig, aber nicht vollständig. Warum nicht? Ihr müsst verstehen, dass weder Frage noch Antwort vollständig sind. Warum sagte Huang-po nicht zu Pai-chang: ‚Du hast mich tatsächlich über früher und später belehrt, doch was ist genau jetzt der Schlüssel zum Dharma?‘ Wie hätte Pai-chang wohl diese Frage beantwortet?

Wenn mich jemand fragt, wie Zen-Mönche früher den Dharma lehrten, dann antworte ich, dass sich andere einen Strick durch ihre eigenen Nasenlöcher zogen. Wenn einer weiter fragt, wie ich selbst den Dharma an spätere Generationen übertrage, dann antworte ich, dass ich mich selbst an der Nase ziehe. Fragt jemand dann noch, was gerade jetzt der wesentliche Schlüssel zum Dharma sei, dann antworte ich: Sagt einer etwas Falsches, sprechen alle anderen die Wahrheit. [Einer überträgt die Leere, und zehntausend andere die Wirklichkeit.]“

7. „Die Augenbrauen zu heben ist eine Tat jenseits des unterscheidenden Geistes. Wenn ihr euren Kopf schnell dreht[143], werdet ihr selbst den Himmel durchdringen und das Reich erlangen, das frei von Anhaftung ist. Wer die Buddhas der drei Zeiten verschluckte, hat es bisher abgelehnt, seinen Mund zu öffnen, weil er anderen gehörte. [Euer Mund ist mein Mund.]

Wer das ganze Universum erleuchtet hat, lehnt es nun ab, auch nur die eigenen Augen zu öffnen, weil die Augen der anderen zu den eigenen werden. Dennoch werdet ihr sicher, sobald ihr ein Wort äußert, das nicht von Buddha ist, ein toter Mann sein.

Ching-ching sagte einst zu Hsüan-sha: ‚Ich bin nur ein Novize in diesem Kloster. Bitte weist mir den Weg zum Dharma.‘ Hsüan-sha antwortete: ‚Hast du den Klang des Rinnsals gehört?‘ Als Ching-ching bejahte, meinte Hsüansha: ‚Trete dadurch ein.‘ So verwirklichte Ching-ching den Weg des Dharma.

---

[143] D.h. über euch selbst reflektiert.

Zen-Meister Fa-yen vom Berg Wu-tsu meinte: ‚Wenn du den Dharma verwirklicht hast, wirst du jede Richtung als solche erkennen. Wenn nicht, darfst du jetzt noch nicht von hier fortgehen.‘ An seiner Stelle hätte ich anders gesprochen: Wollt ihr wirklich den Dharma verstehen? Leider hängt ihr an einem Pferdepfosten[144]. Wenn mich jemand plötzlich fragte: ‚Wie ist es genau jetzt?‘, dann würde ich antworten: ‚Was für eine Schande[145].‘“

8. „Im letzten Winter sagte ich zu den Mönchen: ‚Wenn ihr euch in der Halle, auf dem Flur, an einem Bach oder unter einem Baum trefft, dann solltet ihr euch in *gasshô*[146] verbeugen, wie es der Buddha bestimmte, und erst danach sprechen. Dies werde ich als dauerhafte Regel festlegen.‘

Wie könnte es sein, dass Buddhas und Patriarchen einander ohne Etikette begegnen? Der Buddha Shâkyamuni behandelte leichte Angelegenheiten, indem er Weihrauch verbrannte und Blumen wie Regen verteilte, wobei er fragte, ob er gut zu verstehen sei. Als Yung-chia[147] zu Hui-neng kam, schüttelte er sein *shakujô*. Auf diese Arten also begegnen sich Buddhas und Patriarchen. Dies müsst ihr genau beobachten. Ihr dürft die früheren Begegnungen nicht ignorieren.

Einst fragte ein gewisser Mönch Mu-chou[148]: ‚Mit einem Wort – was ist ein Buddha?‘ Mu-chou erwiderte: ‚Er ist in deinem Mönchsbeutel.‘ Als ein Mönch die gleiche Frage Yün-men stellte, antwortete dieser: ‚Er beseitigt den Unterschied zwischen gestern und heute.‘ Wenn mir jemand die gleiche Frage stellt, werde ich meinen *hossu* fortwerfen.“

Da einige Mönche ungläubig ihren Kopf hoben, ergänzte Dôgen: „Leider haftet ihr an meinem einzigen *hossu*.“

9. „Wenn der Herrscher nur wenige weise Menschen hat, sucht er in Berg und Tal nach einem Fähigen. Der Kaiser des Staates Chin fand Pai-li-chi[149] und überließ ihm das Regieren. Kaiser Wu des Staates Yin fand Chuan-shi-yen und machte ihn zum Berater der Verwaltung. Das waren hervorragende Beispiele in der Vergangenheit. Wir wissen genau, dass die Felder und Berge nicht ohne fähige und weise Menschen sind.

---

[144] Ein Pfosten oder Geländer, an das man Pferde anbindet, steht hier für das Anhaften an Ausdrücken wie „Trete ein durch …“.

[145] … solch eine Frage zu stellen.

[146] Eine Respektbezeugung mit vor der Brust zusammengelegten Handflächen, die die Einheit von Körper und Geist symbolisiert.

[147] Gest. 713, Nachfolger von Hui-neng und Autor des *Shôdôka* („Gesang der Erleuchtung“).

[148] Nachfolger von Huang-po Hsi-yün.

[149] 7. Jh. v. Chr., leitete sieben Jahre lang Regierungsgeschäfte.

Ihr Übende begebt euch selbst in Berge und Felder und geht einen friedvollen Weg. Darum dürft ihr Laien und Höflingen nicht unterlegen sein. Dennoch kommt ihr in eurer Geistesart noch nicht an sie heran.

Wie könnt ihr glauben, heiligen und weisen Mönchen in euren Handlungen gleichzukommen? Ihr vernachlässigt das Studium des Weges zu sehr. Wie schändlich und beklagenswert! Ihr müsst verstehen, dass die Zeit wie ein Pfeil dahinfliegt und euer Leben nur schwer aufrecht zu erhalten ist. Wenn ihr den Weg so studiert, als müsstet ihr euren Kopf vorm Verbrennen retten, dann erfasst ihr nicht nur die ursprüngliche Natur Buddhas, sondern auch das Mark von Bodhidharmas Lehre.

Als Subhûti[150] seine Schale zu Vimalakîrti[151] brachte, füllte dieser sie mit gekochtem Reis und sagte: ‚Wenn du Buddha verleumden, die Lehre tadeln und dich weigern kannst, in die buddhistische Gemeinschaft einzutreten, dann nimm diesen Reis.‘ Subhûti verstand jedoch nicht und ging ohne die Schale weg.

Zweitausend Jahre lang hat niemand die wahre Bedeutung dieser vorzüglichen Geschichte verstanden. Stets wurde gesagt, Subhûti habe nicht verstanden, nie jedoch, dass Subhûti es erfasst habe. Ich werde alte tugendhafte und weise Mönche fragen, ob sie dieses Kôan über Subhûti, der ohne seine Schale wegging, verstanden haben. Das nämlich tat Subhûti, jedoch erschallte seine Stimme fortan unaufhörlich bis heute wie Donner, alle Stimmen und Fahrzeuge der *shrâvaka*, Pratyeka-Buddhas[152] und Bodhisattvas überschreitend. Vimalakîrti scheint also taub für diese Stimme gewesen zu sein.

Ich werde Vimalakîrti fragen, ob er die unbeschränkte Stimme Subhûtis gehört hat oder nicht, wie sie sagte: ‚Ich verleumde den Buddha, tadele die Lehre und weigere mich, in die buddhistische Gemeinschaft einzutreten.‘ Wenn Vimalakîrti dies bestätigt, werde ich ihn ein oder zwei *kalpa*[153] lang mit erhobener Reisschale in der Hand warten lassen. Anstelle von Vimalakîrti werde ich Subhûti antworten: ‚Bring mir noch eine Schale voll mit Reis, während du den Buddha verleumdest, die Lehre tadelst und den Eintritt in die buddhistische Gemeinschaft verweigerst, und ich werde sie annehmen.‘ Will Vimalakîrti dann etwas antworten, werde ich ihm die Schale abnehmen und unverzüglich weggehen.“

---

[150] Einer der zehn Hauptschüler Buddhas, der sich durch sein Verständnis der Leere *(shûnyatâ)* hervortat.

[151] Ein reicher Laie aus der Zeit Buddhas.

[152] Diejenigen, die Erleuchtung ohne Lehrer, meist durch Schriftstudium, erlangt haben und nicht das Ideal verfolgen, andere zu erretten.

[153] Der Zeitraum, den ein weibliches Himmelswesen benötigt, um einen Stein mit mehreren Kilometern Durchmesser abzutragen, indem sie ihn alle drei Jahre mit dem Stoff ihres Gewandes reibt.

10. „Einst sagte der tugendhafte Mönch Hung-chih[154], als er Abt auf dem Berg Tien-tung war, am Tag der Wintersonnenwende in der Vortragshalle: ‚Dies ist der Tag, an dem die längste Nacht vorbei ist und ein längerer Tag beginnt.‘

Wenn die Wirkung eurer Übung sich erfüllt, dann wandelt sich Täuschung in Erleuchtung. Ihr genießt völlige Freiheit jenseits eures unterscheidenden Geistes, so wie ein blauer Drache seine Knochen umbildet und dann schneller fliegt oder ein schwarzer Leopard den Nebel durchdringt und seine Farbe wechselt, und so wie ihr eine Perlenkette aus den Knochen der Buddhas der drei Zeiten macht. Ihr sollt nicht sagen, dass hell für dunkel das ist, was die Sonne für den Mond ist. Selbst wenn ihr Ausgewogenheit auf dem Weg erlangt habt – übertrifft diese etwa mein freies Wirken von teuer verkaufen und billig einkaufen? Zen-Mönche! Versteht ihr, dass das leuchtende Juwel auf einer Diele auch rollen wird, ohne geschubst worden zu sein?

Hier eine andere Geschichte. Hsüeh-feng fragte einen Mönch: ‚Wohin gehst du?‘ Dieser sagte: ‚Waschen.‘ Hsüeh-feng sagte: ‚Du kannst gehen.‘ Yün-men kommentierte: ‚Hsüeh-feng erkennt, was einen Menschen durch seine Worte ausmacht.‘ Hung-chih meinte: ‚Unterscheide nichts. Wenn doch, gebe ich dir dreißig Schläge mit dem Warnstock. Warum? Weil ein weißes Juwel makellos ist, doch wenn man Buchstaben hineinritzt, verliert es seinen eigenen Glanz.‘

So waren die Worte dieser drei hohen Mönche. Doch ich würde es anders ausdrücken. Ihr müsst mir deutlich zuhören und tief darüber nachdenken. Ein weißes Juwel hat tatsächlich keinen Makel, doch wenn man es fein poliert, dann wird es noch mehr Glanz ausstrahlen. An diesem glückverheißenden Tag der Wintersonnenwende schreitet das Verdienst eines tugendhaften Mannes weiter voran. Dies ist nicht nur für Laien ein glücklicher Tag, sondern auch für Buddhas und Patriarchen. Gestern wurde der Tag kürzer wie der Schatten einer Linie, und die längste, verneinende Nacht kam schnell an ein Ende. Heute wurde der Tag länger wie der Schatten einer Linie, er tauchte bejahend auf und spendete allen Dingen Leben. Mönche singen und klatschen in die Hände, während Buddhas und Patriarchen vor Freude darüber tanzen, unverzüglich das Reich des Buddhas Bhîshmagargitasvarârgha[155] überschritten zu haben. Es gibt keinen Grund, an den vier Jahreszeiten festzuhalten. Diese Sicht ist das Leben heiliger und weiser Mönche und ebenso die Essenz von Menschen und Himmelswesen. Dennoch ist sie den Nasenlöchern Buddhas[156] oder den Augäpfeln Mahâkâshyapas noch nicht ebenbürtig. Wollt ihr diesen

---

[154] 1091–1157, Nachfolger von Tan-hsia Ts‘u-chun; soll mehr als zwölfhundert Schüler gehabt haben.

[155] Steht für die Zeit.

[156] Der ursprünglichen Natur.

glücklichen Tag verwirklichen?" Daraufhin zeichnete er mit seinem *hossu* einen Kreis in die Luft und sagte: „Schaut her!"

Nach einer Weile sprach er weiter: „Selbst wenn man Pflaumenblüten im Schnee leicht erkennen könnte, frage ich: Woher kommt diese bejahende Wintersonnenwende?"

11. Am achten des zwölften Monats, an dem man eine Zeremonie in Erinnerung an Shâkyamunis Erlangen der Buddhaschaft abhält, sprach Dôgen in der Vortragshalle: „Der Buddha Shâkyamuni, der sechs Jahre lang asketische Übungen in der säkularen Welt vollzog, trat unbewusst in die Pflaumenblüte[157] ein und erkannte den Morgenstern. Seltsamerweise erhob sich in diesem Moment von der Pflaumenblüte her der Frühlingswind, und rote und weiße Blüten hingen stolz an ihren Ästen. Ältere Mönche! Wollt ihr wissen, wie man diese Erleuchtung verwirklichen kann? Zunächst erkennt man den Weg durch die Worte ‚Körper und Geist fallen lassen', die von Zen-Meister Tien-tung stammen. Dann erfasst man das eigene Buddha-Auge, indem man das Wirken meiner Faust begreift. Mit den übernatürlichen Fähigkeiten der Weisheit dieser Faust könnt ihr fühlende Wesen führen und retten. Sogleich könnt ihr den leuchtenden Morgenstern erkennen oder euren gesamten Körper unter einem *bo*-Baum dem Zazen hingeben, die Identität von ‚nehmen' und ‚lassen' klären oder die dreiunddreißig Patriarchen[158] mit euren eigenen geöffneten Buddha-Augen sehen. Inwiefern aber befindet sich das Leben des Bhagavat[159] in euren Händen? Wollt ihr ihn sehen?"

Dann erhob Dôgen seine Faust, öffnete sie, spreizte die Finger und sagte nach einer kurzen Pause: „Ihr habt den Bhagavat bereits gesehen."

Nach einer Weile sagte er: „Jetzt den Morgenstern zu erblicken und den Weg zu erkennen bedeutet, Haferschleim wie der Tathâgata zu essen."

12. Dôgen sprach zum Dank für den Dienst eines *kansu*-Mönches in der Vortragshalle: „Zwei Jahre, einundzwanzig Monate oder mehr als sechshundert Tage lang hat der *kansu* seine Aufgaben erfüllt und in Zazen gesessen, ohne sein eigenes Verdienst zu verlieren. Dafür ist ihm jeder anwesende Mönch dankbar. Sagt einfach, wie die Buddhas und Patriarchen ihre Dankbarkeit gegenüber dem *kansu* ausdrücken wollen."

---

[157] Symbol für die Erleuchtung.

[158] Von Mahâkâshyapa bis Hui-neng.

[159] Ein Ehrentitel für Buddha Shâkyamuni mit der Bedeutung „der von der Welt Geehrte", d.h. einer, der es wert ist, verehrt zu werden, weil er sich aller Illusionen und Befleckungen entledigt hat.

Nach einer Weile schlug Dôgen seinen *hossu* ein Mal an die rechte Seite seines Sitzes und sagte: „Jeder der Buddhas und Patriarchen hat dem eben erwähnten *kansu* gedankt."

13. Dôgen sprach zum Dank für den Dienst eines *tenzo*-Mönches in der Vortragshalle: „Für Zen-Klöster in Japan war ich der erste Mensch, der die Lehre vom *tenzo* übertrug. Wir hatten so etwas noch nie zuvor. Es ist das Beispiel, dem hohe und tugendhafte Mönche in der Vergangenheit durch ihre persönliche Praxis folgten, wie Wei-shan, Chia-shan[160], Wu-chao[161] und Hsüeh-feng. Dies jenseits der Zeit zu verwirklichen ist das größte Verdienst. Wer könnte dessen Grenzen ermessen? Nicht nur unter einem, zwei, drei, vier, fünf Buddhas, sondern unter unzähligen Buddhas solltet ihr demnach verschiedenste gute Taten tun, viel Verdienst erlangen und eure Pflichten als *tenzo* gründlich ausführen, verstehen, vorantreiben und darüber reflektieren. Darum heißt es: ‚Wenn du, *tenzo,* die Nasenlöcher der Buddhas und Patriarchen hast, dann gebe ich sie dir. Wenn nicht, dann nehme ich dir deine weg.'"

Dann erhob Dôgen seinen *hossu* und fuhr fort: „Dieser *hossu* ist jenseits von geben und wegnehmen. Darum werden die Nasenlöcher weder von mir noch von euch getäuscht. Manchmal werden sie plötzlich zu einer Flöte ohne Löcher. Dann können sie nicht mehr wie zuvor oberhalb eurer Lippen stehen. Sobald ihr durch eines von ihnen die Melodie des Shaolin-Klosters spielen wollt, erklingt die Melodie der Pflaumenblüten. Versucht ihr die Melodie des Jetavana-Gartens[162] zu spielen, ertönt die des Staates Ta-shi[163]. Nach oft wiederholten Fehlern hängen unsere Nasenlöcher am Sonnen- und am Mondgesicht. Unser gesamtes Ausatmen durchstößt die Nasenlöcher. Die Augäpfel eines *tenzo*-Mönchs strahlen Licht aus, und das wiederum öffnet die Augen.

Tenzo-Mönch, du hast bereits an die Nasenlöcher geglaubt, darum haben die aufeinander folgenden Buddhas den Dienst eines *tenzo* verwirklicht, indem sie dreihundertsechzig Tage lang Hände und Augen mit dir teilten. Die aufeinander folgenden Patriarchen haben ihn ebenfalls mit demselben Körper und Geist wie du ein Jahr lang ausgeübt, somit das Verdienst eines *tenzo* erlangt und den Weg verwirklicht. Wenn nun plötzlich eine unbelebte Schöpfkelle an einen Reiseimer oder Suppenkübel klopft, rezitieren verschiedene Münder einstimmig das *Mahâprajnâpâramitâ.* Wo auch immer wir hingehen, wir erwecken den Dharmakörper Buddhas. Das *Mahâprajnâpâramitâ* verbreitet sich überall, durchdringt Zäune und Mauern, und es gibt keinen Ort, an

---

[160] 805–881, Nachfolger von Chuan-ts'u Te-cheng.

[161] 820–899, Nachfolger von Yang-shan Hui-chi.

[162] Dieser Garten wurde vom reichen Händler Sudatta dem Buddha Shâkyamuni und seinen Schülern gespendet, damit sie sich dort der religiösen Übung widmen konnten; er lag in der Stadt Shrâvasti.

[163] Ein Teil Persiens.

dem man es meiden könnte. Wie wollt ihr diesen unvermeidlichen Ort nennen?

Yün-mens *samâdhi* ist die Manifestation aller Dinge, das die ‚Räder der Nahrung und des Dharma' dreht. Einen Eimer voll Wasser zu tragen und eine Schale mit ihm zu füllen bedeutet, die Weisheit[164] des Bhagavat auf neue Weise zu nutzen."

14. Zur Einladung eines *kansu-* und einen *tenzo*-Mönchs in die Vortragshalle sprach Dôgen in der Vortragshalle: „*Chiji*-Mönche[165] werden von den Buddhas in den drei Zeiten geschützt. Es gibt hervorragende Beispiele wie den Ehrwürdigen Nanda[166] und den Ehrwürdigen Tôba[167].

Ich habe diesen Tempel gegründet, aber er ist noch nicht fertiggestellt. All die anstehenden Aufgaben sind recht langweilig. Nur wer zum *bodhi*-Geist erwacht ist und Erleuchtung verwirklicht hat, kann mit den Aufgaben eines *chiji* betraut werden."

Dann nahm Dôgen seinen *hossu* und sagte: „Nun habe ich diese *kansu-* und *tenzo*-Mönche aus dem Ozean des Dharma gefischt. Sie ziehen als Ochsen Pflug und Hacke oder beißen als Pferde in die Trense und tragen Sattel. Mit Pelzen und Hörner versehen, ihre Schwänze wedelnd oder ihre Köpfe schüttelnd, passieren sie schnell das Drachentor und trampeln auch das obere Tor noch nieder. Sie versuchen erst gar nicht, zu Weisen zu werden, sondern kommen ihrer Verantwortung nach. Wir haben wahrlich die richtigen *chiji*-Mönche! Sie sind Gastgeber im Gast, ohne ihren eigenen Vorteil zu suchen. Von ihren Sitzen hochspringend ignorieren sie die Abwege von Ruhm und Gewinn. Sie haben auch niemals anderen fälschlich den Dharma dargelegt. Wollt ihr Buddhas werden, so müsst ihr auch solche *tekkan*[168] sein. Soll ich euch das Wort *tekkan* erläutern?

Dies ist das Zimmer des *kan'in*[169]. Dies ist das Zimmer des *tenzo.*"

---

[164] Jap. *juki.*

[165] Die mit Verwaltungsaufgaben im Kloster betrauten Mönche: *tsûsu, kansu, fûsu, inô, tenzo* und *shissui.*

[166] Der Sohn Mahâprajâpatîs, der Tante und Amme Shâkyamunis.

[167] Ein *tenzo* aus einem Tempel in Râjagrha.

[168] Der „eiserne Mensch" von unbeugsamem, Buddha suchendem Geist.

[169] Tempelvorsteher.

15. „Einst meinte ein Mönch zu Chao-chou: ‚Bevor die Welt entsteht, existiert bereits diese Natur. Selbst wenn die Welt sich auflöst, tut es diese Natur nicht. Was ist diese unzerstörbare Natur?‘ Chao-chou erwiderte: ‚Es sind die vier Elemente[170] und die fünf *skandha.*‘ Der Mönch fragte weiter: ‚Auch diese lösen sich auf. Was ist also die unzerstörbare Natur?‘ Chao-chou antwortete: ‚Genau dies.‘

Das war Chao-chous Antwort. Er konnte wahrlich die Natur verstehen, aber nicht abwerfen. Ich will noch ergänzen: Je mehr Wasser da ist, desto höher schwimmt ein Boot, und je mehr Schlamm es gibt, desto größer wird ein Buddha[171].“

16. „Wenn ein Zen-Mönch die Buddhas der drei Zeitalter verschluckt, dann atmet er durch deren Nasenlöcher. In alten Zeiten lächelte der Ehrwürdige Mahâkâshyapa, doch heutzutage erscheint uns das als nicht besonders weise. Denkt darüber nach.“

17. „Am Morgen des Neujahrstages sprach der Mönch Hung-chih, der Abt auf dem Berg Tien-tung war, in der Vortragshalle: ‚Zazen und all die anderen Übungen werden ganz natürlich ausgeübt. Die Buddhas erscheinen vor uns, ihr Geist ist unbeschränkt. Schnee auf einem Fluss ist rein und weiß. Hsien-sam-lang (Hsüan-sha) würde diesen Anblick in seinem Fischerboot herzlich genossen haben. Erkennt dies!“

Nach einer Weile sprach er weiter: „An diesem vielversprechenden Neujahrstag haben wir erfreut Zazen gemacht und uns dazu auf ganz natürliche Art beglückwünscht. Unser Geist ist so belebt, dass er den Frühling lächeln macht. Die Buddhas bringen uns ihre weißen Ochsen[172]. Glückverheißender Schnee bedeckt hoch die Berge. Auf einem Fischerboot angelt man nach anderen und sich selbst.“

---

[170] Erde, die Härte besitzt und Dinge stützen kann; Wasser, das Feuchtigkeit besitzt und Dinge enthalten kann; Feuer, das Hitze besitzt und Dinge zur Vollendung bringen kann; Wind, der Bewegung besitzt und Dinge reifen lassen kann.

[171] Je mehr Täuschung, desto größer die Erleuchtung.

[172] Ihren Geist.

18. „Der schöpferische Himmel übt seine Funktion aus, hinterlässt dabei aber keine Spuren. [Ein alter Baum übermittelt die verwandelnde Wirkung, ohne sich auch nur ein bisschen zu bewegen.] Ein Felsen ist das vollständige Erscheinen des Buddha-Geistes, ohne irgendwelche Kennzeichen. Dieses absolute Reich kann weder mit den Augen Buddhas noch durch Täuschung oder Erleuchtung erfasst werden. Die Augäpfel Gautamas liegen in meinen Händen wie die Nüsse des *bo*-Baumes. Meine Nasenlöcher liegen in seiner Hand wie ein Bambusrohr. Sobald ich den Rauch hinter einem Berg verfolge, finde ich den Aufenthaltsort eines Feuers; schaue ich nach Hörnern jenseits eines Zaunes, stoße ich stets auf die Existenz eines Ochsen."

Dann hob Dôgen seinen *hossu* an und sagte: „Dies ist nichts als dies. Wie nennt ihr es schließlich? Wollt ihr dies verstehen?

Bergvögel zwitschern, um den Tagesanbruch anzukündigen, und Pflaumenblüten künden duftend vom Herannahen der Frühlingszeit."

19. „Ich erinnere mich genau, dass einst ein Mönch Yün-men fragte: ‚Wie kann man ausdrücken, was über den Dharma-Körper (das ganze Universum) hinausgeht?' Yün-men antwortete: ‚Der Große Wagen versteckt den Dharma-Körper in sich selbst.'

Yün-men konnte nur vom Dharma-Körper sprechen, aber nicht darüber hinausgehen. Wenn jemand mich fragte: ‚Wie kann man ausdrücken, was über den Dharma-Körper hinausgeht?', dann würde ich antworten: ‚Der Dharma-Körper versteckt den Dharma-Körper in sich selbst.'" Da stieg Dôgen von seinem Sitz herab.

20. „Selbst wenn ein Zen-Meister Mönche veranlasst, ihre Körper und Köpfe umzudrehen, indem er seine Faust erhebt, seine Beine baumeln lässt oder Westen und Osten zeigt, werden die Mönche ihr Leben (des Weges) verlieren, wenn sie daran anhaften.

Ich erinnere mich an den Mönch, der Chao-chou fragte: ‚Was ist der erhabene Scheitel auf dem Kopf des Buddhas Vairocana[173]?' Chao-chou antwortete: ‚Ich wurde Mönch, als ich jung war, habe ihn jedoch nie gesehen.'

So antwortete der alte tugendhafte Mönch Chao-chou. Würde mir jemand die gleiche Frage stellen, würde ich ihm antworten, dass ‚groß'[174] und ‚klein' verschiedenartig sind. [Unter den Großen gibt es viele Arten Großes, unter den Kleinen viele Arten Kleines.]" Daraufhin warf Dôgen seinen *hossu* beiseite und stieg vom Sitz herab.

---

[173] Der Buddha, der den esoterischen Buddhismus darlegte; alle Dinge im Universum bilden seinen Körper.

[174] „Groß" soll auf den universellen Dharmakâya Buddha verweisen, personifiziert durch Vairocana.

21. „Es gibt ein Reich, wo ihr die Erleuchtung verwirklicht, ohne auch nur eure Zungenspitzen zu bewegen. Es kann nicht einmal gezeigt werden, indem ihr eure leeren Hände zu Fäusten ballt.

Einst fragte ein Mönch den Tung-an[175]: ‚Wie ist deine Übungsmethode?' Tung-an antwortete: ‚Ein goldener Hahn (die Sonne) kehrt in den weiten Himmel zurück und umarmt seine Küken, ein schöner Hase (der Mond) begibt sich zum Tse-wei-Palast (wo der Sonnengott lebt), um sein Baby zu umarmen.' Da fragte der Mönch weiter: ‚Wenn plötzlich ein Gast zu dir kommt, was wirst du mit ihm machen?' Tung-an sagte: ‚Am frühen Morgen pflücken Affen die goldene Frucht und gehen fort. Am späten Abend nimmt ein Phönix die Udambara-Blume in seinen Schnabel und kehrt zurück.'

Die Übungsmethode des Patriarchen Tung-an ist äußerst ungewöhnlich. Meine verschmilzt verschiedene Einflüsse. Wenn jemand mich fragte, was meine Übungsmethode sei, so würde ich unverzüglich antworten: ‚Es klar auszudrücken bedeutet, ein Horn (die Ansicht eines Selbst) auf jemandes Kopf zu erzeugen.' Darum sind Drachen mit Schlangen vermischt, und Pferde sowie Ochsen (nutzlose Menschen) sind zahlreich. Wenn dann plötzlich ein Gast zu mir käme, was sollte ich mit ihm machen? Ich würde ihm dreißig Stockschläge erteilen, noch bevor er am Haupttor angelangt ist."

22. Am 15. des zweiten Monats sprach Dôgen in der Vortragshalle: „Am heutigen Tag ist einst der große Lehrer Shâkyamuni unter den Sâla-Bäumen am Ajitavatî-Fluss der Burgstadt Kushinagara[176] gestorben. Wie können wir behaupten, dass nur Shâkyamuni allein starb? Nicht nur die Buddhas der drei Zeitalter und zehn Richtungen, sondern auch die achtundzwanzig Patriarchen Indiens und sechs Patriarchen Chinas starben in jener Nacht! Wer – unabhängig von ‚vorher' oder ‚nachher' oder Selbst und Anderen – damals nicht starb, ist weit von den Buddhas und Patriarchen entfernt. Wer aber in jener Nacht starb, gehört zu den Buddhas und Patriarchen. Er hat das gleiche Nirwana und die die gleiche Übung wie Shâkyamuni.

Es heißt, dass einige Töpfe gebrochene Füße hätten und andere gar keine, einige Kellengriffe seien lang, andere kurz, einige Nasen breit und flach, andere schmal und gerade, der Osten sei fruchtbar und der Westen karg. All dies ist das Erscheinen von Nirwana (Erleuchtung). Wenn ihr dieses *shujô* (universelles Nirwana) verwirklicht habt, dann habt ihr das Wichtigste in eurem ganzen Leben der Übung und des Studiums erlangt.

---

[175] ?–930, Nachfolger von Yün-chu Tao-yin (835–902).

[176] Die Hauptstadt von Malla im alten Indien.

Zu dieser Zeit verbirgt stehendes Wasser (Nirwana) einen Drachen in sich, ohne dass irgendwo eine Person wäre; Schlammklöße und Erdklumpen rollen herum, brechen die Zähne Bodhidharmas heraus und schneiden Hui-kos linken Arm ab. Nur Heute existiert, es gibt kein Morgen. Indem einer also diese Nacht in seine leere Hand nimmt, macht er sie zu unzähligen *kalpa* der Übung. Indem er dieses eine Ding (Nirwana) aus Leibeskräften aufnimmt, macht er es zu unzähligen *kalpa* des Lebens. Die Mönchsversammlung hat dieses Prinzip bereits erkannt. Es gibt jedoch etwas Wesentlicheres. Wollt ihr es sehen?"

Nach einer Weile sprach Dôgen weiter: „Selbst diejenigen, die die Erleuchtung verwirklicht und Gautamas Augen in ihrem Gesicht haben, beklagen nutzlos seinen Tod, indem sie sich auf die Brust schlagen. Dagegen sind der Himmelsteufel und der Dämon des Todes über dessen Tod erfreut und winden sich in Zuckungen des Frohsinns." Daraufhin warf er seinen *hossu* beiseite und stieg von seinem Sitz herab.

23. In der Nacht hob Dôgen ein Mal seinen *shujô* und sprach in der Vortragshalle: „Dies ist mein *shujô*. Länder und Buddhas, so zahlreich wie die Sandkörner des Ganges, werden alle von diesem *shujô* verschluckt, der den dortigen Lebewesen unbekannt ist. Wo sind eure Nasenlöcher und Augäpfel, wo ist euer Geist und euer Scheitel? Wenn ihr deren Aufenthaltsorte kennt, werdet ihr in der Lage sein, diesen *shujô* vertikal in der Leere zu platzieren oder horizontal in den Händen zu halten. Wenn nicht, dann gibt es auf der erhöhten Plattform der Meditationshalle Haferschleim und Reis für euch.

Ich erinnere mich an einen Mönch, der Zen-Meister Ta-chih vom Berg Paichang fragte: ‚Was ist ein seltsames Ding?' Ta-chih antwortete: ‚Es macht Zazen auf einem prächtigen Berg.' Und mein verstorbener Lehrer Ju-ching vom Berg Tien-tung meinte: ‚Wenn mich jemand fragte, würde ich antworten: ‚Welche seltsamen Dinge gibt es denn?' Das bedeutet, dass ich meine Schale aus dem Ching-ts'u-Tempel auf den Berg Tien-tung bringe und daraus Reis esse.'

Die Aussagen dieser beiden ehrwürdigen Mönche sind gelungen, doch vom Standpunkt eines Zuschauers mit dem Auge des Wahren Dharma wirken sie doch etwas eigenartig. Wenn mich jemand fragte, was seltsame Dinge wären, würde ich ihm unverzüglich antworten, indem ich meinen *shujô* in Japan hoch hielte." Da erhob er seinen *shujô* einmal mehr in die Höhe und stieg von seinem Sitz herab.

24. „Einst meinte ein Mönch: ‚Himmel und Erde haben die gleiche Wurzel wie ich. Alle Dinge haben den gleichen Körper wie ich.[177]'" Darauf erhob Dôgen seinen *hossu* und sagte: „Dies ist mein *hossu.* Was hat den gleichen Körper und die gleiche Wurzel wie mein *hossu?* Ich werde euch dies jetzt mit Hingabe darlegen."

Nach einer Weile fuhr er fort: „Der Reis in Lu-ling ist teuer, der Rettich in Chen-chou ist groß."[178] Daraufhin warf er seinen *hossu* beiseite und stieg von seinem Sitz herab.

25. „Wir sehen den Buddha und machen vor ihm Niederwerfungen. Wir suchen einen Ochsen, während wir auf ihm reiten. Warum? Dies ist die Wirklichkeit unserer Praxis. Sie sollte unausgesprochen bleiben, weil selbst Weisheit sie nicht fassen kann. Wenn ihr darüber sprecht, wird euch ein Horn auf dem Kopf wachsen."

Dann hob Dôgen seinen *hossu* hoch und fuhr fort: „Wir haben gesprochen, und nun ist ein Horn (des Nicht-Geistes) auf unserem Kopf gewachsen. Ist dies ein Ochse oder ein Pferd, der Gautama oder Bodhidharma? Gerade jetzt erklingt der Wind in den Zweigen, Regen weicht Erdklumpen auf, Kröten quaken und Regenwürmer singen. Seht nur, wie sich unzählige Pfirsichblüten bei den Berghütten öffnen!" Danach warf er seinen *hossu* beiseite und stieg von seinem Sitz herab.

26. „Der Dharma sollte vom Dharma selbst kritisiert werden, nicht mittels der Unterscheidung, nicht vom Himmelsteufel, von Nicht-Buddhisten oder den drei oder sechs Welten[179]. Der Buddha Shâkyamuni wurde ein Buddha in Person, nachdem er den Buddhas der drei *asamkhya-kalpa*[180] Ehrenopfer dargebracht hatte. Dies bedeutet, dass er während des ersten *asamkhya-kalpa* die 75.000 Buddhas traf, vom früheren Buddha Shâkyamuni (gleichen Namens) bis zu Buddha Ratnashikin; während des zweiten *asamkhya-kalpa* traf er die 76.000 Buddhas vom Buddha Ratnashikin bis zum Buddha Dîpamkara[181]; während des dritten *asamkhya-kalpa* traf er die 77.000 Buddhas vom Buddha

---

[177] Ein Zitat von Seng-chao, einem Schüler Kumârajîvas..

[178] Zitate aus dem *Shôyôroku* und *Hekiganroku.*

[179] Die drei Welten sind die der Begierde, deren Einwohner Appetit und sexuelle Begierde empfinden; der Form, deren Einwohner weder Appetit noch sexuelle Begierde empfinden; der Formlosigkeit, deren Einwohner keine körperliche Form haben. Die sechs Welten sind die, in denen Lebewesen wiedergeboren werden, bis sie Nirwana erlangen, nämlich die der Hölle, der hungrigen Geister, der Tiere, der Asuras (streitender Dämonen), der Menschen und der Himmelswesen.

[180] Unzählige *kalpa.*

[181] Ein Buddha, der Shâkyamuni prophezeit hatte, er würde letztlich Erleuchtung erlangen. Die Namen der alten Buddhas stammen aus dem *Abhidharma Mahâvibhâsha Shâstra.*

Dîpamkara bis zum Buddha Vipashyin. Danach verwirklichte er an diesem Tag den Weg.

Ich werde es nun erklären: Vom früheren Shâkyamuni bis zu unseren gegenwärtigen Sitzkissen schneiden wir im Zazen die 75.000 Rauchsäulen (Täuschungen) ab und erfüllen das erste unermessliche *kalpa;* von unseren Sitzkissen bis zum *shujô* zerbrechen wir die 76.000 Erdklumpen (Täuschungen) und erfüllen das zweite unermessliche *kalpa;* vom *shujô* bis zum *hossu* zermalmen wir die 77.000 eisernen Augenbrauen (Täuschungen) und erfüllen das dritte unermessliche *kalpa.* Dann gibt es freilich noch das vierte, fünfte, sechste, siebte, achte, neunte und zehnte *asamkhya-kalpa.* Nur wenn ihr diese sorgfältig studiert habt, werdet ihr sie recht verstehen. Mönche! Wollt ihr das erste *asamkhya-kalpa* verstehen?“

Dôgen klopfte ein Mal mit seinem Stab auf und sagte: „Genau dies ist es.“ Er machte klar, dass das Gleiche vom zweiten und dritten *asamkhya-kalpa* gesagt werden konnte und sprach: „Nur nach solch einem Studium werdet ihr sie verstehen. Es gibt keine Kluft zwischen dem früheren und dem gegenwärtigen Shâkyamuni. Ihr dürft die Tatsache nicht missverstehen, dass ein Spiegelbild in eine Gestalt verwandelt wurde.“[182]

27. „Der Buddha Shâkyamuni sagte zu Shâriputra: ‚Du darfst den Dharma törichten Menschen nicht in Kürze darlegen, während du ihn gebildeten Menschen ausführlich erklärst.‘ Shâriputra sagte: ‚Ich lege den Dharma Menschen mit geringen Talenten dar, nicht denen mit herausragender Fähigkeit und Veranlagung. [Ich erläutere Menschen den Dharma aus Mitempfinden, nicht gemäß ihrer Auffassungsgabe.]‘ Der Bhagavat sagte: ‚Ob du den Dharma ausgiebig oder in Kürze darlegst, *shrâvaka* und Pratyeka-Buddhas werden ihn nicht verwirklichen.‘

So lauteten die Worte des tugendhaften Buddha Shâkyamuni auf dem Geierberg. Wenn mich jemand fragte: ‚Was ist ein Gebildeter?‘, dann würde ich ihm antworten: ‚Einer, dessen zwei Ohren Rädern eines Fahrzeuges gleichen.‘

Wenn jemand fragte: ‚Was ist ein törichter Mensch?‘, dann würde ich ihm antworten: ‚Einer, dessen Schädel und Gesicht zu Gelächter veranlassen.‘ Wenn ihr fragt: ‚Was meinte Shâriputra mit den Worten: ‚Ich lege den Dharma Menschen mit geringen Talenten dar‘?‘, dann werden euch diese dreißig Stockschläge erteilen. Was meinte hingegen der Bhagavat mit den Worten: ‚Ob ihr den Dharma ausgiebig oder in Kürze darlegt, *shrâvaka* und Pratyeka-Buddhas werden ihn nicht verwirklichen‘?

[182] Okumura/Leighton geben die Deutung, dass der historische Shâkyamuni als manifestierter Nirmânakâya Buddha nicht bloß als Abbild eines älteren Shâkyamuni, der als Dharmakâya Buddha das gesamte Universum repräsentierte, verstanden werden solle. Vielmehr müsse jeder manifestierte Buddha selbst praktizieren und verwirklichen.

Ein sieben Tonnen schwerer Bogen, der einen Tiger töten kann, muss niedergelegt werden, wenn ihn niemand zu benutzen weiß."

28. „Der weite Himmel ist eure Nase und die ganze Erde ist eure Füße. Darum kam Bodhidharma aus Indien nach China und die Buddhas erschienen in der Welt, wo sie die Dinge mit ihren Nasen sahen und Töne mit ihren Augen hörten.[183] Sie benutzten abwechselnd ihre sechs Sinnesorgane[184], und alle Dinge praktizierten gemeinsam. Darum heißt es: ‚Ein ‚Stein-Mensch' (des Nicht-Geistes) ähnelt dir und singt ein beliebtes Lied; du ähnelst dem ‚Stein-Menschen' und bist im Einklang mit dem Klang des weißen Schnees.' Genau jetzt sind alle Sinnesbereiche vollkommene Weisheit. Wollt ihr dies vollständig verstehen?

Wer wird sich beschweren, das Frühlingslicht nicht zu erlangen, so sehr er sich auch bemüht [Wer würde sich beschweren, dass der Frühlingsglanz nach nichts strebt]? Grünes Gras und zahllose Blumen sind strahlend neu."

29. „Die ganze Welt in den zehn Richtungen, Berge, Flüsse und die Erde sind zerbrochen und weggeschmolzen. Wie könnte man darin ein friedvolles Leben einrichten? Ist hier jemand, der mir das sagen kann? Wenn ja, dann hat er ein Auge, das klar genug den Weg erkennt. Wenn nein, dann darf er andere nicht dreißig Jahre lang fälschlich lehren. Danach würde ich ihn nur auslachen. Wofür? Dafür, dass er es andere nicht lehren konnte."

30. „Als ein Mönch Chao-chou fragte: ‚Was ist der unfehlbare Weg?', erwiderte Chao-chou: ‚Den Buddha-Geist zu klären und die Buddha-Natur zu erkennen.' Ein späterer Patriach meinte: ‚Chao-chous Antwort trifft fast die Wahrheit. Für mich gilt das nicht. Wenn jemand mich fragte, was der unfehlbare Weg sei, dann würde ich ihm sogleich antworten, dass die innere Tür jedes Hauses sich bis nach Chang-an[185] erstreckt.'

Ich habe diese Bemerkung nie als vollständig angesehen. Chao-chous Antwort ist beinahe richtig. Wollt ihr die Worte ‚den Buddha-Geist klären' verstehen?" Daraufhin hustete Dôgen und sagte: „Genau dies ist es. Wollt ihr die Worte ‚die Buddha-Natur erkennen' verstehen?" Dann lächelte er und sprach: „Genau dies ist es. Aber der alte Zen-Mönch Chao-chou sah Osten und Westen und hielt sie für Süden und Norden. Wenn mich jemand plötzlich fragte, was der unfehlbare Weg sei, dann würde ich ihm sofort antworten: ‚Du darfst die Worte ‚den Buddha-Geist klären' und ‚die Buddha-Natur erkennen' nicht

---

[183] Siehe *Kegon-Sutra*.

[184] Augen, Ohren, Nase, Zunge, Körper und Gehirn/Gedanken.

[185] Die Hauptstadt des alten China, wörtlich: Großer Friede.

vernachlässigen. [Verlasse nicht jählings diesen Ort (der Fehlbarkeit). (!)]‘ Und wenn der andere dann fragte: ‚Bedeutet das nicht, eine Koto[186]zu stimmen, indem man die Saiten am Bundstab festklebt?‘, dann würde ich erwidern: ‚Weißt du denn tatsächlich, wie das geht?‘“

31. Als am 8. des vierten Monats Duftwasser über den Kopf der Buddha-Statue gegossen wurde, sprach Dôgen in der Vortragshalle: „Unser ursprünglicher Lehrer Shâkyamuni wurde an diesem Morgen vor zweitausend [dreitausend (!)] Jahren im Lumbini-Garten des Palastes von König Shuddhodana[187] geboren und ging sieben Schritte in jede der zehn Richtungen. Danach deutete er mit einer Hand in den Himmel und mit der anderen zu Boden, sah in die vier Richtungen und sagte: ‚Oben im Himmel und unten auf der Erde bin ich allein der Ehrwürdigste.‘ Wollt Ihr Mönche seine Geburt sehen?“

Daraufhin malte er mit seinem *hossu* einen Kreis in die Luft und sagte: „Nun ist der Bhagavat geboren. Gleichzeitig – und nicht davor oder danach – wird die ganze Welt in den zehn Richtungen geboren, ebenso wie Berge, Flüsse und Länder, Menschen, fühlende und empfindungslose Wesen, sowie Buddhas der drei Zeitalter und zehn Richtungen. Warum ist das so? Mit meiner Geburt[188] wurde er geboren; mit meinen Füßen machte er sieben Schritte in die zehn Richtungen; mit meiner Zunge sprach er: ‚Oben im Himmel und unten auf der Erde bin ich allein der Ehrwürdigste.‘ Weiterhin ist das wahre ‚mit‘ jenseits des gewöhnlichen ‚mit‘. [Kein Gefühl *(vedanâ)* zu empfangen ist wahres Empfangen oder *samâdhi.*] Es gelangt in kein anderes Reich als das des Dharma. Was bedeutet dies?

Solange ihr nicht den Dharma übertragt und fühlende Wesen rettet, habt ihr dem Buddha dessen Güte noch nicht vergolten. Wie sieht so etwas aus?“ Dabei stieg er von seinem Sitz, ging mit einigen Mönchen in die Buddha-Halle, verneigte sich vor dem Dharma-Körper (der Statue) des Tathâgata und goss Duftwasser darüber.

32. „Wenn ich Mönchen den Dharma darlege, werden gewiss meine Augenbrauen und mein Bart abfallen. Wenn ich dies nicht tue, werde ich so schnell wie ein fliegender Pfeil in die Hölle fahren. Was sollte ich jenseits davon für euch tun?“

---

[186] Japanische Harfe.

[187] König des nordindischen Reiches Kapilavastu (im heutigen Nepal) und Vater von Shâkyamuni Buddha.

[188] Hier wie an vielen anderen Stellen spricht Dôgen von sich als „Daibutsu“.

Nach einer Weile sprach Dôgen weiter: „Weder im Himmel noch unter der Erde gibt es einen Bodhisattva Maitreya[189]. Sein Gesicht zu sehen ist bedeutsamer als seinen Namen zu hören. Wenn ihr einem wahren Menschen (Maitreya) begegnet, dürft ihr ihn darum nicht täuschen. [Wenn ihr ihn persönlich trefft, könnt ihr nicht getäuscht werden.]"

33. Um die Einladung eines *shika*[190]-Mönches zu feiern, sprach Dôgen in der Vortragshalle: „Es ist das erste Mal, dass wir einen *shika*-Mönch in diesen Tempel eingeladen haben. Wenn er hier auf euch Mönche trifft, wird er euch als sein eigenes Gesicht und seine eigenen Augen betrachten. Seine Taten sind die Buddhas, eine aufrichtige Übung des Weges. Er ist zum *bodhi*-Geist erwacht, liebt die Mönche aus allen Teilen des Landes und verbreitet pflichtgemäß den Zen-Geist eines Klosters.

Solange der Dharma nicht dargelegt wird, bleibt er den Menschen unbekannt, auch wenn er Wohltaten erzeugt [und selbst Weise können ihn nicht erfüllen]. Wer kann ein solch freies Dasein erlangen, dass er den Großen Wagen mit nach Süden gerichtetem Gesicht erkennt und direkt über dessen feste Form springt? Dieser *shika*-Mönch erlaubt Gästen, die bar aller Kalkulationen sind, die Lehren frei von Formeln zu vernehmen und jenseits aller festen Formen zu handeln [den unberechenbaren Dharma zu hören und die unberechenbare Angelegenheit zu praktizieren]. Doch wie soll ich das ohne Worte erklären?

Wenn dieser *shika*-Mönch frei genug ist, sowohl in das Reich Buddhas als auch in das des Teufels einzutreten, werden sich die Mönche zufrieden um ihn versammeln."

34. Am ersten Tag der Sommer-Übungsperiode *(ango)* sprach Dôgen in der Vortragshalle: „Wir nennen den unbeschreiblichen Geist und das unermessliche Rückenmark (die Essenz) der Buddhas und Patriarchen das neunzigtägige *ango* und die Hunderte und Tausende von Augäpfeln der Zen-Übenden das dreimonatige Leben, das von den Buddhas beschützt wird. Wolken liegen ruhig auf dem Berg, so vertraut, als wären beide Vater und Sohn. Klares Wasser fließt in den See, so harmonisch, als wären beide Brüder. Auf gleiche Weise praktizieren Übende den Weg und identifizieren sich miteinander. Ob überlegen oder unterlegen, Mönche üben den Weg gemeinsam. Mit solchem Geist, solchem Mark und solchen Augäpfeln ausgestattet essen die Buddhas Reis und tragen Roben, und Mönche bringen ihren Geist zur Ruhe. Alte Buddhas

[189] Denn da ist nichts als Maitreya. Dieser Bodhisattva soll im Tushita-Himmel leben, dem vierten von sechs Himmeln in der Welt der Begierde, wo er auf die Zeit wartet, in der er zur Erde hinabsteigen kann, um auf den Buddha Shâkyamuni zu folgen; dies soll 5.670 Millionen Jahre nach dem Tode Shâkyamunis geschehen.

[190] Der Mönch eines Zen-Klosters, der sich um Gäste kümmert.

aus den zehn Richtungen lassen sich wie Felsen mit ihrem gesamten Körper nieder; sie sind entschlossen, niemals fortzugehen *(kinsoku)*. All diese Säulen des Nicht-Geistes sind hölzern in ihrer Substanz, tugendhaft in ihrer Klausur *(kessei)*.

Zazen trägt reife Früchte; das *shujô* erblüht und verbreitet jeden Tag einen aromatischen Duft. Zu dieser Zeit lächelt der Dämon Pâpîyas glücklich die Buddhas an, und ein harter Stein nickt und springt vor Freude in die Luft. Warum ist dies so? Weil eine Blume am *shujô* erblüht und ein Sitzkissen Früchte trägt."

35. „Wolken, die auf dem Gipfel eines Berges entstehen, stellen ein gutes Omen dar. Für Wei-shans (Gui-shans) Wasserbüffel (Buddha-Geist) ist 9 mal 9 gleich 81. Der Mond spiegelt sich hell leuchtend in einem Abgrund wieder. Dies eine natürliche Erscheinung, genau wie für Hsüeh-fengs Schlange mit der Schildkrötennase 9 mal 7 gleich 63 ist.

Chao-chou fragte einst Ta-ts'ü: ‚Was ist die Essenz von *prajnâ* (Buddhas Weisheit)?' Als Ta-t'sü ihm dieselbe Frage stellte, lachte Chao-chou aus vollem Herzen und ging davon. Am folgenden Tag traf Ta-ts'ü Chao-chou beim Fegen des Bodens an und stellte noch einmal dieselbe Frage. Chao-chou warf seinen Besen fort, klatschte in die Hände und brach in schallendes Gelächter aus. Danach kehrte Ta-ts'ü in sein eigenes Zimmer zurück.

Ta-ts'ü und Chao-chou benutzten Ausdrücke, die *prajnâ* ähnlich, doch von deren Essenz weit entfernt sind. Würde mich jemand fragen: ‚Was ist die Essenz von *prajnâ?*', dann würde ich ihm raten: ‚Folge *prajnâ!*'"

36. „Bezüglich Lin-chis Erwachen fragte Ta-wei einst Yang-shan: ‚Hat Lin-chi damals die Kraft Ta-yüs[191] oder die Kraft Huang-pos erlangt?' Yang-shan erwiderte: ‚Er erkannte, dass er den Bart eines Tigers gestreichelt hatte und sogar auf dessen Kopf geritten war.'

Ta-weis und Yang-shans Worte sind sehr gut, lassen jedoch etwas außer Acht. Wäre ich sie, würde ich mich anders ausdrücken. Fragte mich plötzlich jemand, ob Lin-chi die Fähigkeiten Ta-yüs oder Huang-pos erreicht hatte, dann würde ich ihm antworten: ‚Die Kraft von Haferschleim und die Kraft von Reis – wer weiß aber, dass Huang-po die Kraft von Lin-chis Stab und Ta-yü die Kraft von Lin-chis Faust erlangt hatte?"

[191] Dharma-Nachfolger von Kuei-tsung Chieh-chang.

37. Im Gedenken an den toten Vater der Nonne Eshin[192] sprach Dôgen in der Vortragshalle: „Ein Ding zu erkennen bedeutet, alle anderen zu erkennen. Die drei Kräfte (Himmel, Erde, Mensch) zu kennen bedeutet, alle Buddhas zu kennen. Es heißt, wer das weiß, der lerne, anderen ihre Freundlichkeit zurückzugeben.

Als Chien-yüan[193] wegen einer Begräbniszeremonie zusammen mit Tao-wu im Haus eines Gönners weilte, schlug er auf den Sarg und fragte: ‚Ist der Mann da drinnen lebendig oder tot?' Tao-wu erwiderte: ‚Ich kann es nicht sagen.' Chien-yüan fragte: ‚Warum nicht?' Tao-wu konnte nur seine vorherige Antwort wiederholen.

Die Buddhas der drei Zeitalter befinden sich jenseits der Angelegenheit von Leben und Tod. Katzen und Ochsen (getäuschte Menschen) wissen insgeheim darum. Doch es ist jenseits aller Beschreibung. Ein Eisenochse (erleuchteter Mensch) liegt auf qualmendem Sand (ist also Leben und Tod unterworfen). Warum konnte Tao-wu dem Chien-yüan darüber nichts sagen? Weil seine Zunge zu lang und sein Mund zu schmal war. Wie zuvor erwähnt, wiederholte Tao-wu seine eigene Antwort. Dies bedeutet, dass ein großer Wurm (das Leben) ursprünglich eins mit einem Tiger (dem Tod) ist. [Ein Tiger und ein Tiger werden zum ersten Mal vertraut miteinander.]"

38. „Als Yang-shan einst zu Tong-ssu[194] kam, fragte ihn dieser: ‚Woher kommst du?' – ‚Von Kuang-nan.' – ‚Ich höre, dass er ein strahlendes Juwel ist, das den Ozean besänftigt. Ist das wahr?' – ‚Es ist wahr.' – ‚Wie ist das so?' – ‚Wenn der Mond hell ist, dann verschwindet es. Wenn er dunkel ist, dann taucht es auf.' – ‚Hast du es mitgebracht?' – ‚Ja, das habe ich.' – ‚Warum zeigst du es mir nicht?' – ‚Als ich zuvor zu Wei-shan gegangen war, bat man mich schon, dieses Juwel zu zeigen. Plötzlich erkannte ich, dass ich keine Antwort wusste und keinen Grund hatte, etwas zu sagen.' – ‚Ein wahres Löwenbaby lässt ein starkes Brüllen ertönen.'

Mönche in Klöstern bezeichnen diese Geschichte als eine, die ein leuchtendes Juwel zeigt. Was ist dann dieses Juwel?" Daraufhin malte Dôgen mit seinem *hossu* einen Kreis in die Luft und fragte: „Ist es nicht dies? Davon abgesehen: Wo zeigen wir dieses Juwel?

Es ist genug Haferschleim und Reis (Dharma) für jeden Tag da, an dem ihr den Weg übt. Selbst wenn ihr dies klar erkannt habt, werde ich euch dreißig Stockschläge mit meinem *shujô* geben."

---

[192] Eine Schülerin Dôgens.

[193] Der vierte Patriarch in der Linie Ching-yüans.

[194] 744–823, übte den Weg unter Ma-tsu Tao-i.

39. „Ein alter Patriarch sagte einst: ‚Wenn jemand entzündete Augen hat, meint er, ein Gewirr von Blüten in der Luft (Illusionen) wahrzunehmen.'" Darauf stellte Dôgen seinen *hossu* auf und sagte: „Der hier hat entzündete Augen, nicht wahr? Unzählige Buddhas manifestieren einen sechzehn Fuß hohen Goldkörper auf der Spitze dieses *hossu,* gehen dann in die zehn Richtungen und legen den gesamten Dharma allen fühlenden Wesen dar. Entspricht das nicht Blüten, die vom Himmel fallen (dem Erblühen der Leere)? Alle Patriarchen gehen nach Liang oder Wei, um *kashâya* zu übertragen und den Dharma darzulegen. Entspricht das nicht Blüten, die vom Himmel fallen? Wenn hier nun einer frei genug ist, einen Salto zu schlagen, bevor ich meinen *hossu* aufstelle, soll er vortreten. Wenn nicht, werdet ihr den Ort nicht erreichen, wo es ursprünglich weder eine Krankheit im Auge noch Blüten in der Luft gibt." Daraufhin warf er seinen *hossu* von seinem Sitz herab und sagte: „Nichtsdestotrotz ist der Preis von Salz dieses Jahr hoch und der von Reis niedrig."

40. „Als Pai-chang einmal von Wei-shan, Wu-feng[195] und Yün-yen[196] aufgesucht wurde, fragte er Wei-shan: ‚Kannst du etwas sagen, wenn dein Hals und deine Lippen geschlossen sind?' – ‚Sag du es, bitte.' – ‚Es ist nicht schwer zu bewerkstelligen, doch wenn ich es tue, befürchte ich, meine Nachfahren in der Zukunft zu verlieren.' Als Pai-chang die gleiche Frage Wu-feng stellte, erwiderte dieser: ‚Du hättest besser selbst deine Lippen geschlossen.' Pai-chang sagte: ‚Ich werde dich in der unerreichbaren (absoluten) Sphäre [dort, wo keine Person ist] im Blick behalten und meine Augen mit deiner [meiner] Hand beschatten.' Als Pai-chang Yün-yen das Gleiche fragte, erwiderte dieser: ‚Hast du es oder nicht [Bist du dort oder nicht]?' Pai-chang antwortete: ‚Ich habe meine Nachfahren eingebüßt.'[197]

Wei-shans Worte ‚Sag du es, bitte' bedeuten, die eigenen Knochen zu brechen und seinem Vater zurückzubringen. Wu-fengs Worte ‚Du hättest besser selbst deine Lippen geschlossen' bedeuten, dass er sich vor einer alten Frau verneigte und sich ihre Kleider borgte. Yün-yens Worte ‚Hast du es oder nicht' bedeuten, Pai-chang zu einer Äußerung zu drängen, die dessen Augenbrauen und Bart abfallen ließen."

---

[195] Dharma-Nachfolger von Pai-chang Huai-hai (720–814).

[196] –841, Nachfolger von Yüeh-shan Wei-yen.

[197] Siehe *Hekiganroku* Fall 70-72.

41. „Als der Ehrwürdige Subhûti den Dharma darlegte, verstreute Indra Blumen, als wären sie Regen. Also fragte der von der Welt Geehrte: ‚Hast du die im Himmel bekommen?' – ‚Nein.' – ‚Auf der Erde?' – ‚Nein.' – ‚Von Menschen?' – ‚Nein.' – ‚Von wo dann?' Als Indra seine Hand erhob, erkannte der von der Welt Geehrte dies als wahrhaftig an. Dazu sagte Yün-men: ‚Was wollte er mit dem Heben seiner Hand zum Ausdruck bringen? Sind die vier Elemente und fünf *skandha* von Indra die gleichen wie die des Buddha Shâkyamuni oder nicht?'

Dies also war die Frage des von der Welt Geehrten. Doch sie lässt einiges ungeklärt. Und so war die Antwort von Indra. Doch auch sie lässt einiges zu wünschen übrig. Wäre ich der von der Welt Geehrte gewesen, hätte ich Indra geantwortet: ‚Sind das die Blumen in den Augen eines Erleuchteten oder in deinen Augen?' Wäre ich Indra gewesen, dann hätte ich dem von der Welt Geehrten geantwortet: ‚Es sind natürlich die Blumen in den eigenen Augen.' Wäre ich Indra gewesen, als der von der Welt Geehrte fragte: ‚Hast du die Blumen aus dem Himmel, von der Erde oder von Menschen?', dann hätte ich ihm antworten können: ‚Dank dieser Blumen ist der Himmel klar und die Erde friedvoll, und die Menschen vermehren sich.' Im Warten auf die Bestätigung durch den von der Welt Geehrten hätte ich Blumen über seinem Kopf ausgestreut, als wären sie Regen. Zum ersten Mal hätte er dann ihre hervorragende Funktion erkannt. In der Tat war es schön, dass Indra seine Hand gehoben hatte, doch ich fürchte, er kam einen Augenblick zu spät beim Verstreuen des Blumenregens. Wenn ich heute euch Mönchen in der Vortragshalle den Dharma darlege, werdet ihr einen Donnerschlag vernehmen und gewiss Blüten wild durcheinander wirbeln sehen."

Hierauf warf Dôgen seinen *shujô* beiseite und sagte: „Last mich euch nur dies fragen: Was kommt zuerst: das Darlegen der Lehre oder das Verstreuen von Blumen?"

42. „Worte zu äußern bedeutet, von einem *shujô* getäuscht zu werden. Nicht zu sprechen bedeutet, von einem Flaschenkürbis getäuscht zu werden. Wenn ihr jenseits gesprochener oder unausgesprochener Worte seid, werdet ihr die freie Sphäre betreten, in der Dörfler Essensspenden zum Ta-pei-Tempel bringen.[198] Indem er einen Ausdruck innerhalb dieser Sphäre verwirklichte, kam Abt Shitou zu Ching-yüan. Dieser freie Ausdruck ist die natürliche Erkenntnis, dass die eigenen Augen in einer Höhle liegen und die eigene Nase heraussteht.

[198] Zitiert eine Episode aus dem *Linchi yulu (Rinzairoku)*.

Ein Flaschenkürbis [Shi-tou] nickt und schlägt ein wenig die Leere, wenn er zur Bedeutung des Dharma befragt wird. Ein *shujô* [Shi-tou] brüllt vor Lachen, klatscht in die Hände und fällt zu Boden, wenn man ihn zur Schatzkammer des Wahren Dharma befragt. Wenn wir aber an dieser Sphäre hängen, dann werden wir zu Fuchsgeistern und stören sogar Ochsen (unseren Buddha-Geist), genau wie wir bloß Katzen zeichnen, während wir versuchen, Tiger zu malen."

43. „Ein Mönch fragte Pao-fu[199]: ‚Durch welchen Ausdruck verwirklichte Hsüeh-feng eine solche Freiheit in seinem täglichen Leben, dass er einer Antilope gleichkam, die mit ihren Hörnern am Ast eines Baumes hängt (und keine Spuren hinterlässt)?' Pao-fu erwiderte: ‚Ich habe erkannt, dass ich Xue-fengs Schüler bin.' Und Zen-Meister Yuan-wu sagte: ‚Federn eines Pfaus, Hörner einer Giraffe [eines Einhorns], glänzende Farben – all dies sind Ausdrücke des Dharma, die von einem zum anderen übertragen wurden.' Wenn ihr Hsüeh-fengs Werk klären wollt, um selbst einen Tiger lebendig fangen zu können, dann solltet ihr eine Antwort wie die Pao-fus anbieten, die einer steilen Klippe ähnelt. Doch Pao-fu, der seine Erleuchtung verwirklichte, wusste nicht, wie er davon lassen sollte [Doch Pao-fu wusste nur, wie man so kommt, aber nicht, wie man so geht]. Wenn jemand mich fragte: ‚Durch welchen Ausdruck verwirklichte Fa-yen (Yuan-wus Lehrer) vom Berg Wu-tsu eine solche Freiheit in seinem täglichen Leben, dass er einer Antilope gleichkam, die mit ihren Hörnern am Ast eines Baumes hängt?', dann würde ich ihm lediglich antworten: ‚Ich habe nie meinen verstorbenen Lehrer hintergangen.' Versteht ihr mich völlig? Selbst ein hoher Berg hält Wolken nicht davon ab, umherzuziehen.

Dies ist bei meinen Schülern nicht der Fall. Yuan-wus Verständnis sollte ausreichen. Dennoch weiß er bloß, dass ein Horn (der unterscheidende Geist) auf seinem Kopf wächst, doch nicht, dass es ihm an Kraft in den Beinen fehlt (der Errettung fühlender Wesen). Unter meinen Schülern gibt es Mönche mit Stachelnasen und Eisenzungen (wahre Übende), die alte wie moderne Kôan verschlingen. Fragte mich jemand: ‚Durch welchen Ausdruck hast du solch eine Freiheit in deinem täglichen Leben erlangt, dass du einer Antilope gleichkommst, die mit ihren Hörnern am Ast eines Baumes hängt?', würde ich lediglich antworten: ‚Ich kann nichts tun, ohne meinen verstorbenen Lehrer zu täuschen.'"

[199] –928, Nachfolger von Hsüeh-feng I-tsun.

44. Wenn der erste Monat anbricht, hält man ihn für glückverheißend; kommt der zweite Monat, manifestiert sich der klare Geist (Dharma) der Patriarchen selbst in allen Dingen; wenn der dritte Monat kommt, stehen zahllose Blumen in voller Blüte und veranlassen den Gautama, für immer auf die Knie zu gehen. Doch gibt es hier einen herausragenden Zen-Mönch, der die Arbeit meines *shujô* verstehen kann?

Trotz des gleichen Samens wird es in Huai-pei[200] Bengalische Quitte [Orange] und in Huai-nan[201] Mandarin-Orange [Mandarine] genannt."

45. Beim Knabenfest sprach Dôgen in der Vortragshalle, während er mit seinem erhobenen *shujô* ein Mal auf die Erde klopfte: „Der fünfte des fünften Monats fällt mit dem Himmelsfest zusammen, wenn Menschen auf der ganzen Welt Taschen aus fünffarbigen Fäden [einen Medizinbeutel] tragen.

Als Sudhana Zazen unter Manjushrî übte, sagte dieser: ‚Geh durchs Tor und bring mir einen Halm Arzneikraut.' Sudhana ging durchs Tor hinaus und schaute sich überall danach um, doch alles war mit Kräutern bedeckt. Zurück bei Manjushrî sagte er: ‚Der ganze Boden ist mit Kräuterhalmen bedeckt. Welchen davon soll ich bringen?' Manjushrî wiederholte seinen Auftrag, also brachte Sudhana einen Halm herbei und übergab ihn Manjushrî. Dieser zeigte ihn den Mönchen und sagte: ‚Dies hier kann einen Menschen töten oder wiederbeleben.'

Wollt ihr diese Geschichte verstehen? Sudhanas Worte ‚Der ganze Boden ist mit Kräuterhalmen bedeckt. Welchen davon soll ich bringen?' bedeuten, dass er bereits einen Kräuterhalm gebracht hat. Doch konnte er zu diesem Zeitpunkt den Halm nur sehen, nicht aber verstehen. Tatsächlich forderte Manjushrî: ‚Bring mir einen Kräuterhalm.' Doch, Manjushrî, weißt du, dass das, was durchs Tor des unterscheidenden Geistes eintritt, nicht der Familienschatz (das absolute Selbst) ist? Ansonsten wirst du, Manjushrî, auch wenn du den Kräuterhalm selbst beibringst, nicht eins mit ihm sein. Sudhana ging wie gesagt durchs Tor hinaus. Dies bedeutet, dass er mit seinen Füßen auf den Kräuterhalm trat, bevor er ihn mit seinen Händen herbeibrachte. Dann übergab Sudhana den Kräuterhalm an Manjushrî. Dies bedeutet, dass er ein oder zwei Kôan überbrachte. Zu diesem Zeitpunkt waren sie beide von der Wirkung des Dharma besessen. Manjushrî nahm das Kraut an und sagte: ‚Dies kann einen Menschen töten oder wiederbeleben.' Was aber bedeuten diese Worte?"

---

[200] Ein Distrikt nördlich des Flusses Huai.

[201] Ein Distrikt südlich des Flusses Huai.

Dann klopfte Dôgen noch einmal mit seinem erhobenen *shujô* auf den Boden und fragte: „Ist das: einen Menschen töten?“ Und nach einem weiteren Klopfen fragte er: „Ist das: einen Menschen wiederbeleben? Weiterhin gibt es da noch etwas Drittes. Wollt ihr wissen, was es ist?“

Nach einer Weile hob er noch einmal seinen *shujô* hoch [klopfte er noch einmal auf den Boden] und stieg dann von seinem Sitz herab.

46. „Ein Laie aus Chih-chou suchte Nan-chüan auf, brachte ihm Haferschleim dar und bat um eine Rezitation zu Ehren der Buddhas. Nan-chüan betrat die Meditationshalle, schlug selbst den Holzblock und sagte: ‚Ich bitte euch Mönche, das *Mahâprajnâpâramitâ* zum Wohle von Katzen und Ochsen[202] (des Nicht-Geistes) [denen dieser Laie gleicht] zu rezitieren.‘

In der Zwischenzeit war der Laie gegangen. Nachdem Nan-chüan den Haferschleim gegessen hatte, verließ er die Meditationshalle und fragte den *tenzo*-Mönch, ob der Laie noch da sei. Der *tenzo* verneinte. Daraufhin zerbrach Nan-chüan den Hafertopf.

Nan-chüan rezitierte das *‚Mahâprajnâpâramitâ‘* auf der Suche nach Katzen und Ochsen. Selbst wenn er den Hafertopf zerbrach, wie hätte er dem Laien gleichkommen können, der bereits den Berg hinabgestiegen war?“

47. „Vor dem fünfzehnten Tag hätten wir nicht die Öffnung unserer Bettdecke (des Dharma) finden können, wenn wir nicht im selben Bett (wie Erleuchtete) geschlafen hätten.[203] Nach dem fünfzehnten Tag (Erwachen) drehen Erleuchtete zunächst noch nicht das absolute Dharma-Rad. Tun sie es doch, werden sie freilich weder im Reden noch im Schweigen daran scheitern. Am fünfzehnten Tag wird eine alte Mauer blau und rot angemalt. In Erwartung des Herbstes zirpen die Grillen. Doch wie werden meine Schüler den Dharma verbreiten?

Erleuchtete erkennen den Buddha Shâkyamuni auf dem Geierberg und nehmen ihm entschlossen den Dharma (zwecks Darlegung) aus der Hand [öffnen ihre Hände und lassen los]; sie täuschen den stinkenden Barbar (Bodhidharma) auf dem Berg Shao-shih und werden dabei sanft und gelassen. Wollt ihr alles darüber wissen?

Normalerweise lege ich den Dharma aufrichtig dar. Doch im Grunde geht es nur um die Frage: ‚Warum ist ein *shujô* schwarz lackiert?‘“

---

[202] Ein Ausdruck Nan-chüans aus dem *Shôyôroku* (Fall 69) und dem *Keitoku Dentôroku* (chin. *Ching-te Ch'uan teng lu*), das die am häufigsten zitierte Quelle im *Eihei Kôroku* darstellt; eine weitere wichtige Quelle ist im Übrigen das *Tsung-men t'ung-yao chi*, aus dem sich auch die Kôan-Sammlung *Wu-men kuan* (jap. *Mumonkan*) speist.

[203] Dasselbe „Bett“ meint den Platz, an dem die Mönche tags sitzen und nachts schlafen; es ist ein Zitat aus einem Kommentar zu Fall 40 im *Hekiganroku*.

48. „Die Buddhas geben etwas mit ihren Händen und die Patriarchen übertragen es. Was geben und übertragen sie? Wer ihre Quelle erkannt hat, ist nie von den Buddhas der drei Zeitalter, von den sechs aufeinanderfolgenden Patriarchen in China, von abgetragenen Strohsandalen oder gebrochenen Schöpfkellen gefangen genommen worden, trotz all ihrer Versuche. Wenn ihr das in Abrede stellt, seid euch im Klaren darüber, dass ich weiter zu euren Füßen sitze."

49. „Wenn wir erkennen, dass alle Dinge nur die Erscheinung von Buddhas Körper und der Geist der Patriarchen sind, dann können wir verstehen, dass selbst nur selbst allein ist, und dass andere nur andere sind. Weder selbst noch andere wurden darum je dargelegt. Wäre dies geschehen, dann hätten sie jederzeit weit das Ziel verfehlt. Darum heißt es, dass dieses absolute Reich nicht die höchste Funktion der *jinzû* (übernatürlichen Kräfte) und nicht die natürliche Erscheinung aller Dinge ist. Wie sollen wir dies dann nennen?

Heute habe ich, wie gestern, Haferschleim in meiner Schale, und der Südostwind schafft ein Klima wie der Frühlingswind."

50. „Was ist höher als der Himmel? Es ist der Schöpfer des Himmels. Was ist dicker als die Erde? Es ist der Schöpfer der Erde. Was ist weiter als der Weltraum? Es ist der Schöpfer des Weltraumes. Was ist den Buddhas und Patriarchen überlegen? Es ist der Schöpfer (die Weisheit) der Buddhas und Patriarchen. [Es sind diejenigen, die aus Buddhas und Patriarchen entspringen.] Warum befindet sich diese Weisheit jedoch auf euren Augenbrauen und in einem Korn ungeschälten Reises? Zu diesem Zeitpunkt ist die ursprüngliche Bedeutung (das Absolute) im Ausdruck (der Relativität) leicht zu klären, doch der Ausdruck in der ursprünglichen Bedeutung ist schwer zu verstehen. Letzterer ist jenseits eures unterscheidenden Geistes und eurer verbalen Möglichkeiten. Ihr solltet unverzüglich über euch selbst nachsinnen und dies im Gedächtnis behalten. Ihr müsst dies klären und dürft euren posthumen Namen (Buddhas Weisheit) nicht beschmutzen. Wollt ihr dies vollständig verstehen?

Ein Mensch, der dies verstanden hat, ist frei genug, am klaren Himmel die Wolken weiß zu färben und den leuchtenden Mond mit dem Wasser eines Rinnsals zu waschen."

51. „Ich erinnere mich, wie Chao-chu den Nan-chüan fragte: ‚Wohin geht ein Erleuchteter?' – ‚Er geht zu einem Gemeindeglied vor meinem Tempel, das sich als Ochse verkleidet hat.' [Er geht zu einem Gönner und wird zu einem Wasserbüffel.] – ‚Danke für deine Antwort.' – ‚Letzte Nacht schien der Mond auf mein Fenster.'

[Vor dem Ochsen und nach dem Menschen ist da ein Auge innerhalb des Auges] Jemand, der die letztliche Einheit von Menschen und Ochsen erkannt hat , besitzt eine lange Nase. Indem er den Mond ergriff, der letzte Nacht auf sein Fenster schien, erleuchtet er damit auch mein Zimmer um Mitternacht.“

52. „Selbst wenn ihr nur einen Schritt vorwärts macht, könnt ihr nicht vermeiden, auf das Wasser und das Gras des Königs zu trampeln. Selbst wenn ihr einen Schritt rückwärts macht, werdet ihr mit Sicherheit die Felder und Gärten eurer Vorfahren zertreten. Gibt es einen Weg, wie ihr euch selbst befreien könnt, ohne vor oder zurück zu gehen?

Ein Mann in einer schmutzigen Robe mag Buddha genannt werden, doch wie nennt man einen in edler Robe?“

53. Als am 15. des sechsten Monats 1246 Dôgen den Daibutsu-Tempel zum Eiheiji machte, sprach er in der Vortragshalle: „Aufgrund des Weges ist der Himmel hoch und klar, die Erde dick und ruhig, und die Menschen sind friedlich. Als der Bhagavat in die Menschenwelt geboren wurde, deutete er mit einer Hand zum Himmel und mit der anderen zur Erde und ging sieben Schritte in die zehn Richtungen, während er sagte: ‚Oben im Himmel und unten auf der Erde bin ich allein der Ehrwürdigste.‘ Der Bhagavat war vom Weg besessen – das gilt auch für mich. Klärt dies!

Oben im Himmel und unten auf der Erde ist allein dieser Ort auf ewig friedvoll *(Eihei)*.“

54. „Ein Zen-Übender kann nicht die Erleuchtung verwirklichen, solange er nicht die Augäpfel (die Weisheit) eines Zen-Mönches erlangt hat, so lange also seine trügerischen Augen nicht von einem wahren Zen-Meister durch Nüsse des *bo*-Baumes (Buddhas Augen) ersetzt wurden. Dann wird er nicht mehr von Erde, Himmel, den Buddhas und Patriarchen oder einem *shujô* getäuscht, noch von Wasser ertränkt oder von Feuer verbrannt. Er ist dann frei, dem Buddha oder Teufeln zu begegnen.

Wer ist ein solcher Mensch? Wenn du hier gegenwärtig bist, erscheine vor den Mönchen! Ich werde dich erkennen und dir die vollständige Erleuchtung bestätigen. Wenn du dich nicht zu erkennen gibst, wird dich mein *shujô* verspotten. Dennoch werden meine Augenbrauen und mein Bart abfallen, sollte ich dich versehentlich als einen solchen Menschen bezeichnen.“

55. „Der Bhagavat sagte: ‚Wenn ein Mensch zum Buddha-Geist erwacht, kehrt er zur ursprünglichen Natur zurück, und das Universum verschwindet vollständig.‘[204] Der Abt Fa-yen vom Berg Wu-tsu sagte: ‚Erwacht einer zum Buddha-Geist und kehrt zur ursprünglichen Natur zurück, dann füllt das ganze Universum das ganze Universum.‘ Zen-Meister Yüan-wu vom Berg Chia-shan sagte: ‚Erwacht einer zum Buddha-Geist und kehrt zur ursprünglichen Natur zurück, dann fügt das ganze Universum Schönheit hinzu, wie um Brokat noch ansehnlicher zu machen.‘ Abt Fa-tai[205] vom Berg Fa-hsing meinte: ‚Erwacht einer zum Buddha-Geist und kehrt zur ursprünglichen Natur zurück, dann ist das ganze Universum nichts als das ganze Universum.‘ Mein verstorbener Lehrer Tien-tung sagte: ‚Erwacht einer zum Buddha-Geist und kehrt zur ursprünglichen Natur zurück, dann verschwindet das ganze Universum.‘

Dies hatte bereits der Bhagavat zum Ausdruck gebracht. Auch die Ausdrücke der anderen Zen-Meister müssen etwas Besonderes sein. Doch Tien-tungs Satz bedeutet: Wenn einer zum Buddha-Geist erwacht und zur ursprünglichen Natur zurückkehrt, dann zerbricht ein Bettler (Zen-Mönch) seine Schale (Buddha).

So lauten die Bemerkungen der fünf ehrwürdigen Alten. Meine lautet anders, ich sage: ‚Erwacht einer zum Buddha-Geist und kehrt zur ursprünglichen Natur zurück, dann tut dies auch das ganze Universum.“

56. „Ich erinnere mich, dass Vasubandhu[206] vom inneren Palast Maitreyas (im Tushita-Himmel) in die menschliche Welt herabstieg und Asanga[207] zu ihm sagte: ‚Es heißt, dass vierhundert Jahre in der Menschenwelt vierundzwanzig Stunden im Tushita-Himmel entsprächen und dass in diesem Augenblick Maitreya fünfzig Milliarden Himmelswesen befähigt, *anutpattika-dharma-kshânti*[208] zu verwirklichen. Welchen Dharma legt er dar?‘ Vasubandhu antwortete: ‚Nur *kshânti:* dies, wie es ist.‘ Bei diesen Worten verwirklichte Asanga Erleuchtung. Lasst mich Vasubandhu antworten: ‚In Vergangenheit, Gegenwart und Zukunft, unter Fäusten, Scheiteln, runden Pfeilern und Gartenlaternen – welches ist dieses *kshânti?‘* Selbst wenn *shujô* und *hossu* es nicht erreichen – ist es nicht das Gleiche, wie wenn sich Blüten öffnen und schließen oder wie wenn wir zuerst den Boden fegen und dann die erhöhte Plattform?‘

---

[204] Ein Zitat aus dem *Shûramgama-Sutra*, das Dôgen im Kapitel „Tembôrin“ des *Shôbôgenzô* behandelt.

[205] Nachfolger von Yuan-wu Ko-chin (1063–1153).

[206] Geboren in Purusapura (Gandhâra) im fünften Jahrhundert; verfasste u.a. das *Abhidharma-kosa-shâstra, Madhântavibhâga-shâstra, Vimshatika-harikâ, Dashabhûmi-vyâkyâna.*

[207] 310–390, älterer Bruder Vasubandhus, verfasste u.a. das *Mahâyâna-samgraha, Vajracchedikâ-prajnâpâra-mitâ-sûtra-shâstra, Madhyântâ-nugama-shâstra.*

[208] Eine Stufe, auf der ein Erleuchteter jenseits von Aufstieg und Fall friedlich verharrt.

Das gesamte Universum befindet sich vollständig im Herbst. Der strahlende Mond erleuchtet und kühlt die Koralle."

57. „Ich erinnere mich, dass ein Mönch den Shih-chüang[209] fragte: ‚Findet sich in den buddhistischen Lehren der Geist (Dharma) [die Absicht] des Patriarchen (Bodhidharma)?' – ‚Ja.' – ‚Was ist dieser Geist?' – ‚Du darfst ihn nicht in einem Sutra suchen.' Yün-men antwortete hingegen: ‚Du darfst dich nicht gegen deine eigene Buddha-Natur richten. Was hat es für einen Sinn, im eigenen Exkrementen-Loch (der Worte) zu hocken?'

Die Bemerkungen der beiden älteren Mönche sind sehr treffend. Doch bleibt leider noch etwas ungesagt. Wenn mich jemand fragte: ‚Findet sich in den buddhistischen Lehren der Geist des Patriarchen?', dann würde ich unverzüglich antworten: ‚Wenn nicht, wie könnte es diesen Geist geben?' Wenn jemand fragte: ‚Was ist der Geist des Patriarchen in den buddhistischen Lehren?', dann würde ich sofort erwidern: ‚Was ist letztlich das Sutra [die gelbe Rolle auf der roten Spindel]?' Danach warf Dôgen seinen *hossu* vor seinen Sitz und stieg von diesem herab.

58. „Als unser ursprünglicher Lehrer, der große Abt Shâkyamuni, in seiner vergangenen Existenz ein Ziegelmacher war, wurde er Ta-huang-ming genannt. Zu dieser Zeit gab es einen anderen Buddha, dessen Name Buddha Shâkyamuni war. Seine Lebensspanne, sein Name, sein Land, seine Schüler, das wahre und das formelle Gesetz waren genau wie die des gegenwärtigen Shâkyamuni. Er und seine Schüler gingen zum Ziegelmacher, um dort zu übernachten. Dieser bot ihnen Graskissen, Leuchten, Zucker und dünnen Reisschleim an, während er ein Gelübde ablegte: ‚In meiner kommenden Existenz der fünf Verunreinigungen[210] im letzten Zeitalter des Dharma werde ich ein Buddha, dessen Lebensspanne, Name, Land, Schüler, wahres und formelles Gesetz die gleichen sein werden wie die des gegenwärtigen Shâkyamuni.' So wie er damals dieses Gelübde ablegte, so ist er heute ein Buddha geworden, dessen Lebensspanne, Name Land, Schüler, wahres und formelles Gesetz denen des vergangenen Shâkyamuni gleichen.

Dieser Zen-Mönch namens Dôgen, der den Eiheiji in der japanischen Provinz Echizen begründet hat, legt ebenfalls ein Gelübde ab: ‚In der kommenden Existenz der fünf Verunreinigungen werde ich ein Buddha, dessen Lebensspanne, Name, Land, Schüler, wahres und formelles Gesetz genauso sein werden wie die des gegenwärtigen Shâkyamuni.' Ich hoffe, dass die Drei

[209] 807–888, erlangte die Erleuchtung unter Tao-wu Yuan-chieh.

[210] Das sind *kalpa, drsti, klesha, sattva* und *âyus.*

Schätze[211], fühlende und Himmels-Wesen, Mönche, *shujô* und *hossu* mein Gelübde beglaubigen werden. Doch der gegenwärtige Shâkyamuni hat dem vergangenen Shâkyamuni und seinen Schülern, die kamen, um dort zu nächtigen, mit Graskissen und Zucker persönlich und aufrichtig gedient. Das Gelübde, das er dann ablegte, ist bereits erfüllt. Kann ich nun heute, so viel später, selbst den gegenwärtigen Buddha und seine Schüler sehen und seine Lehren hören?"

Da hob Dôgen seinen *hossu* an und sprach: „Der heutige Shâkyamuni und seine Schüler haben alle auf der Spitze meines *hossu* gewohnt." Noch einmal hob er seinen *hossu* hoch und sagte: „Ich kann den vollständigen Klang seiner achtzigtausend Lehren hören." Wieder hob er seinen *hossu* hoch: „So wie ich Ehrenopfer darbrachte und ein Gelübde ablegte, bin ich plötzlich ein Buddha geworden. Würdet ihr gern wissen, warum?" Dann malte er mit seinem *hossu* einen Kreis in die Luft und sprach: „Ich hoffe, dass ihr dies nicht missversteht."

59. Am letzten Tag der Sommer-Übungsperiode *(ge-ango)* sprach Dôgen in der Vortragshalle: „Während des *ge-ango* habe ich die Lehren der Buddhas und Patriarchen praktiziert und ihre Essenz dargelegt. Ein Mensch, der so weise ist wie die Gans, die Milch statt Wasser trinkt [Gänse, die Wasser trinken, genießen dessen authentischen Geschmack], wird den lieblichen Geschmack des Dharma erkennen. Ich habe es gewagt, den unbeschreiblichen Dharma darzulegen. Er wird so verwirklicht, wie eine Biene Nektar aus einer Blume saugt: ohne dem zurückbleibenden Duft zu schaden. Zu dieser Zeit äußert der Körper (das Selbst) in völliger Freiheit Worte der Reue, und die ganze Welt tut es zeitgleich genauso. Da die Verdienste des Zazen und der Lehren vervollständigt werden, wird die ganze Welt mit dem buddhistischen Zeitalter beschenkt. Auf diese Weise verwirklichen fühlende wie gefühllose Wesen gleichzeitig den Weg. Sowohl die Schüler in der zweiten Reihe als auch der Meister in der ersten Reihe bezeugen dem letzten Tag des *ge-ango* ihre Freude und Achtung. [Im Gast wirkt es, im Gastgeber ist es verehrt.] Der Meister zeigt den Schülern das Verdienst der Übung, und die Schüler verwirklichen den Meister durch das Verdienst der Übung. So erweisen Vater und Sohn ihre Geistesverwandtschaft und Fürst und Vasall sind eins auf dem Weg."

[211] Buddha, Dharma, Sangha.

Nach einer Weile blickte Dôgen zu den Mönchen und sagte: „Indem ich das von Gautama geweihte neunzigtägige *ango* in meine Hand nahm, habe ich es täglich frei benutzt wie den Griff einer Schöpfkelle. [Wir haben neunzig Tage mit Gautamas einer Hand gespielt. Voller Vertrauen streckte er sie aus und reichte am Griff eine Schöpfkelle weiter.] Mönche! Wenn ihr eure Missetaten in diesem Zen-Kloster bereut und euch angemessen benehmt, könnt ihr euch übereinander freuen."

60. Am Tag einer Gedächtniszeremonie für den Abt Tien-tung sprach Dôgen in der Vortragshalle: „Ich ging ins China der Tang-Zeit und studierte den Weg Tien-tungs, wobei ich den Japans vergaß. Doch meine Nase liegt vertikal und meine Augen horizontal, wie gehabt. [Ich arbeitete hart, trug Wasser und schaffte Feuerholz herbei.] Ihr dürft nicht sagen: ‚Tien-tung täuschte den Übenden Dôgen.' Es war eher so: Tien-tung wurde durch mich getäuscht [und übertrug mir den Dharma]."

III. EIHEIJI GOROKU

1. Als der *shuso*[212]-Mönch Huai-chien Dôgen bat, im Gedenken an seinen verstorbenen Lehrer Chiao-an in die Vortragshalle zu gehen, zündete Dôgen einen Räucherstab an, setzte sich auf seinen Sitz und sprach mit einem *hossu* in seiner Hand: „Keiner kommt diesem *shuso* an Pflichtbewusstsein gegenüber seinem Meister gleich. Ich bin sicher, dass der ehrwürdige Geist seines verstorbenen Lehrers auch die heutige Gedenkzeremonie klar bezeugt. Der tiefe Respekt eines Schülers für seinen verstorbenen Lehrer ist nur dem Lehrer bekannt. Das Mitleid des Lehrers für den Schüler kann nur der Schüler ermessen. Darum sagt man, dass diese geistliche Verbindung zwischen Meister und Schüler nicht durch Geist oder Nicht-Geist, nicht durch Übung und Erleuchtung oder durch übernatürliche Kräfte verwirklicht werden kann. Wie können wir von diesem Reich geistlicher Vereinigung sprechen?"

   Hierauf hob Dôgen seinen *shujô* hoch und sprach: „Nur dieser *shujô* versteht dies klar. Warum? Weil dies schon von Anfang an für die Buddhas der drei Zeitalter und die Patriarchen galt. Wie könnte ein Schüler seinem Meister dessen Güte vergelten?

   In der Vergangenheit wurde der Körper des verstorbenen Lehrers zu nichts, was dem *shuso* Huai-chien so bittere Tränen in die Augen trieb, dass die Erde ihm rot erschien. Nun wird sein Herz noch einmal von bitteren Tränen erfüllt. Wem sollte er seine Trauer offenbaren? Er sollte sie am besten nur durch ein *shujô* bekannt machen. Diese Trauer ist ein Ausdruck der Dankbarkeit für die Güte seines verstorbenen Lehrers. Was ist jenseits der Buddhas und Patriarchen?" Hierauf warf Dôgen seinen *shujô* vor seinen Sitz und stieg von diesem herab.

2. „Ich erinnere mich, dass Fa-yen eines Tages in Zazen saß, als er plötzlich auf eine Bildrolle vor seinem Gesicht deutete. In diesem Augenblick rollten gerade zwei Mönche das Bild auf. Fa-yen sagte: ‚Es sieht aus, als ob einer gewonnen und einer verloren hat.'[213]

   Für mich gilt das nicht. Wenn wir einen Teich anlegen, müssen wir nicht warten, bis der Mond sich darin spiegelt. Ist der Teich vollendet, spiegelt sich der Mond ganz von selbst darin."

---

212 Der herausragendste Schüler.

213 Siehe *Mumonkan* (Fall 26) und *Shôyôroku* (Fall 27).

3. „In einem Kôan heißt es, dass Bodhidharma neun Jahre lang Zazen vor einer Wand übte. Bislang haben das alle Menschen jedoch falsch verstanden. Ihr hofft sicher, dass das nicht für euch gilt. Ich will diesen Punkt darum noch einmal aufgreifen. Der Cakravâda-parvata[214] umgibt die Meere der vier Kontinente[215], deren Mittelpunkt der Berg Sumeru ist. Könnt ihr das auf die rechte Art erfassen?

   Eine holde Maid (Nicht-Geist) erinnert sich an einen Traum (Illusion) in den drei Welten, und eine Holzpuppe (Nicht-Geist) schneidet die Funktion (Illusion) der sechs Sinnesorgane durch Zazen ab." Dann stieg Dôgen von seinem Sitz herab.

4. „Die ganze Welt ist in Frieden. Überall essen Mönche Reis aus ihren Schalen; alle Menschen sind entspannt und glücklich; ein runder Pfeiler (Nicht-Geist) öffnet die Blüten (von Buddhas Geist). Darum lächelte Mahâkâshyapa milde und Hui-ko verneigte sich vor Bodhidharma, nachdem er das Mark von dessen Lehre erfasst hatte. Selbst wenn ihr dieses absolute Reich erlangt habt, müsst ihr den Weg noch dreißig Jahre üben. Warum? Ohne den Berg Tai zu besteigen, könnt ihr nicht herausfinden, wie hoch der Himmel ist; ohne das Ostchinesische Meer zu überqueren, könnt ihr nicht verstehen, wie weit der Ozean ist. Wenn jemand auf diese Weise den Weg weiter übt, kann er Himmel und Erde in ein Reiskorn stecken und den Ozean in ein einziges Haar. Zu diesem Zeitpunkt befindet sich das Reich des Lotus-Schatzes des reinen *dharmakâya*[216] auf seinen Augenbrauen und Lidern. Sagt mir einfach, wo er tatsächlich den Körper befriedet und sein Leben begründet. Versteht ihr das vollständig?

   Wenn ein Mensch so ausgiebig Berge und Gewässer überquert, dass seine Strohsandalen dabei verschleißen und er schließlich den letztgültigen Weg erlangt, dann findet er sich noch immer von seinen eigenen trügerischen Augen getäuscht."

[214] Die äußere Gebirgskette um den Berg Sumeru, die aus Eisen besteht.

[215] Das alte Weltbild in Indien umfasste eine Welt aus vier Kontinenten, die um den Berg Sumeru angeordnet war – Jambudvîpa im Süden, Pûrvavideha im Osten, Aparagodânîya im Westen und Uttarakuru im Norden.

[216] Der Körper des höchsten Aspektes vom dreifachen Körper Buddhas.

5. Eines Nachts mitten im Herbst sprach Dôgen in der Vortragshalle: „Der Mond am Himmel ist rund wie ein grenzenloser Spiegel. Der Vollmond scheint überall in der grenzenlosen Welt. Dunkelheit wird zwei- oder dreitausend *ri*[217] weit davon erfasst; im Licht durchdringt er alle Dinge. Zu diesem Zeitpunkt lächeln die Augäpfel der sieben vergangenen Buddhas[218] lieblich; die Sesam-Reiskuchen, die Yün-men zeigte[219], sprechen laut vom Dharma. Spielt ihr auf diese Weise in solch einem freien Reich oder nicht?

Zahllose Gräser in zahllosen Ländern erhellend, springt überall die quicklebendige Kröte[220] umher."

6. Um den *ino-*[221] und *shika*-Mönchen, die ein- und ausgingen, zu danken, sprach Dôgen in der Vortragshalle: „*Shika*-Mönche haben Buddha-Augen in ihren Köpfen. Damit erhellen sie die zehn Richtungen nah und fern. *Ino*-Mönche besitzen die Verdienste der Unvoreingenommenheit, sie hegen keinerlei Vorlieben. Also entriegeln beide das wichtige Tor nach Magadha[222] und offenbaren das tiefgründige Wirken im Jetavana-Vihâra[223]. Wenn *shika*-Mönche Gäste empfangen, dann verkörpern sie ihre natürliche und herausragende Funktion; wenn *ino*-Mönche ihren Schlägel heben, betteln die Buddhas und Patriarchen um ihr Leben [manifestiert jeder Schlag zahllose Buddhas]. Dies beruht nicht auf übernatürlichen oder natürlichen Kräften. Auf welchem Prinzip beruht dies dann?

Ob meine Zeichen (Wörter) klar oder hilflos klingen, diese *ino-* und *shika*-Mönche sind Erleuchtete. Also befinden sie sich im absolut freien Reich."

7. „Einst fragte ein Mönch den Tou-tsu[224]: ‚Was ist die wichtigste Angelegenheit?' Tou-tsu antwortete: ‚Ein Regierungsbeamter namens Yin bat mich, die Vortragshalle zu öffnen.'

Wenn der Mönch mich gefragt hätte, was die wichtigste Angelegenheit sei, dann hätte ich nur gesagt: ‚Ich esse jeden Morgen Haferschleim, und zu Mittag Reis. Wenn ich gesund bin, mache ich in der Halle still Gehmeditation. Bin ich müde, gehe ich zu Bett.'"

---

[217] Ein *ri* entspricht ca. 4 km.

[218] Vipashyin, Shikhin, Vishvabhû, Krakucchanda, Kanakamuni, Kâshyapa und Shâkyamuni.

[219] Siehe *Hekiganroku* (Fall 77) und *Shôyôroku* (Fall 78).

[220] Ein Symbol für den Mond.

[221] Ein Ausbilder unter Mönchen.

[222] Einer der sechzehn größeren Staaten im alten Indien; hier erwachte Shâkyamuni.

[223] Kloster, in dem Buddha lehrte.

[224] 819–914, Nachfolger von Tsui-wei Wu-hsüeh.

8. „Ein Mönch fragte einst Yen-tou[225]: ‚Was, wenn ein altes Segel (der unterscheidende Geist) noch nicht geöffnet wurde?‘ Yen-tou antwortete: ‚Ein kleiner Fisch verschluckt einen großen.‘ Wenn ihr das verstehen wollt, hört euch meine Verse an:

Ein kleiner Fisch schluckt einen großen;
ein erleuchteter Mönch [ein buddhistischer Priester] liest Bücher von Konfuzius.
Die Netze von Buddhas und Dämonen durchdringend [fliehend]
schüttelt den Staub des Dharma (das Anhaften) ab!“

9. „Heute ist der erste des neunten Monats. Wir holen unsere Kissen heraus und machen Zazen. Dies ist keine Angelegenheit, die wir plötzlich eingeführt hätten, genauso wenig, wie das Zazen an jedem fünften Tag auszulassen[226]. Unser Denken jenseits von Denken und Nicht-Denken oder von reger Täuschung [Unser Denken während Zazen] umkreist die ganze Erde, unser grenzenloses karmisches Bewusstsein erfüllt die Himmel. Wollt ihr den Schlüssel zum Tor verstehen, das darüber hinaus führt?

Ihr dürft das Innenleben, das ihr bei eurer unaufhörlichen Praxis erfasst[227], niemals auf falsche Weise in Umlauf bringen.“

10. „Ich erinnere mich, wie einst ein Mönch einen anderen tugendhaften Mönch fragte: ‚Gibt es den Dharma in Bergspalten und an Felshängen?‘ Der tugendhafte Mönch erwiderte: ‚Ein großer Stein ist groß und ein kleiner ist klein.‘ Mein verstorbener Lehrer Tien-tung sagte: ‚Ihr Zwiegespräch ist so frisch und lebendig, als ob Felshänge zerbröckelten und Steine auseinanderfielen oder der weite Himmel in Begeisterung ausbräche.‘

So lauteten die Worte der beiden tugendhaften Mönche. Doch ich habe noch etwas zu sagen. Wenn mir jemand plötzlich die gleiche Frage stellte, würde ich antworten: ‚Der weite Himmel löst sich auf, und auch leblose Steine nicken wiederholt mit dem Kopf[228].‘ Diese Angelegenheit befindet sich im Reich der Patriarchen. Wie steht es aber in Bergspalten und Felshängen?“ Hierbei warf er seinen *hossu* hin und stieg von seinem Sitz herab.

---

[225] 828–887, Nachfolger von Te-shan Hsüan-chien.

[226] An jedem Tag, der auf eine vier oder neun endet, wird traditionell in Zen-Klöstern der Tagesplan aufgelockert und es finden keine Treffen mit dem Lehrer statt. Das könnte im Eiheiji anders gewesen sein als in chinesischen Tempeln.

[227] Wörtlich: „Am Morgen dreitausend, am Abend achthundert schlagend“, ein Zitat aus dem Kommentar zu Fall 61 im *Hekiganroku*.

[228] Nach einer Legende ging Kumârajîvas Schüler Tao-sheng, nachdem er im *Mahâparinirvâna-Sutra* gelesen hatte, dass alle Wesen Buddha werden können, in die Berge und legte den dortigen Steinen den Dharma dar. Diese sollen zustimmend genickt haben.

11. „Ein Zen-Meister muss die sechs übernatürlichen Kräfte besitzen. Diese sind: (1) freies Handeln; (2) Ohren, die alles hören können; (3) Einblick ins Denken anderer; (4) Erinnerung an frühere Existenzen; (5) Augen, die alles sehen können; (6) völlige Freiheit [das Auslöschen von Anhaftungen (*klesha*)]. Wollt ihr freies Handeln sehen?" Bei diesen Worten erhob Dôgen seine Faust.

Indem er die Füße baumeln ließ, zeigte er danach die Einsicht ins Denken anderer; durch Fingerschnippen zeigte er Ohren, die alles hören können; durch das Anheben seines *hossu* zeigte er das Erinnern an frühere Existenzen; indem er mit seinem *hossu* einen Kreis in die Luft malte, zeigte er Augen, die alles sehen können; indem er mit seinem *hossu* einen horizontalen Strich (das Zeichen für eins) durch die Luft zog, zeigte er völlige Freiheit. Dann sagte er: „Am Ende ist dies nur der natürliche Ausdruck davon, dass sechs mal sechs sechsunddreißig ist."

12. In der Vortragshalle erzählte Dôgen die Geschichte vom Nationallehrer Ta-chen, der den Tripitaka-Gelehrten Ta-erh auf die Probe stellte. Dann sagte er: „Es gibt einige ältere Meister, die diese herausragende Geschichte kommentiert haben. Ein Mönch meinte zu Chao-chou: ‚Ich höre, dass der Gelehrte den Aufenthaltsort des Nationallehrers beim dritten Mal noch nicht erkannt hat. Wo auf Erden befand sich der Nationallehrer?' Chao-chou erwiderte: ‚Er war auf der Nase des Gelehrten.' Ein Mönch fragte Hsüan-sha: ‚Wenn der Nationallehrer auf der Nase des Gelehrten war, warum hat ihn dann der Gelehrte nicht gesehen?' Hsüan-sha antwortete: ‚Weil der Nationallehrer zu nah war.' Ein Mönch fragte Yang-shan: ‚Warum hat der Gelehrte bei der dritten Frage den Nationallehrer nicht erkannt?' Yang-shan erwiderte: ‚Weil er die ersten beiden Male an der relativen Welt anhaftete, danach aber an der absoluten Meditation.' Hai-hui-tuan meinte: ‚Wenn der Lehrer auf der Nase des Gelehrten gewesen wäre, wie hätte dieser ihn dann nicht entdecken können? Chao-chu war sich nicht dessen bewusst, dass der Lehrer tatsächlich in seinen Augäpfeln war.' Den Tripitaka-Gelehrten tadelnd, meinte Hsüan-sha: ‚Sag, ob du den Nationallehrer die beiden Male zuvor gesehen hast.' Hsüeh-tou Ching-hsien kommentierte: ‚Der Tripitaka-Meister wurde besiegt.'

Diese fünf älteren Meister haben die wahre Bedeutung dieser herausragenden Geschichte noch nicht erkannt. Ich würde es anders ausdrücken. Wäre der Nationallehrer heute noch am Leben und würde den Gelehrten auf die Probe stellen, indem er fragte: ‚Wo bin ich jetzt?', dann würde ich anstelle des Gelehrten erwidern: ‚An diesem Herbstmorgen ist der Frost besonders kalt. Nimm dich in acht! [Ich wünsche dem ehrwürdigen Lehrer Gesundheit und Segen!]'"

13. „Zur Lebenszeit des Bhagavat waren einmal zwei Mönche auf dem Weg zu ihm und bekamen dabei Durst. Als sie Wasser auf der Straße sahen, trank der eine es nicht und starb schließlich an quälendem Durst, wurde im Himmel wiedergeboren, erkannte Buddhas Dharma-Körper und verwirklichte den Weg. Der andere Mönch trank das Wasser und ging zum Buddha, der ihn fragte, warum er das getan habe, dann seine äußere Robe auszog, seinen goldenen Körper (*Dharmakâya-*/Wirklichkeits-Körper) manifestierte und sprach: ‚Du Narr. Du hältst deinen Körper, der aus den vier Elementen besteht, für dein Eigentum, doch er ist unwirklich und abstoßend. Den Dharma zu sehen bedeutet, den wahren Körper zu sehen.'

Der Mönch im Himmel sah Buddhas Dharma-Körper, während der andere in der Menschenwelt Buddhas Körper der vier Elemente wahrnahm. Was sehen dann die Schüler Buddhas [Wir wissen nicht, was der Mönch, der Buddha war, sah.]?

Wenn ihr den Meister sehen wollt, müsst ihr zuerst seinen Schüler erkennen. Wie steht es nun mit uns?" Hier legte Dôgen seine Hände in *gasshô* zusammen und rezitierte: „Ich nehme Zuflucht zum Buddha."

14. „Die Wahrheit vor den sieben vergangenen Buddhas ist die Weisheit des gegenwärtigen Abtes An[229] vom Berge Sung. Der *vyâkarna*[230] (Weg) des Buddha Dîpamkara aus der Vergangenheit ist der Weg Nan-yüeh Huai-jangs in der Gegenwart. Was bedeutet dies? Wenn jemand sagt, die Geistesaugen von Buddhas und Patriarchen klärten gleichzeitig den Weg, dann ist er geistig abwesend wie in einem Traum."

15. Am Tag der Öffnung der Feuerstätte sprach Dôgen in der Vortragshalle: „Bei der Übung des Weges ist die Erde (der Geist) für den Himmel (die Natur), was die Sonne für den Mond ist. Beseitigt jemand die Wellen (die Illusionen) und sucht das Feuer (die Erleuchtung), dann stellt er fest, dass der Ozean bis zum Grunde rot ist. [Grabt in der Erde, um nach dem Himmel zu suchen. Trefft Sonnengesicht- und Mondgesicht-Buddhas. Grabt ein Loch in den Himmel, um einen Lotussamen zu säen, der weder rot noch weiß erblüht.] Zu diesem Zeitpunkt wendet er das ‚rote Fleisch' Lin-chis[231] und sieht durch Hsüeh-fengs ‚grenzenlosen Spiegel' (den Buddha-Geist) hindurch; er verbrennt er Tan-hsias ‚hölzerne Buddha-Statue' und schmilzt den ‚Eisenochsen' (Nicht-Geist) in Shen-chou ein.

---

[229] Aus einer Seitenlinie von Ta-man Hung-jen.

[230] Eigentlich: einem Menschen das Erlangen der Erleuchtung voraussagen; dies bedeutet den Weg selbst.

[231] Nach seinem bekannten Satz: „In diesem Klumpen roten Fleisches steckt ein wahrer Mensch ohne Rang." (siehe *Linji Yulu*).

Ihr müsst wieder eine Flamme (das Leben) in kalter Asche (dem Tod) sehen [Lacht nicht, wenn die kalte Asche wiederbelebt wird] und einfach an einen warmen Ort (die Meditationshalle) zurückkehren, um dies zu verwirklichen."

16. „Beim Studieren des Weges zählt zuerst der *bodhi*-Geist. Herausragende Buddhisten haben sich hier auf dem Berg Kichijô versammelt. Doch dieser Berg ist weit von bewohnten Gebieten entfernt, sein Tal tief und schwer zu erreichen. Die Übenden gelangten zu uns, indem sie den Ozean überquerten und Brücken über reißende Bergströme errichteten. Nur Menschen mit *bodhi*-Geist kommen hierher. Hui-neng stampfte den Reis (Geist) erst weiß, nachdem er die Reiskleie (Täuschung) beseitigt hatte.

Ein Berg ist ein einsamer Ort, der sich gut für die Übung des Weges eignet. Leider bin ich zu arm, um euch alle gut genug zu versorgen. Aber dieser Fluss, der lautstark bei Tag und bei Nacht fließt, schenkt uns Wasser und in allen vier Jahreszeiten Feuerholz. Ich wünsche mir, dass ihr Übenden den Weg im Sinn behaltet.

Einst sagte ein Mönch zu Shou-shan[232]: ‚Ich höre, dass all die Buddhas von diesem Sutra her kommen. Was ist dieses Sutra?' Shou-shan antwortete: ‚Sprich leise, sprich leise!' Der Mönch fragte: ‚Wie kann ich es empfangen und erhalten?' Shou-shan erwiderte: ‚Du darfst nicht daran anhaften.' [Es kann niemals befleckt werden.]

Wenn jemand mich fragte: ‚Was ist dieses Sutra?', dann würde ich antworten: ‚Wenn ich es ausspreche, werden meine Augenbrauen und mein Bart ausfallen. Wie sollte man es dann empfangen und erhalten? Ich sage: Es ist, wie wenn einer in der Nacht mit dem Handrücken nach seinem Kissen sucht.[233]"

17. „Der Weg des Patriarchen Bodhidharma führte von Indien nach China. Wolken folgten dem Drachen, Wind dem Tiger. Überlasst es den Menschen, ob sie zustimmend nicken und sich verändern wollen." Hierbei hob Dôgen seinen *hossu* hoch und sagte. „Wie könnt ihr Bejahung und Verneinung verwirklichen? Wenn ihr es könnt, werdet ihr die Nasenlöcher (die Weisheit) der sieben vergangenen Buddhas und eure eigenen Augäpfel [die Augen aller Menschen] durchdringen. Ansonsten bleibt euch wie zuvor nur Reis und Suppe aus eurer bodenlosen Mönchsschale (dem Dharma)."

---

232 926–993, Nachfolger von Feng-hsüeh Yen-chao.

233 Siehe *Hekiganroku* (Fall 89).

18. „Im *Diamant-Sutra* heißt es: ‚Weise und heilige Bodhisattvas sagen, dass das Reich des Nicht-Tuns (die absolute Freiheit) mit dem Auftauchen von Unterschied einhergeht.‘ Wenn jemand fragt: ‚Was ist das Auftauchen von Unterschied?‘, dann werde ich ihm antworten: ‚Wenn du daran auch nur ein bisschen haftest, gehst du bereits fehl.‘ Und wenn jemand fragt: ‚Was ist das Reich des Nicht-Tuns?‘, dann werde ich ihm sagen: ‚Es ist schwer, die Weisheit der Unterschieds zu klären. Was ist schließlich diese Weisheit? Sie ist euer tägliches Leben: die Tatsache, dass wir Haferschleim und Reis auf der erhöhten Plattform einnehmen.“

19. Aufgrund von Schneefall sprach Dôgen in der Vortragshalle: „Als in alter Zeit der tugendhafte Hung-chih oberster Mönch in der Vortragshalle auf dem Tien-tung war, fragte ein anderer Mönch: ‚Was ist, wenn Schnee die zahlreichen Berge bedeckt?‘ Hung-chih erwiderte: ‚Ein Tropfen Wasser wird zu einem Tropfen Eis. Das reine Licht des Schnees scheint kalt in jemandes Augen, und die Farbe des Feldes ist so weiß, dass die Menschen ihren Nachhauseweg nicht finden.‘ – ‚Wo ist der weiße Ochse (der Buddha-Geist) hingegangen?‘ – ‚Hier ist er. Wieder ist ein Horn (der unterscheidende Geist) in deinem Kopf entstanden.‘ – ‚Wo ist der Ochse am Ende hingegangen?‘ – ‚Wenn du dich auf der Stelle umdrehst, wirst du entdecken, dass der einsame Berg ursprünglich nicht weiß ist.‘

Wenn jemand mich fragte: ‚Was ist, wenn Schnee zahlreiche Berge bedeckt?‘, dann werde ich ihm antworten: ‚Nichts ist schöner als die Farbe dieses Schnees.‘ Und wenn jemand fragt: ‚Wo ist der weiße Ochse hingegangen?‘, dann erwidere ich: ‚Ich habe ihn mit einer durch die Nasenlöcher gezogenen Schnur herangezogen.‘ Wenn er fragt: ‚Wo ist er am Ende hingegangen?‘, dann entgegne ich: ‚Er ist so strahlend wie Sonne und Mond, Tag und Nacht sind in Harmonie. Als Körper des weiten Himmels ist er alt und hat weiße Augenbrauen.“

20. „Ich habe jedem von euch vor zwanzig Jahren (jenseits der Zeit) einen harten Schlag mit meiner Faust (dem Nicht-Geist) versetzt. Habt ihr diesen schmerzlichen Schlag verstanden? Wenn ja, dann wird ein runder Pfeiler ihn bestätigen und eine hölzerne Schöpfkelle wird eins damit sein. Wenn nein, dann wird mein *hossu* hochspringen und in die Nasenlöcher Brahmadevas eindringen, und ein *shujô* wird erscheinen und mich für meine Dienste belohnen. Was bedeutet schließlich dieser Schlag? Er bedeutet, dass sich Wolken am blauen Himmel und Wasser in einer Schöpfkelle befinden.“ [Ein Mensch isst Reis und Reis isst einen Menschen.]

21. In der Vortragshalle erzählte Dôgen die Geschichte von Pai-chang und einem wilden Fuchs und meinte dann: „Der ehemalige Abt vom Berg Pai-chang sprach über die ‚Freiheit von der Kausalität', warum aber wurde er fünfhundert Leben lang als Fuchs wiedergeboren? Der spätere Abt auf dem Berg Pai-chang hingegen nannte es ‚Abhängigkeit von der Kausalität', warum wurde er von der Wiedergeburt als Fuchs befreit?

Es ist schon komisch, der Geist eines wilden Fuchses schüttelt noch immer seinen Kopf und wackelt mit seinem Schwanz. Macht damit Schluss!"

22. Zur Wintersonnenwende sprach Dôgen in der Vortragshalle: „Am Tag der Wintersonnenwende sprach der in alter Zeit bekannte Hung-chih, als er Abt auf dem Berg Tien-tung war: ‚Dies ist ein Tag, an dem das Negative (die längste Nacht) endet und das Positive (ein längerer Tag) beginnt. Genauso erreicht das Verdienst der eigenen Übung das Äußerste, und der Zustand der Täuschung wird zu dem der Erleuchtung, etwa wie ein blauer Drache seine alten Knochen gegen neue eintauscht und sich wieder schnell bewegt, oder wie ein schwarzer Leopard im Nebel die Farbe seines Felles ändert. Ihr müsst aus den Totenköpfen der Buddhas in den drei Zeitaltern eine Perlenkette machen. Ihr dürft nicht Licht von Dunkelheit unterscheiden. Was die wahre Sonne (das Licht) und den Mond (die Dunkelheit) angeht, besitzt ihr – selbst wenn euer Dharma-Maß stimmt und euer Weg im Gleichgewicht ist – nicht das freie Wirken, mit dem ich etwas teuer verkaufe und billig erstehe. Zen-Mönche! Versteht ihr das? Ein leuchtendes Juwel rollt auf einem Brett ganz von selbst, ohne dass man es anstoßen müsste.

Ich will euch noch eine Geschichte erzählen: Hsüeh-feng fragte einen Mönch: ‚Wohin gehst du?' Der Mönch erwiderte: ‚Ich gehe saubermachen.' Hsüeh-feng meinte: ‚Tatsächlich?' Hung-chih kommentierte: ‚Erzeugt hier niemals Unterschiede. Wenn ihr das tut, werde ich euch dreißig Stockschläge geben. Warum? Ein reines Juwel hat keine Makel, aber wenn man eine Verzierung einritzt, dann verliert es sein eigenes Verdienst.'

Ich frage euch Mönche, ob dies meine Worte sind oder die Hung-chihs. Sind sie von Hung-chih, dann ist der länger werdende Tag glückbringend. Sind es meine Worte, dann kommt ihr nicht umhin, gemeinsam mit mir zu praktizieren. Mönche! Wollt ihr den länger dauernden Tag sehen?" Hierauf warf er seinen *shujô* hin und sagte: „Wenn der Frühling zurückkehrt, ist dies ein glückverheißender Tag. Ich wünsche euch allen Segen beim Sitzen und beim Stehen."

23. „Die buddhistischen Übenden müssen verstehen, was richtig und was falsch ist. Zum Beispiel wurde unter dem Ehrwürdigen Upagupta[234] der Vinaya[235] in fünf Schulen unterteilt. Dies markiert einen Verfall des Dharma in Indien. Nach Ching-yüan und Nan-yüeh verkündeten die Menschen eigenwillig die Namen der fünf Schulen. Dies ist ein Fehler des Dharma in China. Darum ist es für uns noch unangebrachter, den Dharma als Zen-Sekte zu bezeichnen. Wir haben von keinem der aufeinanderfolgenden Buddhas und Patriarchen je solche Worte vernommen. Sie haben tatsächlich nie solches geäußert. Nun so etwas zu behaupten heißt, sich weit vom Dharma zu entfernen. Wie ist es möglich, dass wir den Dharma als Zen-Sekte bezeichnen? Ich frage mich, warum den Menschen, die so etwas behaupten, nicht die Zungen herausfallen. Sowohl Anfänger wie auch Fortgeschrittene sollten dies verstehen. Ich glaube nicht, dass diejenigen Schüler von Buddha Shâkyamuni sind, die von einer „Zen-Schule" sprechen.

Einst meinte ein gewisser Mönch zu Yün-men: ‚In alten Zeiten hat Niu-t'ou[236] frei den Dharma dargelegt, doch soll er sich nicht des wichtigen Schlüssels (der Essenz) des Dharma jenseits von Buddha bewusst gewesen sein. Was ist das?' Yün-men erwiderte: ‚Die Berge im Osten und Westen sind blau.' Wenn mir jemand die gleiche Frage stellt, dann antworte ich ihm, die Nase von Indra sei drei Fuß lang."

24. „Einst kam ein Mönch zum Ehrwürdigen Chen[237], um den Weg zu üben. Chen fragte: ‚Warum bist du kein umherziehender Bettelmönch?' Der Mönch meinte: ‚Ich bin genau das.' – ‚Hast du dich vor dem Buddha verneigt oder nicht?' – ‚Was hat die Verbeugung vor solch einem Stück Erde für einen Sinn?' Da tadelte ihn Chen mit den Worten: ‚Du bist selbstgefällig. Verschwinde!'

Zunächst war Chen großzügig, doch danach sehr streng. Der Mönch manifestierte seinen ursprünglichen Geist gegenüber dem erleuchteten Chen, während dieser ihn so vertraut führte, wie Schlamm mit Wasser vermischt ist. Doch warum gab ihm Chen keinen Stockschlag? Tatsächlich ging der Mönch fort, denn ihm mangelte es am Dharma. Es war so, als ob er den leeren Klang einer weggeworfenen Schöpfkelle gehört und für eine Weissagung seiner Zukunft gehalten hätte."

[234] Der vierte indische Patriarch, der unter Sânavâsa Erleuchtung erfuhr.

[235] Ordens- und Verhaltensregeln.

[236] Nachfolger von Ta-i Tao-hsin (580–651).

[237] Nachfolger von Huang-po Hsi-yün (–850).

25. „Yün-men sprach einst zu den Mönchen in der Vortragshalle: ,Ihr könnt den Weg nur verwirklichen, nachdem ihr unverzüglich die Nasenlöcher eines Zen-Mönchs geklärt habt. Was sind diese? Sie sind *Mahâprajnâpâramitâ.* Nun habe ich ausgiebig den Dharma dargelegt.' Darauf stieg Yün-men von seinem Sitz herab.

Yün-men meinte, Mönche könnten den Weg nur verwirklichen, wenn sie unverzüglich die Nasenlöcher von Zen-Mönchen klärten. Was sind diese? Sie sind *Mahâprajnâpâramitâ.* Was ist dann *Mahâprajnâpâramitâ?* Es bedeutet, Wasser oder Feuerholz zu tragen. Was heißt dann ,Wasser tragen'? Es bedeutet, dass alle, die davon trinken, einen absoluten Tod sterben. Und was bedeutet ,Feuerholz tragen'? Es bedeutet, wer es trägt, der besitzt die Wirkung [Kraft] des Weges."

26. „In der Nacht kamen alle Buddhas der drei Zeitalter zu mir und betraten die Küche mit Reis in den Händen. Ein *tenzo*, der den Reis entgegennahm, machte morgens Reisschleim daraus und brachte ihn den Mönchen in der Meditationshalle dar. Hattet ihr welchen oder nicht? Ihr hattet bereits welchen! Ihr habt es vollbracht! Habt ihr danach eure Schalen ausgewaschen oder nicht? Wenn nicht, was bedeutet dies?

Die Schalen der Buddhas und Patriarchen haben keinen Boden. Sie sind darum noch nicht ausgewaschen worden. Dies übertrifft die persönliche Weisheit *(vyâkarana)* des Gautama."

27. „Bei der Übung des Weges müssen wir Sprache und Schweigen verstehen. Kennt ihr Sprache? Wenn nicht, solltet ihr euch darum bemühen. Warum sprecht ihr noch nicht eure eigenen Worte?"

Dann erzählte Dôgen die Geschichte von Chu-chih[238], der Zen durch das Heben eines Fingers demonstrierte: „Der Abt Chu-chih hat unaufhörlich und frei den Dharma dargelegt, indem er seinen Finger für Menschen und Himmelswesen hob. Auf Fragen nach dem Buddha und dem Weg oder Gelb und Schwarz gab er sofort wahre Antworten. Er erläuterte sogar sechsunddreißig Mal (unzählig oft) den Kanon und einundachtzig Mal die achtzigtausend Lehren. Diese Tätigkeit Chu-chihs griffen die sieben vergangenen Buddhas und Tathâgatas und die achtundzwanzig Patriarchen in Indien auf, legten den Dharma dar und retteten die fühlenden Wesen. Wollt ihr Chu-chih treffen?"

Daraufhin hob Dôgen seinen *hossu* hoch: „Hört her!" Dann schlug er mit dem *hossu* auf seinen Sitz und sagte: „Nun seid ihr ihm begegnet und habt seiner Darlegung des Dharma gelauscht. Ihr dürft den Dharma aber nicht seinem Finger darlegen [Ihr dürft nicht mit langer Zunge über seinen Finger sprechen]."

[238] Nachfolger von Tien-lung.

28. „Weder in Indien noch auf dem Berg Tsao-ch'i hat je einer den Dharma verwirklicht. Selbst Hui-neng ist jenseits der Verwirklichung. Zum jetzigen Zeitpunkt sind die runden Pfeiler alte Buddhas, und Steinlaternen sind die neuen Tathâgata. Dies ist die Übung des Weges auf der langen Plattform. Was könnte ich noch sagen?

Ich dachte, dass jeder Barbar einen roten Bart hat, doch sonderbar, es gibt auch einen rotbärtiger Barbar."

29. Am achten des zwölften Monats sprach Dôgen in der Vortragshalle: „Ein alter Räuber namens Gautama wurde zu einem Kobold [Dämon] und brachte Menschen wie Himmelswesen großen Ärger und Verwirrung. Er verlor gar seine Augäpfel. Selbst wenn er nach ihnen sucht, kann er sie nirgendwo finden. Neue Pflaumenblüten kommen aus einem alten Zweig."

30. Um einem jungen *kansu*-Mönch und einem *tenzo*-Mönch zu danken, sprach Dôgen in der Vortragshalle: „Die beiden Mönche kauften in dieser Provinz ungeschälten Reis und kamen mit Feuerholz den Berghang des Daibutsuji hoch, wo sie uns dann gekochten Reis darboten. Wenn Wind und Wolken zusammenspielen, erlangen die Drachen (Mönche) ihr Wasser (Nahrung). Durch dieses Verdienst werden sie ihr Auge des Dharma öffnen."

31. Seinen *hossu* aufnehmend, sprach Dôgen zu den Mönchen in der Vortragshalle: „Ich möchte euch fragen, woher dieser *hossu* kommt. Als Ming-chao[239] zum älteren Mönch Tan aus Chuan-chou kam, meinte dieser: ‚Die Übung des Weges muss von einem und sogar einem halben Menschen betrieben werden. [Übende sollten auch Orte aufsuschen, an denen sich nur ein einziger oder sogar nur ein halber Mensch befindet.]' Ming-chao antwortete: ‚Abgesehen von einem Menschen, was ist ein halber Mensch?' Tan antwortete nicht. Später ließ Ming-chao einen Schüler die gleiche Frage stellen und antwortete selbst [Später ließ Tan einen Schüler Ming-chao dies ausrichten]: ‚Willst du einen halben Menschen kennenlernen? Tan hat von ihm keine Ahnung [Das ist bloß einer, der mit einem Klumpen Schlamm spielt].'

Das gilt nicht für mich. Wenn jemand fragte: ‚Was ist ein halber Mensch?', dann würde ich antworten: ‚Die sieben Buddhas der Vergangenheit (ein halber Mensch) versäumen nie, nachts in der Meditationshalle Bettdecken auszubreiten und sie am Morgen wieder zusammenzufalten.'"

---

[239] Nachfolger von Lo-hang Tao-hsien.

32. „Yün-men fragte einst Ts'ao-shan[240]: ‚Warum ist uns das absolute Reich unbekannt?' Ts'ao-shan erwiderte: ‚Nur weil wir erkennen, dass das Reich absolut ist, wissen wir noch nicht, dass es da ist.' Wenn jemand mir dieselbe Frage stellt, werde ich ihn unmittelbar mit meinem *hossu* schlagen und fragen: ‚Ist das Wissen oder Nicht-Wissen?' Wenn er dann aussieht, als wolle er antworten, werde ich ihm einen weiteren Schlag mit meinem *hossu* verpassen."

33. Am Neujahrstag sprach Dôgen in der Vortragshalle: „Wenn ein Zen-Übender Farbe und Form sieht und seinen Geist klärt, dann macht der Buddha Shâkyamuni einen Purzelbaum; wenn der Übende Töne hört und den Weg verwirklicht, dann bietet ihm der Große Lehrer Bodhidharma eine Schale an. Vor dem fünfzehnten Tag spricht er über den Mond auf dem Geierberg, nach dem fünfzehnten Tag legt er eine Blume auf Brokat. Doch das ist nicht weit von Worten entfernt. Wie wird er dann anderen den Dharma erklären?

Ohne Gold hundertmal zu veredeln, können wir seinen Glanz und sein Funkeln nicht erkennen. Ohne einem seltenen Schatz einen Preis zu geben, können wir seine Wahrheit nicht bestätigen. Was, wenn wir es könnten? Es ist immer noch kalt in diesem ersten Monat. Ich wünsche euch alles Gute!"

34. Am 15. des ersten Monats sprach Dôgen in der Vortragshalle: „Im Reich der Nicht-Leere, wo Verdienst im Überfluss vorhanden ist, sind ein rundes Kissen und eine hölzerne Schöpfkelle so würdevoll wie ein Berg. Im Reich der Leere, wo selbst das kleinste Staubkorn schmilzt, verwirklichen ein *zenpan*[241] und ein Stuhl die Leere. Wenn wir diese Reiche erlangen, erkennen wir, dass alle Dinge glänzen und offenbar von verschiedener Form sind. Geben wir diese Reiche auf, dann sind alle Dinge abgeworfen, und Zeit und Raum werden offenbar. Erkennt, wie wir diese Übung bis zum Ende durchführen sollten. Wollt ihr das vollständig verstehen?

Die reine Lehrmethode der Sôtô-Schule ist wie der Mond auf dem Schnee eines Pflaumenbaumes. Im Frühling, wenn die Blüten herauskommen, sind wir glücklich, einen Weg zu haben, unseren (Buddha-) Körper vor der Anziehung der Blüten schützen zu können. Die Wolken leuchten, das Wasser ist erquickend. Dann ist das Verdienst unserer Übung vollendet, und unwissentlich finden wir uns in der Hauptstadt (im absoluten Reich) wieder."

---

[240] 839–901, Nachfolger von Tung-shan Liang-chieh.

[241] Ein schräges Stützbrett fürs Zazen.

35. „Ein Erleuchteter durchdringt die verschiedenen Dinge durch ein Prinzip; er drückt zahlreiche Dinge durch ein einziges aus. So manifestiert er vollständig seine eigene Erkenntnis, frei von den Lehrmethoden ehrwürdiger Mönche aus alten Zeiten. In diesem Fall tötet er die tausend wilden Füchse Pai-changs mit seinem Stock und vertreibt die dreißigtausend Affen Hsüeh-fengs mit einem *Kwatz!* So erläutert er das *anutpattika-dharma-kshânti* und das auf ewig höchste Gesetz. Wenn ihr dieses absolute Reich betreten wollt, dann müsst ihr ein weiteres Reich jenseits des Buddha erkennen. Welches ist das? Wollt ihr es vollständig verstehen?

Die höchsten Geheimnisse von Bodhidharmas Lehre werden vom Meister auf den Schüler übertragen. Wenn jemand hungrig ist, dann isst er Reis; wenn er durstig ist, trinkt er Wasser; wenn er von hohem Geist ist, dann macht er Zazen; wenn er müde ist, dann geht er schlafen. Selbst wenn ihr das erkennt, seid ihr noch so weit davon entfernt wie Japan von Indien, solange ihr daran anhaftet."

36. „Der Patriarch Shih-tou sagte einst in der Vortragshalle: ‚Der Weg, der von meinem verstorbenen Buddha übertragen wurde, zielt nur auf Buddhas Weisheit, nicht auf Meditation und Beharrlichkeit.' Ich will euch Mönche jetzt fragen, was diese ‚Buddha-Weisheit' ist."

Daraufhin senkte er seinen erhobenen *shujô* und sagte: „Diese herausragende Geschichte lässt Buddhas Weisheit erscheinen in Reis essen, eine Robe tragen, Urin und Exkremente ausscheiden, in der Meditationshalle üben und den Weg auf der langen Plattform verwirklichen. Dies gilt jedoch nicht für mein Gefolge. Wenn ich mich hinsetze, müsst ihr aufstehen; wenn ich aufstehe, müsst ihr euch hinsetzen. Würden ihr und ich gleichzeitig uns niedersetzen oder aufstehen, dann wären wir uns gegenüber blind. Tung-shan erklärte darum die fünf Beziehungen zwischen Fürst und Vasall[242], und Lin-chi legte die vier Arten von Beziehungen zwischen Meister und Schüler[243] dar.

Innerhalb des Tores erfreut man sich am unbeweglichen Sitzen und ist schließlich nicht in der Lage, durchs Tor hinauszutreten. Außerhalb des Tores rennt man herum und ist nicht fähig, durchs Tor einzutreten. Dann kennt ein Meister seine Gäste nicht, und umgekehrt. Andere sind andere, selbst ist selbst. Jeder hat sein eigenes Reich. Auch wenn die vier Richtungen sich plötzlich selbst ändern würden und ein Meister mit seinen Gästen den Platz tauschte, ist derjenige auf dem Weg nach Hause eins mit dem, der zuhause

[242] Diese beschreiben: a) wenn der Fürst den Vasallen aufsucht, b) wenn der Vasall den Fürsten aufsucht, c) den Fürsten allein, d) den Vasallen allein, e) den Fürsten und den Vasallen in Harmonie.

[243] Diese beschreiben, dass: a) der Meister in der Lage ist, seine Schüler angemessen zu erziehen, b) der Schüler fähiger ist als sein Meister, c) der Meister gegenüber seinem Schüler völlig unfähig ist, d) der Schüler unfähig ist zu erfassen, was sein Meister lehrt.

weilt. Andere sind selbst, selbst ist andere. Wir können sagen, dass ein Meister und seine Gäste die gleiche Macht in einem Haus haben. Wenn wir die Beziehung zwischen ihnen so betrachten, dann erkennen wir ihre Identität. Selbst die vier Ausdrücke des Dharma[244] können dies nicht vollständig erklären. Wo auf Erden können wir diesen Mann treffen, der keine Kluft zwischen Meister und Gast zeigt?"

Daraufhin ließ er seinen *shujô* sinken und sagte: „Geht zurück in die Meditationshalle und sinnt darüber nach."

37. „Eines Tages fragte ein Mönch den Chia-shan: ‚Was, wenn einer die Erleuchtung verwirklicht, indem er den Staub (die Täuschung) beseitigt?' Chia-shan antwortete: ‚Schwinge dein Schwert, um ihn unverzüglich zu töten. Wenn nicht, wird der Fischer in seiner Hütte bleiben (statt zur See zu fahren).'

Dies gilt nicht für mich. Wenn mich jemand dasselbe fragt, antworte ich nur: ‚Du musst dich nicht damit herumschlagen, einen Spiegel aus Stein aufzuhängen. In der Morgendämmerung wird ganz von selbst ein Hahn krähen, und wir essen Reis, trinken Tee und treten durch das gleiche Tor ein wie der Buddha.'"

38. „Neun ist nicht achtzehn und doch eins damit. Der Zweifel ist für Worte das, was der Frühlingsregen für den Frühlingswind ist. Zen-Meister Huang-po streckte seine Zunge heraus, Abt Hsüan-sha hob seine Augenbrauen. Selbst wenn sie jenseits der Buddhas und Patriarchen waren, bedeutet dies, dass sie Osten von Westen unterscheiden konnten [kann dies nicht die Begrenzungen von Ost und West vermeiden]. Meine Nachfolger werden in diesem Kloster etwas ganz Besonderes finden. Wollt ihr wissen, was es ist?

Vor dem Fenster tauchen unbemerkt Pflaumenblüten (Buddha-Geist) auf und enthalten das Säuseln des Frühlings. Ich pflücke eine und betrachte sie als den ewigen Mond. [Ihr könnt den Mond im zeitlosen Kessel des Himmels erfassen.]"

39. „Eines Tages fragte ein gewisser Mönch den Tung-shan: ‚Was ist die Übung eines Mönchs?' Tung-shan erwiderte: ‚Sein Kopf ist einen Meter lang, sein Hals fünf Zentimeter.' Ein anderer Mönch fragte den Abt Huei-tsung[245]: ‚Was meinte denn Tung-shan damit?' Huei-tsung antwortete: ‚Ein Lederumschlag ist fünf Zentimeter dick.'

Wenn heute jemand mich fragen würde: ‚Was meinte denn Tung-shan damit?', dann würde ich ihm nur antworten: ‚Selbst halb gebohrte Nasenlöcher sind neunzig Zentimeter lang.'"

---

[244] Vier Kategorien Nâgârjunas: Existenz, Nicht-Existenz, sowohl Existenz als auch Nicht-Existenz, weder Existenz noch Nicht-Existenz.

[245] Nachfolger von Yun-chu Tao-yin (–902).

40. Im Gedenken an Buddhas Tod sprach Dôgen in der Vortragshalle: „Der Tathâgata starb unter zweistämmigen Sâla-Bäumen, ohne dass ihm eine Frühlingsgottheit geholfen hätte. Wie könnten wir den Frost um Mitternacht (das Leben) mit einem Schneefall (dem Tod) vergleichen? Der Tathâgata, der sich im Reich jenseits von Sein und Nicht-Sein niederließ, drehte den weiten Himmel herum und strahlte zwei Mal das Licht einer weißen Locke zwischen seinen Augenbrauen aus. Wer könnte aber behaupten, der Tathâgata sei gestorben [wollte im Sitzen sterben]? Der Tathâgata wollte niemals sterben, ob er saß oder stand. Die Schale der sieben Buddhas der Vergangenheit hatte keinen Boden (Leben und Tod). Doch sein Tod bedeutete grenzenloses Elend für die fühlenden Wesen. Wenn sie sagten, er wäre gestorben, würden sie nicht seine Schüler sein. Wenn sie etwas anderes behaupteten, würden sie noch immer das Ziel weit verfehlen. Was sollten wir also sagen? Wenn ihr das Leben des Tathâgata sehen wollt, solltet ihr Weihrauch verbrennen, euch vor seinem Abbild verbeugen und zurück in die Meditationshalle gehen."

41. „Ein Mönch sprach zu Chao-chou: ‚Hat ein Hund die Buddha-Natur?' Chao-chou antwortete: ‚Ja.' Als ein anderer Mönch die gleiche Frage stellte, verneinte Chao-chou jedoch. Wenn wir diese herausragende Geschichte studieren, entdecken wir das Prinzip von Sein und Nicht-Sein. Wollt ihr dies vollständig verstehen?

    Die Buddha-Natur hat eine Nase zum Dranziehen. Ein Hund hat keinen Kopf und keinen Schwanz, den man ergreifen könnte. Doch die Buddha-Natur dringt stets in den Hundekörper ein, und eine Katze wirft so Kätzchen."

42. „Tausend Blüten öffnen ihre fünf Blätter, zehntausend Vögel singen im Frühling. Dies ist der erste Vers des Dharma. Den Buddha sollte man selbst sehen; der Dharma wird nicht von einem anderen Menschen gegeben. Dies ist der zweite Vers. Die Einfältigen erkennen den bitteren Geschmack eines Flaschenkürbis erst, wenn sie ihn essen; gewöhnliche Menschen trinken so viel Wein, dass sie betrunken werden. Dies ist der dritte Vers. Was könnte man sonst noch sagen? Mit den Händen klatschen und zur eigenen letztgültigen Erscheinung zurückkehren – dies ist der Dharma. Im Grunde ist er die Melodie einer Flöte."

43. „Die Buddhas der drei Zeitalter erklären den Dharma inmitten von Flammen. Alle bekannten Mönche tun es mit runden Pfeilern, und ich mit einem *shujô*. Versteht ihr das? Wenn nicht, wird es mein *shujô* noch einmal frei darlegen." Da hob er seinen *shujô* hoch und senkte ihn wieder herab.

44. „Wie die zahllosen Buddhas, die sich selbst manifestieren, um die getäuschten Menschen zu retten, tragen die Übenden Wasser oder Feuerholz, um diese mit ihren *shujô* (der buddhistischen Praxis) den unzähligen Buddhas (allen Dingen) darzubieten. Wenn sie das Erwachen auf der Spitze eines *hossu* (der Nicht-Form) verwirklichen, erlangen sie die höchste Weisheit. Folglich geben wir ihnen die gleichen Namen wie dem Buddha Shâkyamuni: Tathâgata der zerbrochenen Schöpfkelle (Erleuchtung), *Arhat, Samyak-sambuddha*[246], *Vidyâ-carana-sampanna*[247], *Sugata*[248], *Lokavit*[249], *Anuttara*[250], *Purusha-damya-sârathi*[251], *Sâstâdeva-manusyânâm*[252] und *Buddha-bhagavat.* Wir nennen ihren Zustand ‚Erdklumpen', ihre *kalpa* ‚Fäuste'. Ihre rechten und formellen Lehren sind denen Buddhas gleich. Die Lebensspanne Buddhas befindet sich jenseits von Entstehen und Vergehen, so wie die Exkrementenspatel im Universum. Versteht ihr das? Wenn ihr mit ‚Ja' antwortet, werdet ihr einen Fehler wiederholen; antwortet ihr mit ‚Nein', dann werdet ihr die fünf Regeln[253] verletzen."

45. „Hsüan-sha sagte zu seinen Mönchen: ‚Ich werde euch alle stets zum letzten Erwachen bringen, ohne auch nur den geringsten Fehler zu machen.' Doch er wusste nur, dass der Mond, wenn er mit Wolken vermischt ist, weiß scheint, nicht aber, dass Kiefern voller Tau kalt klingen. Erklärt, was ich damit meine.

Es ist nun schon lange her, dass Bodhidharma jenseits des Berges Sou in einer einzigen Strohsandale nach Indien zurückkehrte. Ihr dürft deshalb nicht noch einmal danach fragen, welche Absicht hinter seinem Kommen nach China stand."

46. Dôgen hob seinen *shujô* hoch und sagte in der Vortragshalle: „Dies ist die höchste Wirklichkeit aller Dinge." Dann legte er den *shujô* ab und sagte: „Dies ist die Essenz des Dharma und erläutert die Vier Edlen Wahrheiten: (1) *dukkha-satya* (alles Leben ist Leiden); (2) *samudaya-satya* (Leiden entsteht aus Täuschung); (3) *nirodha-satya* (Nirwana ist das leidensfreie Reich); (4) *mârga-satya* (Der Weg zum Nirwana ist die Übung des Edlen Achtfachen Pfades). Was ist *dukkha-satya?* Es bedeutet: Alle Phänomene leben in dieser Schale voll Tee. Was ist *samudaya-satya?* Es bedeutet: Glück verheißende

---

[246] Einer der zehn Beinamen Buddhas; bedeutet: einer, der alles vollständig versteht.

[247] Einer, der die Wahrheit erkennt und den Weg auf rechte Weise geht.

[248] Einer, der ins Reich der Erleuchtung eingetreten ist.

[249] Einer, der die Welt versteht.

[250] Einer, der von niemandem übertroffen wird.

[251] Einer, der die Menschen leitet.

[252] Einer, der Götter und Menschen lehrt.

[253] 1. Nicht töten; 2. nicht stehlen; 3. keinen Ehebruch begehen; 4. nicht lügen; 5. keine berauschenden Getränke zu sich nehmen.

Wolken leuchten hell. Was ist *nirodha-satya?* Es bedeutet: Ist man kräftig, übt man Zazen; ist man müde, geht man schlafen. Was ist *mârga-satya?* Es bedeutet: Der Weg führt nach Chang-an. Dies gilt für den Buddha, der sich manifestiert, um getäuschte Menschen zu retten. Was bedeutet dies auf einer höheren Ebene? Wollt ihr dieses *dukkha-satya* verstehen?"

Da erhob und senkte Dôgen sein *shujô* vier Mal, um die Vier Edlen Wahrheiten zu zeigen: „Dies ist das Reich jenseits von Buddhas und Patriarchen. Was meine ich damit?" Dann erhob und senkte Dôgen seinen *shujô* noch zwei Mal.

47. „Selbst wenn ein Mann ein Pferd nur beim spärlichen Licht einer Gartenlaterne reitet, versäumt er doch nie, dessen Schatten zu genießen. Selbst wenn er sich in einem runden Pfeiler versteckt, haftet er noch irgendwie daran. Er ist sich nicht bewusst, unter allen Dingen – oder besser: ein Freund aller Dinge – zu sein. Er sagt, der Dharma sei etwas Unbeschreibliches, doch er weiß nicht, was dieser ist. Selbst wenn er sich frei nach rechts oder links bewegte, ginge er nur nach Osten oder Westen auf seine Zen-Wanderschaft. Selbst wenn er einen Stock benutzte oder *‚Kwatz!'* sagte, hätte er das nur den Fähigkeiten anderer zu verdanken. Mit welchem Wort sollte ich da die vollständige Erleuchtung ausdrücken?

Der Märzregen in einem nebligen Dorf bedeutet die Einkehr des Frühlings ins Haus."

48. „Abt Huang-lung sagte einigen Mönchen: ‚Buddhas Weisheit ist jenseits von Worten. Niemand hat es je durch Worte verstanden. Ihr solltet den Buddha-Körper durch die Prinzipien der zwei Arten von Leere *(shûnyatâ)* erkennen. Sagt mir, welche das sind.

Es sind die menschliche Leere, die Dharma-Leere, die innere Leere, die äußere Leere, die gewöhnliche Leere, die heilige Leere und die essentielle Leere. Ich habe die zwei Arten der Leere[254] vollständig dargelegt. Sagt mir nun, was der Dharma-Körper ist. Es sind die vier Elemente, die fünf *skandha,* Gehen, Stehen, Sitzen und Liegen, das Öffnen des Topfdeckels, das Anordnen der Schalen, die Meditationshalle, die Buddha-Halle, die Küche, das Haupttor. Wenn ihr dies erkennt, werden Himmel und Erde, Sonne, Mond und Sterne eure Augäpfel durchdringen, und das Wasser der vier Ozeane wird in eure Nasenlöcher fließen. Dann werdet ihr verstehen, dass das *vyâkarana*[255] Shâkyamunis oder Maitreyas nur aus leeren Worten besteht und das *‚Kwatz!'* Lin-chis oder der Stock Te-shans nur behelfsmäßige Lehrmethoden sind."

[254] Die menschliche und die Dharma-Leere.

[255] Die indische Grammatik.

Dôgen schlug mit seinem *hossu* auf den Stuhl und stieg von seinem Sitz herab, während er sagte: „Von dieser Art waren die Worte des Patriarchen Huang-lung, doch für mich gilt das nicht. Wenn das *vyâkarana* Gautamas nicht wahr wäre, wie könnten wir da den Buddha-Körper durch die zwei Arten der Leere verwirklichen?"

49. „Es gibt etwas, das nie herbeikommt, selbst wenn man seinen Namen ruft. Dann kann man nicht einmal schwarz (falsch) von weiß (richtig) unterscheiden. Und es gibt etwas, dessen Namen nie gerufen wird, selbst wenn es kommt. [Wenn du mit dem Kopf nickst, hast du es nicht erreicht; wenn du es erreichst, nickst du nicht mit dem Kopf.] Dann dient es anderen, als wäre Dreck mit Wasser vermischt. Selbst wenn also ein runder Pfeiler hervorspränge und in einen *shujô* eindränge, würde er sich [ich mir] nichts daraus machen. Warum habt ihr Nasen in euren Gesichtern? Wenn ihr dies versteht, könnt ihr dem Ochsen aus Wei-shan die Peitsche geben. Wenn nicht – welcher Dämon hat euch Mönche auf die Zen-Wanderschaft getrieben? Antwortet geschwind, antwortet geschwind!"

50. „Wenn jemand eine lange, dunkle Nacht durch Weisheit erleuchtet, dann schlägt er ein-, zwei Mal eine Handtrommel, die mit Gift beschmiert ist, in den Ohren der anderen. Und wenn er so die Zweifel aus fünfhundert Staubkorn-*kalpa* mit der Weisheit seiner Dharma-Natur zerstreut hat, verbrennt er hunderte und tausende Male Seelen einhauchenden Weihrauch in den Nasen der anderen. Was soll ich über dieses Handeln sagen?

Ein Eisenochse mit weißem Kopf trägt einen dreieckigen Hut; eine unfruchtbare Jungfer [die Steinfrau] spielt sich in ihrer Lebensmitte kokett auf."

51. Dôgen wusch die Buddha-Statue mit Duftwasser und sagte dazu in der Vortragshalle: „Als der Zen-Meister Hung-chih Abt auf dem Berg Tien-tung war, sprach er in der Vortragshalle an Buddhas Geburtstag: ‚Das Wasser der reinen, ursprünglichen Leere ist das Erscheinen des klaren Reiches des kosmischen Dharma. An einem halbdunklen Ort gibt es einen Neugeborenen. Er strahlt sein Licht aus, ohne seinen Körper zu waschen oder den Staub abzuwischen, weil er die Quelle des Wassers (der ursprünglichen Leere) erkennt. Ich frage euch: Was ist bedeutender, sein vergangener Tod oder seine gegenwärtige Geburt?

Heute vor zweitausend Jahren gab der Buddha ein Löwengebrüll von sich und deutete auf Himmel und Erde. Doch Yün-men dachte in jenen turbulenten Tagen an Frieden und sagte: ‚Ich werde den Buddha tot prügeln und absichtlich einem Hund zum Fraß vorwerfen.' Dann erzählte er vom Westen, während er nach Osten deutete, oder er hielt Nicht-Existenz für Existenz. Nun werde ich schmutziges Wasser über Dich gießen, aber du darfst nicht auf mich böse sein. Wie willst Du es empfangen? Die Buddha-Statue sagt: ‚Kein Gefühl zu empfangen nennt man rechtes Empfangen.[256] In diesem Fall wird kein Tropfen dieses Wassers an anderer Stelle niedergehen.''

Dies waren die Worte Hung-chihs. Doch ich habe noch etwas zu ergänzen: Was ist Geburt?

Der Buddha warf den Körper innerhalb der zehntausend Formen ab und wurde ganz natürlich geboren, um fühlende Wesen zu retten. Nachdem er in das absolute Reich eingetreten war, machte er noch einmal kehrt und fand eine neue Art zu leben. Was bedeutet ‚die Buddha-Statue baden'?

Mit einer zerbrochenen Schöpfkelle in der Hand gieße ich Wasser über ihren Kopf und wasche ihren Körper."

52. „Eines Tages ließ Ma-tsu jemanden eine Nachricht zu Meister Ta-chueh Tao-yan vom Berg Ching in Hang-chou bringen, die nichts als einen gezeichneten Kreis enthielt. Nachdem Tao-yan das Siegel geöffnet hatte, zeichnete er einen weiteren Kreis in den vorliegenden. Dann verschloss er den Brief und ließ ihn zurückbringen.

Als Nationallehrer Hui-chung davon hörte, sagte er: ‚Zen-Meister Tao-yan war also doch von Ma-tsu verwirrt.'

Heute sehe ich die drei Lehrer Hui-chung, Ma-tsu und Tao-yan gemeinsam in die Grube (des einen Kreises) fallen. Ist es möglich, ihnen herauszuhelfen? Wenn es möglich ist, werden sie wohl ihren Körper und ihr Leben verlieren. Wenn es unmöglich ist, wie könnte man sie da herausragende Meister nennen? Was sollten wir in einem solchen Reich tun?"

Nach einer Weile warf Dôgen seinen *shujô* weg und stieg vom Sitz herab.

53. Am ersten Tag der Sommerübung *(ge-ango)* sprach Dôgen in der Vortragshalle: „Heute graben wir den Himmel (Nicht-Geist) und die Erde (Gedanken) um und bauen eine Dämonengrotte (ein Zen-Kloster). Da treffen sich Mönche, Dämonen und Götter und verbreiten ihren widerlichen Gestank. Esel und Ochsen (gewöhnliche Menschen) sowie Buddhas und Patriarchen vermischen sich und ziehen sich an ihren eigenen Nasen[257]. Was sagt ihr nun zum alten Kôan (des *ge-ango),* das der Buddha vor zweitausend Jahren entwickelt hat?

Wenn jemand Kupfer und Eisen weiter abscheidet [Ein Kupferkopf und eine Eisenbraue setzen ihre Übung fort], dann klatschen eine Holzkelle und ein Erdklumpen in die Hände und lachen auf."

---

[256] Ein Zitat von Tsung-mi aus seinem Kommentar zum „Sutra der vollkommenen Erleuchtung".

[257] Das heißt, sie machen konzentriert Zazen.

54. „Der Mut des Fischers besteht darin, Schlangen und Drachen im Wasser nicht zu fliehen; der Mut des Jägers ist, das Tigerjunge an Land nicht zu meiden; der Mut des Generals besteht darin, die Klinge nicht zu fürchten, die ihm ins Gesicht zeigt, und den Tod wie das Leben anzusehen. Was ist dann der Mut eines Zen-Mönches?

Die Meditationshalle öffnen, schlafen gehen, Schalen anordnen, Reis essen – all das atmet aus seinen Nasenlöchern und strahlt das Licht aus seinen Augäpfeln aus. Wisst ihr, dass es ein Reich jenseits des Buddha gibt? Dort kann man sich an Reis satt essen, gemütlich scheißen und das persönliche *vyâkarana* [die eigene Vorhersage einer künftigen Buddhaschaft] des Gautama überschreiten."

55. „Der Buddha Shâkyamuni, der auf einem Diamantsitz unter dem Bodhibaum saß, verwirklichte die Erleuchtung, während er einen leuchtenden Stern sah. Er sagte: ‚Als ein leuchtender Stern erschien, erwachte ich gleichzeitig mit allen fühlenden Wesen auf der Erde.' Nun lasst mich euch Mönchen sagen: Diese Worte wurden von fühlenden Wesen auf der Erde und dem Buddha Shâkyamuni gleichermaßen geäußert. Was sagt ihr? Wenn ihr schweigt, werde ich selbst sprechen."

Dann erhob und senkte er seinen *shujô:* „Dies ist die Übung des Weges auf der erhöhten Plattform. Habt ihr noch was zu ergänzen?" Wieder erhob und senkte er seinen *shujô* und meinte: „Was soll ich außer diesen beiden Dingen noch sagen?

Ich bin euch allen bereits vor der Meditationshalle begegnet."

56. „Erwachte Menschen sind stets mit der Essenz der Buddhas und Patriarchen ausgestattet und essen vollständig das Mahl (des Dharma) [Sonnengesicht und Mondgesicht sind mit Haferschleim und Reis angefüllt]. Wenn Chinesen kommen, dann als Chinesen, mit hinreichend Feuerholz und Wasser (des Dharma), Reis aus Lu-ling und Weizen vom Fuß der Berge. Der erste Patriarch Bodhidharma kam nie nach China und der zweite Patriarch Hui-k'o ging nie nach Indien. Sie sind beide so unzugänglich wie eine steil abfallende Klippe und befinden sich doch direkt vor eurer Nase." Dann hob Dôgen seinen *shujô* in die Höhe und stieg von seinem Sitz herab.

57. Am fünften Tag des fünften Monats sprach Dôgen in der Vortragshalle: „Eines Morgens, als der altehrwürdige Hung-chih Abt auf dem Berg Tien-tung war, sagte er in der Vortragshalle: ‚Am fünften Tag des fünften Monats wird das Himmelsfest gefeiert, wo die Erwachten das freie Wirken in allen Dingen erkennen. Süßes Gras ist dann auf natürliche Weise süß, eine gelbe Lotusblume bitter, eine Karotte kalt, ein Eisenhut heiß. Weder ein duftendes noch ein

stinkendes Kraut kann ihre Nasen täuschen. Wie könnte ein Gewürz, das der Mondsichel ähnelt, ihre Zungen täuschen? Die vollständig klare Weisheit ist weit von der Täuschung entfernt. Hier unterscheidet Mahâkâsh-yapa die Dinge recht. Tugendhafte Zen-Mönche mögen annehmen, die Unterscheidung entstamme ihrer Täuschung, doch der Ehrwürdige Mahâkâshyapa zerstört diesen Irrglauben für immer. Vollständig klar, verbleibt die Weisheit niemals in der Illusion. Wie kann man also mit dieser klaren Weisheit eins werden? Wenn man in Frieden weilt, spricht man nicht viel. Wenn es unbewegt ist, fließt das Wasser nicht.'

Dies waren die Worte Hung-chis. Was sollten nun meine Schüler sagen? Ich drücke es so aus: Man hat mit sich Frieden gemacht, spricht nicht viel, lügt nicht, täuscht die anderen nicht und sagt nichts Unsinniges. Doch dies bedeutet nicht, nie ein Wort zu äußern, sondern keine dualistischen Ausdrücke zu gebrauchen. Wie könnte man es dann ausdrücken? Ich sage es so: Wasser ist unbewegt, darum fließt es nicht. Wenn die Ozeane mit Wasser gesättigt wären, würden zahllose Flüsse rückwärts fließen."

58. In der Vortragshalle fragte ein Mönch Dôgen: „Was ist der Buddha?"

Dôgen antwortete: „Er ist ein Mensch, der *nirodha-satya* verwirklicht hat – das Reich jenseits zukünftiger Leben oder besonderer Moral [das Erlangen von Erlöschen, das nicht durch Analyse entsteht][258]."

Da meinte der Mönch: „Ich hoffe, Ihr lehrt mich nicht den Weg des Hînayâna[259]?"

Dôgen erwiderte: „Niemals." Wann auch immer der Mönch dieselbe Frage wiederholte, gab Dôgen dieselbe Antwort.

Er sprach: „Vom Reich Buddhas aus ist der Himmel nicht hoch, noch ist die Erde dick; Berge und Flüsse sind nicht weit von Sonne und Mond entfernt; das Licht der zehn Richtungen durchdringt die zehn Richtungen. Da reitet ein Perser auf einem weißen Elefanten in die Buddha-Halle und ein Mann aus Han-tan dreht barfuß seine Runden in der Meditationshalle.[260] Wie kann ich das behaupten?

Ein leuchtender Mond scheint mit gutem Grund einem Mann zu folgen. Weiße Wolken liefern Regen mit Nicht-Geist."

---

[258] Der Ausdruck entstammt dem *Abhidarma Kosha* von Vasubandhu, also der Kommentarliteratur. Es kennt noch zwei weitere „unbedingte *dharma*" (Kennzeichen der Wirklichkeit), nämlich Erlöschen infolge von Analyse und den Raum/das All.

[259] Eigentlich Theravada, die Schule des Buddhismus, in der man danach strebt, ein Arhat zu werden, also durch die Überwindung von Leidenschaften und Ego Befreiung (für sich selbst) zu erlangen.

[260] Ein Perser und ein Mann aus Han-tan können selbst üben, da sie bereits mit der Buddha-Natur ausgestattet sind.

59. „Der Dharma sollte unmittelbar in Übereinstimmung mit der Zeit gelehrt werden. Wenn nicht, wird es unzeitgemäßes eitles Geschwätz geben. Wird der Dharma also tatsächlich in Übereinstimmung mit der Zeit gelehrt oder nicht?
Nun lehre ich im ganzen Land Zen, doch es muss schon vor dem Buddha Bhîshmagargitasvarârgha geschehen sein, oder seit dem ersten Buddha der Vergangenheit. Diese Lehrrede geht über Huang-mei und Ching-yüan hinaus. Dennoch versäumen es Zuhörer nie, mich zu schelten: ‚Wie dumm! Ein Barbar auf diesem Berg! Du lehrst ja nur das Zen des Wildfuchses!'"

60. „Eines Tages meinte ein Mönch zu Chao-chou: ‚Wie sollte ich meinen Geist während der vierundzwanzig Stunden verwenden?' Chao-chou erwiderte: ‚Du wirst von den vierundzwanzig Stunden benutzt, doch ich verwende sie frei. Über welche Stunde willst du etwas wissen?'
Dies waren die Worte Chao-chous. Was soll ich dazu sagen? Einer wird von den vierundzwanzig Stunden benutzt, doch gestehe ich ihm das Patriarchen-Zen (der Alltagspraxis) zu. Einer nutzt die vierundzwanzig Stunden, also gestehe ich ihm das Tathâgata-Zen (der Schriften) zu. Doch dieses Prinzip ist jenseits von Buddhas und Patriarchen. Welches ist deren eigenes Prinzip?
Die Bettelschale öffnet ihren Mund und isst Reis."

61. „Als der Altehrwürdige Hung-chih Abt auf dem Berg Tien-tung war, sprach er in der Vortragshalle: ‚Ein Mönch fragte Ching-kuo: ‚Was ist der ursprüngliche Geist?' Ching-kuo erwiderte: ‚Weil das Nashorn mit dem Mond im Wasser spielt, scheint das Mondlicht (Erleuchtung) auf sein Horn (Täuschung). Ein Elefant wird vom Donner überrascht, und Blüten (Weisheit) fallen auf seine Stoßzähne (Täuschung).'
Hung-chih meinte dazu: ‚Täuschung und der ursprüngliche Geist befinden sich jenseits von Gleichheit und Unterschied oder Bestätigen und Ablehnen; Osten ist Osten, Westen ist Westen. Was davon ist überlegen? Wenn wir dies sorgfältig betrachten, dann erscheint die weltliche Wahrheit wirklich in allem. Die ursprüngliche Wahrheit allein erscheint, ohne verschiedene Formen anzunehmen. Sagt einfach, wie ihr dies verwirklichen könnt. Versteht ihr? Ihr müsst glauben, dass das Juwel Feuer enthält. Ihr dürft nicht zum Himmel schauen und die Sonne darum bitten.'
Die beiden älteren Mönche äußerten also derartige Worte, doch auch ich werde nicht still bleiben. Wenn mich jemand fragt: ‚Was ist der ursprüngliche Geist?', dann werde ich nur das zu ihm sagen: ‚Indra baute den Sudarshana-Palast[261], und die Perser aus dem Südmeer bringen ihm Elfenbein dar."

[261] Ein juwelengeschmückter Palast.

62. Am Geburtstag des Kaisers sprach Dôgen in der Vortragshalle: „Der gegenwärtige Kaiser wurde in diesem Land als altehrwürdiger Mönch in der Himmelswelt und als der ehrwürdigste Mann in der Menschenwelt geboren. Er regiert das Land als hoheitlicher Wiederhersteller in ungebrochener Erbfolge und begründet den Weltfrieden mit seinem auf ewig starken Körper. Die Menschen haben lang zu seinem Haupttor aufgeschaut und seine ewige Lebensspanne gefeiert. All das wird mit einer Redewendung ausgedrückt. Versteht ihr das vollständig? Dies ist der Tag, an dem der Kaiser in der Hôji-Ära geboren wurde.[262] Seine wirksame Lebensspanne wird äußerst lang sein. Dies ist ein allgemeiner Glückwunsch. Was soll ich als sein Vasallenmönch sagen? Ich sage dies: Die Welt ist im Frieden, der Drachen (Kaiser) schläft ruhig. Die Wolken sind am ganzen Himmel rein, weit oben fliegen Kraniche umher."

63. Am letzten Tag des *ge-ango* sprach Dôgen in der Vortragshalle: „Am 15. des vierten Monats habt ihr eure Hände zu Fäusten verschränkt und am 15. des siebten Monats wieder geöffnet. Doch eine überschreitende Redewendung ist jenseits der zwei. Welche ist es?

Augenbrauen heben sich und Nasenflügel werden durchstoßen [Lider werden zerrissen, Nasenlöcher aufgebohrt]."

64. Am Todestag des Abtes Tien-tung sprach Dôgen in der Vortragshalle: „Am heutigen Tag legte mein verstorbener Lehrer den wahren Dharma als sein eigenes Wesen dar, indem er die Lehrmethode von Buddhas und Patriarchen aufzeigte und weltlich gesinnte Menschen verstörte. Darum ernten seine Nachfahren nun einige Gehässigkeit."

65. Am ersten Tag des achten Monats sprach Dôgen in der Vortragshalle: „Eines Tages fragte ein Mönch Chao-chou: ‚Was würdest du tun, wenn du einen erleuchteten Mönch träfest?' Chao-chou erwiderte: ‚Ich würde ihm eine Lackschale anbieten.'

Der altehrwürdige Chao-chou hatte eine starke Ausstrahlung, es mangelte ihm jedoch an einer stillen, mit der andere besser klargekommen wären. Wenn jemand mich das Gleiche fragte, würde ich mich bei ihm erkundigen, welches der heißeste Ort am ersten Tag des achten Monats sei."

[262] Es heißt, Kaiser Gofukakusa sei am 10. (28.?) des sechsten Monats im Jahre 1243 geboren worden und er sei ein Verwandter Dôgens gewesen.

66. Am 14. Tag des dritten Monats im Jahr 1250 sprach Dôgen in der Vortragshalle: „Letztes Jahr verließ ich am dritten Tag des achten Monats den Berg Kichijô (Eiheiji), um im Kamakura-Distrikt der Provinz Sagami[263] den Dharma Laienschülern und Spendern darzulegen. Gestern kam ich zum Eiheiji zurück und bestieg heute früh diesen Sitz. Manche mögen dieses wundervolle Ereignis bezweifeln und sagen: ‚Wie viele Berge und Flüsse hat Dôgen überwunden, um den Dharma Laienschülern darzulegen? Er scheint nur wenige Mönche gewonnen zu haben.‘ Oder sie sagen: ‚Es könnte einen Dharma geben, den er uns bis jetzt noch nicht dargelegt hat oder von dem wir bisher noch gar nichts gehört haben.‘ Doch solch einen Dharma gibt es nicht. Ich sagte zu den Laienschülern nur: Wer anderen Gutes tut, erlangt Buddhaschaft; wer Böses tut, fällt in die drei niedersten Welten[264]. Wer solche Ursachen schafft, der wird die Folgen ernten. Werft also die Ziegel weg und ergreift die Juwelen. Ich glaube an diesen herausragenden Dharma, ich kläre ihn, lege ihn dar und richte mein Leben nach ihm aus. Mönche! Wollt ihr davon hören?

Ihr möget lachen, wenn ihr meine Zunge frei Ursache und Wirkung darlegen hört. Einige meiner bedauerlichen Fehler haben mich inzwischen zu einem Wasserbüffel gemacht. Diese Redewendung benutzte ich, als ich den Laien den Dharma darlegte. Was sollte ich über meine Rückkehr auf diesen Berg sagen? Ich möchte es so ausdrücken: In den sechs Monaten, wo ich diesen Berg verlassen hatte, schien der Mond am Himmel zu stehen [war ich wie ein einsames Rad in weiter Leere], doch nun, wo ich zurückgekehrt bin, sehe ich, dass die Wolken (Mönche) zufrieden sind. Meine Liebe zu diesem Berg ist stärker als zuvor.“

67. „Ânanda sagte einst zu Kâshyapa: ‚Was wurde dir außer einer Robe aus Goldbrokat vom Buddha noch übermittelt?‘ Als Kâshyapa seinen Namen rief, antwortete Ânanda: ‚Ja.‘ Da meinte Kâshyapa: ‚Hol das Banner vor dem Tempeltor ein.‘ Mönche! Wollt ihr dies verstehen?

Kâshyapas Ruf und Ânandas Antwort kamen mit gleicher Stimme. Bevor sie den Nagel (Täuschung) herauszogen, hatten sie bereits den Keil (Erleuchtung) entfernt. In alten Zeiten holte Ânanda das Banner vor dem Tor ein, doch wem gehört heute der Exkrementenspatel?“

---

[263] Die heutige Präfektur Kanagawa.

[264] Nach traditionellem Verständnis die drei niedrigsten der sechs Reiche der Transmigration, die ein Lebewesen durchwandert, ehe es Nirwana erlangt. Es sind die Reiche der Hölle, der hungrigen Geister und der Tiere.

68. „Buddhas und Patriarchen klatschen in die Hände und strecken diese aus. So haben achtundzwanzig Patriarchen in Indien und sechs in China den Dharma übertragen und erhalten. Um dem Buddha Shâkyamuni seine Güte zu vergelten, haben sie andere angeleitet, indem sie viele Male die Lehre darlegten, dass ein alter Pflaumenbaum nahe einer Klippe oder ein Pfirsichbaum am Ozean das klare Erscheinen des Geistes von Buddhas und Patriarchen sind, und dass ein Atom alle *samâdhi* enthält [dass die eine dynamische Aktivität im *samâdhi,* dass in alle Dinge eintritt, offenbart ist]. Dennoch ist der Berg Kichijô hoch, der Schnee schmilzt spät, die Bäume sind alt und der Frühling kommt langsam. Wisst ihr, warum?

Ein alter Kranich steht in einem schattenlosen Baum und träumt vom Mond; eine Honigbiene findet in den Blüten eines knospenlosen Zweiges den Frühling."

69. „Als der Bhagavat eines Tages einen Sitz bestieg, schlug Manjushrî mit einem kleinen Hammer auf einen Holzklotz und sagte: ‚Wenn ich den Buddha-Dharma verwirkliche, ist das so.' Sogleich stieg der Bhagavat von seinem Sitz herunter. Dazu meinte Abt Kuang-tso[265] aus Pei-ta: ‚Tatsächlich schlug Manjushrî auf einen Holzklotz und sagte zu den Mönchen: ‚So habe ich den Buddha-Dharma erkannt'. Doch wenn ein hinreichend weiser Mann dagewesen wäre, um *saindhava*[266] zu verwirklichen, dann hätte er nicht darauf gewartet, dass eine weiße Locke zwischen den Augenbrauen des Bhagavat zu leuchten beginnt.' Sein Schüler Hsüeh-tou Ching-hsien sagte: ‚Unter den dort anwesenden Mönchen erkennt nur ein Weiser, dass der Buddha-Dharma nicht so ist. Wenn nur einer unter den Mönchen *saindhava* verwirklicht hätte, dann hätte Manjushrî nicht einen Schlag mit dem Hämmerchen ausführen müssen.'

Die beiden älteren Mönche besitzen die gleiche Fähigkeit wie Manjushrî, nicht aber die des Bhagavat. Wollt ihr das Prinzip des Bhagavat kennenlernen?

Das Gebrüll eines Löwen ist dem Löwen allein bekannt. Das gleiche kann man vom Buddha-Dharma sagen. Diese Versammlung besteht gänzlich aus Menschen, die weise genug sind, *saindhava* zu verwirklichen. Demgemäß hätte ich den Holzklotz mit dem Hämmerchen geschlagen, so wie es Manjushrî tat."

---

[265] Ein Dharma-Erbe Hsiang-lin Chao-yüans.

[266] Salz, Wasser, ein Gefäß und ein Pferd: Es heißt, ein schlauer Vasall habe all dies dem König beim Wort *saindhava* überreicht.

70. „Die Buddhas der drei Zeitalter und die nachfolgenden Patriarchen haben das ganze Land (den Dharma) auf ihren Schultern getragen und sind eins damit geworden. Sie haben das Reich gewöhnlicher Menschen aufgemischt und sind dann dorthin zurückgekehrt. Erkennt jemand die wesentliche Essenz des Dharma, dann legt er einen Meter dar und praktiziert einen Meter.[267] Dann ist der Körper nicht Fleisch, und der Geist ist eine Mauer und ein Zaun. Die Augenbrauen hängen an einem Frühlingsberg, die Augäpfel schwimmen im Ozean des Herbstes, Hunderte und Tausende *samâdhi* erstehen in jedem Atom und der grenzenlose Dharma manifestiert sich in allen Dingen [in hunderttausend *samâdhi* erscheinen zahlreiche Staubkörner, und die zehntausenden Formen erstehen]."

71. Am Tag der Waschung der Buddhastatue sprach Dôgen in der Vortragshalle: „An einem solchen Tag sagte Zen-Meister Hung-chih, der Abt vom Berg Tien-tung, in der Vortragshalle: ‚Wasser ist rein und ursprünglich leer. Der Buddha-Körper ist vollständig klar und mit reiner Weisheit ausgestattet. Selbst wenn ich ihn nie mit Wasser übergösse, würde kein Staub zurückbleiben. Manchmal wird er zum Buddha, manchmal steigt er vom Tushita-Himmel herab, erreicht das Ufer der Erleuchtung oder erläutert den Dharma in der Welt der Täuschung. Seine Lehrrede beginnt mit Worten der Transzendenz, die Sutren und Versammlungen hervorbringen. Selbst wenn ich jetzt Schmutzwasser über die Buddhastatue gösse, würde sie mir nie böse sein. Es gibt keinen Grund, sich um Hilfe an Avalokiteshvara[268] zu wenden. Das Verdienst des Wassergießens wird von selbst zum Gießenden zurückkehren. Ihr Mönche! Was würdet ihr tun, wenn ihr eine hölzerne Schöpfkelle in den Händen hieltet? Ohne dies eine zu erkennen, können wir nicht an Weisheit zunehmen.‘

Mein buddhistischer Onkel, der tugendhafte Mönch Hung-chih, ist ein Nachfahre des Fu-jung Tao-kai[269] und ein buddhistischer Sohn von Tan-hsia Ts‘u-chun[270]. Sein Nachfolger hat jedoch andere Verse:

Buddhas Geburt brachte das ganze Universum zum Beben;
seine Worte legten ausgiebig die 80.000 Lehren dar
[am Ort seines Erwachens öffneten sich 80.000 Tore weit].
Nun werde ich Duftwasser über dieses unbefleckte Abbild gießen.
Seine Geburt ist schändlich, doch ich gebe mich dem Dharma hin.
[Es ist eine peinliche Szene, mit viel Ernst aufgeführt.]

[267] Normalerweise heißt es, es sei besser, einen Zentimeter zu üben als einen Meter darzulegen.

[268] Bodhisattva des Erbarmens und der Liebe; gelobte, alle Wesen durch großes Mitempfinden zu erretten.

[269] 1042–1117, Dharma-Erbe von Tou-ts‘u I-ching.

[270] Gest. 1119, Dharma-Erbe von Fu-jung Tao-kai.

72. Am letzten Tag des *ge-ango* sprach Dôgen in der Vortragshalle: „Als Zen-Meister Hung-chih der leitende Mönch auf dem Berg Tien-tung war, sagte er an einem solchen Tag in der Vortragshalle: ‚Im *ango* gibt es keine Kluft zwischen gewöhnlich und heilig. Mönche finden ihr Leben im Buddhaland. Wenn sie im Zustand des Nicht-Geistes Zazen in der Meditationshalle machen, werden die Blüten der Weisheit im Reich der Erleuchtung erblühen. Während der neunzig Tage ihrer Zurückgezogenheit sahen sie das absolute Reich, an dem sie waren, bevor sie je einen Schritt machten; während der drei Monate des *ango* verwirklichten sie Körper und Geist jenseits aller äußeren Dinge. Viele Körper wurden friedlich zu einem, und ein Körper praktizierte den Weg in vielen. Darum heißt es: Die Dharma-Körper der Buddhas treten in die eigene Natur ein und die eigene Natur wird eins mit dem Tathâgata. Und: Die große Erleuchtung wird zum eigenen buddhistischen Tempel gemacht. Gibt es da noch etwas? Wie kann man Erleuchtung verwirklichen und eins mit dem Tathâgata werden? Versteht ihr das vollständig? Ihr dürft euch nicht in den drei täuschenden Welten (von Begierde, Form, Formlosigkeit) manifestieren, sondern sollt die ursprüngliche Leere klären und die zehn Richtungen durch Zazen überschreiten.

Der tugendhafte Mönch Hung-chih sagte, man werde eins mit dem Tathâgata, doch er selbst wurde es nicht. Nun bin ich gleichermaßen eins mit Hung-chih und dem Tathâgata. Könnt ihr das vollständig verstehen?

Der Gautama nahm eine Udumbara-Blume und lächelte sanft. Das kam so unerwartet für die auf dem Geierberg Versammelten, dass sie dadurch verwirrt wurden. Nun aber gehe ich Hand in Hand mit diesem Gautama in die Buddha-Halle, und Augenbraue an Augenbraue betreten wir die Meditationshalle.“

IV. Eiheiji Goroku

1. Dôgen sprach in der Vortragshalle: „Einige sind herausragend genug, um Mitternacht in Schuhe zu steigen und Bodhidharma seiner Augäpfel zu berauben; einige sind bedeutend genug, bei Tagesanbruch ihren Strohhut aufzusetzen und Hsi-tang an der Nase zu ziehen.[271] Sie kommen und gehen wie der Klang von Frühling und Herbst. Ihr Kommen ist für ihr Gehen, was die Sonne für den Mond ist. Ihr gesamter Körper zeigt ein freies Wirken wie einer, der des Nachts mit dem Handrücken nach seinem Kissen sucht. Manche sind überragend genug, sich einen Arm abzuschneiden, ihn Bodhidharma darzubringen und später selbst seinen Dharma zu übermitteln, nachdem sie dessen Mark erfasst haben. Dennoch ist es nicht zu erlangen, bis man das Tor des Dharma jenseits des Buddha entriegelt hat. Was ist dieser Riegel?

   Dies: Sutren, Vinaya und Abhidharma des Gautama abzuwerfen und das Lied von den verlockenden Pflaumenblüten auf einer Eisenflöte zu spielen."

2. Am 25. des vierten Monats sprach Dôgen in der Vortragshalle: „Als an diesem Tag der Zen-Meister Yüan-wu Abt auf dem Berg Yün-chuh war, sagte er in der Vortragshalle: ‚Einst meinte einer: ‚Seit dem Beginn der Sommerübung sind elf Tage vergangen, wie steht's aber mit Han-shan?' Ein anderer meinte: ‚Seit dem Beginn der Sommerübung sind elf Tage vergangen, wie steht's aber mit dem Wasserbüffel (Buddha-Geist)?' Ich hätte es anders ausgedrückt: ‚Seit Beginn der Sommerübung sind viele Tage vergangen. Wie steht's mit der Steinlaterne oder dem runden Pfeiler (Buddha-Geist)?' Wenn ihr dies versteht, werdet ihr bald ein Wasserbüffel werden können. Dann werdet ihr auch Han-shan begreifen. Wenn ihr Zweifel habt, bin ich ja noch in eurer Nähe.'

   So waren die Worte Yüan-wus. Heute möchte ich sie euch erläutern. ‚Eine Steinlaterne' bedeutet eine Schale einer Mandarine; ‚ein runder Pfeiler' bedeutet ursprünglich: ein trockener Exkrementenspatel; ‚ein Wasserbüffel' ist hier ein Tier, das den ewigen Sämling des Dharma isst; ‚Han-shan' ist ein Mensch frei von der Anhaftung an den Dharma. Wenn euch das mysteriös erscheint, trete ich auf den Scheitel Yüan-wus. Versteht ihr also? Wenn ihr daran zweifelt, wie könnt all ihr gütigen Menschen dann in meiner Faust bleiben und mit euren Anstrengungen fortfahren? Deshalb sage ich: ‚Elf Tage sind seit dem Beginn der Sommerübung vergangen. Wie steht's mit der Meditationshalle? Versucht es zu erklären. Ich werde euch zuhören. Wenn ihr es nicht vermögt, werde ich zu euch sprechen."

---

[271] Siehe das Kapitel „Kôku" im *Shôbôgenzô*.

Nach einer Weile setzte Dôgen fort: „Es ist ein Ort, an dem jemand früh am Morgen Haferschleim und zu Mittag Reis isst, Zazen beim Schlagen eines Holzblockes macht und sich schlafen legt, wenn eine Decke ausgelegt ist."

3. In der Vortragshalle sagte Dôgen: „Der sechste Patriarch Hui-neng, der der Sangha von Huang-mei beigetreten war, stampfte Reis in einer Reisstampfhütte, als Huang-mei um Mitternacht heimlich hineinschlich und fragte: ‚Hast du den Reis weiß gestampft?' Hui-neng erwiderte: ‚Ja, aber noch nicht gesiebt.' Huang-mei schlug drei Mal mit seinem Stock auf den Mörser. Hui-neng siebte drei Mal den Reis und wurde später ins Zimmer des Meisters vorgelassen. Sagt einfach, ob ihr diese zwei tugendhaften Mönche sehen wollt."

Da hob und senkte Dôgen seinen *shujô* drei Mal: „Falls jemand behauptet, dies sei das Studium der Buddhas und Patriarchen, was ist dann Nirwana?'" Und wieder hob und senkte er seinen *shujô* drei Mal: „Falls jemand behauptet, dies sei, was auf der Plattform in der Mönchshalle studiert würde, was ist dann die Wirklichkeit, die nicht in drei oder sieben zerfällt?"

4. Am fünften Tag des fünften Monats sprach Dôgen über die Worte, die der Zen-Meister Hung-chih einst am gleichen Tag in der Vortragshalle geäußert hatte. „Am fünften des fünften Monats findet das Knabenfest statt. Die Berge stehen voller Kräuter und Gräser, und verschiedene Steine, ob groß oder klein, sprechen von der Weisheit, als wären sie für die Menschen hörbar.[272]"

5. Dôgen sprach in der Vortragshalle: „Ein Mönch fragte einst Yün-men: ‚Welcher Ausdruck geht über den *dharmakâya* hinaus?' Yün-men erwiderte: ‚Es versteckt sich im Großen Wagen.'

Yün-mens Aussage ist vorzüglich, doch nur eine Andeutung. Wenn jemand mich fragt: ‚Welcher Ausdruck geht über den *dharmakâya* hinaus?', sage ich nur: ‚Es bedeutet, Shâkyamuni mit einer hölzernen Schöpfkelle zu schöpfen und Bodhidharma mit einer Messlatte zu messen.'"

6. Dôgen sprach in der Vortragshalle: „Einst fragte ein Mönch den Shih-shuang[273]: ‚Es heißt, die Buddha-Natur sei wie das Universum. Ist das wahr?' Shih-shuang erwiderte: ‚Beim Liegen haben wir sie, beim Sitzen nicht.' Heute will ich dies erläutern. Was meinte Shih-shuang mit den Worten ‚Beim Liegen haben wir sie'? Er meinte, dass das Juwelen-Rad (Buddhas Weisheit) sich dreht und laut lacht [wenn das Juwelen-Rad sich dreht, lachen wir laut]. Und was bedeuten die Worte ‚beim Sitzen nicht'? Sie bedeuten, dass Menschen einander treffen, ohne sich zu kennen. Studiert dies gründlich!"

---

[272] Der Berg mit Kräutern (Medizin) ist hier auch eine Anspielung auf Yanshan, die Steine auf Shitou.

[273] 807–888, Dharma-Erbe von Tao-wu Yüan-chieh.

7. Dôgen sprach in der Vortragshalle: „Ein Zen-Mönch sollte über eine vorweltliche Wirkung verfügen und frei den Schatz-Stempel (Buddha-Geist) benutzen, der keine Kluft zwischen Sein und Nicht-Sein kennt. [Die Funktion vor dem leeren *kalpa* wird genutzt, ohne Spuren zu hinterlassen, das Geistsiegel unter dem Ellbogen ist leer, existiert aber innerhalb von Bedingungen.] Was bedeutet dies? Es bedeutet, das Dharmabanner von Unwissenheit und Täuschung [von karmischem Bewusstsein verkehrt herum] zu hissen [und einzuholen] und den trockenen Exkrementenspatel (Buddhas und Patriarchen) beizubringen."

8. Dôgen sprach in der Vortragshalle: „Im *Diamant-Sutra* heißt es: ‚Die Geburt kommt niemals.' Doch sie kommt. Oder es heißt: ‚Der Tod verschwindet nie.' Doch er verschwindet. Was bedeutet dies also? Es bedeutet: Wenn unser Geist recht ist, dann entdecken wir, dass alle Dinge eins sind."

9. Dôgen sprach in der Vortragshalle: „Manchmal erläutere ich ganz vertieft in den Weg den Dharma und wünsche euch allen einen friedvollen Geist. Manchmal renne und springe ich jenseits des Buddha und hinterlasse keine Spuren davon; dies geschieht, damit ihr Körper und Geist abwerft. Manchmal trete ich in freudvolle Meditation ein und wünsche mir, ihr würdet es mir gleichtun. Doch wie ich es auch zeige, ich möchte, dass ihr es frei benutzt. Wenn plötzlich jemand zu mir kommt und fragt: ‚Was wirst du vom höheren Standpunkt aus sagen?', dann antworte ich ihm nur: ‚Der Wind der Morgendämmerung bläst den Nachtnebel fort. Kaum zu erkennen manifestiert ein blauer Berg das Reich jenseits des Buddha [formen die blauen Berge eine einzige Linie].'"

10. Dôgen sprach in der Vortragshalle: „Eines Tages bat Lu-heng den Nan-chüan, den Mönchen den Dharma zu erläutern. Nan-chüan fragte: ‚Was soll ich deiner Meinung nach darlegen?' – ‚Wie ist es möglich, dass du keinen Weg kennst, den Dharma zu erläutern?' – ‚Woran mangelt es den Mönchen?' – ‚Es ist unvermeidlich, dass ihnen die vier Formen des Lebens und die sechs Reiche der Existenz anhaften.' – ‚Dann werde ich den Mönchen niemals den Dharma erläutern.' Lu-heng verschlug es die Sprache.

Nan-chüan hatte seinen Berg mehr als dreißig Jahre lang nicht verlassen. Selbst Kobolde und die Wassergottheit suchten schließlich nach Wegen, unter Nan-chüan erleuchtet zu werden. Wenn jemand mich bäte: ‚Abt! Erklärt bitte den Mönchen den Dharma', dann würde ich erwidern: ‚Glücklicherweise kann ich jetzt Stuhlgang haben. Welchen Sinn hätte es auch, mich mit denen in den vier Formen des Lebens und den sechs Reichen der Existenz zu beschäftigen?'"

11. Dôgen sprach in der Vortragshalle: „Wenn jemand einen Berg besteigt, muss er seinen Gipfel erreichen; taucht jemand in den Ozean, muss er dessen Grund erlangen. Sonst kann niemand erkennen, wie weit das Universum oder wie tief der blaue Ozean ist. Wer dies bereits vollbracht hat, könnte die vier großen Ozeane umwälzen, indem er ihnen einen Tritt versetzt, und sogar den Berg Sumeru umwerfen, indem er ihn ein Mal schubst. Warum erkennt ihr den Menschen nicht, der mit solch offenen Händen nach Hause zurückkehrt, während die Spatzen zwitschern und die Krähen in den Eichen krächzen? Wollt ihr ihn kennenlernen?

Nachdem er erwacht war, sah der Bhagavat den Bodhibaum, setzte sich schweigend darunter und sann einundzwanzig Tage nach. Als er dann die große Erleuchtung erfuhr, erschien der Morgenstern und erhellte den weiten Himmel. Wie kann einer, der auf seinem Platz so konzentriert Zazen macht, wissen, dass ein die Wand anstarrender Brahmane (Bodhidharma) in seinem Hause wohnt?“

12. Dôgen sprach in der Vortragshalle: „Ein Mönch fragte den Nationallehrer Hui-chung: ‚Ein Sutra prophezeit, dass fühlende Wesen, nicht jedoch nichtfühlende Wesen Buddhas werden. Welche der anwesenden tausend Buddhas sind nicht-fühlend?‘ Hui-chung erwiderte: ‚Wenn er nicht auf dem Thron sitzt, ist der Prinz nur eine Privatperson, doch auf dem Thron besitzt er die Macht übers ganze Land, nicht nur über Teile davon. Wenn fühlende Wesen infolge einer Prophezeiung zu Buddhas werden, ist das ganze Land der *dharmakâya* des Vairocana-Buddha. Worin besteht die Notwendigkeit zu prophezeien, dass nur fühlende Wesen Buddhas werden [Wie können nicht-fühlende Wesen Bestätigung erlangen]?‘

Hung-chih sagte: ‚Die Buddhas im Land manifestieren sich überall. Das Land, das eins mit den Buddhas ist, ist unser eigenes. Habt ihr dies verstanden? Nachdem König Chin erfolgreich den Weg dafür geebnet hatte, konnten Friede und Ordnung auf natürliche Weise in den sechs Feudalstaaten[274] wiederhergestellt werden.‘

Dies waren die Worte des altehrwürdigen Mönches. Wie ist es möglich, dass ich nichts dagegen einwenden kann? Es gibt keine Kluft zwischen dem Land und dem *dharmakâya*. Der *dharmakâya* befindet sich im Land und jenseits davon. Könnt ihr dies verstehen?

Der vollkommene Meister ist nichts als der vollkommene Meister. Er schafft die Grundlage für den großen Frieden des Herrschers jenseits von Menschen und äußeren Umständen. [Der Gastgeber im Gastgeber geht über Objekte hinaus und überschreitet Menschen, um ein Reich zu begründen.]“

---

[274] Die Staaten von Chi, Chu, Yen, Han, Wei und Chao.

13. Dôgen sprach in der Vortragshalle: „Es ist wahre Übung, einen Ziegel zu einem Spiegel zu schleifen. Wie könnte das Denken aus dem Buddha-Geist unvollständig sein? Manchmal mag es schnell entschwinden, doch wenn man es sucht, kommt es hierher, ohne ein Wort zu sagen. Sagt mir, ihr Mönche, ob ich mit dem alten Mönch Nan-yüeh übereinstimme. Ich höre euch zu. Wenn ihr nichts sagt, werde ich es euch erläutern."

Nach einer Weile schlug Dôgen mit dem Griff seines *hossu* an seinen Stuhl und stieg von seinem Sitz herab.

14. In der Vortragshalle erhob Dôgen seinen *shujô* und sprach: „Wenn ich diesen *shujô* niederlege, öffne ich die Augen der Buddhas, tausche Dunkelheit gegen Licht aus und strecke die Nasenlöcher nieder. Dann werden Maudgalyâyana und Manjushrî[275] nach Luft schnappen und ihre Worte verschlucken. Lin-chi und Te-shan werden in Lachen ausbrechen. Sagt mir einfach, worüber sie lachen."

Hierbei lehnte er sich auf seinen *shujô* und sagte: „Wenn ich mich so schweigend im Nicht-Geist auf diesen *shujô* stütze, erkenne ich seine Rinde als ursprünglich schwarz."

15. Dôgen sprach in der Vortragshalle: „Was ist Erwachen? Es ist jenseits von Sprache, Übung, den Raum betreten, in die Vortragshalle gehen, ein *ittengo*[276] darlegen, in den Mönchsstand eintreten, und auch jenseits Nirwana. Um welche Stufe handelt es sich also? Es gibt keine Freiheit von der Notwendigkeit zu Übung und Erwachen (auch wenn niemand sie unterscheiden soll). Ein höherer Ort hat seine eigene vollständige Position, so wie die neun Berge[277] eins mit dem Berg Sumeru sind. Auch ein niederer Ort hat seine vollständige Position, so wie die acht Ozeane[278] eins mit dem großen Ozean sind. Von einem höheren Standpunkt aus kann Tao-yin sich nicht einmal selbst als Tao-yin bezeichnen. Da ist niemand anderes als der namenlose Tao-yin."

16. Am Jahrestag von Abt Tien-tungs Tod sprach Dôgen in der Vortragshalle: „An diesem Tag unternahm Tien-tung aus Versehen eine Zen-Pilgerreise zur graslosen Welt (Erleuchtung) und nicht zum Berg Tien-tai oder Wu-tai, und kehrte später als Wasserbüffel (Buddha-Natur) zurück, genau wie Meister Ling-yu vom Berg Wei-yu."

---

[275] Einer der zehn Hauptschüler Buddhas; er soll übernatürliche Kräfte besessen haben.

[276] Ein Wort, das jemanden zu plötzlichem Erwachen führt.

[277] Die Berge rund um den Sumeru.

[278] Die Ozeane rund um den Berg Sumeru, mit frischem Salzwasser.

17. Dôgen sprach in der Vortragshalle: „Shâkyamuni Buddha sagte zu Menschen und Himmelswesen: ‚Menschen werden in Jambudvîpa[279] als Folge ihres besten Karmas geboren, doch in Uttarakuru[280] als Folge ihres schlimmsten Karmas.‘ Lasst mich euch erklären, Mönche: Was ist das schlimmste Karma? Es ist, Kot oder Urin auszuscheiden. Was ist dann das beste Karma? Es ist, früh am Morgen Haferschleim zu essen und mittags Reis, am frühen Abend Zazen zu machen und um Mitternacht schlafen zu gehen.“

18. Am Jahrestag von Abt Tien-tungs Tod sprach Dôgen in der Vortragshalle: „An diesem Tag vollführte Abt Tien-tung einen Salto und trat den Schoß von Esel (karmisches Selbst) und Pferd (Buddha-Natur) um. Durch diese Kraft warf er Körper und Geist ab [fiel der Boden des Eimers heraus]. Die Sôtô-Schule wurde durch den Glauben an diesen Patriarchen übertragen.“

19. Beim Herbstmond sprach Dôgen in der Vortragshalle, während er mit seinem *hossu* einen Kreis in die Luft malte: „Was ist dies? Was ist die Zahl des Mondes? Dies ist tatsächlich der zweite Mond. Doch warum ist dies auf Sonne oder Mond beschränkt? Dies ist jenseits von Licht und Dunkelheit. Könnt ihr dies ‚die Augen von Zen-Mönchen‘ oder ‚die Augen Buddhas‘ nennen? Oder könnt ihr sagen: ‚Der Mond am Himmel ist rund‘ oder ‚Der Mond in der Menschenwelt ist halbrund‘?

Zahlreiche Menschen haben früher wie heute diesen Mond betrachtet. Wie könnte man behaupten, der Geist der Alten sei den heutigen Menschen kaum zu beschreiben? Heute malte ich diesen einen Kreis in die Luft und schuf so die zwei Monde. Einer davon ist ins Herbstwasser gefallen. Abt Chuan-ts‘u[281] formte ihn zu einem Angelhaken um, mit dem er im Ozean einen Goldfisch (Erleuchtung) fangen wollte. Schließlich drückte sein Schüler den Dharma eine Handbreit neben diesem Haken aus. Der andere Mond flog an den Rand der Wolken. Abt Shih-kung[282] formte ihn zu einem Bogen um, mit dem er einen Hirsch oder einen halben Heiligen (Abt Sam-ping[283]) schießen konnte. Dennoch ist er sich noch nicht bewusst, dass er die völlige Freiheit besitzt, einen oder einen halben Schuss abzugeben [und damit Leben zu geben oder zu nehmen].

---

[279] Der südlichste der vier Kontinente nach indischer Vorstellung – die Menschenwelt.

[280] Der nördlichste der vier Kontinente nach indischer Vorstellung – seine Bewohner sollen tausend Jahre alt werden und fortdauerndes Glück erleben.

[281] Dharma-Erbe von Yüeh-shan Wei-yen (zu dieser Geschichte siehe S. 244, Kap. VIII (2), 7.).

[282] Erwachte unter Ma-tsu Tao-i und erläuterte den Weg mithilfe von Pfeil und Bogen.

[283] 781–872, übte zunächst unter Shih-kung.

Irgendwo betrachtet ein Zen-Mönch den Mond als Hasen (Erleuchtung), irgendwo als blauen Ziegel (Täuschung). So sage ich es. Ich habe dies auf der langen Plattform gelernt.“ Dôgen malte noch einmal einen Kreis in die Luft und sagte: „Wenn mich jemand fragt, was dies ist, antworte ich: Würdest du es gern im Einzelnen wissen?

Wenn wir einen Ziegel zu einem Spiegel schleifen und in den Himmel hängen, werden andere ihn den Herbstmond nennen. Wer würde uns dann nicht auslachen? Wie könnten wir leugnen, dass Unwissenheit und Täuschung den Mond (Erleuchtung) erzeugen [dass das karmische Bewusstsein die Bedingung für unsere Geburt ist]?“

20. Dôgen sprach in der Vortragshalle: „Ein Altehrwürdiger sagte: ‚Das *samâdhi* des Bhagavat war Mahâkâshyapa ein Mysterium; das *samâdhi* des Mahâkâshyapa war dem Ânanda ein Mysterium; das Ânandas dem Shânavâsa und meines euch.‘ Da meinte ein damals anwesender Mönch: ‚Wer kennt dann dein *samâdhi*?“ Der altehrwürdige Mönch sagte: ‚Reines Gold muss in einen Schmelzofen gelegt werden, damit man seine Echtheit überprüfen kann.‘ Diese Aussagen des Altehrwürdigen sind so glanzvoll wie wunderbare Blumen.

Ich würde es anders ausdrücken: Das *samâdhi* des Bhagavat war ihm selbst ein Mysterium; das des Mahâkâshyapa dem Mahâkâshyapa; das des Ânanda dem Ânanda; das des Shânavâsa dem Shânavâsa; meines mir und eures euch. Wenn nun jemand fragt: ‚Warum ist das so?‘, werde ich nur antworten: ‚Bald ist das Mittagessen im Daihi-in (Tempel des Großen Mitleids) fertig.[284]‘“

21. Am 1. des neunten Monats sprach Dôgen in der Vortragshalle: „Ich sitze konzentriert auf dem Zazen-Kissen und denke jenseits von Denken und Nicht-Denken, ohne von Dämonen genarrt zu werden. Auf diesem Berg schlucke ich einen Mund voller Buddhas und fühlender Wesen und fange Hasen und wilde Elefanten auf einen Schlag, so wie es ein auf dem Boden lauernder Löwe täte. Während ich den Versuch aufgebe, ein Buddha zu werden, indem ich wie ein Buddha sitze, lache ich herzlich über die Täuschungen in den drei oder fünf Fahrzeugen[285]. Folgt keineswegs anderen, um den Weg zu verwirklichen und euren Buddha-Geist zu klären. Selbst Zazen für immer abwerfend und die Leere allein empfangend, müsst ihr nur deren Klang hören. [Warum sollten wir die verkehrten Illusionen von „ich selbst und die anderen“ fürchten?] Wollt ihr noch mehr wissen?

Die fünf Blätter der Pflaumenblüten öffnen sich im zeitlosen Frühling. Der Mond hängt weiß und rund am Morgenhimmel.“

---

[284] Zitat aus dem *Linji yulu.*

[285] Die drei Fahrzeuge sind die der *shrâvaka,* Pratyeka-Buddhas und Bodhisattvas, zu den fünf Fahrzeugen zählen noch die der Menschen und der Himmelswesen.

22. In der Vortragshalle sprach Dôgen: „‚Direkt auf jemandes Geist zu zeigen' bedeutet dieses *shujô*. ‚Der eigene Geist ist ursprünglich der Buddha-Geist' bedeutet die eigene Faust. Lasst es mich euch freundlich erklären: ‚Höchste Weisheit bedeutet, tiefe Ruhe zu finden.'"

23. Dôgen sprach in der Vortragshalle: „Sand (Buchstaben) im Ozean (Dharma) zu zählen ist eine eitle Verschwendung der eigenen Energie. Auch einen Ziegel in einen Spiegel zu schleifen ist falsch. Habt ihr nicht die Wolken über einem hohen Berg gesehen, wie sie von selbst dahinziehen und sich ausdehnen? Berg und Wolken sind jenseits von Vertrautheit und Entfremdung. Ein reißender Bergfluss fließt hierhin und dorthin, ob gerade oder gewunden. Das Gleiche sollte man von den Alltagshandlungen der fühlenden Wesen sagen. Das Gegenteil ist jedoch der Fall. Wenn sie so frei handeln können, woher kommt dann die Wiedergeburt ihres Karma in den drei Welten der Täuschung?"

24. Dôgen sprach in der Vortragshalle: „Jeder greift nach dem in der Nacht leuchtenden Juwel, und jedes Haus nimmt gern das Juwel Hsing-shans (Buddha-Natur) an. Doch bis jemand es vollständig durchdringt[286], wird er in Täuschung durchs Land reisen und es sinnlos umhertragen. Habt ihr noch nicht vernommen: Wenn jemand Töne hört, dann verschiedene, hohe wie tiefe, aus dem Himmel und dem Tal, und wenn er Farben sieht, dann so klar wie die eintausend Sonnen, die nie versäumen, alle Dinge zu reflektieren. Wenn jemand etwas anderes als Töne und Farben suchte, würde er dem Dharma große Schande bereiten."

25. Dôgen sprach in der Vortragshalle: „Wenn jemandes Geist erklingt, dann erklingt der ganze Himmel [die Leere]. Die Worte ‚jemandes Geist erklingt' bedeuten tatsächlich, dass eine ‚Glocke' ertönt. Ohne das Ertönen der Glocke würde der eigene Geist nicht klingen. Wie könnten wir dies als Klingen unseres Geistes bezeichnen?"

26. Dôgen sprach in der Vortragshalle: „Die Patriarchen sind in dieser Welt erschienen und behaupteten: ‚Körper und Geist unserer Täuschung sind Körper und Geist altehrwürdiger Mönche', jedoch nicht: ‚Unser Körper, unsere Wahrnehmung, unser Geist und die Welt sind die Augäpfel der Patriarchen.' Sagt mir, ob Körper und Geist der altehrwürdigen Mönche eins sind mit den Augäpfeln der Patriarchen, oder verschieden davon." Hierauf erhob Dôgen sein *shujô,* senkte es und stieg von seinem Sitz herab.

---

[286] Jap. *ekô henshô*, das Licht nach innen richten, was Dôgen u.a. auch im *Fukanzazengi* als Prinzip des Zazen bezeichnet.

27. Dôgen sprach in der Vortragshalle: „Wildgänse kommen und Nachtigallen fliegen davon – all dies ist die Wirkung Shâkyamuni Buddhas. Blumen sprießen und Blüten werden rot – all dies ist die Übungsmethode Bodhidharmas. Wer dies erkannt hat, wird eins mit den Buddhas und Patriarchen, beherrscht Töne und Farben und überschreitet Hören und Sehen. Versucht einfach zu sagen, worin die Tat des Vipashyin-Buddha besteht.

Er manifestiert Weisheit in seinen Alltagshandlungen und hinterlässt keine Spur der Anhaftung daran."

28. In der Vortragshalle sprach Dôgen: „Körper-und-Geist eines erwachten Menschen bestehen nicht nur aus den fünf *skandha,* sondern ragen heraus wie ein himmelhoher Berg [und sollte nicht das Objekt von Begierde sein]. Wie könnten wir ihn von unserem verwirrten Standpunkt aus erkennen? Er ist jenseits von Klang und Farbe (jenseits von Dualität) und passt sich doch daran an. Wie tritt er in Erscheinung und wie schwindet er? Sein Herz ist kräftig genug, den Himmel zu berühren. Dennoch sollt ihr nicht sagen: ‚Den Buddha töten zeitigt keine Ergebnisse.'[287] Die wahre Ursache für Buddhaschaft ist Zazen."

29. In der Vortragshalle sprach Dôgen: „Der Ehrwürdige Shânavâsa fragte Upagupta: ‚Wie alt bist du?' – ‚Siebzehn.' – ‚Bist du siebzehn im Körper oder in deiner Natur?' – ‚Dein Haar ist jetzt weiß. Bist du weiß im Haar oder im Geist?' – ‚Ich bin weiß im Haar, nicht im Geist.' – ‚Ich bin siebzehn im Körper, nicht in meiner Natur.'

Wenn ich über diese Aussagen nachdenke, frage ich mich, was sie mit ‚Körper', ‚Natur', ‚Geist' und ‚Haar' meinten. Einer von ihnen nannte die Natur ‚Körper' und der andere den Geist ‚Haar'. Wie lächerlich! Sie gewinnen eins und verlieren das andere. Wenn mich jemand fragt: ‚Wo liegt im Obigen die Wahrheit?', werde ich antworten: ‚Der Frühlingsberg ist eins mit dem Herbstberg, und doch auch verschieden, so wie zwei Seiten eines Würfels.'"

30. Am Tag der Öffnung der Feuerstätte sprach Dôgen in der Vortragshalle: „Schon vor dem Frühling sind Pfirsichblüten erblüht. Zen-Mönche pflücken sie und zünden das Feuer an. Fragen und Antworten zu einer Feuerstätte[288] sind nur wie das Reden im Schlaf [Wer an einem warmen Ort Gedanken hegt, wird schnell müde]. Ihr solltet etwas aus der buddhistischen Übung machen, die Pai-chang einst an der Feuerstätte pflegte."

---

[287] Siehe das Kapitel „Zazenshin" im *Shôbôgenzô*: „Wenn du Buddha sitzt, dann tötest du Buddha", mit der Bedeutung, falsche Vorstellungen über das Erwachen zu überwinden.

[288] Als Pai-chang ein Stück Holzkohle aus der Asche nahm und es Wei-shan zeigte, sagte er: „Ist das denn kein Feuer?" Dabei erwachte Wei-shan und verbeugte sich dankbar vor Pai-chang.

31. „Hsüan-sha meinte: ‚Nun behaupten alle buddhistischen Erben, dass sie den Dharma von Shâkyamuni erhalten hätten. Doch ich sage: ‚Ich bin eins mit Shâkyamuni. Versucht mir zu erklären, mit wem ihr eins seid.‘ So waren die Worte Hsüan-shas. Doch er kannte keine Sesshaftigkeit und keinen befriedeten Körper und imitierte nur den, der seinen Vater und sein Haus verlassen hatte, um in einem anderen Land umherzuwandern[289]; er wusste auch nichts davon, dass ich nun etwas in der Welt zu sagen habe. Hätte Hsüan-sha sich doch so ausgedrückt: ‚Ich bin eins mit Shâkyamuni und übertreffe den Dharma meines inneren Shâkyamuni.‘ Wollt ihr wissen, warum ich das wünsche?

Nicht nur Hsüan-sha, sondern alle Buddhas und Patriarchen sind ursprünglich in Shâkyamuni und entspringen ihm.“

32. „Die Buddhas übermitteln etwas Unbeschreibliches, nehmen andere an die Hand; die Patriarchen machen dasselbe miteinander. Sagt mir einfach, was sie übermitteln und anregen. Wenn ihr das freie Reich dieser rechten Übertragung erkannt habt, frage ich mich, welcher Art die verschlissenen Strohsandalen oder die Schöpfkellen der Buddhas der drei Zeiten und der aufeinanderfolgenden Patriarchen sein werden. Wenn ihr erneut unterscheidet, werde ich in euren Nasenlöchern sein. Was sollte ich dann sagen?

Die Bergkulisse um den Eiheiji ist schön. Doch vor uns befindet sich ein noch höherer Gipfel (der kontinuierlichen Anstrengung).“

33. „Ihr solltet nie vergessen, dass der Weg schwer zu studieren ist. Darum pflanzte Lin-chi zwanzig Jahre lang junge Kiefern und Zedern auf dem Berg Huang-po. Aber er ließ etwas zu wünschen übrig, als er Huang-pos Geist las. Te-shan diente Lung-tang dreißig Jahre lang ergeben, doch war weit davon entfernt, Lung-tangs Geist zu erfassen. Wie schade! Dennoch konnte in jüngerer Zeit niemand irgendwo solche hervorragenden Menschen wie Lin-chi und Te-shan finden, wie sehr man sie auch suchte. Habt ihr nicht die Worte vernommen: ‚Die Wolken auf dem Gipfel des Wu-tai dämpfen Reis; vor der Buddha-Halle pinkelt ein Hund gen Himmel; ein süßes Bohnenbrötchen wird am Ende eines Dharmabanners gekocht; drei Affen sortieren Münzen in der Nacht‘? Ihr Mönche! Wenn ihr dies verstanden habt, ist es nichts als die Essenz der drei Fahrzeuge und der zwölf Arten von Schriften[290] und die Absicht von Bodhidharma, der aus dem Westen kam.

Durchstecht die eigenen Nasenlöcher für euch selbst und sucht die brennende Lotusblume im Wasser (Praxis inmitten der Welt). Denkt darüber nach.“

---

[289] Der „verlorene Sohn“ aus dem *Lotus-Sutra*.

[290] Die gesamte Lehre des Buddha: Sûtra, Geya, Gâthâ, Nidâna, Itivrthaka, Jâtaka, Abdhutadharma, Avadâna, Upadesha, Udana, Vaipulya und Vyâkarana.

34. „Nan-chüan sprach zu Mönchen: ‚Abt Chiang-hsi meinte: ‚Dieser Geist ist der Buddha‘ und ‚Nicht-Geist ist Nicht-Buddha‘. Doch ich sage: Geist, Buddha und die Dinge sind jenseits der Beschreibung. Geist ist nicht der Buddha, noch ist Weisheit der Weg. Und: Unser Alltagsgeist ist der Weg.‘

So lauten die Worte der beiden alten Meister. Ich würde es freilich anders ausdrücken. Lasst mich sie einfach fragen: ‚Chiang-hsi und Nan-chüan! Was ist das für ein Ort? Da gibt es verschiedene Ausdrücke wie Geist, Weg, Ding, Buddha, Nicht-Buddha und Nicht-Geist. Ihr müsst wissen, dass eines nicht zwei hat; alle Dinge in den zehn Richtungen sind die klare Erscheinung von Bergen und Flüssen; die Buddha-Natur manifestiert sich gemäß der Zeit und der kausalen Beziehungen [wir können nicht sagen, ob dies Buddha-Natur ist oder Ursachen und Bedingungen]. Warum ist dies so? Man sollte selbst für seinen Lebensunterhalt aufkommen [Das Geld für den verzehrten Reis erstatten]. Was bedeutet dies?

Die Ranken des Flaschenkürbis schlingen sich um ihn selbst.“

35. „Ein wilder Fuchs zeigt seine übernatürliche Kraft in einer dunklen Höhle. Es ist, als würde jemand einen Griff an einer Bettelschale befestigen. Niemand sollte sich mit allen Dingen (dem Reich der Unterscheidung) gemein machen. Sagt einfach schnell, wessen Lehrmethode dies ist.

‚Ein Hund von Ts‘u-hu.‘[291] ‚Eine Schlange mit der Nase einer Wasserschildkröte auf dem Nan-shan.‘[292]“

36. „Körper und Geist abzuwerfen wird als Essenz des Dharma angesehen. Tatsächlich ist der Dharma frei [nicht (!) entfernt] von einer solch dualistischen Ansicht wie Entstehen und Verlöschen. Dennoch diskutieren wir über seine Wahrheit oder Falschheit. Darum gibt es den Spruch: ‚Den Buddha in allen Dingen zu sehen bedeutet, den Buddha niemals zu verleumden‘, oder: ‚Jeden Augenblick ein Sutra zu hören bedeutet, das Sutra nie zu verlassen.‘ Würdet ihr gern die persönliche Übertragung des Dharma auf dem Geierberg kennen? Es ist das vollkommene Reich, in dem große und kleine Steine gleichermaßen nicken.

Nach dreißig Jahren werdet ihr es nicht mehr fehlerhaft darlegen.“

---

[291] –880, Dharma-Erbe von Nan-chüan Pu-yüan. Er sagte: „Ich habe einen Hund, der den Menschen in den Kopf, in den Geist und ins Bein beißt.“

[292] Hsüeh-feng sagte: „Da ist eine Schlange mit der Nase einer Wasserschildkröte auf dem Nan-shan. Ihr müsst euch alle gut um sie kümmern.“

37. „Im Reich jenseits des Buddha hat die Bettelschale einen Griff; eine Robe hat ein Horn; ein *shujô* erblüht und trägt Früchte; ein Zazen-Kissen treibt Wurzeln aus und bringt Knospen hervor. Der Buddha Shâkyamuni blockiert den Eingang, und der Buddha Dîpamkara nimmt einen langen Umweg auf sich, um dieses Reich betreten zu können. Da ist kein Innen und Außen, kein Körper und Geist, und von Anfang an gab es keine Patriarchen. Dort erkennt Abt Chao-chou im nördlichen Distrikt unbewusst den Abt Hsüeh-feng im südlichen Distrikt und umgekehrt, ohne dass sie einander begegneten. Wollt ihr das begreifen?

Dies ist der Fall bei einem, der den Nicht-Geist übt, aber viel schwieriger für einen Schüler, der dies meidet."

38. Zur Wintersonnenwende griff Dôgen in der Vortragshalle die Worte des Zen-Meisters Hung-chih auf, die dieser dort einst geäußert hatte: „Die Wirkung des Positiven setzt ein, wenn das Negative seinen Höhepunkt erreicht hat [Yin erreicht seine Fülle und Yang ersteht]." Dôgen sprach: „So waren seine Worte. Ich würde noch weiter gehen und sagen: ‚Ein Zen-Mönch erzeugt immerzu den wundersamen Dharma, die Gelübde, die Meditation, die Weisheit, die Befreiung. Dank dieser guten Sache wiehert und galoppiert das hölzerne Pferd (der Nicht-Geist) von Yün-yen; ein Pferdetreiber vom Wei-shan wandert frei umher; die Nasenlöcher der Buddhas der drei Zeiten werden von einem Seil durchstoßen; große und kleine Steine, hohe und niedrige Bäume, der klare Himmel oder die stille Erde – all dies ist gleichermaßen gesegnet mit der einen guten Sache (dieser Wintersonnenwende). Dies bedeutet, dass man zum Markt geht, Dinge zu einem hohen Preis kauft und zu einem niedrigen verkauft, oder dass ein glänzendes Juwel auf natürliche Weise in einer Schale umherrollt. Was ist die letztgültige Wirklichkeit der weiten und klaren Dinge? Es ist der Patriarch – die klare Erscheinung der Wahrheit."

39. Am 8. des zwölften Monats sprach Dôgen in der Vortragshalle: „Schnee! Schnee! Er trifft auf kalte Pflaumenblüten (Buddha-Natur) und lässt sie so ersprießen.[293] An diesem Tag kommen der strahlende Stern am Himmel und die hölzerne Schöpfkelle auf der Erde noch vor dem Frühling an."

40. Um einem *inô*-Mönch zu danken, sprach Dôgen in der Vortragshalle: „Sein lochloser Eisenhammer erzeugt Donnergeläut. In diesem Moment zertrümmert [verbreitet (!)] er das Zen des Wildfuchses. Wollt ihr diese Wahrheit am heutigen Morgen verstehen? Es ist eine Lotusblume im zwölften Monat auf dem Berg Ta-sou[294]."

[293] Siehe *Hekiganroku*, Kommentar zu Fall 42.

[294] Auf den Huineng nach seiner Dharma-Übertragung ging.

41. Um einem *kansu* in der Vortragshalle zu danken, erzählte Dôgen den Mönchen die Geschichte vom „feuerhütenden Kind“ des *kansu* Hsüan-tse: „Chingfeng hatte schon zuvor davon gesprochen, doch Hsüan-tse konnte nicht verstehen. Als später Fa-yen erneut davon sprach, verstand er jedoch. Versucht mir zu sagen, Mönche, wo der Schlüssel zu diesem wichtigen Dharma ist. Ich habe mich angestrengt, ein paar Verse als Zeichen meines Dankes gegenüber dem *kansu* Tai zu verfassen.

Womöglich versteht ihr dies nicht gleich: ‚Ein Kind, das übers Feuer wacht, sucht nach Feuer.‘ Hört nicht beim Anblick des Rauches auf, den Weg zu üben. Wenn ihr die Venus (Erleuchtung) seht, wird sie so erstrahlen wie Pflaumenblüten, die im zwölften Monat auf ihrem alten Ast ersprießen.“

42. Zur Einladung eines *kansu* sprach Dôgen in der Vortragshalle: „Die rechte Übertragung des Dharma auf dem Geierberg ist die Essenz eines Zen-Mönchs. Das Ergreifen des Marks von Bodhidharmas Lehre durch Hui-ko ist das Herz von Buddhisten. Der *kansu*, der dies erfasst hat, steht jenseits der Altehrwürdigen und Gegenwärtigen und ist doch auch mit ihnen. Dieses Reich ist der *tenzo*-Raum, der *kansu*-Raum, Reis in einer Schale und Wasser in einem Eimer. Tatsächlich liebt der *kansu* die Ewigkeit im Augenblick, doch befindet er sich noch im Reich der Unterscheidung, wo die drei Arten von Verdienst und die sechs Arten des Geschmackes herrschen.[295] Er trifft mich auf einem schmalen Pfad und geht dem Abt zur Hand. Welche Wirkung wird in diesem Moment erscheinen?

In den ersten drei Monaten des Jahres reift die Frucht der *bodhi*-Blume vollständig. In einer Nacht kommen die Blüten heraus, und die menschliche Welt wird zum Frühling.“

43. „Anfänger und Fortgeschrittene in der Übung gleichen Bergbambus und Garteneiche; Unvollendete und vollendete Weise[296] gleichen Frühlingsblumen und dem Herbstmond. Praktiziert ohne Zen im Reich des Zen, und ohne Begierde im Reich der Begierde. In der ganzen Welt gibt es niemanden, der den Dharma verwirklicht; im Tang-China gibt es nichts als Körnerfresser (Anhänger abseitiger Ansichten). Das Reich der Gleichheit zu erklären bedeutet noch nicht, eins mit allen Dingen zu sein. Auf welcher Stufe, sagt ihr, befindet es sich? [Ein Ding zu erklären trifft es nicht, ohne die zehntausend Dinge kann es keine Stufen geben.] Welchen Nutzen hat es?“

---

[295] Okumura/Leighton übersetzen hier: „Wenn du jeden Augenblick zehntausend Jahre lang liebst, ist das wie die drei Tugenden und sechs Geschmäcker“, und beziehen dies auf die Kochkünste eines *tenzo*.

[296] Anfänger sollen sich auf den ersten zehn, Fortgeschrittene auf den folgenden dreißig, die unvollendeten Weisen auf den letzten zwölf der 52 Stufen des Bodhisattva-Weges befinden, und der Vollendete darüber hinaus (siehe das „Gandavyûha-Sutra“ im *Kegon-Sutra*).

44. Am 25. des zwölften Monats sprach Dôgen in der Vortragshalle: „Das Jahr verlässt uns und der Frühling ist wieder da. Wie wird dieses Entstehen und Vergehen einen Menschen beunruhigen? Wenn er Unbegrenztheit und Vielfalt vereint, kann er sich selbst von den sechs Sinnesorganen und zahlreichen Sinnesobjekten befreien. Dennoch soll niemand das Selbst als reinen *dharmakâya* ansehen."

45. Dôgen sprach in der Vortragshalle, indem er die Worte über das Neujahrs-Zazen von Meister Hung-chih aufgriff: „Am glückverheißenden Neujahrstag machen Zen-Mönche Zazen. Ihre Übung des Weges ist friedlich. Alle erscheinen voll der Frühlingsfreude; auch die Schalen der Buddhas werden angetroffen. Wenn sie das Lied von der verführerischen Pflaumenblüte inmitten der zahlreichen Schneeberge spielen, ist auch Hsüan-sha zufrieden und besteigt das Fischerboot. Denkt gründlich darüber nach."

46. „Mönche! Den Weg zu studieren ist wirklich schwer. Darum haben auch die heiligen und tugendhaften Mönche, die den Weg gemäß der Lehren bekannter Meister übten, ihn erst nach zwanzig oder dreißig Jahren verwirklicht. Yün-yen und Tao-wu übten den Weg vierzig Jahre lang. Abt Chuan-ts'u tat es unter Yüeh-shan dreißig Jahre lang; Ta-hui aus Nan-yüeh übte fünfzehn Jahre lang unter Hui-neng; Lin-chi säte dreißig Jahre lang die Kiefern- und Zedernsamen auf dem Berg Huang-po, ehe er den Weg verwirklichte. Darum müssen die Mönche hier auf dem Berg Kichijô Zazen machen und den Weg üben, ohne sich um die Umstände zu sorgen. Ihr müsst euch von weltlichen Bindungen fernhalten, sonst werdet ihr eure kurze Lebenszeit nur verschwenden. Ihr solltet jede Zeitverschwendung bedauern, indem ihr eure Köpfe erhebt, mit den Fingern schnipst oder Seufzer ertönen lasst, mit anderen Worten gut Sorge tragt um euren *dharmakâya* und euer Zazen.

Bodhidharma kam aus Indien nach China und machte nur Zazen, indem er der Wand beim Shaolin-Tempel neun Jahre lang gegenübersaß und weder weltliche Handlungen verfolgte noch Sutren und Shastren darlegte. Zazen ist, so wie es ist, das Schatzkammer-Auge des Wahren Dharma, der Wunderbare Geist des Nirwana. Dieser Dharma wird persönlich von Erbe auf Erbe übertragen als Zeugnis der Erleuchtung. Er ist die Essenz des Meisters und seiner Schüler. Sie verwirklichen und übertragen ihn tatsächlich. Es gibt keine andere Wahrheit als diese. Darum fragte Kaiser Wu aus dem Staate Liang den Bodhidharma: ‚Was ist die heiligste Lehre?' – ‚Sie liegt klar jenseits von heilig und gewöhnlich.' – ‚Wer bist dann du?' – ‚Ich weiß es nicht.' Doch die wahre Bedeutung seiner letztgenannten Worte ist Generationen lang unbekannt geblieben.

Im Sung-China finden wir Äbte von Zen-Klöstern, die von sich selbst behaupten, Führer von Menschen und Himmelswesen zu sein. Doch keiner von ihnen hat den Dharma verwirklicht. Was für eine bittere Tatsache! Hat das in unserem Land jemand erkannt? Wollt ihr die Bedeutung der Worte ‚Ich weiß es nicht' erfahren? Ich denke, dass die Buddhas und Patriarchen ursprünglich kein Prinzip von Geist-Natur, Buddha-Natur und Bewusstsein kannten, sondern sich auf etwas stützten, das von den vier Elementen und den Verbindungen ihrer Ursachen und Bedingungen bewegt wird. Ein Narr sieht das als Bewusstsein (individuelles Selbst) an. Mönche! Wollt ihr dies verstehen?

Bodhidharmas Worte ‚Sie liegt klar jenseits von heilig und gewöhnlich' und ‚Ich weiß es nicht' bedeuten, das Mark dieses Dharma erfasst zu haben. Wenn jemand dann sagt: ‚Was bedeutet dies?', werde ich ihn veranlassen, sich drei Mal niederzuwerfen und zu seinem Platz zurückzukehren."

47. Am 10. des ersten Monats sprach Dôgen in der Vortragshalle: „Ein Mönch sagte zu Tou-ts'u: ‚Wie ist der erste Mond (Monat)?' – ‚Er ist noch kalt.' – ‚Wie ist der zweite?' – ‚Er ist eher warm.' So sprach Tou-ts'u, doch die Worte ‚erster Mond' und ‚zweiter Mond' werden im ‚Sutra der Vollständigen Erleuchtung' gefunden. Heute habe ich euch etwas zu erzählen, Mönche. Wenn jemand mich fragt: ‚Wie ist der erste Mond?', dann erwidere ich: ‚Er ist mit Haferschleim und Reis (dem Dharma) gefüllt [Ich habe genug Haferschleim und Reis].' Und wenn er fragt: ‚Wie ist der zweite?', dann erwidere ich: ‚Er ist mit Gras und Wasser gefüllt [Ich habe genug Gras und Wasser].' Wenn er weiter fragt: ‚Was bedeutet dies?', dann antworte ich: ‚Alle Pflanzen wachsen in der Sonne des ersten und zweiten Monats, darum befindet sich jeder Zweig und jedes Blatt im Frühling. [Bring mir alle Pflanzen von überall her, und ich werde auf ihren Zweigen und Blättern den Frühling nähren.]'"

48. „Körper und Geist mittels Zazen abzuwerfen ist eine feine Übung *(sanzen)*. Durch gründliches Zazen können wir die Nasenlöcher der Buddhas und Patriarchen durchstoßen. In diesem Moment findet die endlose Täuschung [karmisches Bewusstsein] nichts, woran sie sich hängen könnte.[297] Sie ist jenseits von selbst, anderen, fühlenden Wesen, kausalen Beziehungen. Dennoch nimmt man morgens sein Frühstück und später sein Mittagessen ein."

[297] Siehe *Shôyôroku* (Fall 37).

49. „Die vier Elemente haben ihre eigene Natur und Erscheinung. Heute erzähle ich euch Mönchen davon. Was deren Natur angeht, so bedeutet ‚Erde', die Wand anzublicken (Zazen zu üben); ‚Wasser' bedeutet, die Schalen zu waschen; ‚Feuer' heißt, dass ein *tenzo* Feuer macht; ‚Wind' bedeutet, im zwölften Monat einen Fächer zu benutzen. Was die Erscheinung angeht, so steht ‚Erde' für Zazen, ‚Wasser' für Augäpfel, ‚Feuer' für die Lehrreden der Buddhas in den drei Zeiten und ‚Wind' für deren Nasenlöcher. Sagt mir, ob meine Worte identisch mit denen Buddhas sind oder nicht. Wollt ihr das im Einzelnen verstehen?

Es zeigt einen Unterschied in der Gleichheit, wenn ein Reiher in einem Schneenest hockt; es zeigt Gleichheit im Unterschied[298], wenn ein Rabe auf einem Rappen landet."

50. „Entstehen und Verfallen haben keinen Ursprung. Doch glücklicherweise hat Lin-yün den ewigen Pfirsichkern entdeckt. Sowohl Täuschung als auch Erleuchtung haben ihren eigenen Standort. Der Frühlingswind weht erfreut zwischen den kalten Pflaumenblüten des ersten Monats. Dennoch sind die Berge mit ihren erhabenen Gipfeln nach wie vor blau."

51. „Wenn jemand den Dharma annimmt, wird er erfahren, dass alle Dinge zu ihm zurückkehren und dabei keine Spuren hinterlassen, so wie zahlreiche Flüsse in den Ozean fließen. Wenn er den Dharma abwirft, wird er entdecken, dass es eine Kluft zwischen Innen und Außen gibt, so wie auf einem Ozean Wellen von einer Windbö erzeugt werden. Darum sind die Buddhas jenseits des Gedankens, den Dharma zu besitzen, während es Katzen und Ochsen nicht sind.[299]

Ihr dürft nicht zwischen den wunderbaren Worten der Patriarchen unterscheiden [In unserem Haus wird das unaufhörliche *samâdhi* des Beseitigens von Hindernissen übertragen]."

52. „Unser Buddha sagte seinen Schülern: ‚Wir besitzen die vier verlässlichen Einsichten: Der Körper ist unrein; Wahrnehmung führt zum Leiden; der Geist ist unbeständig; die Welt ist vergänglich.' Ich habe noch diese vier Einsichten: Der Körper ist die Haut, die Wahrnehmung ist die Schale, der Geist ist Zäune oder Kieselsteine und die Welt bedeutet, dass es keine Kluft zwischen Chan-shan und Li-ssu[300] gibt. Mönche! Sagt, ob meine vier Einsichten die

---

[298] Anspielung auf das *Sandôkai.*

[299] Okumura/Leighton übersetzen: „Buddhas wissen nicht, dass es ist; Katzen und Ochsen wissen, dass es ist", mit Bezug auf Nan-chüan in *Shôyôroku* (Fall 96).

[300] Verbreitete Vornamen im damaligen China.

gleichen sind wie die der altehrwürdigen Mönche oder nicht. Wenn ihr ‚gleich' sagt, werden eure Augenbrauen und eure Bärte abfallen. Andernfalls werdet ihr euren Körper und euer Leben verlieren."

53. Am Jahrestag von Buddhas Tod sprach Dôgen in der Vortragshalle: „An diesem Tag traf der Dämon des Todes den Buddha Shâkyamuni. Beide lachten über dessen Tod, doch Menschen und andere Himmelswesen hörten nicht auf zu weinen. Ihr Geist war durch die Trauer verwirrt. Nun dürft ihr euch nicht wundern, dass ich weder lächle noch weine. Auch die zahlreichen Buddhas in den zehn Richtungen sind nickend davon überzeugt: Dies ist der Ausdruck eines erwachten Menschen. Wie sollten Zen-Mönche also sein?

    Sie sollten die Angelegenheit von Leben und Tod gründlich verstehen und frei aufnehmen oder abwerfen."

54. „Wer den Dharma studiert, muss zunächst die von Nicht-Buddhisten unverfälschten Worte der Buddhas und Patriarchen verstehen. Mönche! Es ist ketzerisch zu sagen: ‚Wir kennen weder Licht noch Dunkelheit. Es gibt keinen Unterschied zwischen ihnen. Sowohl Gutes als auch Böses sind unser Geist.' Wenn ihr diese Aussage für eine der Buddhas und Patriarchen hieltet, wäret ihr größere Narren als diejenigen, die einen Stein ergreifen, weil sie ihn für ein Juwel halten. Mönche! Habt ihr nicht Shih-tous Worte vernommen: ‚Dunkelheit ist im Licht, darum muss niemand Dunkelheit als solche ansehen. Und Licht ist in der Dunkelheit, darum muss niemand Licht als solches ansehen'?" Jedes Mal, wenn Dôgen das *shujô* hob und senkte, sagte er: „Wollt ihr seine Worte ‚Licht ist in der Dunkelheit' verstehen, und ‚niemand muss Dunkelheit als solche ansehen', ‚niemand muss Licht als solches ansehen' oder ‚Dunkelheit ist für das Licht, was die Vordertreppe [der vordere Fuß] für die Hintertreppe [den hinteren Fuß] ist'?" Noch zwei Mal hob und senkte Dôgen das *shujô* und sagte: „Wir können die Vordertreppe nicht als Hintertreppe bezeichnen und umgekehrt. Wie steht es damit?" Wieder hob und senkte er das *shujô* zwei Mal.

55. „Als Niu-tou den vierten Patriarchen noch nicht getroffen hatte, brachten ihm Vögel mit ihren Schnäbeln Blumen dar. Nachdem er ihm begegnet war, hörten sie damit auf. Ich habe dazu Verse geschrieben:

    Vögel brachten Niu-tou Blumen mit ihren Schnäbeln dar.
    Zunächst durchstreifte Tou-ts'u die Straßen, um Speiseöl zu verkaufen.
    Tsao-tsao sagte: ‚Weisheit ist weit von Unwissenheit entfernt.'
    Doch altehrwürdige wie gegenwärtige Menschen suchen das höhere Reich."

56. „Eines Tages rief Nationallehrer Hui-chung nach einem Mönch. Dieser sagte: ‚Ja.' Hui-chung rief drei Mal und die Antwort blieb die gleiche. Da meinte Hui-chung: ‚Ich dachte, ich sei gegen dich, aber nun bist du auch gegen mich.'[301]

Da der Nationallehrer den Mönch nicht weniger als drei Mal rief, antwortete dieser drei Mal. Zen-Mönche klären dies als die identische Wirkung zwischen Buddha und einem Dämon. Es ist wie mit Chao-chus Spruch ‚Ein Hund hat Nicht-Buddha-Natur.' Die Worte ‚ich gegen dich' bedeuten: ‚Ich werde nie mit allen Dingen eins werden.' – ‚Nun bist du also auch gegen mich' bedeutet: ‚Ich dachte, der Barbar hätte einen roten Bart, doch hier ist ein anderer rotbärtiger Barbar.' Wollt ihr dennoch mehr über das freie Reich des Hui-chung wissen?

Warum sollte ein Wildfuchs (Hui-chung) in der Menschen- und Himmelswelt tausende brüllende Löwen fürchten?[302]"

57. „Alle Dinge werden durch kausale Beziehungen verursacht. Der Dharma erläutert und erschöpft sie. So lauten die Worte Shâkyamunis. Was ist die letztgültige Verwirklichung? Als er dies hörte, überwand Ashvajit die Täuschung und Shâriputra befreite sich von ketzerischen Ansichten. All dies ist das tägliche Tun von Buddhas und Patriarchen. Wenn ihr zu deren Anhängern gehört, werdet ihr es nicht erkennen, bis ihr die Fähigkeit erworben habt, das Buddhaland auf dem Scheitel des Buddha Vairocana oder den großen Dharma des Meisters Tung-shan zu manifestieren. Sagt mir einfach, was eine bedeutsame Lehrrede auszeichnet." Dôgen erhob den *hossu* und fuhr fort: „Ihr könnt den großen Dharma darlegen, meinem *hossu* aber entwischt ihr nicht."

58. „Wenn jemand nichts Verlässlicheres mehr als die Buddha-Natur hat, wird sich das freie Reich von selbst vollständig manifestieren. Dann ist die Buddha-Natur klar und mit allen Dingen identisch, sie wirkt frei im Einklang mit dem Reich der Erleuchtung. Auch wenn der Mond sich im Wasser spiegelt, ist er jenseits von Fließen und Nicht-Fließen. Und wie der Wind am Himmel bläst, ist er doch jenseits von Bewegen und Nicht-Bewegen. Wenn ein Mensch dies vollständig erkannt hat, reitet er niemals ein goldenes Pferd auf ärmlichen Wegen, sondern macht kehrt, um zerschlissene Roben zu tragen."

---

[301] Siehe *Mumonkan* (Fall 17).

[302] Bei Okumura/Leighton genau umgekehrt („Warum sollten die Löwen … fürchten").

59. „Augäpfel sind keine Sinnesorgane, sondern die Nüsse (Weisheit) eines Bodhibaumes. Wie Lin-chi sagte, sind Pfirsichblüten nicht bloße Materie, sondern das Fleisch eines Erwachten. Bewusstsein ist nicht Wahrnehmung, sondern die geistige Verständigung zwischen Shâkyamuni und Kâshyapa auf dem Geierberg. Dieser Geist ist jenseits des Denkens und stellt das wahre Mark des Shaolin-Tempels dar. Warum ist dies so? Wollt ihr es wissen?

Wenn der Regen, der Wind, die Pflanzen des Frühlings, die gelben Nachtigallen, die Erdwürmer und Schildkröten nicht an meinen Worten zweifeln, dann besteht keine Notwendigkeit, die Pfirsichblüten so zu sehen, wie es Ling-yün tat."

60. „Mein verstorbener Lehrer wies die Mönche so an: ‚Zazen zu üben bedeutet, Körper und Geist abzuwerfen.' Mönche! Wollt ihr dies vollständig verstehen?

Wenn einer aufrecht sitzt und seinen Körper und Geist abwirft, sind die Nasenlöcher der Buddhas ebenfalls Buddha-Weisheit [Blumen der Leere]. Folglich wurde meinem Lehrer das *samâdhi* Bodhidharmas, der Zazen mit dem Gesicht zur Wand machte, auf rechte Weise vermittelt. Spätere Generationen haben freilich den falschen Dharma dargelegt."

61. „Der wahre Dharma, den die Buddhas und Patriarchen auf rechte Weise übermittelt haben, ist nur Zazen. Mein verstorbener Lehrer Tien-tung lehrte Mönche mit den folgenden Worten: ‚Kennt ihr die Geschichte des Zen-Meisters Ta-mei Fa-chang, der Zazen unter dem Großen Lehrer Ma aus Chiang-hsi übte? Zen-Meister Ta-mei fragte Ma-tsu: ‚Was ist der Buddha?' Ma-tsu antwortete: ‚Der Geist ist Buddha.' Da verneigte sich Ta-mei, bestieg den Gipfel des Berges Ta-mei, aß Pinienkerne und trug Lotusblätter als Kleidung. So übte er fast dreißig Jahre lang Zazen. In dieser Zeit war er dem Kaiser und seinen Vasallen unbekannt und lehnte auch die Einladung eines Gönners ab. All dies ist ein hervorragendes Vorbild für den Weg. Nun wisst ihr also, dass Zazen die Praxis aus der Erleuchtung ist und Erleuchtung aus hingebungsvollem Zazen kommt. Hier auf dem Berg Kichijô wurde zum ersten Mal in Japan eine Meditationshalle gebaut, zum ersten Mal wurde sie gesehen, zum ersten Mal betreten und zum ersten Mal wurde darin gesessen. Sie stellt ein großes Glück für buddhistisch Übende dar.

Später fragte ein Mönch den Ta-mei: ‚Welche Wahrheit hast du unter dem Großen Lehrer Ma erkannt, bevor du auf diesem Berg bliebst?' – ‚Ma-tsu sagte mir: ‚Dieser Geist ist, so wie er ist, der Buddha.'' – ‚Seine Lehre ist nun anders.' – ‚Warum denn das?' – ‚Neuerdings sagt er: ‚Geist und Buddha sind jenseits aller Beschreibung.' – ‚Dieser alte Mann verwirrt den eigenen Geist. Außer seinen späteren Worten glaube ich nur seine früheren.' Als dieser

Mönch zu Ma-tsu zurückkehrte und ihm von der Unterredung berichtete, sagte Ma-tsu: ‚Eine Pflaume ist gereift.‘

Wer klären kann, dass dieser Geist, wie er ist, der Buddha ist, entsagt der Welt, betritt die Einsamkeit der Berge und macht Tag und Nacht nichts als Zazen. Die Übenden hier auf dem Berg Kichijô sollen sofort mit ganzem Herzen Zazen üben und dürfen keine Zeit verschwenden. Das Menschenleben ist ungewiss. Wie viel Zeit glaubst ihr noch zu haben? Mönche! Wollt ihr wirklich *sokushin-sokubutsu*[303] begreifen? Dies ist schwer zu verwirklichen.

Der Geist ist Zäune oder Kieselsteine, der Buddha ein Klumpen Lehm. Das *sokushin-sokubutsu,* das Ma-tsu äußerte, bedeutet altmütterliche Fürsorglichkeit, während das von Ta-mei Gesagte ein Anhaften an Buchstaben darstellt. Wo also ist das wahre *sokushin-sokubutsu? Kwatz!“*

62. Am Tag, wenn Duftwasser über die Buddhastatue in der Vortragshalle gegossen wird, sprach Dôgen über Hung-chihs Worte, die er einst aus dem gleichen Anlass gesagt hatte: „Wasser ist klar und ursprünglich Leere selbst.“ Dôgen sagte: „Nachdem sie zwei Drachen befohlen hatte, warmes und kaltes Wasser herbeizutragen, wusch Mâyâ[304] den Körper Shâkyamunis, den sie gerade geboren hatte. Shâkyamuni erweckte den Eindruck, alle Freude aus dem Tushita-Himmel abgeworfen zu haben und von den sechs Sinnesobjekten der Menschenwelt beschmutzt worden zu sein, doch er betrachtete seinen Körper lediglich als Geistgeschwulst und seinen Geist als Mond im Wasser (*dharmakâya*). Seine gnädige Stimme war grenzenlos wie die Ozeane. Er rettete fühlende Wesen und befreite sie von der Quelle der Leiden. Sein letzter Körper (im Tushita-Himmel) war tatsächlich sein erster Körper (in der Menschenwelt). Die Worte bei seiner Geburt – ‚Ich allein bin der Ehrwürdigste‘ – waren seine erste Lehrrede. Bei seiner Geburt manifestierte er seinen Körper, den vergangenen wie den ewigen, und löschte Gier, Wut und Unwissenheit aus, er verstärkte die Wirkung der zerbrochenen Schöpfkelle (Erleuchtung) auf dem Geierberg und trat aus einer Höhle (absolute Freiheit). Mönche! Was seid ihr, wenn ihr den Griff dieser Schöpfkelle in Händen haltet? In diesem Moment ist auch einer mit niedersten Fähigkeiten mit der höchsten Weisheit gesegnet.“

63. „Die fünf falschen Ansichten oder vergifteten Geisteshaltungen sind *sokushin-sokubutsu.* Der universelle Körper Avalokiteshvaras ist der substantielle. Fragt jemand, was dies bedeute, dann ziehe ich ihm den *hossu* durchs Gesicht.“

---

[303] Dieser Geist ist, wie er ist, der Buddha.

[304] Shâkyamunis Mutter.

64. Am ersten Tag der Sommerübung griff Dôgen die Worte auf, die aus dem gleichen Anlass einst Hung-chih geäußert hatte: „Es gibt keine Kluft zwischen heilig und gewöhnlich.“ Dôgen sprach in der Vortragshalle: „Der alte hohe Mönch Hung-chih wurde tatsächlich eins mit dem Tathâgata, doch als dessen Nachfolger bin auch ich eins mit Hung-chih. Versteht ihr dies?

Zen-Laien und Mönche sind während der Sommerübung allesamt Führer. Es gibt keinen Grund, ihr Leben als heilig oder gewöhnlich festzuschreiben. Wenn man einmal die Nasenlöcher eines Zen-Mönches durchstoßen hat, wird man fähig sein, die Blüten von fünf weiteren Duftblumen bei der Sommerübung zu öffnen, Pâpîyas eine Portion Reis darzubieten, Körper und Geist und die Sicherheiten des Lebens abzuwerfen, immer wieder Kröten und Quallen (irrende Menschen) aufzubringen und ihre Aufmerksamkeit darauf richten zu lassen, aus einem Netz zu springen und das jenseitige Ufer zu erreichen. Die zahlreichen Buddhas der zehn Richtungen nehmen auf der Spitze meines *shujô* an diesem *ge-ango* teil und umgekehrt. Darum gibt es Aussprüche wie: ‚Ich finde den *dharmakâya* der Buddhas mit meiner Natur und mit dem Tathâgata identisch‘, oder ‚Wenn man friedlich in den Gefilden großer Weisheit weilt und sie als das eigene Kloster betrachtet, wird die Weisheit der Gleichheit erscheinen.‘ In diesem Fall wird keine Notwendigkeit bestehen, mit dem Tathâgata eins zu werden. Die friedvolle Sommerübung von neunzig Tagen Dauer ist jenseits der phänomenalen Welt. Wenn also jemand von ganzem Herzen Zazen übt, dann wird sich *prajnâ* (Buddha-Weisheit) einstellen.“

65. „Ein alter Mönch sagte: ‚*Sokushin-sokubutsu.*‘ Heute können dies nur wenige verstehen. Das *sokushin* bedeutet nicht die fünf, sechs, acht oder neun Bewusstseinsarten oder den unterscheidenden, universellen und die Essenz umarmenden Geist. Doch mit welchem Geist sonst können wir dies als *sokushin* ansehen? Das *sokushin* ist jenseits von Unterscheidung, Erinnerung, Wissen und Verständnis oder wundervoller und klarer Erkenntnis. Wer in diesen höchsten Gefilden kann *sokushin-sokubutsu* verwirklichen?

Unter achtzig bekannten Führern bei Ma-tsu verwirklichte nur der Zen-Meister Ju-hui To-sou aus der Provinz Hunan *sokushin-sokubutsu.* Warum ist das so? Weil dieser befürchtete, dass Ma-tsus Nachfolger nach dessen Tod endlos seinen Ausspruch nachplappern würden, sagte er: ‚Was meinte er mit diesem Geist? Man malt Erinnern in den eigenen Geist, wie ein Maler ein Bild auf eine Leinwand bringt, und nennt dieses dann den Buddha.‘ Dann leitete Ju-hui sie weiter an: ‚Dieser Geist ist nicht der Buddha. Weisheit ist nicht der Weg. Es ist lange her, dass das Schwert herausfiel, doch ihr macht noch immer Kerben ins Boot.‘

Zu dieser Zeit nannten sie den Tempel Tong-ssu eine Zen-Höhle. Das ist die wahre Bedeutung von *sokushin-sokubutsu.* Wenn ihr sie missversteht, seid ihr weit davon entfernt."

66. Am 25. des vierten Monats griff Dôgen in der Vortragshalle den Ausspruch von Zen-Meister Yüan-wu auf: „„Es ist nun elf Tage her, dass die Sommerübung begann. Wie steht es mit heute? Sobald ihr diesen Tag geklärt habt, könnt ihr Steinlaternen und runde Pfeiler durchdringen. Dann werdet ihr bald den Wasserbüffel (Buddha-Geist) und Han-shan sehen. Wenn ihr diesen Tag verstehen wollt, will ich für euch da sein, wo ihr auch geht, steht, sitzt und liegt, wo ihr eine Robe tragt und Reis esst."

67. Am 1. des fünften Monats sprach Dôgen in der Vortragshalle: „Wenn ein runder Pfeiler mit Rindsleder bedeckt wird, schreit er mit einer gedämpften Stimme. Wenn ein Mensch, der diese Tatsache erkannt hat, eine Brücke überquert, fließt die Brücke und nicht das Wasser. So sprach einst ein tugendhafter Mönch[305]. Verstehen die Menschen heutzutage ihn noch? Wenn Körper und Geist eines Zen-Mönches abgeworfen wurden, sind sie nichts anderes als Unwissenheit und Täuschung. In diesem Moment des fünften Monats ist es Zeit, die neue Gerste zu ernten."

68. Beim Knabenfest griff Dôgen die Worte vom 5. des fünften Monats auf, die Hung-chih an diesem Tag in der Vortragshalle gesprochen hatte: „Der 5. des fünften Monats ist der Tag des Knabenfestes, an dem Samantabhadra und Manjushrî auf dem Berg Wei-shan einen Büffel mit einem Grashalm füttern, der nach weltlicher Sicht fünf Meter hoch ist."

69. „Die Buddhas beschützen das Schatzkammer-Auge des Wahren Dharma, den Wunderbaren Geist des Nirwana, ohne am Dharma anzuhaften. Sie erlauben Arhats und fühlenden Wesen, es auf rechte Weise zu übermitteln, ohne dass es dadurch geschmälert würde oder sie vom Dharma abwichen. Wie sonst hätte es bis heute übertragen werden können? Mönche! Wollt ihr diesen wichtigen Schlüssel zur Essenz des Buddhismus erkennen?

Um Mitternacht ist der Mond aufgegangen und das Nest ist kalt. Selbst im besten Gehölz verbleibt nicht einmal der Kranich, dem tausend Lebensjahre nachgesagt werden."

[305] Der Bodhisattva Shan-hui (497–569).

70. „Der Mönch Chou war zuständig für geistliche Angelegenheiten und fragte Chang-sha: ‚Wenn man einen Wurm in zwei teilt, welcher der beiden Teile hat die Buddha-Natur?' – ‚Beende dein täuschendes Denken!' – ‚Aber wie erklärt Ihr deren Bewegung?' – ‚Ihre Körper haben sich noch nicht in die vier Elemente aufgespalten.' Chang-sha sagte auch: ‚Ein Narr nennt die Quelle der Täuschung die ursprüngliche Person.' Dazu sage ich: Seit anfangloser Zeit hat ein Narr die Quelle von Geburt und Tod als ‚ursprüngliche Person' bezeichnet und ist deshalb weiter in den Gefilden der Täuschung herumgestolpert. Ihr müsst jedoch wissen, dass Berge, Flüsse und die Erde ursprünglich der klare *dharmakâya* sind."

71. „Alle klaren Dinge sind das klare *soshi-no-i* (Geist der Patriarchen). Doch sind sie nicht dasselbe wie *soshi-no-i,* noch sind sie davon verschieden. Wenn jemand nur sagt: ‚Das *soshi-no-i* ist nichts anderes als das *soshi-no-i',* dann hängt er bereits am *soshi-no-i.* Wenn jemand meint: ‚Das *soshi-no-i* ist nicht das *soshi-no-i',* wo versteckt es sich dann? Darum sagt man: ‚Der Dharma ist jenseits von Bestätigung und Verneinung oder Anhaften und Loslassen.' Diese Aussage wird auch von den Buddhas der drei Zeiten und von zahllosen Patriarchen getroffen. Ich frage euch Mönche, was dies letztlich zu bedeuten hat.

Es ist nur für die hörbar, die auch den Klang (jenseits von Gleichheit und Unterschied) vernehmen, wenn eine Eisenflöte gespielt wird."

72. „Ein gewisser Mönch fragte Chao-chou: ‚Hat ein Hund die Buddha-Natur oder nicht?' – ‚Nein.' – ‚Alle fühlenden Wesen haben die Buddha-Natur, warum dann nicht auch ein Hund?' – ‚Weil er Täuschung hat.'

So lautete die Aussage von Chao-chou. Er war sehr freundlich, doch wenn jemand mich fragt, ob ein Hund die Buddha-Natur habe, erwidere ich: ‚Ob ich mit Ja oder Nein antworte, es bedeutet, den Dharma zu verleumden.' Würde er mich noch weiter fragen, bekäme er bald meinen Stock zu spüren."

73. „Ein gewisser Mönch sagte: ‚Diese Natur existiert bereits, wenn es noch keine Welt gibt, doch sie zerbricht nicht, wenn die Welt zusammenfällt. Was ist diese unzerstörbare Natur?' – ‚Es sind die vier Elemente und fünf *skandha.*' – ‚Auch sie sind zerstörbar. Was ist also die unzerstörbare Natur?' – ‚Es sind die vier Elemente und die fünf *skandha.*'

Tatsächlich hat der altehrwürdige Mönch Chao-chou dies gesagt, doch ich habe auch etwas anzumerken. Wenn mich jemand das Gleiche fragt, werde ich antworten, dass es Zäune und Kieselsteine sind. Wenn er dann fragt: ‚Auch diese sind geschaffene Dinge, was ist also die unzerstörbare Natur?', dann erwidere ich: ‚Zäune und Kieselsteine.'"

74. „Das Schatzkammer-Auge des Wahren Dharma ist jenseits von Licht und Dunkelheit. Die Nasenlöcher eines Zen-Mönches stehen Erleuchtung und Täuschung entgegen. Ein zerbrochener Spiegel kann das Bild nicht mehr reflektieren. Herabgefallene Blüten kommen nicht zu ihrem Zweig zurück. Mönche! Wollt ihr dies vollständig verstehen?

Dieses Land, in dem buddhistisch Übende leben, erfreut den Buddha. Hier wird er still gehen, sitzen und liegen."

75. „Außen ist nur außen, innen nur innen. In diesem identischen Gefilde schüttelt ein Zen-Mönch energisch die Faust und verwirklicht alle Dinge. Dies ist große Weisheit jenseits von Dualität und Unterscheidung."

76. „Wenn es den kleinsten Fehler in unserem Verständnis von ‚unmittelbares Zeigen auf den eigenen Geist' und ‚die eigene Natur schauen' gibt, dann entsteht daraus eine größere Trennung als die von Himmel und Erde. Huang-po streckte zwar (bei Ma-tsus donnerndem Schrei) die Zunge heraus, doch er hat nicht die Kraft, die ganze Welt damit zu bedecken. Ching-yüan ließ seinen Fuß vor Shih-tou baumeln, um auf den weiten Himmel [leeren Raum] einzutreten. Mönche! Wollt ihr wissen, warum dies so ist?

Der Ehrwürdige Mahâkâshyapa lächelt noch immer milde."

77. „In alten Zeiten übermittelte niemand *nyorai-zen*[306] und *soshi-zen*[307] getrennt, doch heutzutage tun dies die Menschen absichtlich. Es dauerte keine hundert Jahre, bis man durch diese falschen Namen verwirrt wurde. Wir sollten diesen törichten Zustand des verfallenden Buddhismus bedauern."

78. Zur Einladung eines *shoki*-Mönchs[308] sprach Dôgen in der Vortragshalle: „Die Buddhas übermitteln den Dharma persönlich, die Patriarchen tun es, als würden sie Wasser von einem Gefäß in ein anderes gießen. Dieser *shoki*-Mönch hat einige Beziehungen zu Wolken und Wasser (Mönchen) und sät den Samen der Buddha-Natur in unserem Übungskloster. Was wird er in diesem Moment mit einem Pinsel vom Berg Sumeru und der schwarzen Tinte des großen Ozeans abschreiben? Es sind die Worte: ‚Übt euch im Einklang mit dem Dharma, nicht im Widerspruch dazu.' Wer den Weg in seinem gegenwärtigen und zukünftigen Leben praktiziert, ist friedlich im Geist. Wie wird er dies anderen mitteilen?

Er wirft sich drei Mal nieder und steht auf seinem eigenen Platz."

---

[306] Auch „Tathâgata-Zen", basierend auf Sutren.

[307] Auch „Patriarchen-Zen", basierend auf der Praxis jenseits von Worten.

[308] Zuständig für Dokumente.

79. „Mönche! Zazen zu üben bedeutet, Körper und Geist abzuwerfen. Wollt ihr die Bedeutung von aufrechtem Zazen kennenlernen?

Dieses Zazen ist jenseits von unterscheidendem Geist und Denken. Darum müsst ihr euch selbst in der Übung widerspiegeln. Haltet euch am besten fern vom Anhaften an Erleuchtung. Bei einer alten Fähre weht ein kühler Wind und der Mond ist hell. Ein Nachtboot verlässt das Land der Smaragde."

80. „Zazen zu üben bedeutet, den Buddha zu suchen. Doch ihr solltet nicht versuchen, der Buddha zu werden. Ansonsten wäret ihr weit von ihm entfernt. Macht aufrecht Zazen, dann tretet ihr in die Wirklichkeit ein, wo Ziegel zerbrechen und Spiegel sich abnutzen. Wie ist das? Nur wenn ihr diese vollkommenen Gefilde betretet, werdet ihr verstehen, dass dafür euer Zazen nötig war."

81. „Der altehrwürdige Chao-chou war Abt des Kuan-yin-Tempels. Er sagte zu den Übenden in der Vortragshalle: ‚Das Reich letztgültiger Wirklichkeit ist wie ein leuchtendes Juwel in euren Händen. Wenn ein Barbar kommt, wird ein Chinese darin widergespiegelt. Einen Grashalm aufhebend, benutze ich es als Buddha-Körper von fünf Metern Höhe; diesen fünf Meter hohen Buddha-Körper aufnehmend, benutze ich ihn wie einen Grashalm. Der Buddha ist Täuschung, Täuschung ist Buddha.' Da fragte ein gewisser Mönch: ‚Ich verstehe Euch nicht so gut. Wessen Täuschung ist der Buddha?' – ‚Jedermanns.' – ‚Wie können wir sie vermeiden?' – ‚Welchen Nutzen hätte das?'

Der altehrwürdige Mönch Chao-chou sprach so, doch ich habe etwas zu ergänzen. Mönche! Wollt ihr mich hören? Wenn jemand plötzlich fragt: ‚Ich verstehe Euch nicht so gut. Wessen Täuschung ist der Buddha?', dann antworte ich: ‚Im Falle eines Grashalms ist dieser an sich Täuschung. Das Gleiche gilt für den fünf Meter hohen Buddha-Körper.' Wenn er dann fragt: ‚Wie können wir dies vermeiden?', dann sage ich: ‚Versuch's, wenn du willst.'"

82. „Wenn jemand zahlreiche Gräser sammeln und damit einen Büffel (Buddha-Geist) aufziehen kann, erscheint freies Wirken. In diesem Moment tauchen Nan-chüan und Wei-shan als Wasserbüffel auf. Sagt mir, was mit Mönchen geschieht, die sich wie diese beiden verhalten.

Sie werden zu Menschen, die den Alltagshandlungen frei nachgehen können, im Feld Setzlinge pflanzen oder ein Reisbällchen essen und ihr ganzes Leben lang den leuchtenden Mond eine kühle Brise genießen."

83. Am Ende der Sommerübung sprach Dôgen in der Vortragshalle: „Als der Zen-Meister Hung-chih Abt auf dem Berg Tien-tung war, sagte er an diesem Tag in der Vortragshalle: ‚Vor dem fünfzehnten des siebten Monats tragen wir keine siebenjuwelige Krone auf unserem Kopf. Nach diesem Tag schneiden wir einen fünffarbigen Faden von unseren Füßen ab. Solange wir keine siebenjuwelige Krone auf unserem Kopf tragen, erkennen wir nicht das wahre Sitzen, selbst wenn wir es aufrecht tun. Wenn wir aber den fünffarbigen Faden von unseren Füßen abgeschnitten haben, gehen wir auf rechte Weise davon und hinterlassen dabei keine Spuren. Am fünfzehnten Tag selbst durchdringen wir die beiden Ansichten und erkennen, dass es keine Kluft zwischen dem Weg des Kaisers und des Vasallen oder dem Geist von Vater und Sohn gibt. Ein Juwelenmädchen dreht ihren Kopf im Palast der Smaragde; ein Steinmensch klatscht vor einer Halle in die Hände, die in helles Mondlicht getaucht ist. Wenn wir also einen Schritt zurück machen, dann winken wir einer himmelhohen Klippe zu. Wenn wir einen Schritt vor machen, werfen wir uns von der Spitze einer hundert Fuß hohen Stange herab. Die Wiederholung von Geburt und Tod, Bewegung und Stillstand oder Erscheinen und Verschwinden – all dies findet innerhalb der Zeit statt. Die vielen Wirkungen, das Ja und Nein – dies geschieht im Menschen selbst. Versucht mir zu sagen, was ihr in diesem Moment seid. Versteht ihr? Vor dem fünfzehnten Tag seid ihr weit vom Reich der letzten Wirklichkeit entfernt und verweilt in eurer eigenen Täuschung. Nach diesem Tag habt ihr das Reich der letzten Wirklichkeit durchschritten, haftet jedoch am Verdienst der Übung des Erwachens.

Einst hat der altehrwürdige Mönch Hung-chi am letzten Tag der Sommerübung so gesprochen: ‚Ich habe ein paar passende Worte. Mönche! Wollt ihr sie hören? Niemand weiß, dass ich bis jetzt den Weg so geübt habe wie ein schwitzendes Pferd. Erinnern wir uns stets an all die Anstrengung unserer Vorfahren.‘ Dies sind wahre Worte. Doch was könnte ich dazu sagen, wenn das buddhistische Zeitalter [ein weiteres Jahr der Übung] vollendet ist?

Wer wird in dreißig Jahren diese Angelegenheit darlegen? Selbst wenn ihr die unzähligen *kalpa* zählen könntet, gäbe es kein Ende für die Zen-Übung.“

84. Beim Mittagessen zum Todestag Tien-tungs sagte Dôgen: „Heute habe ich Weihrauch für meinen verstorbenen Meister verbrannt, doch ich weiß nicht, wo seine Nasenlöcher sind. Der Ozean zwischen China und Japan enthält meine Sorgentränen. Wie oft habe ich mich in den letzten zwanzig Jahren gefühlt, als würde mir an diesem Tag das Herz brechen!“

85. „Im Zazen sind die Buddhas und Patriarchen jenseits von Bewegung und Stillstand, Übung und Erleuchtung, Körper und Geist oder Täuschung und *satori.* Sie befinden sich zugleich in den äußeren Dingen wie auch jenseits davon. Darum gibt es keine Notwendigkeit, die *skandha* zu ehren. In der buddhistischen Übung benötigt ihr keine der letzten vier *skandha* (keine außer ‚Form‘). Wenn ihr an ihnen anhaftet, werdet ihr entdecken, dass sie eben nur die letzten vier *skandha* sind, nicht buddhistische Übung. Was gebe es noch dazu zu sagen?

Die Angelegenheit von Leben und Tod ist äußerst wichtig. Heute rot, morgen tot.“

86. Am fünfzehnten des achten Monats sprach Dôgen in der Vortragshalle: „Als einst der altehrwürdige Hung-chi Abt auf dem Berg Tien-tung war, sagte er in dieser Nacht in der Vortragshalle: ‚Mein Mond (Buddha-Geist) ist im kalten Reich, ein Gefäß mit frischer Luft tränkt den Herbst. Es ist mein klarer Körper und Geist, der klare Himmel um Mitternacht umarmt den Mond. Seltsam, doch dieser Mond erleuchtet sich selbst, hell und leer. Er trennt meine Verbindung zu Aufstieg und Verfall und lässt mich aus dem Reich der Täuschung von Sein und Nicht-Sein treten. Könnt ihr ein solches Reich betreten und eine solche Tat vollbringen oder nicht?

Wenn ihr einen japanischen Judas-Baum (die Täuschung) in diesem Mond zerbrecht, wird sein klares Licht noch anwachsen.‘

Wollt auch ihr euch vor dem altehrwürdigen Hung-chih verbeugen?“

Da erhob Dôgen sein *hossu* und sagte: „Der altehrwürdige Mönch Hung-chih ist bereits in dieser Welt erschienen und empfängt eure Verbeugungen. Werdet ihr weiter seiner Lehrrede lauschen?

Warum habt ihr Yün-yens Worte ‚Was ist das für ein Mond?‘ in ein Zazen-Kissen verwandelt?“

87. „Wenn ihr einen Ziegel zu einem Spiegel geschliffen habt, ist euer Körper klar und fein und besteht nicht mehr aus den vier Elementen. Und wenn ihr einen Hammer zu einer Nadel gewetzt habt, ist euer Geist der höchste und klarste und besteht nicht länger aus den fünf *skandha.* Keine Form hindert dann eure Augen, kein Ton verschließt eure Ohren, kein Reich bindet euren Körper, nichts lenkt euren Geist ab. Das Objekt anzunehmen [wegzunehmen (!)] ist wie ein Esel, der einen Esel sieht; das Subjekt anzunehmen [wegzunehmen (!)] ist wie ein Brunnen, der einen Brunnen sieht. Was bedeutet dies? Ein hölzernes Pferd, das gegen den Wind wiehert, lernt auf einem Berg zu leben, während ein irdener Ochse, der gegen den Mond blökt, den Ozean betreten kann.“

V. Eiheiji Goroku

1. Dôgen sprach in der Vortragshalle: „Selbst eine lange Lebensspanne vergeht im Abendblitz; täuschende Beziehungen sind stets leer. Wer haftet ihnen an? Selbst wenn ihr das Reich der letztgültigen Wirklichkeit vor euch wertschätzt, müsst ihr das Verdienst eurer buddhistischen Übung erlangen. Diese Worte gelten nicht nur für Mönche in der Meditationshalle, sondern auch für mich als Abt. Was sollte ich noch dazu sagen?

   Die Herbstfarben von eintausend Bergen haben sich nach einem Schauer in Rot verwandelt. Wie könnte ich einen weltlichen Geist aufrecht erhalten [dem Wind nachjagen], wo ich auf diesem Berg doch wie ein unbeweglicher Fels lebe?"

2. „Heute Morgen ist der 1. des neunten Monats. Wenn der Holzblock drei Mal geschlagen wird, mache ich Zazen. Mein Abwerfen von Körper und Geist werden durch nichts beeinflusst. Zazen ist wie das Schütteln der eigenen Faust in Abwesenheit der eigenen Hand."

3. „Ich denke nun daran, Zazen auf jedem der Kissen der sieben vergangenen Buddhas zu machen, bis diese Kissen verschlissen sind. Dort ist das Zazen meines verstorbenen Lehrers bereits übertragen. Beim Zazen müssen die Augen und Nasenlöcher eines Menschen in einer geraden Linie sein. Der Kopf ist dem blauen Himmel gegenüber, die Ohren in einer Linie mit den Schultern.

   Ihr dürft nicht an Bewusstsein und Unterscheidung hängen [Versucht nicht, den Affengeist und den Pferdewillen zu kontrollieren]. Zazen ist wie eine Lotusblume im Feuer."

4. „Ein tugendhafter Mönch fragte: ‚Alle Dinge benötigen für ihr Wachstum verschiedene Verbindungen. Gilt dies auch für ihren Verfall?' Er antwortete sich selbst: ‚Alle Dinge wachsen aufgrund verschiedener Verbindungen und verfallen dann auf natürliche Weise.' Ich an seiner Stelle hätte anders gesprochen. Wenn jemand mich fragt, sage ich: ‚Alle Dinge wachsen und verfallen aufgrund verschiedener Verbindungen.' Sie hängen bei Wachstum und Verfall von verschiedenen Verbindungen ab. Was heißt das? Mönche, wollt ihr dies vollständig verstehen?

   Hui-ko warf sich drei Mal vor dem Dharma beim Shaolin-Tempel nieder und kehrte zu seinem Platz zurück. Als der Bhagavat eine Udumbara-Blume auf dem Geierberg hochhob, lächelte Mahâkâshyapa – all dies beweist die Existenz verschiedener Verbindungen."

5. „Was wir wertschätzen sollten, sind Haut, Fleisch, Knochen und Mark der Buddhas und Patriarchen. Je mehr wir wissen, desto vertrauter werden wir miteinander. Wenn mich heute einer zu Bodhidharma befragt, antworte ich: ‚Er ist beim Shaolin-Tempel und sitzt neun Jahre der Wand gegenüber.‘“

6. „Der hohe Patriarch Tung-shan sagte: ‚Der Weg ist Nicht-Geist, darum stimmt er mit dem Menschen überein. Der Mensch ist Nicht-Geist, darum ist er eins mit dem Weg.‘ Ihr müsst verstehen, dass das eine alt (vorübergehend), das andere aber ewig [nicht alt] ist. Als sein Nachfolger verneige ich mich stets vor diesen Versen und erkunde die Absicht dieses altehrwürdigen Patriarchen.

Der Weg ist Nicht-Geist, darum stimmt er mit dem Menschen überein. Der Mensch ist Nicht-Geist, darum ist er eins mit dem Weg. Wie erkennt ihr dessen Bedeutung? Ihr solltet wissen, dass eine Kröte nie zu einem Hummer wird [Kröten studieren nicht mit Krabben].“

7. „Hsiang-yen fragte einen gewissen Mönch: ‚Woher kommst du?‘ – ‚Ich komme aus Wei-shan.‘ – ‚Was sagt Abt Wei-shan denn so?‘ – ‚Er hebt seinen *hossu* hoch und befragt mich zum Dharma.‘ – ‚Wie verstehen seine Schüler seine Absicht?‘ – ‚Sie denken lange darüber nach und sagen: ‚Wir klären den Geist durch die Form und manifestieren die Wahrheit durch die Dinge.‘ – ‚Wenn du das erkennst, setze es sofort in die Tat um. Wenn nicht, was hätte es für einen Sinn, sich so abzuhetzen?‘ Als dieser Mönch fragte: ‚Was denkt Ihr darüber?‘, hob Hsiang-yen seinen *hossu* hoch.

Hsiang-yens Tat war richtig. Doch ich möchte nicht wie Hsiang-yen oder Wei-shan sein. Wenn jemand mich fragt: ‚Was denkst du darüber?‘ ...“ – Hier hob Dôgen seinen *hossu* hoch und stieg von seinem Sitz herab.

8. „Heute öffne ich die Feuerstätte und erkenne sie als einen alten Spiegel (Buddha-Geist) an. Jeder lauscht der Lehrrede dieser Feuerstätte in seinem täglichen Leben. Wer weiß, dass sowohl Roben als auch Bettelschalen die Lehrrede dieser Feuerstätte übermitteln?“

9. „Die zahlreichen Patriarchen in Indien sagten: ‚Nicht-Geist ist der Buddha.‘ Ma-tsu aus der Provinz Chiang-hsi meinte: ‚Der Geist selbst ist Buddha.‘ Doch diese letztgenannte Aussage bedeutet nicht, dass das gemeine Bewusstsein der Buddha ist. Viele Übende missverstehen dies neuerdings. Manche von ihnen sagen: ‚Wenn jemand in das Reich zurückkehrt, in dem der Geist selbst Buddha ist, kann er nicht in der nächsten Existenz wiedergeboren werden.‘ Diese Anschauung steht der des Auslöschens nicht nach, wie sie von Nicht-Buddhisten gehegt wird.

Was ist die wahre Bedeutung der Worte ‚Der Geist selbst ist der Buddha‘? Ma-tsu erläuterte es, wie jemand ein Kind mit geschlossener Faust schlägt, um sein Weinen zu beenden.“

10. „Abt Lung-ya[309] meinte in einem Gedicht:

‚Übende dürfen nicht aufhören zu üben,
so wie jemand, der ein Feuer entfacht, nicht aufhört, wenn Rauch aufsteigt.
Darauf wartend, dass plötzlich die Venus (Weisheit) erscheint,
kehren sie nach Hause zurück, ohne eine Spur zu hinterlassen.‘

Er war unser altehrwürdiger Patriarch, dessen Verdienst jenseits von Unterscheidung steht. Als sein Schüler möchte ich diesen Vers jedoch respektvoll ergänzen.

Die buddhistische Übung ist wie das Funkenerzeugen: Niemand darf mit der Übung aufhören, wenn er Rauch aufsteigen sieht. Sogleich erscheint der goldene Stern, dies ist das höchste Ziel auf Erden.“

11. „Ein Mönch fragte Shih-tou: ‚Was ist der Dharma?‘ – ‚Du hättest besser einen runden Pfeiler gefragt.‘ – ‚Ich weiß wenig von Euch.‘ – ‚Ich weiß weniger als du.‘

Shih-tous Antwort war klar. Hätte er gesagt: ‚Es liegt ursprünglich jenseits meiner Erkenntnis‘, dann hätte ich dies ergänzt:

Wenn jemand arm ist, hält er es schon für zu viel, einen einzigen Körper zu ernähren. Ist jemand reich, hält er selbst tausend hungrige Münder für zu wenige.“

12. „Ich werde eine Schöpfkelle (einen Mönchskoch) auf den Berg Kichijô einladen. Dadurch werde ich die Lehrmethode an Übende weitergeben. Sie hat universelle Nasenlöcher und trägt die Verantwortung für den Duftreis in der Tempelküche. Das Verdienst kann auch in der Küche und der Verwaltung des Klosters vollkommen sein.“

[309] 833–923, Dharma-Erbe von Tung-shan Liang-chieh.

13. „Nun hören die Japaner das Wort *‚jôdô‘* [310]. Ich bin der erste, der es übermittelt. In der Ära Kônin lebte Tachibana-shi, die Witwe des Kaisers Saga[311] und Mutter des Kaisers Ninmei[312]. Sie lud Hui-yuan, einen Schüler des Nationallehrers Yen-kuan Chi-an[313], aus dem fernen Staate Tang ein und ließ ihn in der westlichen Zen-Halle des Tôji-Tempels wohnen, wo sie ihn Tag und Nacht zum Weg befragte und ihm Opfer darbrachte. Doch Hui-yuan betrat nie die Vortragshalle und ließ auch keine Schüler für Einzelgespräche auf sein Zimmer kommen. Abgeworfener Körper-Geist ist weit von Materie und Geist entfernt. Niemand sollte sagen: ‚Täuschung‘, ‚Erleuchtung‘, ‚Was für ein Ding?‘ oder ‚Was für ein Buddha?‘. Was sollte man stattdessen sagen?

    Wenn ihr den Frühling verstehen wollt, müsst ihr wissen, wo ein Rebhuhn singt."

14. „Der *shujô* ist so schwarz wie Lack und nicht wie gewöhnliches Holz. Damit wird die Täuschung zerstört und das Kôan (die Wirklichkeit) taucht auf. So erscheinen auf einmal die Pflaumenblüten im Schnee an ihrem Zweig."

15. Am 8. des zwölften Monats sprach Dôgen in der Vortragshalle: „Unter einem Bodhibaum, wo die Übung vollzogen und die Lehren dargelegt werden, blühen glänzend die Blüten der Erleuchtung. Fühlende Wesen in den unzählbaren Reichen und Staaten erlangen zur gleichen Zeit die Freude. Unser Lehrer Shâkyamuni Buddha verwirklichte Erleuchtung, machte an diesem Morgen unter dem Bodhibaum auf einem großen Stein Zazen und hielt die erste Lehrrede: ‚Drei Viertel der Nacht sind schon vorbei, und im letzten Viertel wird es dämmern.‘ Alle fühlenden Wesen versammelten sich hier, ob sie dem Dharma folgten oder nicht. Genau zu diesem Zeitpunkt verwirklichte der Ehrwürdigste Buddha-Weisheit und löschte die zahllosen Leiden aus. Man nennt diese Weisheit ‚die Allwissende‘. Was meinte er mit seiner Lehrrede? Mönche! Wollt ihr dies vollständig verstehen?

    Im Schnee gibt es einen einzelnen Zweig mit Pflaumenblüten, dessen Duft die Nase erreicht, noch ehe der Frühling da ist. Da sagte der Bhagavat noch einmal: ‚Dank meines früheren Verdienstes wurden all meine Wünsche erfüllt und ich konnte die Meditation vollenden. Ich habe das Ufer der Erleuchtung erreicht, so dass selbst erbitterte Feinde und Pâpîyas aus der Welt der Begierde bei mir Zuflucht genommen haben, ohne mich ablenken zu können. Dies liegt daran, dass ich das Verdienst und die Weisheit Buddhas besitze. Wer

[310] In die Vortragshalle gehen, um einen Vortrag zu hören.
[311] 809–823.
[312] 833–850.
[313] Dharma-Erbe von Ma-tsu Tao-i.

energisch übt und nach Weisheit sucht, wird erfahren, dass sie leicht zu erlangen ist. Sobald man sie erfasst, wird man von allen Vergehen und Verbrechen befreit, und alle Leiden werden ausgelöscht.‘ Dies war die erste Lehrrede, die der Bhagavat den Menschen und Himmelswesen nach seinem Erwachen zuteilwerden ließ. Buddhisten sollten dies verstehen. Was sollten sie sagen, wenn sie es begriffen haben? Ich werde es heute Morgen den Mönchen erklären.

Als der leuchtende Stern erschien, verwirklichte der Buddha den Weg. Es war gerade so, wie wenn ein einzelner Zweig von Pflaumenblüten aus dem Schnee aufgetaucht wäre. In diesem Moment verwirklichten fühlende Wesen gleichzeitig mit Gräsern und Bäumen den Weg und erquickten sich daran.“

16. Daishu Unshû[314] schrieb einen Brief an meinen Meister, wonach er den gesamten buddhistischen Kanon abschreiben und auf dem Berg Kichijô in einem Schrein aufbewahren wolle. Dazu sagte Dôgen in der Vortragshalle: „Als ein Mönch den Tou-ts‘u fragte: ‚Hat der buddhistische Kanon eine besondere Botschaft oder nicht?‘, erwiderte Tou-ts‘u: ‚Er wurde vom Tathâgata dargelegt.‘ So lautete Tou-ts‘us Aussage. Darum ist dieser Tempel mit großer Freude gesegnet. Ihr müsst verstehen, dass dieser Kanon Shâkyamuni Buddha selbst ist. Durch ihn haben Himmelswesen, Heilige und Weise einen Glücksbringer erhalten. Was sollte ich jetzt noch dazu sagen?‘

Es ist unvermeidlich, dass ein Arhat in der Welt weilt. Kein Gutes und kein Böses sind frei von Kausalität.“

17. Nachdem er auf bewundernswerte Weise den gesamten buddhistischen Kanon kopiert hatte, schrieb Daishû noch einmal an Dôgen. Daraufhin sprach dieser in der Vortragshalle: „Der Buddha Vairocana soll bisher den Dharma drei Mal im gesamten Universum dargelegt haben. Nun sind viele Berge in gelbe Blätter gekleidet, das ist die Gelegenheit für fühlende Wesen, den Weg zu verwirklichen.“

18. Zu Ehren des Dainagon Minamoto, seines Pflegevaters, sprach Dôgen in der Vortragshalle: „Mein *shujô* ist ein Zweig mit Pflaumenblüten, die ich in der Ära Tenryaku[315] säte. Die fünf duftenden Blütenblätter der Lotusblume sind noch nicht gealtert. Ihre Wurzeln, Stängel und Früchte reichen wahrlich weit.“

---

[314] Hatano Yoshishige, ein bedeutender Gönner des Eiheiji.

[315] 947–957.

19. „Wenn Wolken lächeln und der Schnee klar ist, bedecken Frühlingswind und Frühlingsregen Berge und Wälder. Wie ist es genau dann?

Niemand kann sagen, wer für den Ursprung der Schöpfung verantwortlich ist. Gutsein kommt vom Befolgen des Weges."

20. „Die Worte ‚Nicht-Geist ist der Buddha' stammen aus Indien. ‚Der Geist selbst ist der Buddha' stammt aus China. Wenn ihr sie auf diese Weise erkannt habt, wird die Kluft größer sein als die zwischen Himmel und Erde. Ansonsten wird sie gewöhnlich sein. Was bedeutet das?

In den ersten drei Monaten reifen die Nüsse des Bodhibaums. Eines Nachts erblüht er, und die ganze Welt duftet."

21. „Der Bodhisattva Pao-chi sagte zum Lobe Buddhas: ‚Zunächst übte der Buddha Zazen unter einem Bodhibaum, besiegte Dämonen, ergriff den ewigen Dharma und verwirklichte den Weg. Er legte den Dharma drei Mal im ganzen Universum dar. Sein Dharma ist ursprünglich und stets klar. Menschen und Himmelswesen können ihn erlangen. Man nennt ihn Erwachen. Dadurch erscheinen die Drei Schätze in der Welt. Nachdem ich selbst die Drei Schätze in der Welt gezeigt hatte, schmiedete ich in den Bergen ein paar Verse, glücklich darüber, dass der Dharma hierher gelangt war.

Shâkyamuni verwirklichte den Dharma, wurde Buddha
und erläuterte ihn drei Mal im gesamten Universum.
Dadurch können Menschen und Himmelswesen den Weg erfassen
und auch die Drei Schätze erscheinen in der Welt.'

Was sollte ich nun noch sagen? In einer Hütte in den Bergen werden dem Brokat noch Frühlingsblumen beigegeben."

22. An Buddhas Todestag sprach Dôgen in der Vortragshalle: „Der Buddha sagte wiederholt: ‚Ich werde sterben.' Alle anwesenden Menschen hingen stark an ihm und vergossen reichlich Tränen. Selbst wenn sie seinen Worten ‚Ich werde stets auf dem Geierberg weilen' glaubten, wie hätten sie frei von Bedauern sein können angesichts der Kühle der zweistämmigen Sâla-Bäume?

Was könnte man in solchen Momenten noch sagen? Um Mitternacht ging der Buddha plötzlich davon. Noch im Morgengrauen wollen wir es nicht wahrhaben."

23. „Die Aussage *sokushin-sokubutsu* kennt keinen Vergleich; das *jikishi-ninshin*[316] ist hervorragend. Ich schaue mir dieses Zen mit einem so kühnen Geist an, als wollte ich mit drei Tassen das Meerwasser abschöpfen."[317]

24. „Der fünfte chinesische Patriarch ging in die Reisstampfhütte des dienenden Mönches Lu (Hui-neng) und fragte: ‚Hast du den Reis weiß gestampft oder nicht?' – ‚Ich habe ihn weiß gestampft, aber noch nicht gesiebt.' Der Patriarch schlug drei Mal mit einem Stock auf den Mörser. Lu siebte den Reis drei Mal in einen Trog und wurde später in das Zimmer des Meisters vorgelassen. Ich hätte es anders gemacht. Hätte mich der Patriarch gefragt: ‚Hast du den Reis weiß gestampft oder nicht?', hätte ich nur erwidert: ‚Die Sterne folgen dem Großen Wagen und die Sonne geht im Osten auf.' Hätte er versucht, mich mit dem Stock zu schlagen, hätte ich diesen erfasst und gesagt: ‚An der Versammlung zur Lehrrede am Morgen oder Abend teilzunehmen bedeutet die Einheit von Meister und Schüler.'"

25. „Eines Tages sagte Nan-chüan zu einigen Mönchen: ‚Ma-tsu aus der Provinz Chiang-hsi meinte: ‚Der Geist selbst ist der Buddha.' Doch Altmeister Wan (Nan-chüan) erwiderte: ‚Dies ist weder Geist noch Materie noch Buddha. Ist das falsch?' Da verneigte sich Chao-chou und ging fort. Ein Mönch folgte ihm und sagte: ‚Geehrter Mönch! Ihr habt Euch gerade verneigt und seid dann fortgegangen. Was hat das zu bedeuten?' Chao-chou antwortete: ‚Da fragst du besser den Abt (Nan-chüan).' Dies tat der Mönch, und Nan-chüan antwortete, Chao-chou hätte seine Absicht verstanden.

Nan-chüan und Chao-chou sprachen so über das Leben wie Vater und Sohn. Nun will ich etwas freier darüber reden. Wollt ihr es hören?

Chao-chou hat meine Absicht so durchschaut wie die Nan-chüans."

26. „Das *Shinjinmei* des dritten Patriarchen sagt: ‚Der höchste Weg ist nicht schwer zu erreichen, wir müssen nur vermeiden, ihm gegenüber zu unterscheiden.' Mönche! Habt ihr dieses Anliegen studiert? Versucht mir zu sagen, worum es geht. Es versäumt nicht, nach den drei *asamkhya-kalpa* und unzähligen anderer *kalpa* zu kommen und – bevor ein Mensch seinen Zazen-Sitz verlässt oder ein einziger getäuschter Geist auftaucht – zu gehen. Darum gibt es die Aussage: ‚Der höchste Weg ist nicht schwer zu erreichen.' Die Worte ‚wir müssen nur vermeiden, ihm gegenüber zu unterscheiden' sind wie Garudas, die nichts als Drachen fressen."

[316] Das direkte Zeigen auf den Geist.

[317] Okumura/Leighton übersetzen gegenteilig mit einer Kritik Dôgens an diesen bekannten Wendungen: „Dieser Geist, dieser Buddha, ist Verrücktheit. Das direkte Zeigen auf den menschlichen Geist ist so weit davon entfernt wie der Himmel von der Erde, so als wolle man den gigantischen Ozean mit drei Schaufeln leeren. Genau jetzt wird dies als Fuchs-Zen entlarvt."

27. „Der Bhagavat betrat das Reich der Meditation und saß im Wald von Azuma. Da fiel ein heftiger Regen, und Donner ertönte. Beim Donnerschlag starben vor Schreck vier Bullen und zwei Bauern. Plötzlich klarte es auf, also erhob sich der Buddha und ging schweigend umher. Ein Laienschüler warf sich vor seinen Füßen nieder, folgte ihm und sprach: ‚Bhagavat! Gerade eben sind vier Bullen und zwei Bauern vor Schreck beim Ertönen des Donnerschlags gestorben. Habt Ihr ihn gehört oder nicht?' – ‚Nein.' – ‚Habt Ihr geschlafen?' – ‚Nein.' – ‚Wart Ihr in Meditation?' – ‚Nein, ich existierte nur noch geistig.' – ‚Solches habe ich noch nie vernommen. Die Meditation der zahllosen Buddhas ist so tiefgründig, dass sie sich in einem anderen Reich befinden und geistig existieren. So könnt Ihr den Donnerschlag nicht gehört haben, obwohl Ihr Euch dessen bewusst wart!'

Ich sage zum Lobe Buddhas: Das Reich der Meditation betreten und geistig existieren bedeutet, dass die vierunddreißig Geistesarten[318] zusammenkommen. Der Buddha benutzte sie so frei, wie sechs plus eins sieben ist. Ich hoffe, ihr Mönche in der Meditationshalle werdet euren Körper und Geist ebenso frei abwerfen."

28. „Eines Tages fragte ein Mönch den Yüeh-shan: ‚Was denkst du im Zazen?' – ‚Ich denke Nicht-Denken.' – ‚Wie wird das gemacht?' – ‚Indem man jenseits von Denken und Nicht-Denken denkt.'

Er hat das Anhaften an Sein oder Nicht-Sein abgeworfen. Das Wirken dieses Lebens muss ganz rein sein."

29. „Als Nan-yüeh zum ersten Mal der Sangha des sechsten Patriarchen (Hui-neng) beitrat, meinte dieser zu ihm: ‚Woher kommst du?' – ‚Vom Nationallehrer Hui-an vom Berge Sung.' – ‚Was ist auf diesem Wege gekommen?' – Nan-yüeh schwieg. Acht Jahre später sagte er zu Hui-neng: ‚Als ich das erste Mal hierher kam, fragtet Ihr mich: ‚Was ist auf diesem Wege gekommen?' Nun habe ich verstanden, was Ihr damit gemeint habt.' – ‚Wie ist es dir gelungen?' – ‚Es ist unbeschreiblich, und doch offenbar nicht.' – ‚Brauchst du Übung und Erwachen oder nicht?' – ‚Ich bin nicht frei von einem Bedürfnis danach, doch hafte ich ihnen nicht an.' – ‚Dieses Nicht-Anhaften steht unter dem Schutz der Buddhas, unter meinem, deinem und dem der Patriarchen in Indien.'

Hui-neng und Nan-yüeh äußerten sich so. Wie ist es da möglich, dass ich nichts zu sagen habe? Mönche! Wollt ihr alles darüber wissen? Arhats verwirklichen die Geistesstille (Erleuchtung) mittels der Vier Edlen Wahrheiten.

---

[318] Acht Arten der Geduld, acht der Weisheit, neun des Nicht-Hindernisses und neun der Befreiung.

Ajnâtakaundinya[319] erkannte die Wahrheit jenseits von Entstehen und Vergehen. Was sollte ich noch ergänzen?

Die erste Aussage von Nan-yüeh ist lächerlich, doch selbst seine zweite Aussage von ganzem Herzen lässt noch zu wünschen übrig."

30. „Die buddhistische Übung eines Zen-Mönches erfordert Zazen. Dieser Weg des Abwerfens von Körper und Geist wurde bis heute übermittelt. In der Ära Pu-tung kam Bodhidharma aus Indien, um zu übertragen, was jenseits von Richtig und Falsch und verschieden vom Kleinen Fahrzeug ist."

31. „Als Nan-chüan Nationallehrer Hui-chung besuchte, fragte dieser: ‚Woher kommst du?' Nan-chüan erwiderte: ‚Aus Chiang-hsi.' – ‚Hast du die Essenz von Ma-tsus Dharma mitgebracht oder nicht?' – ‚Es ist nichts als das.' – ‚Es ist dahinter.' Nan-chüan schwieg.

Hui-chung und Nan-chüan hatten Recht, und dennoch ließen sie ungesagt, was sie hätten äußern sollen. Wie kann ich das behaupten? Ihre Fragen und Antworten sind kaum voneinander zu unterscheiden. So frage ich die beiden altehrwürdigen Mönche: ‚Haben die zahlreichen Buddhas und ihre Schüler dies verwirklicht oder nicht?'"

32. „Die höchste Weisheit dient nicht einem selbst oder anderen und nicht Ruhm und Gewinn. Dennoch sucht ein Zen-Übender zielstrebig danach. Er nennt dies: Erwachen zum *bodhi*-Geist. Wenn dieser Geist ersteht, dann hegt er ihn nicht um seiner selbst willen. Dies ist der wahre *bodhi*-Geist. Ohne diesen Geist kann es keine wahre buddhistische Übung geben. Mönche dieses Tempels müssen zielstrebig den *bodhi*-Geist suchen, ohne Zeit zu verschwenden. Wer diesen Geist noch nicht erlangt hat, muss die früheren Buddhas und Patriarchen um den Buddha-Geist bitten und das angehäufte Verdienst von deren guten Taten auf diesen Geist richten.

Einst fragte ein Mönch den Chao-chou: ‚Alle Dinge werden zu einem vermindert. Wo geschieht dies?' Chao-chou erwiderte: ‚In Ching-chou habe ich ein Kleidungsstück aus Hanf hergestellt. Es wog sieben *kin.*' So lautete die Aussage des hohen Mönches Chao-chou. Wenn jemand mich dasselbe fragt, werde ich unverzüglich antworten: ‚Es wird zum Reich jenseits des Buddha vermindert.' Wenn er dann fragt: ‚Wie kannst du das behaupten?', antworte ich: ‚Ich bringe einer Milliarde Buddhas in diesem Reich Opfer dar.'"

[319] Einer der ersten fünf Mönche unter Buddha.

33. „Als ein Mönch Pai-chang fragte: ‚Was ist ein seltsames Ding?', erwiderte dieser: ‚Allein auf dem Berg Pai-chang Zazen zu machen.' Wenn mich jemand dasselbe fragt, sage ich: ‚Ich gehe heute in die Vortragshalle.'"

34. Um am 10. des sechsten Monats um einen klaren Himmel zu bitten, sprach Dôgen in der Vortragshalle: „Letztes und dieses Jahr hat der Himmel in allen vier Jahreszeiten den Regen veranlasst, Tag und Nacht unaufhörlich zu fallen. Die Bauern befürchten eine Missernte des lebensnotwendigen Getreides. Um das Land von diesem Unheil zu befreien, bete ich für einen klaren Himmel, ganz wie mein verstorbener Lehrer, der Abt des Ching-liang-Tempels, in die Vortragshalle ging, um für gutes Wetter zu beten. Wie ist es ohne das Wirken des Dharma möglich, Menschen und Himmelswesen vom Leiden zu erretten? Versteht ihr mich, Mönche? Als mein verstorbener Lehrer nicht in die Vortragshalle ging, taten dies auch die Buddhas und Patriarchen nicht. Als er in die Vortragshalle ging, taten es ihm die Buddhas der drei Zeiten, die sechs aufeinanderfolgenden Patriarchen (in China) und die mit Nasenlöchern (Essenz) und zehntausend Augäpfeln gesegneten Zen-Mönche gleich, und zwar nicht einen Augenblick später. Heute bin ich so in der Vortragshalle, wie es mein verstorbener Lehrer war.

Er sagte: ‚Regentropfen tröpfeln einer nach dem anderen von morgens bis abends, bis sie einen starken Regen bilden. Es ist unvermeidlich. Berge, Flüsse und die Erde fließen in Strömen dahin.' Dann nieste er und sagte: ‚Wenn ich niese, zerstieben die Wolken und die Sonne taucht auf.'" Da hob Dôgen seinen *hossu* an und sagte: „Mönche, schaut hin! Der wolkenlose Himmel verschluckt die acht Richtungen. Wenn das Wasser so wie gehabt fällt, wird jedes Haus in das Land der *rakshâ*[320]-Dämonen geschwemmt. Ich werfe mich nun vor Shâkyamuni Buddha und Maitreya Bodhisattva nieder, um die wundervolle Weisheit zu erbitten, mit der Avalokiteshvara Bodhisattva fühlende Wesen vom Leiden errettet. (Doch darf ich mich nicht davon abhängig machen.)"

35. „Ihr Nachkommen der Buddhas und Patriarchen dürft nicht das Kleine Fahrzeug, den Brahmanismus, Lokâyata[321] oder Wâhmalokâyata[322] studieren. Studiert stattdessen die Fäuste, Augäpfel, *shujô*, *hossu*, Zazen-Kissen und *zenpan* der Buddhas und Patriarchen oder den Geist und die Worte der Patriarchen so zielstrebig, als wolltet ihr euren Kopf aus einem brennenden Feuer retten. Ihr dürft keine anderen Taten verfolgen und keine anderen Worte äußern als die

[320] Kannibalische Teufel.

[321] Nicht-Buddhisten im alten Indien, die weltliche Gefühle befürworteten.

[322] Nicht-Buddhisten im alten Indien, die weltliche Gefühle ablehnten.

der Buddhas und Patriarchen. Mönche! Wollt ihr den Schlüssel zu dieser wichtigen Lehre wissen?

Zazen-Kissen, *zenpan* und Chao-chous Tee[323] bringen den ganzen Tag lang keine Ungerechtigkeit zum Ausdruck. Altehrwürdige Mönche studierten die rechte Bedeutung, Shânavâsa trug die Robe Buddhas und gab sie weiter."

36. „Der Dharma ist von Gelehrten und Klugen nicht leichter zu verwirklichen als von anderen Menschen. Wenn Klugheit für die Erkenntnis des Weges ausreichen würde, hätte Shâriputra nie *srotâpanna*[324] erlangen müssen, um Ashvajit[325] zuhören zu können. Und als Shâriputra Arhatschaft erlangte, konnte er doch Punyavadharna (Shrivati) nicht ordinieren. Schon im Alter von acht Jahren übertraf Shâriputra jeden anderen *shâstra*[326]-Lehrer. Über seine Klugheit gibt es folgende Verse:

‚Jeder versucht Shâriputras Weisheit so darzustellen,
dass sie nur von der des Bhagavat übertroffen würde.
Doch dieser wird feststellen, dass er letztlich nur ein Sechzehntel
von Shâriputras Weisheit besitzt.'

Als er eines Tages sah, welche Ausstrahlung Ashvajit hatte, fragte Shâriputra ihn: ‚Wer ist dein Meister? Wessen Schüler bist du?' – ‚Prinz Siddharta entsagte der Welt von Geburt, Alter, Krankheit und Tod, wurde Mönch und übte den Weg, bis er die Buddha-Weisheit erfasste. Er ist mein Meister.' – ‚Welche Lehre legt er dar?' – ‚Ich bin noch jung. Es ist noch nicht lange her, dass ich die Gebote empfing. Wie könnte ich die wesentliche Bedeutung des weit verbreiteten, guten Dharma erläutern?' – ‚Ich möchte, dass du mir seine Hauptaussage kurz darstellst.' – ‚Alle Dinge entstehen aufgrund kausaler Verbindungen. Wir nennen sie direkte und indirekte Ursachen. Doch man kann diese beenden.' Als Shâriputra das hörte, verwirklichte er *srotâpanna.*

Ashvajit wollte des Morgens ausgehen, als der Buddha sagte: ‚Heute wirst du gewiss einem wichtigen Menschen begegnen. Du solltest ihm klar den Dharma darlegen, und zwar drei der Vier Edlen Wahrheiten[327]: Die Aussage ‚Alle Dinge entstehen aufgrund kausaler Verbindungen' bedeutet, dass alle

---

[323] Im *Wu-eng-hwei-yüan* (jap. *Gotô-egen*) wird berichtet, dass Chao-chou einem Mönch Tee anbot, der ihm sagte: „Ich war schon immer hier." Dies wiederholte sich mit einem Mönch, der sagte: „Ich war noch nie hier."

[324] Die Stufe, auf der jemand alle falschen Ansichten abgelegt hat.

[325] Einer der ersten fünf Mönche Buddhas.

[326] Kommentare zu den Sutren.

[327] 1.) Alles Leben ist Leiden. 2.) Leiden wird durch Unwissenheit verursacht, die zu Begehren und Illusion führt. 3.) Es gibt ein Ende des Leidens, dieses Stadium des Nicht-Leidens wird Nirwana genannt. 4.) Der Weg dorthin ist die Übung des Edlen Achtfachen Pfades.

Existenz Leiden ist. ‚Wir nennen dies *innen*[328]‘ heißt, Ursache des Leidens sind Täuschung und Begehren. ‚Es gibt ein Ende des *innen*‘ bedeutet, Nirwana ist das Reich, das frei von Leiden ist.‘

Als Shâriputra dies gehört hatte, kehrte er nach Hause zurück. Maudgalyâyana war der erste, der ihn aufsuchte, und sagte: ‚Du hast die Lehre des Nektars vernommen. Lass sie uns gemeinsam genießen.‘ Shâriputra erläuterte Maudgalyâyana, was er zuvor gehört hatte. Dabei verwirklichte Maudgalyâyana *srotâpanna.* Ihr solltet verstehen, dass Ashvajit den Shâriputra gerettet hat. Dies legt Zeugnis vom Dharma ab. Nun wird deutlich, dass niemand bloßes Wissen als die wesentliche Bedeutung des Dharma ansehen kann.

Als der Bhagavat im Kalandaka-nivâsa[329] von Râjagrha[330] war, gab es in dieser Stadt einen reichen Mann namens Punyavadharna. Als dieser hundert Jahre alt war, hörte er, wie bedeutsam das Verdienst Mönch zu werden sei, und er sagte sich selbst: ‚Wie könnte ich nun darauf verzichten, Mönch zu werden und den Weg zu üben? Es ist zwar ungewöhnlich, doch ich will Mönch werden und meiner Frau, meinen Kindern, Dienern und anderen Menschen entsagen.‘ Natürlich machte sich seine ganze Familie angesichts seines Alters darüber lustig. Schließlich sagten sie: ‚Du solltest besser gehen. Warum bist du so langsam? Nun ist die beste Zeit.‘ Punyavadharna verließ sogleich sein Zuhause, ging in den Venuvana-Garten[331], um den Bhagavat zu sehen und nach Möglichkeit Mönch zu werden.

Auf dem Weg in den Venuvana-Garten fragte Punyavadharna einige Mönche: ‚Wo ist der Buddha-Bhagavat, dieser gnadenvolle und segenbringende Mensch?‘ – ‚Er ist unterwegs, den Dharma zu erläutern.‘ – ‚Wer ist der weiseste Schüler an seiner Seite?‘ Sie deuteten auf den Ehrwürdigen Shâriputra. So ging er zu diesem, warf seinen Stock fort und sich vor Shâriputra nieder, während er sprach: ‚Ehrwürdiger! Erlaubt mir, Mönch zu werden.‘ Da dachte Shâriputra: ‚Er ist alt und ihm fehlt es an den drei Dingen[332]. Es macht also keinen Sinn, wenn er den Weg studiert und das Sitzen übt.‘ Darum sagte Shâriputra: ‚Du bist zu alt, um Mönch zu werden.‘

[328] *„in“* ist die innere Ursache, *„en“* die äußere. Jede Tat soll als Wechselspiel von beidem entstehen.

[329] Ein Bambusgarten, den der reiche Kalandaka stiftete, damit der Buddha dort den Dharma erläutern konnte.

[330] Hauptstadt von Magadha.

[331] Ein Bambusgarten nördlich von Râjagrha.

[332] Zazen, Sutra-Studium, Lehrreden.

Danach suchte Punyavadharna den Mahâkâshyapa, Upâli[333], Aniruddha[334] und fünfhundert bedeutende Arhats auf, doch sie alle fragten ihn: ‚Hast du vor mir schon jemand anderen besucht?' – ‚Ich habe zunächst den Bhagavat gesucht, doch er war unterwegs. Dann ging ich zum Ehrwürdigen Shâriputra.' – ‚Was hat er gesagt?' – ‚Er meinte, ich sei zu alt, um Mönch zu werden.' – ‚Shâriputra gilt als der klügste Schüler. Wenn er deinem Wunsch nicht nachkommt, können wir dies auch nicht.'

Das ist so, wie wenn ein fähiger Arzt bei einem Patienten eine unheilbare Leberkrankheit feststellt und die Behandlung abbricht. Ihr solltet dies genau verstehen. Es fehlte Punyavadharna am Aussehen eines Mönches. Der kluge Shâriputra erfüllte ihm nicht seinen Wunsch, noch weniger die anderen Mönche.

Er bat all die anderen darum, Mönch werden zu dürfen, doch vergeblich. Also verließ er den Venuvana-Garten, heulte an der Schwelle eines Tores, wand sich vor Kummer und beschwerte sich laut: ‚Ich habe nie ein großes Vergehen begangen. Warum haben sie mir nicht erlaubt, Mönch zu werden?' Upâli war von einfacher Herkunft, Nidhi holte Exkremente aus Latrinen, Angulimâla[335] hatte viele Menschen getötet, Dasakki war der durchtriebenste, doch sie alle durften Mönch werden. Welches Verbrechen hindert mich daran?'

Als er das ausgesprochen hatte, erschien der Bhagavat vor ihm, zeigte ein feierliches Gesicht und ließ ein großes Licht erstrahlen, wie der Prozessionswagen, der mit den sieben Juwelen[336] des Königs Shakrendra (Indra) aus dem Trâyastrmsha-Himmel bestückt war. Der Buddha fragte Punyavadharna: ‚Warum bist du hierhergekommen?' Als dieser die klare Stimme Buddhas hörte, war er so glücklich wie ein Sohn, der seinem Vater begegnet. Er warf sich vor Freude weinend vor dem Buddha nieder und sagte: ‚Mörder, Räuber, Lügner, Verleumder und Menschen niederer Herkunft durften allesamt Mönche werden. Welches Verbrechen hindert mich daran? Meine eigene Familie ist meinen Bedürfnissen gegenüber taub. Wenn ich nach Hause zurückkehre, ohne Mönch geworden zu sein, werden sie mich gar nicht mehr ernst nehmen. Wo sollte ich noch hin? Nun bin ich dazu verurteilt, hier zu sterben.' Da antwortete der Buddha: ‚Wer könnte schon seine Hand gen Himmel heben und

[333] Einer der zehn großen Schüler Buddhas. Er wurde gemeinsam mit Ânanda Mönch und beachtete vor allem streng die Mönchsregeln.

[334] Ein Cousin Buddhas und einer seiner zehn großen Schüler. Als er einmal in Buddhas Gegenwart eingenickt war, gelobte er, niemals mehr zu schlafen. Dabei verlor er sein Augenlicht, erwarb aber das „wundersame Auge" der Intuition.

[335] Ein Schüler Buddhas, der noch als Brahmane aus den Fingern derjenigen, die er getötet hatte, eine Perücke angefertigt hatte.

[336] Gold, Silber, Lapislazuli, Koralle, Bernstein, Achat und Karneol.

mit Sicherheit behaupten: ‚Er sollte ein Mönch werden‘, oder: ‚Er sollte kein Mönch werden, weil er zu alt ist‘?‘ Phunyavadharna sagte zum Buddha: ‚Der Bhagavat ist der König, der weiseste Mensch, der den Dharma erläutert. Doch der Ehrwürdige Shâriputra, der führende Mönch neben dem Buddha, erlaubt mir nicht, Mönch zu werden.‘

Da belehrte ihn der Buddha so, wie es ein Vater mit seinem Sohn täte: ‚Du solltest dir deswegen keine Sorgen machen. Ich werde dir erlauben, Mönch zu werden. Dies überfordert Shâriputra. Er ist zwar tatsächlich mit Klugheit gesegnet, doch hat er noch nicht während langer *kalpa* die anstrengende und gnadenvolle Übung vollzogen und auch die sechs *pâramitâ*[337] noch nicht verwirklicht. Darum fehlt es im am freien Wirken des Dharma. Ich allein bin frei im Dharma. Du solltest mir folgen. Ich erlaube dir, Mönch zu werden.‘

So belehrte ihn der Bhagavat auf vielerlei Weise und befähigte ihn, sich von Kummer und Sorge zu befreien. Glücklich folge Punyavadharna dem Buddha und betrat dessen Tempel. Der Buddha wies Maudgalyâyana an, ihn zum Mönch zu machen. Maudgalyâyana ließ ihn sogleich die Mönchsregeln empfangen. Dieser reiche Mann Punyavadharna hatte bereits in einer früheren Existenz genug Samen gesät, um den Dharma zu verwirklichen, also schluckte er den Angelhaken des Dharma so wie ein Fisch den seinen, ohne Zweifel daran, die drei Welten der Täuschung verlassen zu können. Er machte jede Anstrengung, um bei Tag und Nacht zahlreiche Arten von Verdienst zu erwerben, und durch das Studium der Sutren, des Vinaya und der Shâstra wurde er sehr belesen in den buddhistischen Schriften.

Ihr solltet verstehen, dass die große Klugheit Shâriputras dem Verdienst des Buddha unterlegen ist. Nun wisst ihr, dass das große Wissen Shâriputras nicht mit dem des Bhagavat vergleichbar ist, genauso wenig wie alte Sprüche oder Worte, die heutzutage Narren als den Samen der Weisheit ansehen und doch den großen Weg nicht verwirklichen können, den Buddhas und Patriarchen persönlich übermittelt haben. Selbst die große Klugheit Shâriputras ließ Punyavadharna nicht Mönch werden, noch weniger die der anderen. Wenn selbst einige, die die Weisheit Buddhas suchten, den großen Weg nicht verwirklichen konnten, um wie viel weniger dann die, welche den Samen falscher Ansichten suchten? Die Mönche in diesem Tempel sollten nicht fehlgehen. Wisst ihr nicht, dass einst jemand sagte: ‚Geist ist nicht der Buddha. Weisheit ist nicht der Weg‘? Mönche! Wollt ihr dies verstehen?

Der Weg eines Mönches ist, sich nicht hinzulegen, bevor es der Meister tut.“

[337] Sechs Tugenden, durch die der Bodhisattva dem Erwachen näherkommt: 1) Gebefreudigkeit, 2) Regeln einhalten, 3) Geduld, 4) Gewissenhaftigkeit, 5) Meditation, 6) Weisheit.

37. „Dank der Tatsache, dass der Samen der Weisheit in eurer früheren Existenz gesät wurde, wurdet ihr in diese Menschenwelt geboren und seid dem Dharma begegnet. Ihr habt klar erkannt, dass es keine körperlichen Hindernisse gab, sondern nur diese Verbindung mit dem Dharma. Leider habt ihr ihn noch nicht praktiziert und keine Erleuchtung erlangt. Dies bedeutet, dass ihr Ruhm und Gewinn noch nicht abgeworfen habt, sondern noch am Selbst und den Dingen hängt. Alle Buddhas und Patriarchen in Indien und China haben sofort Ruhm und Gewinn, Selbst und die Dinge abgeworfen und konzentriert den Weg geübt, ohne Fehl und ohne die Vorschriften zu brechen. So verwirklichten sie den Dharma.

Ihr müsst erkennen, dass die Übenden zur Zeit des formellen und nachahmenden Buddhismus beim Verwirklichen des Dharma bereits verschieden von den heutigen waren. Doch im Zeitalter des verfallenden Buddhismus unterscheidet sich euer *satori* und eure Meditation in der Tiefe. Es ist bedauerlich, dass ihr in dieser Zeit geboren seid. Selbst wenn ihr euch so zielgerichtet anstrengt, als würdet ihr euren Kopf aus einem brennenden Feuer retten wollen, fürchte ich, dass ihr den Übenden der zwei vorangegangenen Zeitalter nicht gleichkommt. In Indien haben in diesen Zeitaltern einige den Weg verwirklicht, andere nicht. Es hing von ihrer Anstrengung ab. Wir leben hier in Japan, weit weg von Indien, und im Zeitalter des verfallenden Buddhismus. Darum ist die Fähigkeit der Mönche vergangener Zeitalter so weit von eurer entfernt wie der Himmel von der Erde; die Übenden in Indien zeigen gegenüber euch Mönchen in unserem Land einen größeren Unterschied in den Ergebnissen ihrer Übung als er zwischen Gold und Sand besteht. Doch habt ihr keine ernsthaften körperlichen Schwierigkeiten und eine vorzügliche Verbindung zum Buddha. Ihr musst unermüdlich weitermachen. Das weltliche Wort ‚weitermachen' bedeutet, nicht nach Ruhm und Gewinn zu streben und keine Äußerlichkeiten zu lieben.

Darum beschäftigt euch nicht mit den Aussagen von Konfuzius und Laotse oder dem *Shûramgamasamâdhi-nirdesha* oder dem „Sutra über die vollständige Erleuchtung"; mein Meister hasste es, dass seine Zeitgenossen die oben genannten Sutren als grundlegend für den Zen-Buddhismus betrachteten. Studiert stattdessen die Texte der Buddhas und Patriarchen, von denen der vergangenen sieben Buddhas und des Bhagavat bis zu den heutigen. Wenn ihr absichtlich den üblen Weg von Ruhm und Gewinn einschlagt, wie könnt ihr das als buddhistische Übung bezeichnen? Der Tathâgata-Bhagavat, Mahâkâshyapa, die achtundzwanzig Patriarchen in Indien, die sechs in China, Ching-yüan und Nan-chüeh – wer unter ihnen betrachtete die oben genannten Sutren als das Schatzkammer-Auge des Wahren Dharma, den Wunderbaren Geist des Nirwana? Und welcher Patriarch sah Konfuzianismus und Taoismus als hervorragende Lehren der Buddhas und Patriarchen an oder neigte sich ihnen zu? Heutzutage sagen die Mönche der Sung-Dynastie: ‚Konfuzianismus, Taoismus und Buddhismus sind eins.' Diese Ansicht ist weit gefehlt. Was für eine Schande! Ihr Dharma ist im Niedergang. All die altehrwürdigen, tugendhaften Mönche hassten es, den Bhagavat mit Laotse zu vergleichen, doch heute heißt es: ‚Der Tathâgata ist eins mit Laotse.' Ihr müsst wissen, dass ein solcher Trugschluss dem Fehlen von Erleuchteten geschuldet ist.

Mönche! Wenn ihr Sutren lesen wollt, solltet ihr jene anschauen, die von Hui-neng dargelegt wurden: das *Saddharmapundarîka-*[338], das *Mahâparinirvâna-* und das *Prajnâpâramitâ-Sûtra*. Es hat keinen Sinn, darüber zu streiten, ob ihr Sutren lesen solltet, die nicht von Hui-neng erläutert wurden. Früher öffneten Mönche Sutren, um darin Weisheit *(bodhi)* zu finden; heute tun sie es aus Ruhm- und Gewinnsucht. Der Buddha legte Sutren und Lehren nur dar, damit fühlende Wesen *bodhi* verwirklichen können. Darum widerspricht das, was heutige Mönche tun, seinem Willen. Es ist dumm, dass sie ihr oberflächliches Wissen mit Buddhas vertieftem vergleichen. Da ihr nun glücklicherweise Mönche geworden und dem Staatsdienst und den weltlichen Wegen entkommen seid, dürft ihr nicht nach Äußerlichkeiten und Ruhm und Gewinn streben. Wenn ihr dies tut, seid ihr eine Schande für Mönche. Äußerlichkeiten sind der Grund für die fünf Begierden. Darum müsst ihr eure fünf Sinnesorgane gegen genauso viele Begierden[339] schützen. Wisst ihr nicht, dass dies auch der Bhagavat sagte: ‚Ihr Mönche habt stets auf rechte Weise die Gebote empfangen. Darum müsst ihr eure fünf Sinnesorgane gegen genauso viele Begierden schützen. Es ist wie bei einem Kuhhirten, der mit einem Stock eine Kuh daran hindert, die jungen Reispflanzen der anderen zu zertrampeln. Wenn ihr euren fünf Sinnesorganen erlaubt, ihren eigenen Weg zu gehen, könnt ihr die fünf Begierden und den Bewusstseinsstrom so wenig kontrollieren wie eine Flut, die einen zerstörten Flussdamm überflutet.'

Darum sollen Anhänger der Buddhas und Patriarchen sich nicht einem üblen Weg zuwenden, wie ihn Äußerlichkeiten, Ruhm und Gewinnsucht kennzeichnen. Ihr müsst rechten Nutzen aus euren fünf Sinnesorganen gewinnen und Äußerlichkeiten, Ruhm und Gewinnsucht baldmöglichst abwerfen. Die Worte ‚rechten Nutzen gewinnen' bedeuten, Ruhm und Gewinn oder das Selbst in dem Moment abzuwerfen, wenn man hört, man solle es tun. Ein so Übender wird ein Mensch höchster Fähigkeit genannt. Sein Gegenstück ist der Mensch niederer Fähigkeit. Was jedoch bedeuten die Worte ‚Kuhhirte', ‚Stock', ‚junge Reispflanzen', ‚eine Kuh hindern'? Weltliche Menschen sind

338 Bekannt als *Lotus-Sutra.* Es lehrt, dass der Buddha bereits vor mehreren Zeitaltern vollständige Erleuchtung erlangte und dies auch Anhängern des Theravada(Hînayâna)-Buddhismus möglich sei.

339 Die Begierde nach Eigentum, sexueller Liebe, Nahrungsmitteln, Ruhm, Schlaf.

sich dessen nicht bewusst. Nur die Buddhas und Patriarchen übermitteln dies auf rechte Weise. Nun habe ich ein *shujô* in meiner Hand. Ich frage euch: Seid ihr in der Lage, eine Kuh zu hüten?

Ein Zen-Meister hat dieses *shujô*. Während ich in der Vortragshalle bin oder meine Mahlzeiten einnehme, befindet es sich neben meinem Körper. Ihm kommt nichts in der menschlichen und himmlischen Welt gleich. Wenn ich damit Selbst und Andere schlage, ist alle Trennung überwunden."

38. Am Jahrestag von Tien-tungs Tod sprach Dôgen in der Vortragshalle: „An diesem Tag drehte Tien-tung seinen sitzenden Körper, nahm die Milliarden Welten ein und sah das östliche Land, das vom Buddha Akshobhya[340] geschaffen wurde. Doch seine Augäpfel sind bisher bei niemandem außer mir angelangt."

39. Aus Dank gegenüber einem *ino*-Mönch sprach Dôgen in der Vortragshalle: „Dieser *ino*-Mönch besitzt den lochlosen Hammer (Erleuchtung), den die Buddhas und Patriarchen auf rechte Weise übermittelt haben. Er macht freien Gebrauch davon, so wie jemand beim Hören eines Klanges die Leere empfängt und falsches Zen zerschmettert."

40. „Der Ehrwürdige Samgha-nandi[341] sagte: ‚Es ist mehr als achthundert Jahre her, dass der Buddha unter den Sâla-Bäumen starb. Darum sind die Hügel der Welt verödet und die Bäume abgestorben. Den Menschen fehlt es an Aufrichtigkeit und rechtem Erinnern. Keiner glaubt die Wahrheit, stattdessen kümmert man sich um übernatürliche Kräfte. Seitdem sind zweitausendzweihundert Jahre vergangen. Ihr habt bereits herausgefunden, dass es den Menschen an Aufrichtigkeit und rechtem Erinnern [Glaube und wahrer Achtsamkeit] mangelt. Wenn Buddhisten keine Aufrichtigkeit und kein rechtes Erinnern besitzen, vernachlässigen sie auch die Kausalität. Zen-Meister Yung-ming sagte: ‚Wenn Ursache und Wirkung der Übung reifen, erfährt man Erleuchtung.' Was habt ihr Nachfolger daran auszusetzen?

Weil der Buddha in seiner Güte mit den fühlenden Wesen vertraut geworden war, erhob er die Udumbara-Blume auf dem Geierberg; weil Shi-kung noch die Gewohnheiten eines Jägers pflegte, spannte er seinen Bogen."

---

340 Der unbewegliche Buddha, der nach seiner Erleuchtung sein eigenes Reines Land namens Myôki im Osten gründete.

341 Der siebzehnte Patriarch Indiens.

41. „Der altehrwürdige Tsao-chi[342] sagte zu Fa-tah, der das *Lotus-Sutra* las: ‚Die wichtigste Bedeutung dieses Sutras liegt darin, zu klären, warum die Buddhas in dieser Welt erschienen sind.‘ So lautete seine Aussage. Was sollte ich als einer seiner Nachfolger dazu sagen? Die wichtigste Bedeutung dieses Sutras liegt darin, zu klären, warum die Buddhas in dieser Welt erschienen sind. Versucht einfach nur dies zu sagen. Mönche! Entscheidet nun, ob Tsao-chis Worte dieselben sind wie meine. Ihr dürft nicht ‚gleich‘ oder ‚verschieden‘ sagen, weil sie jenseits einer solchen Dualität in dieser Welt erschienen sind. Wisst ihr nicht, dass der Bhagavat sagte: ‚Die zahlreichen Buddhas in den zehn Richtungen und ich erkennen diese Angelegenheit wohl.‘“

42. „Einst sah ein gewisser Mönch, der in einem hohen Gebäude lebte, zwei Mönche vorbeikommen, gefolgt von zwei Himmelswesen, die die Straße fegten und Blumen streuten. Als die beiden Mönche zurückkamen, waren da zwei Dämonen, die sie tadelten und ihre Fußspuren beseitigten, indem sie Wasser aus ihrem Mund auf sie spuckten. Als der Mönch herunterstieg, fragte er die beiden anderen Mönche nach dem Grund dafür. Sie sagten: ‚Weil wir die Essenz des Weges besprachen, als wir hier vorbeigingen, aber in eitles Geschwätz verfielen, als wir zurückkamen.‘ Von ihrem Fehler überzeugt und ihre Tat bereuend, zogen sie von dannen.

Wenn ihr dies nicht einfach nur erwägt, sondern sorgfältig bedenkt und seine ursprüngliche Bedeutung erfasst, werdet ihr es als wesentlich für Buddhisten erachten. Warum? Weil hier täuschendes Bewusstsein und täuschendes Erinnern entstehen und Äußerlichkeiten (zwei Dämonen) auftauchen. Der altehrwürdige Mönch Yüan-wu Ko-chin sagte: ‚Es gibt einen Weg, auf dem Himmelswesen tatkräftig Blumen streuen, und wo genau deshalb auch Dämonen zugange sind.‘

Selbst wenn ihr in den sechzehn herausragenden Zen-*satori*[343] bewandert seid, wird kein Buddha erscheinen, solange ihr daran haftet. Einige kluge gewöhnliche Menschen mögen diese Zen-*satori* praktizieren, doch können sie keine Erleuchtung verwirklichen, solange sie von ihnen abhängig sind. Wenn diese jedoch in den Gefilden des Tathâgata verwirklicht werden, können die Menschen Buddhaschaft erlangen.“

---

[342] Hui-neng.

[343] Dies sind: 1) die Einatmung wahrnehmen; 2) die Ausatmung wahrnehmen; 3) die Länge der Atemzüge wahrnehmen; 4) eine Verletzung im Körper wahrnehmen; 5) zahlreiche körperliche Aktivitäten anhalten; 6) Vergnügen finden; 7) angenehm leben; 8) zahlreiche geistige Aktivitäten verfolgen; 9) Vergnügen bereiten; 10) die eigene Illusion beherrschen; 11) sich von der eigenen Täuschung befreien; 12) die Ungewissheit des Lebens erkennen; 13) das Nicht-Anhaften an die Illusion verwirklichen; 14) das Nicht-Anhaften an die Begierde verwirklichen; 15) das Auslöschen verwirklichen; 16) die Gebefreudigkeit verwirklichen.

43. „Dies ist der erste Morgen im neunten Monat. Wie gewöhnlich schlage ich drei Mal das Holzbrett und mache Zazen. Was werden die Buddhas und Patriarchen in ihrem Zazen tun? Es gibt da nur die bedeutendste Angelegenheit. Diese besteht darin, dass ein Zen-Mönch seine traubengleichen Augen gegen die Nüsse eines Bodhibaumes (Buddha-Augen) eintauscht, einen Fächer auf jeder Seite seiner radgleichen Ohren anbringt, seine durchstoßenen Nasenlöcher vertikal wie zwei hängende Kürbisse und seine beredte Zunge klar wie einen Halbmond ins Gesicht hängt, seinen stockgleichen Körper wie eine Ansammlung von Wassertropfen ansieht und seinen windgleichen Geist wie das Denken des Nicht-Denkens. Doch dürft ihr nicht an diesen sechs Sinnesorganen hängen."

44. „Ein Zen-Mönch macht zunächst aufrecht Zazen, dann beherrscht er seinen Atem und seinen Geist. Im Falle des Kleinen Fahrzeugs gibt es zwei Wege – *susoku*[344] und *fujô*[345]. Die Anhänger des Kleinen Fahrzeugs kontrollieren ihren Atem durch *susoku,* doch die Übung der Buddhas und Patriarchen ist auf ewig verschieden davon. Die Buddhas und Patriarchen sagen: ‚Niemand sollte deren *susoku* praktizieren, denn es erzeugt den Geist eines Wildfuchses, der einen wie die Lepra entstellt.' Die Worte des Kleinen Fahrzeugs sind nun in der *Ritsu*-[346] und der *Kusha*-Sekte[347] im Gebrauch. Auch im Großen Fahrzeug kennt man den Weg des *susoku.*

Atem tritt in unseren Unterleib ein und verlässt ihn wieder. ‚Eintreten' ist verschieden von ‚verlassen', doch keines von beiden ist unserem Unterleib fern. Unbeständigkeit ist schwer zu klären, doch geistige Kontrolle ist leicht zu verstehen. Mein verstorbener Lehrer sagte: ‚Atem tritt in unseren Unterleib ein, ohne Spuren davon zu hinterlassen. Darum ist er weder kurz noch lang.' Schon mein verstorbener Lehrer benutzte solch einen Ausdruck. Wenn jemand mich fragt: ‚Wie kontrollierst du deinen Atem?', dann antworte ich: ‚Was meinst du damit? Weder Ausatmen noch Einatmen sind kurz oder lang.'

Ein Mönch fragte Pai-chang: ‚Das *Yogâcara-bhûmi*[348] und das *Keyûra-Sûtra* sind Vinaya des Großen Fahrzeuges. Warum gehören sie nicht zu Eurer Übung des Weges?' Pai-chang erwiderte: ‚Die Essenz meines Dharma ist in und doch jenseits von Großem und Kleinem Fahrzeug. Du solltest dich an einer Richtlinie zwischen dem Großen und Kleinen Fahrzeug orientieren.' So lautete seine Aussage. Ich würde es anders formulieren: ‚Ich handle jenseits

[344] Die Atemzüge zählen und die Täuschungen kontrollieren.

[345] Die Gier und sexuelle Begierden kontrollieren.

[346] Eine Sekte, die sich auf die Ordensregeln *(vinaya)* stützt.

[347] Eine Sekte, die sich auf die *Abhidharma-kosha* stützt.

[348] Eine Abhandlung in hundert Abschnitten in den Worten Maitreyas.

der Begrenzung oder des Unterschieds dieser Fahrzeuge. Was ist das Kleine Fahrzeug? Es bedeutet, dass ein Ding bis jetzt noch nicht an sein Ende gekommen ist. Was ist das Große Fahrzeug? Es bedeutet, dass ein anderes Ding gekommen ist. Die Worte ‚nicht das Große Fahrzeug' bedeuten, dass das Höchste identisch ist mit dem Niedrigsten; ‚nicht das Kleine Fahrzeug' bedeutet, dass das Niedrigste identisch ist mit dem Höchsten. Ich überschreite das Große und das Kleine Fahrzeug und bleibe auch nicht in der Mitte zwischen beiden. Dies habe ich bereits vollbracht, was könnte ich also noch sagen?

Wenn ich gesund bin, übe ich Zazen, ohne mich schlafen zu legen. Hungrig, esse ich, bis ich satt bin."

45. Dôgen wurde von der Nonne Egi gebeten, den Dharma für deren verstorbene Mutter darzulegen. Er sprach in der Vortragshalle: „Geburt kommt, ohne eine Spur von ihrem Kommen zu hinterlassen [Leben hat keinen Ort, woher es kommt]. Es ist, als hätte jemand seine Oberrobe angelegt. Wer das weiß, macht ein feierliches Gesicht, wenn er versteht, dass alle Dinge auf das eine Ganze reduziert werden. Der Tod geht, ohne eine Spur von seinem Gehen zu hinterlassen [Tod hat keinen Ort, wohin er geht]. Es ist, als hätte jemand seine Unterrobe ausgezogen. Wer das weiß, der fragt: Wohin kehrt das Eine zurück? Was sollte ich nun noch sagen?

Wenn Geburt und Tod kommen, behindern sie sich nicht gegenseitig. Sowohl Verbrechen als auch Reichtum [Verstöße und Glücklichsein] sind leer und haben keinen Ort zum Verweilen."

46. Am 10. des zwölften Monats griff Dôgen in der Vortragshalle jene Geschichte auf, wonach der zweite Patriarch seinen Arm abschnitt, während er im Schnee stand: „Jedes Mal, wenn ich den Winterschnee sehe, so wie heute Morgen oder gestern Nacht, werde ich an die Vergangenheit des zweiten Patriarchen im Shaolin-Tempel am Fuße des Berges Sung erinnert. Dann sammeln sich tausend Gefühle in meinem Geist und Sorgentränen befeuchten meinen Kragen. Nun darf ich es zwar nicht mehr als so schwierig ansehen, einen Arm abzuschneiden, während man im Schnee steht, oder den Dharma und seinen Lehrer zu respektieren. Doch unglücklicherweise haben wir keinen Meister, der unseren Respekt verdienen würde. Ihr müsst darum energisch nach dem Altertum streben.

Schnee! Schnee fällt, so weit man sieht.
Eine Schneeflocke ist jenseits von Gleichheit und Verschiedenheit in Farbe.
Schnee fällt, als ob er Musik oder Tanz folge.
Himmel und Erde sind weiß und frisch.

Der Schnee begräbt Wolken und Mond und löscht das Feuer in Brunnen.
Pflaumenblüten und Schneeflocken hängen von der Jahreszeit ab.
Ohne Angst vor Frost und Kälte in der Nacht
erläutern Kiefern im Tal und Bambus in den Bergen frei den Dharma."

47. „Die Lehrmethode der Buddhas und Patriarchen wird sicher mit der Zeit verwirklicht. Dann strahlt der schwarze Lack eines *shujô* das Licht jenseits von Innen und Außen ab. Berge in den vier Richtungen werden blau und gelb. Das Schilfrohr auf dem Dach der Klause wird alt und durch neues ausgetauscht. Wie auch immer, das Mondlicht scheint aufs Fenster. Leider hält die Welt seine feine Schönheit für glänzenden Schmuck."

48. „Einst sagte ein Einsiedler, der mit den fünf übernatürlichen Kräften[349] ausgestattet war, zum Bhagavat: ‚Du besitzt die sechs übernatürlichen Kräfte, während ich fünf habe. Was ist die sechste?' Als der Bhagavat fragte: ‚Einsiedler mit fünf übernatürlichen Kräften?', antwortete dieser mit ‚Ja'. Der Bhagavat sagte: ‚Du hattest mich nach der sechsten Kraft gefragt.' Ein Ruf des Bhagavat in den drei Welten der Täuschung, eine Antwort durch diesen Einsiedler, die fünf, sechs oder weiteren übernatürlichen Kräfte, das Reich jenseits von Sein und Nicht-Sein, Wasser in einen Waschtrog gießen, Tee für den Abt kochen – all dies sind die übernatürlichen Kräfte des Buddha. Was sollten meine Anhänger dazu sagen? Dieser Einsiedler wollte eigentlich Yang-shan mit Augen sehen, die er Yang-shan gestohlen hatte. Wenn ich plötzlich den großen Shâkyamuni sähe, was sollte ich da tun?

In diesem Moment würde ich die übernatürlichen Kräfte des Buddha erlangen, indem ich eine Bettelschale zerbreche, statt die Frage des Einsiedlers zu wiederholen."

49. „Alle fühlenden Wesen haben die Buddha-Natur. So heißt es auch: ‚Milch hat die Butter[Käse]-Natur'. Wenn wir sagen: ‚Alle fühlenden Wesen haben Nicht-Buddha-Natur', dann ist das wie: ‚Milch hat Nicht-Butter[Käse]-Natur'. Wenn wir sagen ‚Fühlende Wesen haben keine Buddha-Natur [Fühlende Wesen haben keine Fühlende-Wesen-Natur (!)]', dann ist das wie: ‚Milch hat keine Buddha-Natur [Milch hat keine Milch-Natur]'. Wenn mich jemand plötzlich fragt: ‚Was sagst du dazu, dass Shâkyamuni die Udumbara-Blume hochhielt und der zweite Patriarch sich drei Mal beim Shaolin-Tempel vor Bodhidharma niederwarf?', dann antworte ich: ‚Butter [Käse] hat Nicht-Milch-Natur.'"

[349] 1) Freies Handeln, 2) Augen, die alles sehen können, 3) Ohren, die alles hören können, 4) Einsicht in das Denken anderer, 5) Erinnerung an frühere Existenzen. Die sechste Kraft ist vollständige Freiheit.

50. „Heute morgen habe ich zur Öffnung der Feuerstätte in diesem Tempel die Augäpfel Bodhidharmas herausgekratzt, um sie als Kohle nutzen zu können. Selbst in dieser Kälte sollten wir uns noch lieber als ein weiteres Feuer wünschen, dass eine fünfblättrige Pflaumenblüte aus dem Schnee ersteht."

51. „Der große Weg der Buddhas und Patriarchen ist in allen Orten und Dingen. Nur wer in seinem früheren Leben den Samen der Weisheit gesät hat, kann diesem Weg genügen. Darum heißt es: ‚Sieh nicht in Begriffen der Form, höre nicht in Begriffen des Tons.'[350] Der Wind ist still im ganzen Universum, Vögel singen, Berge liegen einsam da, eine Wegkreuzung klart im Tagesanbruch auf, die sechs Häuser (Sinnesorgane) frösteln wie der Herbst. Sitzt jemand auf einem halben Sitz [Teilt jemand den Sitz/Dharma mit einem Buddha], erlangt er das zweifellose Reich. Der Schatten eines gespannten Bogens fällt auf eine Weinschale (und wird für eine Schlange gehalten)."

52. Beim Besuch eines *shuso* sprach Dôgen in der Vortragshalle: „Dieser *shuso* hat die Essenz des Weges so weit erfasst, dass sie den Schädel eines Zen-Mönchs durchdringen kann. Es ist, wie wenn ein wahrer Drache sich zusammenrollt. Das Himmelswesen ist froh und hebt fünf Blüten hoch, die Erde ist friedlich und deutet ein gutes Omen an. Zwischen Meister und Schüler gibt es keine Kluft. Dieser Mönch soll der *shuso* [Hauptmönch] des Eiheiji sein!"

53. „Unser Buddha sagte: ‚Zunächst erläuterte ich die drei Fahrzeuge, um Menschen anzuleiten, dann brachte ich sie mittels des Großen Fahrzeugs allein zur Erleuchtung.' Ich sage euch Mönchen, wenn dies so ist, dann besteht kein Unterschied in der Erleuchtung zwischen Menschen, Himmelswesen und Bodhisattvas höherer Stufen. Wenn dies nicht so ist, warum hat er es dann so ausgedrückt? Mönche, wollt ihr dies besser verstehen?

Bevor eine Sache vorbei ist, ist eine andere im Schwange [Bevor die Sache mit dem Esel erledigt ist, ist schon die Sache mit dem Pferd im Gange]."

54. „Der Dharma ist so identisch mit allen Dingen, dass es keine Ecke und keinen Spalt gibt, und so klar, dass er nichts zu verbergen hat. Selbst wenn der Buddha den Dharma auf dem Geierberg an Mahâkâshyapa weitergegeben hat, wie konnte ihn Bodhidharma dem Shen-kuang gewähren? Der Dharma zeigt sich überall in vernünftigen Worten von großer Weisheit. Das Universum erläutert den Dharma, und alle Dinge lauschen und erkennen ihn jenseits der Worte. Übende! Eure Augen und Ohren sind stets mit dem Dharma gefüllt und jenseits von alter und neuer Zeit. Wer ist Selbst? Wer ist Andere? Wer ist in Täuschung? Wer verwirklicht Erleuchtung? Könnt ihr dies recht verstehen?

---

[350] Siehe *Diamant-Sutra.*

Warum gibt es eine Verbindung vom Rettich Cheng-chous[351] zum Reispreis in Lu-ling[352]?"

55. Zur Begrüßung eines *tenzo*-Mönchs sprach Dôgen in der Vortragshalle: „Himmel und Erde sind ein Finger und alle Dinge sind ein Pferd.[353] Zwei hängen von einem ab, und umgekehrt [doch selbst das eine sollte man abwerfen]. Sowohl der Reis in der Schale wie auch das Wasser im Eimer[354] erläutern die Weisheit. Dieser *tenzo* ergreift das Feuer mit der Zange, kratzt die Asche zusammen und trennt den Reis vom Sand.[355] Seine Wirkung kommt der ganzen Gemeinschaft zugute. Er benutzt jedoch nie das Wort *‚in'*[356] für das Gewöhnliche und Heilige, Selbst und Andere, Täuschung und Erleuchtung, letztgültige Wirklichkeit und zahllose Phänomene, Innen und Außen, Anfang und Ende. Was könnte ich noch dazu sagen?

Dieser *tenzo* macht sich keine Sorgen, dass Manjushrî über seinem Topf erscheinen könnte[357]; er sammelt Feuerholz und bläst es drei Mal an[358]. Doch stumm ist er nicht."

56. „Ihr Nachfolger müsst Richtig von Falsch und Buddhismus von Nicht-Buddhismus unterscheiden können. Wenn ihr in euren Ansichten eins mit Nicht-Buddhisten wäret, hätte das keinen Nutzen für den Dharma. Die zahlreichen Nicht-Buddhisten haben drei Vorfahren. Einer ist Kapila[359] oder Huang-tou, so genannt, weil sein Gesicht und sein Kopf von goldgelber Farbe waren. Da er die Auslöschung seines Körpers fürchtete, ging er zu König Maheshvara[360] und sprach ihn auf das Geheimnis der Langlebigkeit an: ‚Wenn Ihr mich zum Berg Bimda gehen und Yôkan-Kuchen [Oliven] essen lasst, werde ich mein Le-

---

[351] Chao-chou antwortete einem Mönch: „Cheng-chou erzeugt einen Rettich."

[352] Als ein Mönch den Ching-yüan fragte: „Was ist die Hauptbedeutung des Dharma?", erwiderte dieser: „Was ist der Reispreis in Lu-ling?"

[353] Zitat von Chuang-tse.

[354] Zitat von Yün-men aus dem *Shôyôroku* (Fall 99).

[355] Hier werden zwei Anweisungen Pai-changs bzw. Tung-shans an ihre *tenzo* zitiert, die Dôgen auch in seinem *Eihei Shingi* aufgreift.

[356] Siehe Kap. V, 36.

[357] Der *tenzo* Wu-chao soll Manjushrî drei Mal mit einer Schleimkelle geschlagen haben, weil dieser ihn beim Kochen störte.

[358] Es heißt, Pai-chang habe drei Mal auf Feuerholz geblasen, um Wei-shan zu zeigen, dass es sich um Feuer handle.

[359] Der folgende Teil dieses Abschnitts bis „fünfundzwanzig Wahrheiten" stammt aus dem *Mo-ho chih-kuan* (jap. *Makashikan Bugyôden*, „Große Abhandlung zu *shamatha* und *vipashyanâ*"), einem grundlegenden Meditationstext des vierten Tien-tai-Patriarchen Chih-i (538-597), der auch im Zen Ansehen genießt. Hier wird die indische Philosophie des *sânkya* erläutert, die menschliche Eigenschaften mit Naturelementen in Beziehung setzt und auf Kapila zurückgehen soll. Ihr Haupttext *Sânkhya Kârikâ* stammt von Ishvârakrishna (350-425).

[360] Die höchste Gottheit, die das Universum schafft.

ben verlängern.' Als er dann gegessen hatte, sagte er: ,Ich werde zu einem Stein in der Größe einer Plattform werden. Ein Mensch, der den Weg nicht kennt, sollte diesen Stein befragen.' Später wurde diese Aussage vom Bodhisattva Dignâga[361] zurückgewiesen. Als dieser einen ablehnenden Vers verfasste, wurde der Stein gespalten. Die Nicht-Buddhisten [Kapila] ergriffen wie zuvor die fünf übernatürlichen Kräfte und erkannten achtzigtausend *kalpa* der Vergangenheit und der Zukunft. Wer unter den eifrigen Suchern dieser Welt könnte diesem Weg genügen?

Der Buddha [Kapila (!)] sah einen Brahmanen namens Shuri unter den Menschen spielen und fragte ihn: ,Bist du zufrieden?' Der Brahmane bejahte. Zweitausend Jahre später fragte der Buddha: ,Wirst du eifrig den Weg üben oder nicht?' Shuri antwortete: ,Ich werde ihn eifrig üben.' Da legte der Buddha ihm die drei Arten von Leiden dar: 1) inneres Leiden durch Hunger oder Durst, 2) äußeres Leiden durch Tiger und Wölfe, 3) himmlisches Leiden durch Wind und Regen.

Es gibt hunderttausend Verse, die ketzerische Sutren darlegen. Sie werden *sôkyôron* und *sûjutsu* genannt. Darin werden die fünfundzwanzig Wahrheiten erläutert sowie Ursache und Wirkung geklärt [nach denen die Wirkungen bereits in der Ursache enthalten sind]; das Bedingungslose wird als Essenz angesehen [es soll eine einzige Quelle *(prakti)* geben].

Die fünfundzwanzig Wahrheiten bedeuten: Die erste Stufe der Täuschung erzeugt Erleuchtung, doch die Stufe vor den achtzigtausend *kalpa* ist unklar. Wenn jemand nur die erste Zwischenwelt auftauchen sieht, denkt er stets aufgrund der Erinnerung an frühere Leben daran. Dies wird ,unklare Wahrheit' oder ,weltliche Natur' genannt. Es bedeutet, dass weltliche Menschen in ihrem Leben von der ersten Stufe der Täuschung abhängen. Dies ist die ursprüngliche Natur der Welt. Sie wird auch ,natürlich' genannt, weil sie nichts folgt. Diese Stufe erzeugt als zweite Erleuchtung [Verstand]. Dies nennt man ,Zunahme' – das Bewusstsein der Zwischenwelt. Als nächstes erzeugt Erleuchtung [Verstand] Selbst-Geist oder Selbst-Anhaften, nicht *âlaya-vijnâna*[362]. Dies ist die dritte Wahrheit.

Selbst-Geist erzeugt Form, Klang, Geruch, Geschmack und Greifbarkeit. Die fünf Objekte der Wahrnehmung erzeugen die fünf Elemente, also die vier Elemente und die Luft. Objekte sind fein, Elemente grob. Bringt man sie zusammen, wird das eine zum anderen. Darum erzeugen Objekte Elemente. Doch beim Entstehen der Elemente gibt es einige Unterschiede. Klang erzeugt das Luft-Element; Klang und Greifbarkeit erzeugen das Wind-Element; Form, Klang und Greifbarkeit erzeugen das Feuer-Element; Form, Klang, Greifbar-

[361] Ein Nachfolger Vasubandhus.

[362] Das achte Bewusstsein, die Grundlage des menschlichen Bewusstseins, oder das „spirituelle Selbst".

keit und Geschmack erzeugen das Wasser-Element; die fünf Objekte der Wahrnehmung erzeugen das Erd-Element. Das Erd-Element ist das schwächste, weil es viele vorläufige Objekte gibt; das Luft-Element ist das stärkste, weil es wenige vorläufige Objekte gibt. Wenn also vier Räder die Welt erzeugen, dann werden die Räder von Luft, Wind, Feuer, Wasser und Erde aufeinandergehäuft. Die fünf Elemente erzeugen die elf Sinnesorgane. Unter diesen sind Augen, Ohren, Nasen, Zungen und der Körper so empfänglich, dass man sie als die fünf scharfsinnigen Sinnesorgane bezeichnet. Hände, Füße, Münder, Penisse und Ani sind so umtriebig, dass man sie die fünf aktiven Sinnesorgane nennt. Nimmt man die universelle Fähigkeit des Geistes dazu, erhält man die elf Sinnesorgane. Die ausgedehnte Wirkung des Geistes wird als universelle Fähigkeit bezeichnet. Jedes der fünf scharfsinnigen Sinnesorgane erzeugt ein Element. Dies bedeutet, dass das Form-Objekt das Feuer-Element erzeugt; das Feuer-Element erzeugt den Sehsinn; der Sehsinn nimmt Formen auf; das Luft-Element erzeugt den Hörsinn; der Hörsinn nimmt Klang auf; das Erd-Element erzeugt den Geruchssinn, das Wasser-Element den Geschmackssinn, das Wind-Element den Tastsinn. Die oben genannten vierundzwanzig Wahrheiten gehören zum *âlaya-vijnâna* und gründen auf diesem *vijnâna* – der grundlegenden Wahrheit. Bringt man Subjekt und Objekt zusammen, dann hat man fünfundzwanzig Wahrheiten.

Die oben erwähnten fünfundzwanzig Wahrheiten sind weit vom Dharma der Buddhas und Patriarchen entfernt. Lasst mich über den Geist der Buddhas und Patriarchen sprechen – er ist Zäune und Kieselsteine; das Auge ist die Nuss des Bodhibaumes; die Nase ist wie ein Bambusrohr; die Zunge ist wie ein Halbmond. Was könnte ich noch darüber sagen?

Ich dachte, der Barbar hätte einen roten Bart, doch da ist noch ein rotbärtiger Barbar."

57. „Tsao-shan sagte zum Mönchsälteren Te: ‚Es gibt einen Ausspruch, nach dem der wahre *dharmakâya* des Buddha wie das Universum ist und sich gemäß der Objekte manifestiert, so wie der Mond sich selbst im Wasser spiegelt. Wie würdest du das Wort ‚gemäß' erklären?' – ‚Es ist wie ein Esel, der in einen Brunnen sieht.' – ‚Wohl gesprochen, doch hast du nur einen Umriss davon gegeben.' – ‚Was würdet Ihr sagen?' – ‚Es ist wie ein Brunnen, der einen Esel ansieht.'

Ein Esel sieht einen Brunnen und umgekehrt. Ein Brunnen sieht einen Brunnen, ein Esel einen Esel. Die Form des *dharmakâya* und die Erscheinung des Buddha-Geistes sind so grenzenlos, dass sie sich selbst ausgiebig gemäß den Objekten manifestieren. Dieses lebendige Auge ist so leer, als befände es sich in einem Kreis. Es durchdringt das Universum, bis die Burg mit Pappel[Senf]samen gefüllt oder das erste *kalpa* vergangen ist. Selbst wenn jemand mit einer Reisetasche durch die Welt zieht, könnte er mal einen Brief an seine Familie schreiben."

58. „Der Bhagavat ging mit einigen Mönchen spazieren, deutete zur Erde und sagte: ‚Hier müsst ihr einen großen Tempel bauen.' Shakrendra (Indra) steckte einen Grashalm in die Erde und meinte: ‚Ich habe ihn gebaut.' Der Bhagavat lächelte.

    Die leuchtenden Grashalme erleben einen weiteren Frühling. Er nimmt einen und lässt ihn auf vertraute Weise wirken. Sowohl der goldene Buddha-Körper von fünf Metern Höhe als auch dieser Grashalm sind der Lotusblumenpalast des *dharmakâya,* vom Schlamm im Wasser unbeschmutzt. Ursprünglich lehrte hier als Abt der Buddha und empfing Gäste. Shakrendra (Indra) folgte ihm in stiller Gehmeditation. Buddhistische Mönche können dank ihrer Vortrefflichkeit gewöhnliche Menschen schamvoll erröten lassen."

59. „Wolken über dem Gipfel des Berges Wu-tai dämpfen Reis. Ein Hund vor den Stufen der Buddha-Halle schlägt Wasser gen Himmel ab. Auf die Spitze des Dharmabanners setzt jemand ein Brötchen mit Bohnenmus. Drei Affen zählen des Nachts Geld.

    Wenn ihr das Reich des *dharmakâya* verwirklicht habt, werdet ihr überall Wolken und Regen machen können wie ein Drache mit übernatürlichen Kräften. Wenn nicht, müsst ihr darauf warten, dass im zwölften Monat eine Lotusblume aus einem Teich ersteht. Bedenkt dies gründlich."

60. Am achten des zwölften Monats sprach Dôgen in der Vortragshalle: „Die Zeremonien zur Feier des Geburtstages und zur Erinnerung an den Tod des Shâkyamuni Buddha wurden aus früheren Zeitaltern nach Japan übertragen. Doch die Zeremonie zur Feier seines Erwachens wurde bisher noch nicht durchgeführt. Es ist nun zwanzig Jahre her, seit ich sie zum ersten Mal übermittelt habe. Dies muss von heute an bis ans Ende der Zeit geschehen. Was sollten meine Anhänger dann sagen? Versucht es so: Ein Zweig mit Pflaumenblüten wird im Schnee auftauchen, ohne dass das seichte Wehen des Frühlingswindes nötig wäre. Mönche, wollt ihr dies verstehen?

    Die gesamte Welt wird von diesem Licht erleuchtet, und alle fühlenden Wesen lauschen der Lehrrede des Buddha. Sowohl *shujô* als auch *kashâya* lächeln glücklich, und die Meditationshalle, die Buddha-Halle und die Ess-Schalen sind ebenfalls entzückt."

61. „Ein Patriarch hat einen vorläufigen Weg [kennt dieses geschickte Mittel]: Vor dem achten Hinfallen falle sieben Mal hin. In diesem Moment macht ein Patriarch am meisten aus seinem *zenpan,* seinem Zazen-Kissen und seinem *shujô* – so frei, dass er Lotusblumen im Feuer erzeugt."

62. Als Schnee fiel und sich auf dem Berg türmte, sprach Dôgen in der Vortragshalle: „Buddhistisch Übende finden es schwer, eine rechte Ansicht zu erlangen und sich von einer falschen zu befreien. Selbst wenn ihr euch vor der Lehre direkter und indirekter Ursachen schützt, vor dem Glauben an Nicht-Kausalität, den Lehren von Verlöschen und Ewigkeit, selbst wenn ihr die Ansicht vertretet, *âlaya-vijnâna* sei groß und Form sei klein, werdet ihr noch die zweiundsechzig Anschauungen[363] hegen. Es heißt: ‚So wie der Ozean Schaumblasen erzeugt, so kann die Leere aus der Erleuchtung auftauchen', oder: ‚Ihr solltet wissen, dass die Leere in eurem Geist so auftauchen kann wie ein Wolkenfetzen am Himmel.' Auch wenn man dies Buddha zuschreibt, bedeutet es, dass *âlaya-vijnâna* [Selbst] groß und Form klein ist. Solange ihr an dieser Ansicht hängt, seid ihr weit von den Buddhas der drei Zeiten entfernt und keine Nachfolger der Patriarchen. Wer das Verdienst hatte und den Weg verwirklichte, erwachte seit alters wirklich zum *bodhi*-Geist, zog eine scharfe Trennlinie zwischen dem Buddhismus und ketzerischen Ansichten und folgte dem Weg [studierte die Lehren Buddhas]. So wird die rechte Ansicht erlangt.

Yün-chü fragte einst Hsüeh-feng: ‚Ist der Schnee vorm Tor geschmolzen oder nicht?' – ‚Da sind keine Schneeflocken. Ist, was da war, verschwunden? [Es existiert nicht eine Flocke, wie könnte er schmelzen?]' – ‚Es ist verschwunden. [Er ist geschmolzen.]' Lasst mich dies kommentieren. Yün-chüs Worte ‚Ist der Schnee vorm Tor geschmolzen oder nicht?' bedeuten: Wenn ihr über Vergangenheit oder Zukunft redet, werdet ihr auf einen dualistischen Standpunkt reduziert. Was solltet ihr also sagen? ‚Das ist es.' Hsüeh-fengs Worte ‚Da sind keine Schneeflocken. Ist, was da war, verschwunden?' bedeuten den Grund, warum der erste Patriarch Bodhidharma genannt wird. Dies ist eine Schmach für Bodhidharma.[364] Yün-chü sagte tatsächlich: ‚Es ist verschwunden', doch komischerweise füllt der Schnee noch immer Gräben, blockiert Täler und bedeckt Felder in der Form von Augäpfeln und Totenschädeln (der Buddhas und Patriarchen)."

---

[363] Die zweiundsechzig häretischen Schulen der Philosophie, die zu Buddhas Lebzeiten existierten. Sie lassen sich grob in zwei Kategorien unterteilen, die der Anschauungen: 1) die Seele sei ewig, und 2) der Tod sei das Ende von allem.

[364] Weil er ursprünglich namenlos ist.

63. Am Morgen des Todestages seiner Mutter sprach Dôgen in der Vortragshalle: „In einem verlassenen Dorf gibt es einen blattlosen Pflaumenbaum, in einer Feuerstätte ist ein einzelnes Feuer. Solch ein wertvolles Juwel ist unter der Strohsandale, wer wird sich da beschweren, wenn der Mond nicht am weiten Himmel scheint?

Was sollten davon abgesehen meine Anhänger sagen? Ich habe hier den Ausdruck meiner Dankbarkeit. Mein *shujô* wird es meiner toten Mutter persönlich erklären."

64. „Einst meinte ein Mönch zu Chao-chou: ‚Können wir uns selbst in einem alten Spiegel sehen, ohne ihn sauber zu wischen?' Chao-chou erwiderte: ‚Die vorherige Existenz war Ursache, die jetzige ist Wirkung.' Wer weiß, dass ein alter Spiegel mit den Buddhas und Patriarchen eins ist? Dieser alte Spiegel ist den runden und spiegelglatten nicht gewachsen. Dennoch, wenn mich jemand das Gleiche fragt, dann sage ich: ‚Ein Bodhisattva, der in seinem nächsten Leben ein Buddha wird, versäumt nicht, zuvor im Tushita-Himmel wiedergeboren zu werden. Im Himmel der dreiunddreißig Götter ist Shakrendra (Indra) der König.' Warum? Mönche! Wollt ihr dies genau verstehen?

Ein Bodhisattva erwacht innerhalb der Täuschung [karmischen Bewusstseins] zum *bodhi*-Geist. Wie könnte er den Frühlingswind oder den Herbstmond hassen oder lieben? Wenn ihr ihn fragt: ‚Kennst du das Menschenland [die *Sahâ*-Welt[365]] oder nicht?', dann wird er sagen: ‚Es ist im Osten der Welt voller Sandkörner des Ganges.'"

65. „Ein Mönch fragte Nan-yüeh: ‚Wenn ein Spiegel in ein anderes Abbild eingeschmolzen wird, wann wird sein früherer Glanz zurückkehren?' – ‚Tugendhafter Mann! Wann wird das Antlitz, das du vor deinem Mönchsein hattest, zurückkehren?' – ‚Warum versucht das andere Abbild nicht, (sich selbst) zu erleuchten?' – ‚Wenn es dies nicht täte, würde es niemanden täuschen können. [Auch wenn es nicht erleuchtet und widerspiegelt, täuscht es doch nicht.]' Ich habe diese vorzügliche Geschichte vor zwanzig Jahren gehört. Seit ich die Wirkung des Weges erfasste, habe ich sie in meiner Faust gehalten und nie losgelassen. Dazu habe ich ein paar bescheidene Verse aus den Bergen:

Wie wirst du den Spiegel [der Soheit] in zahlreiche Abbilder einschmelzen?
Zahlreiche Abbilder behalten ihren eigenen klaren Glanz.
[Der reine Glanz wurde nie zerstört.]
Tausende Male verfeinert und eingeschmolzen,
doch das kann niemanden täuschen.

[365] Die Welt des Kreislaufs der Wiedergeburten.

66. Am fünfzehnten des ersten Monats sprach Dôgen in der Vortragshalle: „Neuerdings nennen sie im Sung-China das heutige *jôdô*[366] das Neujahrs-*jôdô*. Ich halte dies für einen weltlichen Weg, nicht den der Buddhas und Patriarchen. Das soll ausdrücken, dass *jôgen, chûgen* und *kagen*[367] säkulare Worte sind. Im *Ming-huang-tsa-lu* („Verschiedene Aufzeichnungen vom Strahlenden Kaiser") von Cheng-chu-hui heißt es: ‚Oben in der östlichen Hauptstadt werden in der Neujahrsnacht Wächterkrieger [der Kaiser] in den Shang-yang-Palast geschickt. Kerzen und Fackeln sind stets am Brennen, fünffarbige Fäden miteinander verbunden, eine lichte Burg von hundertfünfzig Fuß Länge und dreißig Fuß Breite erbaut und mit Edelsteinen behängt, die entzückend erklingen, sobald eine Brise bläst. Die Fackeln erwecken den Eindruck, als würden Drachen, Phönixe, Tiger und Leoparden aufspringen.' Und das *Shih-chi*[368] meint: ‚Ein Chinese feiert am fünfzehnten [am Vollmondtag] des ersten Monats den Polarstern und zündet ein Licht an.' Wenn ich über all dies nachdenke, halte ich es eindeutig für weltlich.

Sung-Mönche behaupten, es gäbe keinen Unterschied zwischen Konfuzianismus, Taoismus und Buddhismus. Das ist ein großer Fehler. Weltliche Krankheiten werden geheilt, indem man eine Menge Medizin gibt, doch die buddhistische Medizin heilt die Täuschungen der Menschen. Wollt ihr die vierundachtzigtausend Lehren hören? Von alters her heißt es, die Gesamtanzahl von Buddhas Lehrreden betrage um die achtzigtausend. Ihr müsst wissen, dass die zahlreichen Buddhas der drei Zeitalter niemals versäumten, die vierundachtzigtausend Lehren darzulegen. Einer sagt: ‚Die vierundachtzigtausend Lehren sind in einem einzigen Geist.' Ein Anderer: ‚Die vierundachtzigtausend Lehren sind in den Vier Edlen Wahrheiten.' Ein Weiterer: ‚Die vierundachtzigtausend Lehren sind im eigenen Geist.' Wieder ein Anderer: ‚Der Buddha legte den Dharma stets den fühlenden Wesen dar, bis es vierundachtzigtausend Lehren waren.' Oder: ‚Jede seiner Lehren umfasst die vierundachtzigtausend Lehren.' Oder: ‚Der Buddha legte selbst die sechsundsechzigtausend Verse dar, die zu den vierundachtzigtausend Lehren wurden.' Oder: ‚Es gab vierundachtzigtausend Täuschungen, also mussten genauso viele Lehren dargelegt werden.' Oder: ‚Der Buddha erläuterte alle zwei Wochen die Vorschriften, die so zu den vierundachtzigtausend Lehren wurden.' Oder: ‚Die vierundachtzigtausend Lehren sind in den zwei *skandha* enthalten: Klang ist im *skandha* der Form, Name im *skandha* der Geistformationen,'[369] Oder:

---

[366] In die Vortragshalle gehen, um den Dharma darzulegen.

[367] „Hoher, mittlerer und niederer Ursprung"; verweist auf traditionelle Feiern am Vollmondtag des ersten, siebten und zehnten Monats.

[368] Besteht aus 130 Abschnitten, die von Ssu-ma-chien im Han-China zusammengestellt wurden.

[369] Siehe Vasubandhus *Abhidarma Kosha.*

‚Vom ersten Erwachen zum *bodhi*-Geist bis zum letzten Aschewerden besaß der Buddha die vierundachtzigtausend Lehren.'

Dies sind die Aussagen von zehn Menschen. Ich bin noch nicht darüber hinausgegangen, doch ich wage zu sagen: Die vierundachtzigtausend Lehren sind selbst völlig frei von Lehren. Warum? Mönche, wollt ihr das genau wissen?

Im Mrgadava-Garten[370] rollte der Buddha mit den Augen, erläuterte den Dharma und hob seinen Finger. Auf dem Geierberg legte er beredt und ungestüm den Dharma dar. Er sagte fühlenden Wesen, sie sollten nicht an der Erleuchtung hängen, sobald sie sie verwirklicht haben. Er versäumte nie, ihnen zu sagen, sie sollten sich von einem Haften an den Dharma oder dessen Essenz selbst dann befreien, wenn sie den Dharma bereits aufgegeben hätten. Heute lege auch ich deshalb den Dharma ausgiebig den Menschen und Himmelswesen, den acht Arten von Wesen, die den Buddhismus beschützen[371], und den Übenden dar."

Dann hob Dôgen seinen *hossu* hoch und sagte: „Schaut! Schaut! Das Halbvolle und Volle der vorläufigen und wahren Lehren, das Vollständige und Unvollständige der plötzlichen und allmählichen Erleuchtung, die dreitausend großen und die achthundert kleinen Gleichnisse, die grenzenlosen Bedeutungen und unerschöpflichen Dharma-Tore sind alle auf der Spitze meines *hossu*. Ich nehme sie frei auf und verwende sie gemäß meiner Fähigkeiten. Ich nutze mein eigenes klares Auge, ohne an all den Patriarchen des gesamten Universums zu zweifeln. ‚So habe ich gehört: Einst verweilte der Buddha (...) Und die Versammlung erlangte große Befreiung, empfing die Lehre vertrauensvoll und praktizierte sie in Demut.'[372] In jedem Satz sehe ich die Wahrheit, mit jedem Ausdruck überschreite ich die Essenz. Es gibt keinen Dharma, der unvollständig ist, und keinen Schüler, der nicht von ihm umfangen wäre. Was sollte ich nun noch sagen?

Eine Faust erzeugt einen Donnerschlag, der den ganzen Himmel bedeckt, und eine Großmutter ist so freundlich, Tropfen um Tropfen ihres Blutes zu eurem Wohle zu vergießen."

67. In der Nacht des Herbstmondes[373] sprach Dôgen in der Vortragshalle: „Wer würde sagen: ‚Der Mond hat die gleiche Form wie ein Spiegel und verblasst wie ein sich schließender Fächer?' Heute Abend ist der runde Mond überall sichtbar. Die dreitausend Welten sind so hell, dass man keine Wasseruhr benötigt. Die runde Öffnung einer Schale scheint sich gen Himmel zu erheben."

---

[370] Dort legte der Buddha zum ersten Mal fünf Mönchen den Dharma dar.

[371] 1) *devas,* 2) *nâgas,* 3) *yakshas,* 4) *gandharvas,* 5) *asuras,* 6) *gardas,* 7) *kimnaras,* 8) *mahoragas.*

[372] Dies sind typische Formulierungen am Anfang und am Ende eines Sutras.

[373] Der Vollmond im achten Monat.

VI. Eiheiji Goroku

1. „Der Zen-Meister Pu-choai vom Berg Huang-lung in Hung-chou sprach im Tang-China in der Vortragshalle: ‚Es gibt nur ein Buddha-Fahrzeug im Buddhaland.[374] Dies bedeutet, dass der Himmel über dem Kopf und die Erde zu den Füßen ist.' Wie könnte ich dies besser erklären?

   Warum ist das Öffnen eines Lackkästchens oder das Herausnehmen von Holzlöffeln oder Essstäbchen nicht das Buddha-Fahrzeug? Pu-choai sprach mit dem *shujô* in der Hand: ‚Was ist dies? Wenn ihr es Buddha-Fahrzeug nennt, werden eure Augenbrauen und euer Bart abfallen.' Dann erhob er sein *shujô* und stieg von seinem Sitz herab.

   So lautete Pu-choais Ausspruch. Was sollte ich sagen?" Schließlich hob Dôgen seinen *shujô* hoch und sagte: ‚Was ist dies? Gruben, Berge, Flüsse, die Erde, fühlende Wesen, der Buddha oder das Universum – auf nichts davon kann man sich auf lange Sicht verlassen. Dieses Reich des Überschreitens entsteht aufgrund kausaler Beziehung. Wenn dies [Buddha] seine Zunge herausstreckt, legt es ausgiebig den Dharma dar, und die Hände unterstreichen es. Als unser Buddha in dieser Welt erschien, geschah dies nicht zur falschen Zeit. Infolge seines ursprünglichen Gelübdes erläuterte er die drei Buddha-Fahrzeuge und auch das eine Fahrzeug. Soll ich nun dieses eine Buddha-Fahrzeug erklären?

   Müde, geht ihr schlafen; gesund, macht ihr Zazen; des Reises überdrüssig, kämpft ihr mit den Stäbchen. Die Suppe wird zuerst gegessen, die Beilagen danach. Warum kann dies nicht das eine Buddha-Fahrzeug sein? Die buddhistische Übung von morgens bis abends bedeutet, die Augen der Buddhas und Patriarchen zu öffnen und ihre Nasenlöcher zu durchstoßen. Warum kann all dies nicht das eine Buddha-Fahrzeug sein?" Schließlich hob er seinen *shujô* hoch und sagte: „Was ist dies? Wenn ihr es das eine Buddha-Fahrzeug nennt, liegt ihr so falsch, wie wenn ihr gesagt hättet: ‚Ein Bulle hat keine Hörner.' Wenn ihr es nicht das eine Buddha-Fahrzeug nennt, liegt ihr so falsch wie wenn ihr gesagt hättet: ‚Ein Pferd hat Hörner.'

2. „Hsüan-sha fragte Lo-hang[375]: ‚Was hast du bezüglich der Tatsache festgestellt, dass alle Dinge vom Geist abhängen?' Lo-hang deutete auf einen Stuhl und sagte: ‚Wie nennt Ihr das?' – ‚Ich nenne es einen Stuhl.' – ‚Ihr seid euch nicht bewusst, dass alle Dinge vom Geist abhängen.' Da deutete Hsüan-sha auf einen Stuhl und sagte: ‚Ich nenne dies Bambus. Wie nennst du es?' – ‚Auch ich nenne es Bambus.' – ‚Auf der ganzen Erde findet man niemanden,

[374] Zitat aus dem *Lotus-Sutra.*

[375] 869–928, Dharma-Erbe von Hsüan-sha Shi-pei.

der den Buddha-Dharma verstünde.'[376] So lautete also die Aussage jenes altehrwürdigen Mönches. Was sollte ich nun dazu sagen? Stühle und Bambus sind nicht dasselbe und auch nicht verschieden. Die drei Welten sind und sind nicht [Darin sind keine drei Welten, in den drei Welten ist nichts wie dies]. Wo ich es so erkannt habe, was könnte ich noch ergänzen?

Selbst wenn die drei Welten (der Täuschung) von unserem Geist abhängen, ist der wahre Verwirklicher des Dharma jenseits unserer Suche nach ihm. Selbst wenn jemandes klarer Geist die drei Welten ist, ist der Unverständige des Dharma erst recht jenseits unserer Suche nach ihm."

3. Um einen *tenzo* willkommen zu heißen, sprach Dôgen in der Vortragshalle: „Eine Schale Reis ist von schöner Farbe und gutem Geruch. Das Atom-*samâdhi* von Yün-men manifestiert sich in diesem Reis. Werft nicht einmal ein Körnchen weg. Dreht tüchtig das Rad des Dharma und das Rad der Mahlzeiten. Was könnt ihr in diesem Moment sagen?

   Der Tanz von Sam-tai wird vom höchsten Meister allein getanzt, doch dieser *tenzo* ist ein Altehrwürdiger, der die Sôtô-Schule stützt."

4. „Ein gewisser Mönch sagte einst zu Chao-chou: ‚Es heißt, alle Dinge würden zu einen Ganzen reduziert. Wozu wird dann dieses reduziert?' Chao-chou antwortete: ‚Ich besaß eine Oberrobe aus Ching-chou, deren Gewicht sieben *kin* betrug.' Ein anderer Mönch sagte zum altehrwürdigen Wen-chu: ‚Es heißt, alle Dinge würden zu einem Ganzen reduziert. Wozu wird dann dieses reduziert?' Wen-chu erwiderte: ‚Der Huang-po fließt um neun Biegungen.'

   Diese beiden altehrwürdigen Mönche erläuterten es auf solche Weise. Doch ich möchte es anders ausdrücken. Wenn mich jemand das Gleiche fragt, sage ich: ‚Ein *shujô* ist mehr als sieben Fuß lang.' Wie versteht ihr das?

   Ich wollte eine Pflaumenblüte fragen: ‚Warum ist der Frühling gekommen?' Das tat ich dann tatsächlich, musste aber feststellen, dass die Pflaumenblüte die Antwort nicht kannte."

5. Zum Todestag Buddhas sprach Dôgen in der Vortragshalle: „An diesem Tag starb der Große Abt Shâkyamuni-Tathâgata, der Begründer des Buddhismus, unter den Sâla-Bäumen in der Burgstadt von Kushinagara. Seitdem sind zweitausendzweihundert Jahre vergangen, doch unser Buddha sagte: ‚Wenn ihr behauptet, der Buddha sei gestorben, seid ihr nicht meine Schüler oder Nachkommen. Das gleiche gilt, wenn ihr es leugnet. Ob ihr meinen Tod bestätigt oder verneint, ihr seid weit davon entfernt, meine Schüler oder Nachkommen zu sein.' Wie sollte ich dies nun nennen? Ist er etwa nicht mit dem

[376] Siehe Kapitel „Sangai Yuishin" im *Shôbôgenzô*.

Shâkyamuni Buddha identisch? Praktizieren wir etwa nicht mit ihm gemeinsam? Lasst mich einfach euch Mönche fragen. Versucht nun zu sprechen, ich höre zu. Wenn ihr es könnt, werde ich auch zu euch sprechen.

Ich bin Shâkyamuni Buddha begegnet. Darum bin ich einer seiner Schüler und Nachkommen. Dieses Reich ist so groß und unermesslich, dass die Gewöhnlichen, die Heiligen, die *icchantika* [377] und diejenigen, die die fünf tödlichen Fehler begingen, sowie Himmel- und Menschenwesen unzählbar sind. Wie sollten wir in diesem Reich lehren? Der Bhagavat sagte: ‚Alle Himmelswesen haben die Buddha-Natur', um Gewöhnliche wie Heilige zu führen. Leider haben seit Buddhas Tod die fühlenden Wesen keine Buddha-Natur. Doch das ist die Aussage der Gewöhnlichen und Heiligen. Was sollte ich sagen? Mönche! Wollt ihr es hören?

Eine alte Schildkröte nistet stets auf einem Lotus[378], ein alter Mann zweifelt oft an seinem Gesicht im Spiegel. Die wahre Gestalt ist jenseits des Buddha-Reiches. Wie steht es aber um die Mitgift dieses Zen-Mönches?

Es tut mir leid zu sagen, dass ich heute Nacht die zerbrochene Holzkelle vom Geierberg im ganzen Universum suchte, doch ihren Griff nicht finden konnte."

6. Dôgen beschrieb mit seinem *hossu* in der Vortragshalle einen Kreis und sprach: „Dies ist das Abwerfen von Körper und Geist. Ich verwende es, ohne eine Spur davon zu hinterlassen." Wieder zog er einen Kreis und sagte: „Dies ist das Abwerfen von Körper und Geist, still und unvergänglich. Die Anhänger der zwei Fahrzeuge verwirren ihren Körper und Geist, indem sie der Ansicht von Sein und Nicht-Sein anhaften. Gewöhnliche Menschen werden von ihrem unterscheidenden Geist abgelenkt und hängen am Sein. Die Bodhisattvas kommen in diesen Kreis, um sich unaufhörlich zu üben, der Buddha, um diesen Kreis zu erläutern. In diesem Moment ist der Kreis [sind sie] auf wundersame Weise jenseits der drei Fahrzeuge und seine Wirkung jenseits tausender *kalpa*. Der Mond im Wasser scheint weit und grenzenlos, das Boot (der Weisheit) rudert still dahin. Allmählich türmt sich Schnee auf und verbirgt die Kreuzungen. Wenn der Zugang so abgeschnitten ist, wie fühlt sich das an?

Die große Beredsamkeit (des Buddha) ist wie eine langwierige Ansprache [wirkt wie Stottern], ein großes Talent wie Ungeschicklichkeit."[379]

---

377 Diejenigen, die keine Hoffnung auf Erleuchtung haben können.

378 Siehe *Shôyôroku*, Verskommentar zu Fall 81.

379 Nach Lao-tses *Tao te king*.

7. „Abt Huang-lung kannte drei wichtige Angelegenheiten (‚Schranken'): 1) ‚Warum ähneln meine Hände denen des Buddha?' 2) ‚Warum ähneln meine Füße denen eines Esels?' 3) ‚Die Menschen haben eine Beziehung zur Geburt (Buddha-Natur) [zu ihren Lebensumständen].' Ich möchte diese so kommentieren: Warum ähneln meine Hände meinen? Warum ähneln Buddhas Hände denen Buddhas? Warum ähneln meine Füße meinen? Warum ähneln die Füße eines Esels denen eines Esels? Und: Menschen sind Menschen, die Beziehung zu ihrer Geburt ist die Beziehung zu ihrer Geburt selbst.

   Eine Milliarde Welten liegen im Buddha-Geist [in dieser einzigen Geste *(mudrâ)*]. Die Bedeutung jeder Welt ist klar; die achtzigtausend Dharma-Tore mit all ihren Kategorien befinden sich in einem Atom."

8. „Wolken ziehen rasend um den Berggipfel, Wasser fließt drangvoll dahin. Werdet ihr Übenden euch selbst anderswo suchen? Wenn ihr euren Körper und Geist abgeworfen habt, werdet ihr feststellen, dass der Dharma jenseits von Sehen und Hören ist. Wenn ihr seine Wahrheit geklärt habt, werdet ihr feststellen, dass der Weg jenseits von gewöhnlichem Geist und Worten ist. Was solltet ihr dann über euren Körper sagen? Wenn eure angeborenen Ohren in einer Linie mit den Schultern sind, könnt ihr wie Ling-yüan die Erleuchtung verwirklichen, indem ihr Pfirsichblüten anschaut."

9. „Große Erleuchtung ist der kleinen, was ein Markt dem Einkaufen ist. [Wie können große und kleine Vorteile den Markplatz meiden?] Abgesehen von der Geschichte um Nan-chüan, der seinen Körper verkauft, gibt es da irgendjemanden, der den Preis von Lu-lings Reis bezahlt? Wenn nicht, dann verkaufe und kaufe ich selbst.

   Selbst wenn eine Milliarde Welten mit *mani*-Juwelen gefüllt sind, wie könnten diese dem Sitzen am leuchtenden Fenster überlegen sein? Wie lange ich lebte, ohne dies zu begreifen! Wie könnte aber ein Mensch, der sich dessen bewusst ist, sich nicht selbst darin üben?"

10. „Huang-po fragte Pai-chang: ‚Was haben alle aufeinanderfolgenden Erwachten andere gelehrt?' Pai-chang blieb eine Weile still. Huang-po fragte weiter: ‚Was werden Buddhisten später übertragen?' Pai-chang sagte: ‚Ich dachte mir schon, dass du so einer bist', und kehrte in sein Zimmer zurück.

    Wenn jemand mir die erste Frage stellt, dann zeige ich mein Zazen-Kissen. So sprach Bodhidharma: ‚Ursprünglich bin ich hier in China und übermittle den Dharma, um Menschen vom Leiden zu befreien.' Wenn jemand mir die zweite Frage stellt, dann antworte ich nur: ‚Ich übertrage es mit meiner Faust.' Darum sprach Bodhidharma: ‚Eine Pflaumenblüte öffnet ihre fünf Blätter und bringt auf natürliche Weise eine Frucht hervor.'"

11. „Ein altehrwürdiger Mönch sagte: ‚Ich habe meine Haut vollständig abgeworfen.' Mein verstorbener Lehrer meinte: ‚Ich habe Körper und Geist abgeworfen.' Was solltet ihr sagen, wenn ihr dies verwirklicht habt?

Wer behauptete: ‚Dieser Geist selbst ist der Buddha-Geist', ‚Nicht-Geist ist Nicht-Buddha' und ‚Der Dharma ist jenseits jeder Beschreibung'? Wenn jemand die Absicht der Patriarchen verstehen will, wird er ein erfrischendes Reich im Licht eines alten Hasen (des Mondes) finden, wo ein Kranich in seinem kalten Nest aus einem Traum erwacht."

12. „Ti-tsang fragte einst Chao-hsin: ‚Woher kommst du?' – ‚Aus dem Süden.' – ‚Wie ist da in jüngster Zeit der Dharma?' – ‚Es gibt erhitzte Gespräche darüber.' – ‚Ist es nicht am besten, den jungen Reis des Dharma im geistigen Feld dieses Selbst zu pflanzen und ihn später als Reisball zu essen?' – ‚Was wirst du in den drei täuschenden Welten tun?' – ‚Was nennst du so?'

So lautet der Dialog von Ti-tsang und Chao-hsin. Ich sage dazu: ‚Dies ist verschieden vom Reich des Dharma, insofern die drei Welten die drei Welten selbst sehen. Was kann jemanden davon abhalten, die drei Welten zu bevölkern? Dies bedeutet, es gibt kein Innen oder Außen. Davon abgesehen wird ein ‚erhitztes Gespräch' von weltlich gesinnten Menschen geschätzt, nicht jedoch von mir. Wo ich dies verstanden habe, was kann ich da noch sagen?

Abt Ti-tsang ging im Frühjahr zeitig aufs Feld. Ich pflanzte den jungen Reis des Dharma in meinem geistigen Feld und aß ihn später als Reisball."

13. „Wenn alle Dinge sie selbst sind, haben die Buddhas und Patriarchen keine Beziehung dazu [‚Die zehntausend Wirkungen ruhen, die tausend Weisen übernehmen nicht die Führung']. Demnach sind eure Eltern nicht eure Eltern und die Buddhas sind weit von eurem Weg entfernt. Abgesehen von ‚Eltern' und ‚Weg', was nennt ihr Selbst [‚mein']? Ein wahrer Zen-Mönch agiert frei auf diesem Weg. Auch wenn da Entstehen und Vergehen sind, ist da doch kein Kommen und kein Gehen. Der Weg mag Stufen haben, doch machen die Übenden keinen Unterschied; sie mögen keine Freiheit von Übung und Erleuchtung kennen, doch haften sie diesen nicht an [nicht dass da keine Praxis-Verwirklichung wäre, doch sie kann nicht befleckt werden]. Sie wenden sich gegen den Staub (der sechs Sinnesorgane), werden erleuchtet, öffnen die Blumen (des Buddha-Geistes) und tragen Früchte. Die zahlreichen Buddhas und fühlenden Wesen sind letztlich die wirkliche Erscheinung der Wahrheit. Doch warum gibt es so viele davon?

Ich werde euch nicht erlauben, nachts loszuziehen. Ihr müsst aber am Morgen ankommen.[380]"

---

[380] Man darf nicht in der absoluten Welt verweilen, sondern muss in die phänomenale Welt eintauchen. Siehe Tou-tses Antwort im *Hekiganroku* (Fall 41) auf Chao-chous Frage, wie man nach dem „großen Tod" wieder Lebendigkeit erlangt.

14. Am Tag der Buddhastatuen-Waschung sprach Dôgen in der Vortragshalle: „Am heutigen Tag finden gewöhnliche Menschen ihren Vater (Buddha) und fahren mit ihren Familiengeschäften (buddhistischer Übung) fort; die Weisen (Bodhisattvas) sind glücklich, ihren Meister (Buddha) zu sehen; auch Insekten in ihren Löchern sollten dieses Glück genießen. Nun ist der Frühling auf seinem Höhepunkt. Die Menschen schätzen das Löwengebrüll des Buddha[381] mehr und mehr. Wer meint: ‚Der Buddha stieg vom Tushita-Himmel auf diese Erde herab'? Warum sagt man nur Frau Mâyâ (Shâkyamunis Mutter) allein nach, einen heiligen Schoß zu besitzen? Gesegnet mit so viel Tugend und Weisheit, wie es Sandkörner am Ganges gibt, wurde der Buddha geboren, was so selten ist wie das Erscheinen einer Udumbara-Blume in einer Milliarde Welten. Was sollte einer wie ich noch dazu sagen?

Ein Zen-Mönch zerbricht Sein und Nicht-Sein, erlangt unbegrenztes Verdienst und spielt mit seinem *shujô*, bis ein weiterer Zweig ersprießt."

15. „Bei der Übungsversammlung auf dem Geierberg hob der Bhagavat vor unzähligen Mönchen eine Udumbara-Blume hoch und sagte: ‚Ich habe das Schatzkammer-Auge des Wahren Dharma, den Wunderbaren Geist des Nirwana, und übergebe es an Mahâkâshyapa.' In diesem Augenblick lächelte Mahâkâshyâpa milde. Nun lehre ich mit diesen Versen:

Einst hielt der Bhagavat, bereit, den Dharma zu erläutern,
eine Udumbara-Blume empor und zog seine Augenbrauen hoch,
während er vor unzähligen Mönchen sprach:
‚Ich besitze den Dharma. Ich sehe nur den Vater (Buddha-Natur) lächeln.'

Dies ist, was ich auf der langen Plattform studiert habe. Mönche! Wollt ihr dies recht verstehen?

Ihr dürft nicht fragen, welch lebendiges Wirken da ist [welche Art von Lebensunterhalt das ist]. Es gibt keine Kluft zwischen diesem Fall aus Indien und dem Kôan von Chao-chous Tee in China."

16. Dôgen griff das Kôan von Chao-chous ‚Ein Hund hat keine Buddha-Natur' und ‚Ein Hund hat Buddha-Natur' auf und sprach: „Hier habe ich ein paar Verse aus den Bergen:

Recht verschieden sind
das Haar einer Schildkröte und das Horn eines Hasen.
So erscheint der Frühling als Blumen, der Herbst als Mond.
Die Natur der Täuschung und die Natur Buddhas sind in Chao-chous *shujô*."

[381] Die Worte, die er bei seiner Geburt sprach: „Ich allein bin der Ehrwürdigste im ganzen Universum."

17. „Während fühlende Wesen die fünfundzwanzig Reiche[382] durchwandern, gibt es die eine beinahe unfassbare Angelegenheit, den Dharma in diesem Leben zu erkennen. Selbst wenn wir dies tun können, ist es äußerst schwer, zum *bodhi*-Geist zu erwachen, die Eltern zu verlassen und Mönch zu werden, und ganz besonders, die sechs Blutsbande auf den Weg zu führen. Eltern den Dharma zu erläutern und sie auf den Weg zu führen ist eines der fünf Dinge, die die Buddhas verfolgen, nachdem sie erwacht sind. Nehmen wir an, Eltern und die sechs Blutsverwandten würden die Mönche, Nonnen oder *shrâmana* (Novizen) ihrer Familien auffordern, ins weltliche Leben zurückzukehren, oder sie einen Weg lehren, der diese an der buddhistischen Praxis hindert. Ihr müsst verstehen, dass dies böse Eltern wären. Solchen dürft ihr nicht folgen. Eltern jedoch, die ihren Kindern beibringen, Mönche zu werden und Erleuchtung zu verwirklichen, sind Eltern der Bodhisattvas.

Als einst der hohe Mönch Tsao-chi noch der dienende Novize Lu war, verließ er seine Mutter und suchte Zen-Meister Huang-mei auf. Er hinterließ seiner Mutter nur vierzig *liang*[383], damit sie Kleidung und Nahrung kaufen konnte. Dies ist eine sehr verwirrende Angelegenheit. Von Anfang bis Ende schien ihm niemand gleichzukommen. Schließlich trat er der Sangha bei und stampfte acht Monate ohne auszuruhen den Reis, um den anderen Übenden zu dienen. Welch eine große Tat! Ich bin glücklich sagen zu können, dass er als berühmter achtzigjähriger Führer zum dreiunddreißigsten Patriarchen wurde. Ich habe nie Vergleichbares aus Indien und China gehört, außer dass Laienkönigen und Beamten als dienenden Novizen die Robe des Tathâgata übergeben wurde.

Am achten des ersten Monats im ersten Jahr I-paos, als Hui-neng den Fahsing-Tempel von Na-hai erreichte, bezog er zwischen Plattform und Dachvorsprung Quartier. Dort hörte er zwei Mönche über Wind und Dharmabanner streiten. Er beseitigte ihre Zweifel.

Der Scholastiker Yin-tsung erläuterte das *Mahâparinirvâna-Sûtra*. Die Mönche hielten viel von diesem Lehrer. Er nahm Bezug auf eine originelle Aussage Hui-nengs und befragte diesen zur Buddha-Natur. Von seiner geduldigen Überzeugungskraft überrascht, fragte er weiter: ‚Wie habt Ihr dies verwirklicht?‘ Hui-neng erläuterte unverzüglich Anfang und Ende des Dharma, legte seine Robe ab und ließ die anderen sich vor dieser niederwerfen. Da fragte Yin-tsung: ‚Wie hat der Große Lehrer Kung-jen den Dharma auf Euch übertragen?‘ – ‚Er legte nur die Buddha-Natur dar, nicht die Meditation oder das Nirwana. So gibt es weder Täuschung noch Unterscheidung.‘ – ‚Warum

---

[382] Diese sind die vier üblen Welten, die vier Kontinente der Menschenwelt, die sechs Himmel der Begierde, die sieben Himmel der Welt der Form und die vier Himmel der formlosen Welt.

[383] Alte chinesische Währung.

hat er weder Meditation noch Nirwana dargelegt?' – ,Keins von beiden ist der Dharma. Der Dharma ist das Reich des Einsseins.' – ,Was ist dies?' – ,Es ist die Buddha-Natur, die klar von deinem *Mahâparinirvâna-Sûtra* gezeigt wird.

Es ist wie mit dem Bodhisattva Kôkitokuô, der zum Buddha sagte: ,Bhagavat! Werden diejenigen, die gegen die vier grundlegenden Gebote verstoßen oder die fünf üblen Taten begehen oder *icchantika* sind, die Wurzel ihres Verdienstes und der Buddha-Natur tilgen oder nicht?' Der Buddha antwortete: ,Bodhisattva Kôkitokuô! Es gibt zwei Wurzeln von Verdienst: Beständigkeit und Unbeständigkeit. Die Buddha-Natur ist jenseits von beiden. Darum ist sie grenzenlos, das heißt ein Ganzes. Die eine Seite ist gut, die andere nicht. Doch Buddha-Natur ist weit von gut oder nicht-gut entfernt, darum ist sie unaufhörlich [darum wird sie nie abgeschnitten], das heißt ein Ganzes [dies nennt man Nicht-Dualität]. Gewöhnliche Menschen unterscheiden Körper und Geist auf weltliche Weise, doch der Weise sieht deren Natur als ein Ganzes an. Die Natur des Einsseins ist die wahre. Darum weiß ich, dass die Buddha-Natur das eine Ganze ist.'

Als er das hörte, erhob sich Yin-tsung, legte seine Handflächen zusammen und bat darum, Hui-neng als Schüler dienen zu dürfen. Er sagte zu den Mönchen: ,Dieser Laienschüler (Hui-neng) ist der wahre Bodhisattva. Meine Aussagen sind wie Ziegel oder Kieselsteine, seine können mit feinem Gold verglichen werden. Glaubt ihr mir oder nicht?' Alle Mönche warfen sich nieder und nahmen Zuflucht bei Hui-neng. Am fünfzehnten des ersten Monats versammelte Hui-neng zahlreiche tugendhafte Mönche und schor Yin-tsung das Haupt. Am achten des zweiten Monats empfing Yin-tsung die fünf Gebote für fromme Laien vom Gebotelehrer Chih-kuang.

Dies also waren die Worte zwischen Tsao-chi (Hui-neng) und seinem Schüler Yin-tsung und zwischen dem Tathâgata und dem Bodhisattva Kôkitokuô. Heute Morgen möchte ich diese den Übenden erneut darlegen.

Wenn ein wichtiger Einblick jenseits des Buddha selbst sich auftut, wie kann die Buddha-Natur da das Reich des Einsseins sein? Ursprünglich haben die Dinge keine Selbst-Natur. Heutzutage nennen die Menschen die gleiche Frucht in Chiang-an Orange und in Chiang-pe Mandarine."

18. „Als der dienende Mönch Lu zum fünften Patriarchen kam, fragte ihn dieser: ,Woher kommst du?' –,Aus dem Süden.' – ,Was würdest du gerne werden?' – ,Ich würde gern ein Buddha werden.' –,Die Menschen im Süden haben keine Buddha-Natur.' – ,Auch wenn es Menschen aus dem Norden und Menschen aus dem Süden gibt, so existiert doch kein Nord oder Süd in der Buddha-Natur.' Der fünfte Patriarch betrachtete diesen Novizen als für die buddhistische Praxis geeignet und schickte ihn in die Halle für dienende Novizen.

Als einer ihrer Nachfolger habe ich zu ihren Worten etwas zu sagen. Mönche! Wollt ihr wissen, was sie bedeuten? Sie bedeuten, dass der sechste Patriarch einen Grashalm aufhob, aber noch nicht die fünf Blütenzweige darbot.“

19. „Die Buddhas und Patriarchen lehren nichts außer der Übung des Zazen. Mein verstorbener Lehrer Tien-tung sagte: ‚Zazen in der vollen Lotushaltung ist der Dharma der altehrwürdigen Mönche. Zazen zu üben bedeutet, Körper und Geist abzuwerfen. Es bedarf keines Weihrauchverbrennens, keiner Verbeugungen, Anrufungen, keiner Reue und keines Sutra-Lesens. Niemand kann ohne die Übung des Zazen Erleuchtung verwirklichen.

Beim Zazen ist es niemandem erlaubt, zu dösen. In jedem Augenblick muss Zazen ganz ernsthaft und kraftvoll getan werden. Der Patriarch sagte: ‚Auf diese Weise machte ein Einsiedlermönch Zazen. Er übte es für sich selbst im Wald, als ihn die Faulheit übermannte. Da erschien eine Gottheit, Buddhas Schüler, sang und tanzte in den Knochen eines Leichnams und sprach: ‚Warum hat den kleinen Mönch im Wald die Faulheit übermannt? Falls er mich am Tage fürchtet, komme ich in der Nacht zurück.‘

Überrascht und eingeschüchtert von diesen Worten stand der Einsiedler auf und sagte zu sich selbst: ‚Ich werde mich um Mitternacht schlafen legen.‘ Da manifestierte jene Gottheit zehn Köpfe und spie Feuer aus deren Mündern. Ihre Eckzähne und Nägel waren scharf wie Messer, ihre Augen rot wie glühende Kohle. Sie schauten zu diesem faulen Mönch und kündigten an, ihn zu ergreifen. Da bekam der Einsiedler mächtig Angst, erhob sich und dachte nur noch an den Dharma, bis er Arhatschaft erlangt hatte. Dies wird Gewissenhaftigkeit aus eigenem Antrieb genannt. Die Wirkung der Gewissenhaftigkeit ermöglicht es euch, zu erwachen. Durch Gewissenhaftigkeit macht ihr Anstrengungen, praktiziert den Weg, übt Zazen und erfasst die bedeutendste Weisheit.

Zu Lebzeiten des Bhagavat gab es einen Mönch. Obwohl er über die vierzehn schwierigen Aussagen meditierte, konnte er sie nicht völlig erfassen. Er war so ungeduldig, dass er mit seiner Robe und Schale zum Buddha ging und sagte: ‚Wenn Ihr mir die vierzehn schwierigen Aussagen so gut erläutert, dass sie geklärt sind, werde ich bestimmt Euer Schüler. Wenn nicht, schlage ich einen anderen Weg ein.‘ – ‚Welch ein Narr du bist! Hast du etwa ein Gelübde abgelegt, nur mein Schüler zu werden, wenn ich dir die vierzehn schwierigen Aussagen erläutere?‘ – ‚Nein, das nicht.‘ – ‚Warum sagst du dann: ‚Wenn nicht, werde ich nicht Euer Schüler‘? Ich habe den Dharma Alten, Kranken und Toten dargelegt, um sie vom Leiden zu befreien. Diese vierzehn schwierigen Aussagen sind der Weg des Disputes. Darum sind sie für den Buddhismus nutzlos und willkürlich. Warum fragst du mich danach? Auch wenn ich dir antwortete, könntest du es nicht verstehen. Folglich könntest du dich nicht von Geburt, Alter, Krankheit und Tod befreien.

Es ist, als wäre jemand von einem Giftpfeil getroffen worden. Wenn sein Verwandter einen Arzt herbeiholte, um den Pfeil herauszuziehen und Medizin auf die Wunde aufzutragen, würde der Getroffene sagen: ‚Zieh ihn noch nicht heraus. Zuerst will ich deinen Namen, dein Haus, deine Eltern, dein Alter kennen, dann, woher der Pfeil kommt, aus welchem Holz und welcher Feder er gemacht ist, wer die Pfeilspitze gemacht hat, aus welchem Eisen sie besteht, aus welchem Baum in den Bergen der Bogen gefertigt wurde und aus welchem Insektenpanzer, woher das Gift kam und welchen Namen es hat. Nachdem ich all dies geklärt habe, werde ich dich bitten, den Giftpfeil herauszuziehen und Medizin auf die Wunde aufzutragen.‘

Der Buddha sagte weiter zu jenem Mönch: ‚Sollte er den Pfeil herausziehen, wenn er all diese Dinge in Erfahrung gebracht hat, oder nicht?‘ – ‚Er muss nichts davon wissen. Wenn er bis dahin wartete, würde der Getroffene sterben.‘ – ‚Das Gleiche gilt für dich. Der Pfeil falscher Ansichten und das Gift der Gier sind bereits in deinem Geist. Du willst nun mein Schüler werden, weil du bereit bist, diesen Pfeil herauszuziehen. Stattdessen versucht du jedoch Beständigkeit und Unbeständigkeit von Sein und Nicht-Sein zu verstehen. So wirst du das Leben des *dharmakâya* verlieren, bevor du ihn erfasst hast, und den gleichen Tod wie Tiere sterben, indem du dich in das Reich der Unwissenheit wirfst.‘ Tief beschämt verstand dieser Mönch den Buddha und erlangte sogleich Arhatschaft.

In jüngerer Zeit sind wir weit von den Weisen entfernt. Wie bedauerlich! Es ist nun zweitausend Jahre her, dass der Tathâgata gestorben ist, doch es gibt keinen, der den Pfeil (Täuschung) herausziehen könnte, und auch eine Gottheit in den Wäldern ermuntert uns Schüler Buddhas nicht. Wie sollten wir handeln? Wir dürfen unsere gegenwärtige Zeit nicht verschwenden. Wir sollten so eifrig wie möglich Zazen üben, als würden wir unseren Kopf vor einem verzehrenden Feuer retten wollen. Die Buddhas und Patriarchen, die persönlich und auf rechte Weise den Dharma von Erbe auf Erbe übermittelt haben, betrachten Zazen als vorrangige Tat. Darum übte der Bhagavat sechs Jahre lang Zazen. Zunächst machte er Tag und Nacht Zazen, dann legte er den Dharma dar. Der Patriarch Bodhidharma praktizierte auf dem Berg Sung neun Jahre lang einer Wand gegenüber Zazen. Seine Nachfolger sind nun überall auf der Welt verstreut. Ich habe den großen Weg der Buddhas und Patriarchen auf diese Weise hervorgebracht. Wir sind mit einer solch glücklichen Zeit gesegnet. Warum versteht ihr das nicht?

Zazen ist der Weg, unseren Körper und Geist abzuwerfen. Dies ist jenseits der vier Reiche der Nicht-Form[384] oder der zahlreichen Stufen der Meditation. Es ist selbst Gläubigen vergangener Zeiten unbekannt, erst recht gewöhnlichen Menschen. Wenn jemand fragt: ‚Was denkst du darüber?', dann antworte ich: ‚Im Sommer strebt eine Lotusblume gen Himmel.' Und wenn er sagt: ‚Das hast du auf der erhöhten Plattform studiert. Was aber kannst du als Reich jenseits der Buddhas und Patriarchen bezeichnen?', dann erwidere ich: ‚Meine Nase ist in einer Linie mit meinem Nabel, und meine Ohren sind in einer Linie mit meinen Schultern.'"

20. „Ein gewisser Mönch fragte einst Chao-chou: ‚Was für eine Absicht liegt in Bodhidharmas Kommen aus Indien?' – ‚Es ist eine Eiche im Garten.' – ‚Ich möchte nicht, dass Ihr anderen Äußerlichkeiten zeigt.' – ‚Das habe ich nie getan.' Als der Mönch den Chao-chou dasselbe fragte, gab dieser noch einmal dieselbe Antwort.

    Der altehrwürdige Chao-chou zeigte die Absicht von Bodhidharmas Kommen aus Indien. Worin liegt sie? Sie ist, wie gesagt wurde, eine Eiche im Garten. Chao-chou zeigte nur eine Eiche, keine Äußerlichkeiten. Ich möchte euch fragen: Wollt ihr dies begreifen, Mönche?

    Ihr dürft eine Mandarine aus Chiang-han nicht als dreiblättrige Orange aus Chiang-pe bezeichnen."

21. „Die Buddhas und Patriarchen legten zuerst Gelübde ab, fühlende Wesen zu retten, Leiden zu lindern und Freude zu spenden. Dieser Weg ist klar und endlos. In den erhabenen Bergen sehen wir lange Zeit den Mond; wenn die Wolken abziehen, erkennen wir den Himmel. Von einem Felshang herab retten wir die fühlenden Wesen. Ins Reich der Freiheit [den Weg des Vogels] aufzusteigen und fühlende Wesen zu lieben [sich gut um sich selbst zu kümmern]– dies ist die übernatürliche Kraft des Buddha."

22. Zum Todestag des Abtes Butsuju[385] sprach Dôgen in der Vortragshalle: „Wenn ihr das Schatzkammer-Auge des Wahren Dharma darlegen wollt, müsst ihr wissen, dass es Lehren des ersten und zweiten Prinzips gibt. Die Worte ‚*hossu*-Anheben', ‚Faust heben', ‚Scheitel', ‚Nasenlöcher' und ‚am Fuße' sind Ausdrücke des zweiten Prinzips." Dabei warf Dôgen seinen *shujô* auf die Plattform. Dann fuhr er fort: „Sagt einfach, was die Lehre des ersten Prinzips ist. Ich widme nun das Verdienst, das durchs Darlegen des ersten Prinzips der Buddhas und Patriarchen entstanden ist, meinem verstorbenen Lehrer.

[384] Die Reiche von Leere, Bewusstsein, Nicht-Sein und von Nicht-Denken und Nicht-Nicht-Denken.

[385] 1184–1221, ein Schüler Eisais.

Der Ehrwürdige Kâshyapa fragte Ânanda: ‚Welcher Vers wird die siebenunddreißig Bedingungen schaffen, die der Erleuchtung und dem gesamten Dharma dienen?‘ Ânanda antwortete: ‚Nicht das Falsche, sondern Gutes zu tun und den eigenen Geist zu reinigen – dies ist die Lehre der Buddhas.‘ Kâshyapa sah dies als richtig an. Mönche! Wollt ihr das genau verstehen?

Die tiefgründigste Bedeutung der Buddhas und Patriarchen ist so wie ein Traum, aus dem man nicht erwacht. Sowohl Kâshyapa als auch Ânanda sind Söhne, die aus Buddhas Mund geboren wurden. Diesen einen Vers richtig übermittelt zu haben zeigt, dass sie wahrhaft pflichtbewusste Menschen waren.“

23. „Ein gewisser Mönch sagte einst zu Chao-chou: ‚Ich bin ein Neuling, bitte unterweist mich.‘ – ‚Hattest du schon deinen Haferschleim?‘ – ‚Ja.‘ – ‚Dann spül deine Schale aus.‘ So lautete die Aussage des altehrwürdigen Mönches Chao-chou, doch auch ich habe dazu ein paar Verse:

Grüner Bambus und Pfirsichblüten sind ein Bild des Dharma.
Chao-chou zeigte es als ein Ganzes,
  so wie sich die Reben um einen Flaschenkürbis wickeln,
indem er sagte: ‚Wenn du deinen Haferschleim gegessen hast,
  spül deine Schale aus.‘
Der Bart des Barbaren ist rot, und da ist auch ein rotbärtiger Barbar.“

24. „Die geistige und körperliche Haltung von buddhistischen Übenden ist nicht einfach. Sowohl gewöhnliche Menschen als auch Nicht-Buddhisten machen Zazen, doch sie unterscheiden sich in dieser Praxis von Buddhas und Patriarchen, denn sie hegen falsche Ansichten, ein Anhaften ans Zen (in der Welt von Form und Nicht-Form) und Arroganz. Wäre eure Erleuchtung die gleiche wie die eines Nicht-Buddhisten, dann hätte es keinen Sinn mehr, dass ihr euch um irgendetwas sorgt. Wäret ihr mit denen gleich, die die fünf üblen Taten begangen haben, oder mit *icchantika,* die keine Hoffnung haben, ein Buddha zu werden, wie könntet ihr da mit dem Körper und Geist des Dharma ausgestattet werden?

Als der Bhagavat einst auf dem Berg Grdhrakûta (Geierberg) nordöstlich von Râjaghra weilte, waren fünfhundert hohe Mönche bei ihm. Zu dieser Zeit lenkte Devadatta[386] ihren Geist ab, verletzte die Füße des Tathâgata, zwang Ajâtashatru[387] – seinen Vater und König – zu töten und ermordete selbst die

[386] Ein Cousin von Shâkyamuni, der diesem zunächst folgte, ihn später aber verließ und zu töten suchte, indem er einen verrückten Elefanten auf ihn hetzte; diesen konnte der Buddha mitfühlend beruhigen.

Nonne Utpalavarnâ[388], während er die Mönche fragte: ‚Wo ist das Böse? Wo kommt es her? Wer tut es? Es heißt, Böses würde karmisch vergolten, doch trotz meiner schlechten Tat bin ich frei von solcher Vergeltung.‘ Viele Mönche, die damals in Râjaghra um Almosen bettelten, legten ihre Sitzkleidung über ihre linke Schulter, gingen zum Bhagavat, warfen sich zu seinen Füßen nieder, setzten sich hin und sagten: ‚Der dumme Devadatta erzählt den Mönchen, es gäbe keine karmische Vergeltung für Böses und Gutes, und er sei frei davon.‘

Der Bhagavat erwiderte den Mönchen: ‚Böses führt zu Verbrechen, Gutes zu Glück. Also gibt es karmische Vergeltung von Bösem und Gutem.‘ Weiter sprach er:‚Ein Narr sagt überzeugt: ‚Ich bin frei von karmischer Vergeltung des Bösen.‘ Doch ich weiß, dass Gutes und Böses karmisch vergolten werden. Mönche! Ihr solltet euch besser vom Bösen fernhalten und tugendhafte Taten begehen, so gut ihr könnt. Auf diese Art solltet ihr üben.‘ Als die Mönche dies hörten, waren sie glücklich und fingen sogleich mit dieser Übung an. Dann sprach er weiter zu ihnen: ‚Devadatta hat die fünf üblen Taten begangen, darum wurde sein Körper verletzt, und nach seinem Tod wurde er in der Avîci-Hölle wiedergeboren.‘

Ihr solltet also verstehen, dass ein Mensch mit falschen Ansichten niemals verhindern kann, Körper und Geist des Dharma zu verlieren, dass er unfähig sein wird, die Essenz der Zazen-Übung von Buddhas und Patriarchen zu erfassen. Mein verstorbener Meister Tien-tung sagte: ‚Zazen zu üben bedeutet, Körper und Geist abzuwerfen.‘ Wenn ihr bereits Körper und Geist abgeworfen habt, müsst ihr frei von falschen Ansichten, von einem Anhaften an Zen und von Arroganz sein. Wie sehr ich mir wünsche, dass ihr alle Körper und Geist abwerft!“

25. „Von alters her haben buddhistisch Übende allein in Einsiedeleien gelebt oder den Weg gemeinsam mit Mönchen in einem Kloster praktiziert. Im ersten Fall wurden die meisten Menschen durch Götter und Dämonen verletzt, im zweiten jedoch kaum von himmlischen Teufeln gestört. Wie könnte es richtig sein, dieses Leben in Einsamkeit zu verbringen, statt gemeinsam das freie Wirken des Weges zu klären? Wenn ihr euch Tag und Nacht auf der langen erhöhten Plattform eines Zen-Klosters übt, können selbst Teufel euch nicht beunruhigen, noch Götter und Dämonen euch verletzen. Dann seid ihr wahrhaft berühmte Führer und Freunde.

[387] Der Sohn des Königs Bimbisâra. Als er Kronprinz war, tötete er auf Betreiben Devadattas seinen Vater und ließ seine Mutter ins Gefängnis werfen. Nach seiner Thronbesteigung eroberte er Zentralindien und wurde zum mächtigsten indischen Herrscher seiner Zeit; er starb vierundzwanzig Jahre nach dem Buddha.

[388] Eine Frau aus einer vornehmen Familie Râjaghras, die an ihrem zweiten Mann verzweifelte und Prostituierte wurde, später dann eine Nonne unter der Führung von Maudgalyâyana.

Als ein gewisser Mönch einst Chao-chou fragte: ‚Ihr sollt Nan-chüan persönlich getroffen haben, ist das wahr?', erwiderte Chao-chou: ‚Chen-chou bringt Rettich hervor.' So lautete seine Aussage, doch keiner konnte sie völlig verstehen. Wenn mich heute ein Mönch fragt: ‚Ihr sollt Tien-tung persönlich getroffen haben, ist das wahr?', dann antworte ich: ‚Mein *shujô* ist ein alter Pflaumenbaum (Nicht-Geist).'"

26. „Alle Tathâgatas sind ohne Buddha-Natur. Ihre Erleuchtung ist jenseits von Gegenwart und Vergangenheit. Bodhisattvas, die den Weg üben, müssen verstehen, dass die Buddha-Natur aus der Buddha-Natur entsteht."

27. „Dieser Mann ist bereits ein Übender mit starkem *bodhi*-Geist. Ist er nicht wichtig wie der Zimmermann eines erhabenen Gebäudes? Er führt Menschen mit solcher Strahlkraft wie dem Licht von Leuchtkäfern, von Lampen und gar der Sonne. Es ist, als würden Mani-Juwelen gleichmäßig jede Farbe zum Leuchten bringen. Was sollte ich nun noch sagen?

    Es ist weit von dem Weg entfernt, Nicht-Sein zu lieben oder Sein zu hassen. Wie werden sich Buddhas und Patriarchen vor einer weiteren Täuschung schützen? Indem sie nicht wünschen, wie Brahmadeva oder Shakrendra (Indra) zu werden, sondern nach nichts als der höchsten Weisheit des Buddha streben."

28. Am Todestag des Zen-Meisters Myôan-*senkô*[389] sprach Dôgen zunächst in der Vortragshalle über einen seiner Schüler, den Abt Butsuju; dann fuhr er fort: „Mein buddhistischer Großvater (Myôan) fragte den Abt Hsü-an[390]: „Wie ist es, wenn buddhistisch Übende frei von solch einer Dualität wie Gut und Böse sind?' – ‚Es ist das Leben des Buddha [Die Morgendämmerung *(genshin)* des ursprünglichen Lebens *(honmyô)*].' – ‚Wenn das so ist, werde ich nie von hier fortgehen.' – ‚Dann macht es mir nichts aus, wenn du heute schon gehst.' Myôan verneigte sich. Hsü-an sagte: ‚Du hast den Großen Wagen gesehen, der gen Süden zeigt.'

    Das ursprüngliche Leben des Patriarchen hat sich neu als Lächeln (des Mahâkâshyapa) manifestiert. Ohne die gelben Blüten des grünen Bambus geht die Sonne über Japan auf, und wir befinden uns im Frühling."

29. Am letzten Tag des *ge-ango* sprach Dôgen in der Vortragshalle: „Ich habe meine Übung aufrechterhalten und mich für drei Monate zurückgezogen. Der Tag ist nun gekommen, an dem das buddhistische Zeitalter vollendet wird. Wenn ich das Holzbrett (für Ankündigungen) auf den nackten Boden schlage, öffnet sich sogleich der Stoffbeutel *(hotei)* eines Zen-Mönches."

---

[389] Myôan Eisai (1141–1225), Begründer der Rinzai-Schule; *senkô* ist der Titel eines Nationallehrers.

[390] Ein Meister Eisais; gehörte der Huang-lung-Schule an.

30. „Selbst wenn ein Erwachter Augäpfel aus Eisen oder Kupfer hat, wird er als Mensch vollständiger Erleuchtung angesehen. Ich möchte ein bisschen zu meiner Erkenntnis sagen, dass ein Reisbehälter oder ein Wassereimer die Erscheinung der Wahrheit sind. Als ein Mönch einst Pai-chang fragte: ‚Was ist ein sonderbares Ding?‘, sagte dieser: ‚Allein auf dem Berg Pai-chang Zazen zu machen.‘ Wenn jemand mich das gleiche fragt, erwidere ich: ‚In die Vortragshalle auf dem Berg Kichijô (des Eiheiji-Tempels) zu gehen.‘“

31. „Ânanda sagte zum Buddha: ‚Heute sah ich ein sonderbares Ding außerhalb der Burg.‘ – ‚Was hast du gesehen?‘ – ‚Ich habe eine Burg betreten, wo ich eine Truppe Musiker tanzen sah. Doch als ich wegging, sah ich niemandem mehr.‘ – ‚Gestern habe ich ein sonderbares Ding gesehen.‘ – ‚Was habt Ihr gesehen?‘ – ‚Ich betrat eine Burg, wo ich eine Truppe Musiker tanzen sah. Doch als ich ging, sah ich sie noch immer tanzen.‘

Beide sahen sie ein sonderbares Ding und eine Truppe Musiker. Doch sie unterschieden sich voneinander in ‚Sein‘ und ‚Nicht-Sein‘. Wenn mich jemand heute Morgen fragt: ‚Hast du auch ein sonderbares Ding gesehen?‘, dann erwidere ich: ‚Ich habe nie eine Burg betreten oder verlassen, noch habe ich eine Truppe Musiker tanzen gesehen, doch ich sah ein sonderbares Ding.‘ Wenn er dann fragt: ‚Was hast du gesehen‘, sage ich: ‚Gestern gab es Ein- und Ausatmen, und heute auch.‘“

32. „Als der Bhagavat die Udumbara-Blume hochhob, lächelte Kâshyapa milde. Es gibt keine Kluft zwischen Meister und Schüler, so wie Fische eng in einem Netz treiben. Als der zweite chinesische Patriarch sich drei Mal vor Bodhidharma niederwarf, übertrug dieser Buddhas Robe auf ihn. Auch zwischen ihnen gab es keine Kluft, das war wie bei Vögeln in einem Käfig. Wenn ihr dies tief als die kausale Beziehung aller Dinge erkannt habt, werdet ihr frei in der dunklen Höhle (Täuschung) wirken können.“

33. „Ihr dürft Buddhas nicht mit Patriarchen verwechseln. Die Buddhas bedeuten die sieben vergangenen Buddhas – die drei Buddhas Vipashyin, Sikhin und Visvabhû im vergangenen *kalpa* und die vier Buddhas Krakucchanda, Kanakamuni, Kâshyapa und Shâkyamuni im gegenwärtigen Zeitalter. Außer ihnen gibt es keine Buddhas. Auch wenn Vipashyin-Buddha viele Schüler hat, die den Dharma übermittelt bekamen, nannten sich diese selbst Patriarchen oder Bodhisattvas und nicht Buddhas oder Bhagavats. Seit Shikhin in dieser Welt auftauchte, wurde er als Buddha bezeichnet, weil seine Übungszeit beendet ist. Dies kann von Shikhin-Buddha und Visvabhû-Buddha gesagt werden, nach deren Erscheinen die Zeitalter des rechten und formellen Buddhismus anbrachen. Im gegenwärtigen *kalpa* hat auch Krakucchanda-Buddha Schüler,

an die er den Dharma übertrug. Sie haben ihn einer nach dem anderen erhalten. Doch niemand wird sie Buddhas nennen, es wird nur heißen: ‚Kanakamuni-Buddha ist in dieser Welt als der Buddha oder der Bhagavat erschienen.' Dies gilt auch für Kâshyapa-Tathâgata und den gegenwärtigen Shâkyamuni-Buddha. Der Ehrwürdige Mahâkâshyapa war der erste Patriarch, Bodhidharma der achtundzwanzigste. Erstgenannter besaß die dreißig unterscheidenden Merkmale bis auf die weiße Locke zwischen den Augenbrauen und eine Wucherung am Schädel.

Als der Buddha mit fünfhundert Mönchen im Garten Venuvana-kalandaka weilte, trat Mahâkâshyapa auf ihn zu, bat um Essen und setzte sich vor ihm nieder. Der Buddha sagte: ‚Du bist so alt, dass dir das Streben nach dem Weg fehlt und deine sechs Sinnesorgane erschöpft sind. Darum solltest du besser damit aufhören, um Essen zu betteln oder die zwölf reinen Übungen[391] zu vollziehen. Im Einklang mit der Bitte eines Gönners solltest du jedoch eine lange Robe empfangen.' – ‚Ich kann Euren Anweisungen nicht folgen. Wenn Ihr nicht der Buddha geworden wäret, hätte ich vielleicht ein Pratyeka-Buddha werden können, der sich bis zu seinem Tod an einem ruhigen Ort übt.' – ‚Gut gesprochen. Deine Worte sind von großem Nutzen. Wenn du in diesem Leben die zwölf reinen Übungen befolgst, wird meine Lehre lange von großem Nutzen für die Menschen und Himmelswesen in dieser Welt sein. Die drei bösen Reiche werden nichts bewirken und die drei Fahrzeuge vollendet werden.'

Als er hörte, wie Menschen und Himmelswesen ihn den Buddha nannten, erhob sich Mahâkâshyapa, machte dann eine Verbeugung zu Buddhas Füßen und sagte: ‚Du bist mein Meister, ich bin dein Schüler.' Als die anderen dies hörten, lösten sich ihre Zweifel auf. Trotz dieses Verdienstes nannte er sich selbst Kâshyapa und nicht Buddha.

Als Kâshyapa nach einer langen Suche und reiner Übung mit langen Haaren und zerschlissener Robe zu Buddha kam, betrachteten ihn die Mönche mit Verachtung. Daraufhin hieß ihn der Buddha, die eine Hälfte seines Sitzes einzunehmen, damit sie zusammensäßen. Kâshyapa lehnte freundlich ab, doch der Buddha sagte: ‚Ich besitze die vierfache Meditation, die auf ewig jenseits von Zunahme und Abnahme ist. Auch du besitzt sie. Ich habe universelles Mitleid – genau wie du in der ursprünglichen Natur. Und mit großer Gnade errette ich fühlende Wesen vom Leiden – genau wie du. Ich besitze das vierfache Verdienst, das klar und wunderbar ist: 1) Nicht-Form, 2) Nicht-Geist, 3)

[391] Diese sind: 1) Verweilen im Wald, 2) jeden Platz annehmen, der einem angeboten wird, 3) von Almosen leben, 4) dem Gebot zu folgen, nur einen Platz fürs Meditieren und Essen zu benutzen, 5) groben Stoff zu tragen, 6) nicht zur unpassenden Zeit zu essen, 7) Kleidung zu tragen, die aus Fetzen eines Müllhaufens gemacht ist, 8) nur drei Roben zu besitzen, 9) nahe einem Friedhof zu leben, 10) unter einem Baum zu leben, 11) unter freiem Himmel zu leben, 12) in der Sitzhaltung zu schlafen.

die Kennzeichen reinen Verdienstes, 4) feste Entschlusskraft. Dies gilt auch für dich. Ich habe die sechs übernatürlichen Kräfte – genau wie du. Und ich übe die vierfache Meditation von 1) Zen, 2) der Weisheit, 3) der Weisheit des Gehörs, des Denkens und der Übung, 4) der Gelübde. Genau wie du.'

Ein Brahmane meinte zum Buddha: ,Gestern kam ein gewisser Brahmane in mein Haus. Wer ist er?' Der Buddha zeigte auf Kâshyapa. Dann sagte der andere: ,Dies ist ein buddhistischer Mönch, kein Brahmane.' Buddha erwiderte: ,Ich bin in den Regeln für Mönche und Brahmanen bewandert, genau wie Kâshyapa. Sein Verdienst ist eins mit meinem. Warum sollte er nicht mit mir zusammensitzen?' Bei diesem Lob runzelten die Mönche ihre Stirn.

Daraufhin legte der Bhagavat die frühere Existenz Kâshyapas dar: ,In alten Zeiten gab es einen heiligen König Bundakatsu, der herausragende Fähigkeiten besaß. Shakrendra (Indra), der dessen Verdienst achtete, entsandte tausend Kutschen und begab sich zum Hofe, um ihn zu sehen. Als der König erschien, setzte sich Shakrendra (Indra) auf den gleichen Sitz wie dieser. Er teilte seine Freude mit dem König und begleitete ihn zum Palast. In früheren Zeiten hieß Kâshyapa (Shakrendra) mich (den heiligen König) den Sitz des weltlichen Dharma einnehmen. Doch nun, wo ich ein Buddha werden muss, befehle ich ihm, den Sitz des wahren Dharma einzunehmen, um ihn für sein früheres Verdienst zu belohnen.

Wenn Menschen und Himmelswesen sich auf solche Art dem Buddha gegenüber niedersetzen, nennen sie sich selbst Buddhas. Kâshyapa jedoch nannte sich nie Buddha, obwohl er mit solchem Verdienst ausgestattet war. Im Zeitalter des verfallenden Buddhismus sind diejenigen, die kein solches Verdienst haben, sich aber absichtlich Buddhas nennen, Verleumder der Drei Schätze. Wie dumm! Wie könnten sie vermeiden, in die drei üblen Welten zu fallen? Selbst wenn Arhats oder Bodhisattvas siebenundzwanzig Generationen lang von Kâshyapa bis Bodhidharma das Schatzkammer-Auge des Wahren Dharma Buddhas übermittelt haben, würden sie sich nie selbst als Buddhas bezeichnen. Weil Buddhaschaft das letzte Ergebnis der Übung ist. Der Patriarch erkennt den Dharma und bewältigt ihn. Niemand kann Buddhas Weisheit ergreifen, wie es ihm passt. Nur wahre Erben der Buddhas und Patriarchen wissen dies genau.

Man wird letztlich in einem Augenblick oder aber während unzähliger *kalpa* zum Buddha. Es gibt drei unterschiedliche Zeiten, doch ein Buddha zu werden ist weder schwierig noch leicht, es erfordert weder einen langen Zeitraum noch einen kurzen. Manchmal wird einer zum Buddha in einer Faust, manchmal auf der Spitze eines *shujô*, manchmal auf dem Scheitel oder in den Augäpfeln eines Zen-Mönchs. Nichtsdestotrotz wurden das *kalpa,* der Name, das Land, in dem man zum Buddha oder einem ausgebildeten Schüler werden kann, die Lebensspanne und der rechte und formelle Dharma allesamt vom vorherigen Buddha geweissagt. Auch der Patriarch bietet diese auf rechte Weise seinen Erben an. Wir haben entdeckt, was es heißt, das Schatzkammer-Auge des Wahren Dharma, den Wunderbaren Geist des Nirwana, angeboten zu bekommen. Mönche! Wollt ihr dies vollständig verstehen?

Der vorige Buddha überträgt stets den Dharma auf seine Nachfahren und fegt dabei das große Universum aus, indem er die zahllosen Unterscheidungen klärt. Es ist wie wenn ein Löwe seinen Jungen das Geheimnis der Löwen zeigt. Zu dieser Zeit sind alle Dinge im Dharma."

34. „Kuei-feng Tsung-mi[392] sagte: ‚Das Wort ‚Weisheit' ist ein Tor zu zahlreichen Wundern.' Der Zen-Meister Huang-lung Ssu-hsin[393] meinte: ‚Das Wort ‚Weisheit' ist ein Tor zahlreicher Übel.' Später haben Buddhisten sich über die vorläufigen Worte der beiden tugendhaften Mönche unterhalten. Solche, die den Dharma nicht kennen, versuchen zu erwägen, welche besser sind. Aber in den letzten paar hundert Jahren konnten sie sich nicht entscheiden. Dennoch sind Tsung-mis Worte eine Fallgrube für einen Nicht-Buddhisten, weil ‚Weisheit' nicht immer zart oder grob ist. Huang-lungs Worte stehen noch für eine enge Sicht, weil ‚Weisheit' nicht immer falsch oder richtig ist. Heute frage ich sie nach ihren Worten. Mönche, wollt ihr dies verstehen?

Wenn der Ozean mit Wasser gesättigt ist, fließen zahlreiche Flüsse stromaufwärts."

35. In der Nacht des Erntemondes sprach Dôgen in der Vortragshalle: „Der Sesamreiskuchen (Mond) Yün-mens ist rund. Aus dem Schlaf erwachend und aufstehend suche ich danach, doch kann ich ihn nicht finden. Nur meinen Kopf erhebend, schaue ich zum blauen Himmel auf."

36. „Zazen kann einen Menschen von der Täuschung befreien, ohne eine Spur davon zu hinterlassen [ohne nach Verdienst zu streben]. Darum gibt es auf ewig keine Kluft zwischen Innen und Außen. Die Worte ‚Körper und Geist abwerfen' bedeuten nicht ‚Körper und Geist verlieren' [Beim Abwerfen von Körper und Geist, was sind da Körper und Gliedmaßen?]. Sie können nicht in die eigenen Knochen und ins eigene Mark übertragen werden [Wie kann es aus den Knochen und dem Mark heraus übertragen werden?]. Wie kann jemand sie also durchdringen? Indem er die Gliedmaßen Gautamas ergreift und das Universum umhaut. Die Täuschung ist schrecklich, doch sie besitzt keine Substanz [Wurzeln]. Darum erweckt ein Grashalm den buddhistischen Wind."

---

[392] 780–841, Mönch und Verfasser u.a. des *Gennin-ron*.

[393] – 939, Dharma-Erbe von Mei-chang Tsu-hsin.

37. „Mittels welcher Kraft kann jemand ein Feuer machen, indem er Eis aneinander reibt? Er übt mit Hingabe den Weg, tritt ein ins Reich von Geburt und Tod und ergreift das große Wirken jenseits davon [Unsere Körper beim Überqueren abwerfend, können wir ins Leben zurückkehren.]. Doch von einem höheren Standpunkt aus ist es eine Schande. Er ist vergeblich darum besorgt. Dies ist, was ich auf der erhabenen Plattform studiert habe. Wie könnte ich eine noch tiefere Höhle (absolutes Wirken) zum Ausdruck bringen?

Ich mache einen langsamen Spaziergang und unterbreche den Klang fließenden Wassers, sehe Vögel zu meinem Vergnügen fliegen und verfolge ihren Weg."

38. Am ersten des neunten Monats sprach Dôgen in der Vortragshalle: „Wenn jemand sich eifrig gegen Geburt und Tod (Täuschung) wappnet, wie kann er dann die vier Dinge[394] und fünf Begierden schätzen? Selbst wenn sich jemand nach einer alten Geschichte wie derjenigen sehnt, wo Hui-ko sich beim Shaolin-Tempel drei Mal vor Bodhidharma niederwarf und die Essenz von dessen Dharma ergriff, wie kann er da den Zeitraum von sechs Jahren vergessen, den der Buddha Zazen übte? Auf welche Weise werden meine Anhänger diese Ansicht zum Ausdruck bringen?

Heute Morgen ist der erste des neunten Monats. Gemäß der Überlieferung schlagt auch ihr das Holzbrett und macht Zazen. Haltet kein Nickerchen, sondern befreit euch von der Täuschung, ohne mit den Augen zu zwinkern oder die Stirn zu runzeln."

39. „Tung-shan fragte einst Yün-yen: ‚Wer kann die Lehrrede fühlender Wesen hören?' – ‚Nicht-fühlende Wesen können es.' – ‚Könnt Ihr sie hören?' – ‚Wenn ich es kann, kannst du meine Lehrrede nicht hören.' – ‚Dann werde ich eure Lehrrede nicht hören.' – ‚Du hörst weder meine Lehrrede noch die der nicht-fühlenden Wesen.' Schließlich gab ihm Tung-shan die folgenden Verse:

‚Wie wunderbar! Wie wunderbar!
Die Lehrrede nicht-fühlender Wesen ist jenseits des Denkens.
Mag sie auch für unsere Ohren unhörbar sein,
unsere Augen können sie vernehmen.'

Ein Mönch fragte einst den Nationallehrer Nan-yang: ‚Erläutern nicht-fühlende Wesen den Dharma?' – ‚Ja, kraftvoll.' – ‚Wer kann ihre Lehrrede hören?' – ‚Erleuchtete.' – ‚Hört Ihr sie denn?' – ‚Wenn ja, bin ich ihnen gleich.'

[394] 1) Jugend, 2) Frieden, 3) Lebensspanne, 4) Reichtümer und Ehren.

Dazu sage ich: Der Nationallehrer Nan-yang meinte: ‚Erleuchtete.' Yün-yen sagte: ‚Nicht-fühlende Wesen.' Warum sagte keiner von ihnen: ‚Gewöhnliche Menschen'? Versucht mir zu erklären, welchen Dharma nicht-fühlende Wesen darlegen. Wenn jemand mich danach fragt, antworte ich, dass sie ihren eigenen Dharma erläutern.'

Die Lehrrede nicht-fühlender Wesen ist wunderbar. Selbst die Tathâgatas in den drei Zeiten glauben daran und erhalten sie. Wer kennt sie also? Ein *shujô* in Nicht-Geist."

40. „Einen Ziegel zu einem Spiegel zu schleifen ist der Weg, durch Übung angehäuftes Verdienst zu vergelten; einen Spiegel zu einem Ziegel zu schleifen entstammt der Weisheit. Einen Spiegel zu einem Spiegel zu schleifen bedeutet, dass die eigene Hand der Hand Buddhas ähnelt. Auf diese Weise Zazen zu üben und ein Buddha zu werden bedeutet, Gras zu streuen und sich im Übungskloster hinzusetzen [einen Grassitz am Ort des Erwachens zu schaffen]. Warum ist dies so?

Sobald jemand erleuchtet wird, geschieht dies auch anderen. Es ist, als würden beim Schlagen eines Wagens auch die anderen Wagen[395] sich in Bewegung setzen. Dann taucht die Blüte des Buddha-Geistes in der Nacht auf, und die Welt des Frühlings duftet."

41. „Einst sagte Hsüeh-feng zu einigen Mönchen: ‚Der Pavillon Wang-chou-ting, der Berg Wu-shih und die Vorderseite der Meditationshalle sind Menschen begegnet.' Später griff Pao-fu[396] diese Geschichte auf und sagte zu Wo-hu[397]: ‚Von der Vorderseite der Meditationshalle abgesehen – wo ist der Wang-chou-ting dem Berg Wu-shih begegnet?' Da eilte Wo-hu zurück in sein Zimmer. Pao-fu betrat bald darauf die Meditationshalle. Dazu sage ich: Die Menschen begegneten den Menschen selbst. Mönche! Wollt ihr dies verstehen?

Es ist keine unbedeutende kausale Beziehung, dass die vorgenannten drei den Menschen begegneten. Chao-chou tauschte sein Auge gegen das des Buddha aus, Kâshyapa lächelte milde, Hui-ko trennte sich den Arm ab – all dies ist die Übung des Zazen, wo Körper und Geist abgeworfen wurden. Ihr habt keine Buddha-Natur, noch habe ich sie, noch ein *zenpan* oder ein Zazen-Kissen [ich bin einfach wie dies, *zenpan* und Zazen-Kissen sind genau so]. Was könnte ich noch dazu sagen? ‚Ich durchstoße meine Nasenlöcher selbst.'"

---

[395] Ma-tsu wurde einst gefragt, ob er dann, wenn ein Ochsenkarren anhält, den Ochsen oder den Karren schlüge. Dôgen plädiert im *Zazenshin* abweichend für den Karren.

[396] – 928, Dharma-Erbe von Hsüeh-feng I-tsun.

[397] Dharma-Erbe von Hsüeh-feng I-tsun.

42. „Yüeh-shan fragte einst den *shrâmanera* Kao: ‚Verstehst du den Dharma, indem du Sutren liest oder indem du der Lehrrede des Meisters lauschst?' – ‚Durch keins von beidem.' – ‚Es gibt viele Menschen, die keinem von beidem folgen. Warum erkennst du nicht durch eines davon den Dharma?' – ‚Ich meine nicht, dass ich keinem von beidem folge, sondern dass ich von beiden frei bin.' Heute möchte ich diese Worte kommentieren. Yüeh-shans ‚Verstehst du den Dharma?' bedeuten, dass Erleuchtung und Nicht-Erleuchtung aus der eigenen Faust (konkretem Wirken) kommen. Das ‚Ich erkenne den Dharma nicht' des *shrâmanera* Kao bedeutet, dass einer Chao-chous Tee trinkt, bevor er diesem begegnet. Yüeh-shans Worte ‚Es gibt viele Menschen' bedeuten, dass alle fühlenden Wesen die Nicht-Buddha-Natur haben. Kaos Worte ‚Ich meine nicht' bedeuten, dass alle fühlenden Wesen die Buddha-Natur haben. Wenn jemand mich plötzlich fragt: ‚Ist dies so?', dann antworte ich: ‚Ursprünglich brauchen wir das Nicht-Sein [Leere], um die Ansicht vom Sein abzuwerfen. Doch wenn wir Nicht-Sein haben, auf welches Nicht-Sein [welche Leere] sind wir dann angewiesen?"

43. „Ich habe auf rechte Weise übermittelt, dass es im Schnee einen einzigen Zweig mit Pflaumenblüten gibt. Menschen von mittleren oder niederen Fähigkeiten glauben nicht, was sie oft hören, während Menschen höherer Talente fest an das glauben, was sie hören [Mahâyâna-Bodhisattvas ohne Zweifel vertrauen]."

44. „Beim Studium des großen Weges der Buddhas und Patriarchen ragen die Menschen in den sechs Reichen der Existenz heraus. Die Menschen der drei Kontinente[398] besitzen die Fähigkeit, den großen Weg zu verwirklichen, und manchmal werden sogar Tiere erleuchtet. Sie bestätigen Buddhas Weisheit zu allen Jahreszeiten. Ling-yün klärte Buddhas Weisheit im Frühling beim Anblick von Pfirsichblüten, Hsiang-yen[399] im Herbst, als er hörte, wie etwas von einem Stein getroffen wurde.

Der Abt Ling-yün machte damals folgende Verse für Ta-wei:

‚Dreißig Jahre habe ich nach einem Meister [Schwertkämpfer] gesucht.
In dieser Zeit fielen zahllose Blätter, und unzählige Knospen traten hervor.
Doch seit ich erblühende Pfirsichblüten schaute,
befinde ich mich im Reich ohne Zweifel.'

Wir haben erkannt, dass seine Erleuchtung das Ergebnis von dreißig Jahren buddhistischer Praxis war. Heutige Menschen sollten sich an ihm ein Beispiel nehmen.

---

[398] Jambudvîpa, Pûrvavideha und Aparagodâniya.

[399] – 898, Dharma-Erbe von Wei-shan Ling-yu.

Der Abt Hsiang-yen trat der Sangha Ta-weis bei und übte dort acht Jahre lang. Eines Tages meinte Ta-wei: ‚Lass alles beiseite, was du in Schriften, Kommentaren und meinen Reden gehört hast, und sage ein einziges Wort.' – Hsiang-yen las Schriften und Kommentare, konnte jedoch kein einziges passendes Wort finden. Er sagte zu Ta-wei: ‚Ich kann nichts sagen. Bitte gebt Ihr mir ein Wort.' – ‚Das macht nichts. Doch wenn ich dir ein Wort gäbe, würdest du mich später verleumden.' – ‚Ich werde in diesem Leben keine Erleuchtung erlangen, sondern lange Zeit als Mönch die Mahlzeiten servieren.' Dann nahm er die Schriften und Kommentare und sagte: ‚Bilder vom Reiskuchen können den Hunger nicht stillen', verbrannte sie und ging davon. Später gelangte er zu den Ruinen der Einsiedelei von Nationallehrer Nan-yang Hui-chung, baute eine weitere Klause und lebte dort.

Als er eines Tages in seiner Freizeit den Weg fegte, hörte er den Klang, mit dem ein Bambus von einem Stein getroffen wurde, und erfuhr plötzlich Erleuchtung. Er brachte sie in diesen Versen zum Ausdruck:

‚Beim Hören des Klanges eines Bambus, der von einem Stein getroffen wird,
bin ich frei von Wissen und anderen Übungen.
Alle meine täglichen Handlungen sind das Wirken des *bodhi*
und jenseits des Reiches der Erleuchtung.'
[Mit einem *klack* verschwinden Subjekt und Objekt.
Ich versuche nicht mehr, die Dinge selbst zu klären.
In allen meinen Handlungen feiere ich den altehrwürdigen Pfad
und verfalle nicht in Passivität.]

Er wusch sich, richtete seine Kleidung, verbrannte Weihrauch und warf sich in Richtung des weit entfernten Ta-wei mit den Worten nieder: ‚Der große Abt Ta-wei ist mein Meister. Ich schulde ihm mehr als meinen Eltern. Wenn er mir damals geantwortet hätte, wie hätte dies heute geschehen können?'

Die Übung Hsiang-yens war so streng, dass Menschen heutzutage sie als Vorbild ansehen sollten.

Ich wiederhole Verse des Zen-Meisters Ling-yün:

‚Ling-yün machte eine Kerbe in sein Boot
  für sein verlorenes Schwert (Dharma),
von dem er weiter entfernt war als Hu von Yüeh[400].
Oft hielt er an einem langen Frühlingstag
  nach einem Zweig (Dharma) Ausschau,
doch nun ist er frei von Täuschung,
  als er überraschend die Pfirsichblüten erkennt.'

---

[400] Der Staat Hu befand sich im Norden Chinas, Yüeh im Süden.

Ich wiederhole auch Verse von Abt Hsiang-yen:

‚Hsiang-yen fegte einen Stein (Buddha-Weisheit) im Nicht-Geist weg,
doch wie war der Klang des Bambus beim ersten Mal?
Es ist das Gleiche, als wären die vier Ozeane grenzenlos,
und wir würden dennoch Tautropfen aus dem Gras hinzufügen.
Nan-yüeh sagte etwas dazu,
noch bevor acht Jahre seiner Übung herum waren.

Mönche! Wie solltet ihr das Reich der Erleuchtung der zwei altehrwürdigen Mönche zum Ausdruck bringen?

Das Reich von Hsiang-yen ist, als würde sich nichts in zahlreichen zerbrochenen Spiegeln reflektieren, während das Reich Ling-yüns wie eine ungestüm tanzende Blüte ist, der es schwer fällt, wieder an ihren Zweig zurückzukehren."

45. „Wenn ein Staubkorn erhoben wird, kehrt die ganze Erde zu ihm zurück; wenn ein Blüte erscheint, tritt die Frühlingswelt ins Dasein. Sobald eine Erinnerung abgeworfen wird, sind vierundachtzigtausend Täuschungen beseitigt; wenn eine Aussage unserem geistigen Wirken entspricht, sind die vierundachtzigtausend Lehren vollendet. Wenn jemand das Hauptseil hebt, folgt das Netz; und wenn jemand einen Kragen anhebt, folgt die ganze Kleidung. Dann denken wir, dass einer viele ist und umgekehrt, dass klein groß ist und umgekehrt, dass eine Haarspitze ein großer Tempel ist oder ein Atom den großen Dharma erläutert. Mönche! Versucht mir zu sagen, wie ihr einen großen Tempel beschreibt und den großen Dharma erläutert." Dann erhob Dôgen seinen *hossu* und sagte: „Schaut her! Schaut her! Dieser prachtvolle Tempel und der Dharma werden von unzähligen Gelübden, Meditationen, Weisheiten und Befreiungen dargelegt. Dadurch werden die zahllosen *samâdhi, dhârani*[401] und die Lichter unzähliger Juwelen vervollständigt. Mönche! Wollt ihr dies verstehen?

Der Patriarch legt die Übung des Zazen dar, eine Schwalbe diskutiert tiefgründig die wahre Form aller Dinge.[402] Manchmal gibt es eine Trennung zwischen fühlenden Wesen und Buddhas, manchmal nicht. Warum also das Zwirbeln einer Blume und ein Zwinkern mit dem Auge verleumden?"

[401] Mystische Silben.

[402] Siehe das Kapitel „Shohô Jissô" im *Shôbôgenzô*.

46. „Von einem höheren Standpunkt aus kann ich sagen, dass zahllose Mönche nie den Buddha eine Udumbara-Blume aufnehmen sahen. Als Bodhidharma Hui-ko das Mark seines Dharma auf dem Berg Sung übertrug, wurde Hui-ko eins mit Bodhidharma. Dieses Reich der Erleuchtung wird einem Menschen nur bekannt, damit er in der Lage ist, zahlreiche Unterschiede und Gemeinsamkeiten zwischen Kranichen (Lehrern) und Enten (Schülern) zu erkennen oder zahllose Berge gleichzumachen und Täler aufzufüllen. In diesem Fall ist eure Übung des Weges jenseits von gewöhnlich und heilig, die Dinge haben ihren eigenen Ort und die säkulare Welt ist ewig [und die Formen der Welt verweilen immerfort][403].

Das Reich der Erleuchtung, das einer erlangt hat, indem er seine Strohsandalen verschliss, ist anderen unbekannt. Er kommt in sein eigenes Haus zurück (die ursprüngliche Welt) und gönnt sich dort eine Pause.“

47. Zur Begrüßung eines *shoki*-Mönches sprach Dôgen in der Vortragshalle: „Dieser *shoki*-Mönch besitzt die gleiche Kraft wie der Buddha Mahâbhijnâjnânâbhibû, der eine Milliarde Welten mittels tropfender indischer Tinte abzählte. Wenn dieser Mönch eine Milliarde Welten zählte, wäre er [wären diese] so selten wie eine Lotusblume im zwölften Monat. Er hebt einen drei Fuß langen Pinsel aus Schildkrötenhaar hoch und durchkreuzt die sturen Ansichten von Nicht-Buddhisten.“

48. „Ein Zen-Mönch sitzt auf einem Zazen-Kissen und erzeugt unaufhörlich, aber unwissend, die Buddhas. Er erläutert den reinen Dharma mit einem *zenpan* und hinterlässt keine Spuren davon. Sogleich erkennt er den Einen als solchen allein und begreift, dass die zahlreichen unterscheidenden Merkmale des Buddha wahr sind. Die Gegenwart als einzige Zeit annehmend, hört er Sutren und überschreitet Äußerlichkeiten, während er den Dharma als wunderbar begreift. Ein Mann, der den wunderbaren Dharma überall erkennt, kann ihn leicht erfassen. Wenn es keine Trennung zwischen Meister und Gast oder Bild und Schatten gibt, wie werdet ihr dann handeln?

Nasenlöcher lachen laut und Augäpfel beobachten den Großen Wagen und den Altair[404]. Dieses Reich ist die klare Sicht eines wind- und wolkenlosen Morgens, und auch die des Herbstes, wo es keine Kluft zwischen Himmel und Erde gibt.“

---

[403] Zitat aus dem *Lotus-Sutra.*

[404] Dieser Stern im Sternbild Aquila (Adler) – der zwölfthellste am Nachthimmel – wird am siebten Tag des siebten Monats beim Tanabata-Fest gefeiert. Zu dieser Zeit soll er einem anderen Stern nahe kommen, in den er verliebt sei.

49. Zur Öffnung einer Feuerstätte malte Dôgen in der Vortragshalle mit dem *hossu* einen Kreis in die Luft und sprach: „Dies ist meine große Feuerstätte. Doch wenn ihr daran haftet, werden euch Bart und Haare ausfallen. Wenn ihr euch davon befreit, wird das tropfende Wasser der Buddhas und Patriarchen gefrieren. Zuallererst kommt der Junge, der fürs Feuer verantwortlich ist *(heitei-dôji)*, zu dieser Feuerstätte und lacht über Tan-hsia, der sich dort erwärmt."

50. „Es gibt letztlich keine Kluft zwischen dem Wegwerfen von Körper und Geist und dem von Haut und Mark oder zwischen einem süßen Lächeln und den vier Elementen. Könnt ihr das jetzt auf die rechte Weise begreifen?

Es ist, als sänge jemand nun ein Schlaflied, obwohl er einst entschlossen war, eine anregende Melodie zu trällern [In früheren Jahren haben wir die Stellung von Drachen und Schlangen bestimmt, doch heute sind wir wieder wie singende Kinder]."

51. „Eines Tages sagte ein Mönch zu Pai-chang: ‚Das *Yogâcâra-bhûmi* und das *Keyûra-Sutra* legen die Gelübde des Großen Fahrzeuges dar. Warum folgt Ihr ihnen nicht?' Pai-chang erwiderte: ‚Der tiefste Sinn ist im Großen Fahrzeug und geht darüber hinaus.'

Pai-chang zeigte ein Fahrzeug unter zehn und legte den Dharma so freundlich dar, als hätte er sich vor seinen Gästen verneigt und seinen eigenen Tee getrunken. Viele mögen seine *saindhava*[405] hören, doch nur wenige werden ihn wirklich erkennen."

52. „Mittels Zazen kann man sich selbst von Richtig und Falsch und von Hell und Dunkel befreien. Die Buddhas und Patriarchen verschmelzen Übung und Erleuchtung wie Gießer. Ein Zazen-Übender weiß, dass hinter den Augenbrauen eines Skelettes lebendige Augen liegen und dass das leere *kalpa* die letztgültige Wirklichkeit der Worte ist. In diesem Reich des Zazen macht ‚die Giraffe[406] von der Farbe roten Lehms' des Ching-yüan einen gemächlichen Spaziergang, und ‚der Löwe mit goldener Mähne'[407] des Yüeh-shan zeigt seine Kraft [Würde]. Wenn beide einander begegnen, müssen sie sich bei den Händen nehmen und zu Einem auf dem großen Weg werden."

---

[405] Eine Bitte, der unmittelbar entsprochen wird.

[406] Eigentlich *kirin*, ein Fabeltier mit dem Körper eines Hirsches, dem Schwanz eines Ochsen, den Hufen eines Pferdes, einem fleischigen Horn, einem gelben Bauch und mehrfarbigem Rücken; steht im Zen für eine herausragende Person, hier für Shih-tou.

[407] Yün-yen.

53. „Was die Buddhas und Patriarchen nicht dargelegt haben, liegt in meiner Faust. Habt ihr es gesehen? Versteht ihr es? Wenn ihr es abwerft, zeigt ihr ein so wunderbares Wirken wie drei Köpfe und acht Arme. Wenn ihr es aufnehmt, kennt das Wasser eures Dharma kein Leck. Versucht es nur auszudrücken, als wäret ihr frei von solcher Unterscheidung.

Seit ich auf diesem Weg der [des Abtrennens von] Unterscheidungen voranschreite, übe ich auf dem Scheitel Vairocana-Buddhas."

54. Zur Begrüßung eines *zôsu*[408]-Mönchs in der Vortragshalle sprach Dôgen: „Der Buddha führte Menschen in einer Milliarde Welten, sein Weg schien Wolken und Donner zu erzeugen. In dieser Faust finden endlose Lehren ihren Weg und vierundachtzigtausend Dharma-Tore werden geöffnet."

55. „Die Kiefern im Tal und die Kraniche im kalten Nest sind von friedlicher Natur und hochragender Figur. Das Tal umfängt den leuchtenden Mond, die Berge lieben die fünffarbigen Wolken. Jeder einzelne Fleck erscheint klar, die zehn Richtungen sind leer und offen.[409] Könnt ihr dies jetzt recht verstehen?

Lin-chi fürchtete sich nicht, Huang-pos Tigerbart zu streicheln. Ching-yüan erfreute sich am Horn einer Giraffe (Shih-tou)."

56. „Ein Mönch meinte zu Pao-fu: ‚Was sagte Hsüeh-feng, um seine Erleuchtung zu verwirklichen [in seinem Alltagsleben], das einer Antilope glich, die mit ihren Hörnern an einem Zweig hängt (keine Spuren ihrer Schritte hinterlässt)?' Pao-fu antwortete: ‚Ich bin nicht frei davon, sein Schüler zu sein. [Wäre ich nicht sein Schüler geworden, hätte ich dies nicht verwirklicht].' Der Zen-Meister Yüan-wu kommentierte dies so: ‚Die Federn eines Pfaus und die Hörner einer Giraffe empfangen gegenseitig ihren Glanz. Wenn ihr es so klären wollt, dass ihr einen Tiger lebendig fangen könnt, müsst ihr ein Wort sagen, das einer steilen Klippe (letzter Wirklichkeit) gleichkommt. Pao-fu war sich solcher Worte bewusst, konnte sie jedoch nicht mehr aufgeben [Pao-fu wusste nur so zu kommen, aber nicht so zu gehen]. Wenn jemand die gleiche Frage in Bezug auf Wu-tsu (Yüan-wus Lehrer) stellte, würde ich antworten, dass ich es nicht wage, mich gegen meinen verstorbenen Lehrer zu wenden. Versteht ihr? Es ist wie mit einem hohen Berg, der die weißen Wolken nicht daran hindert, umherzuziehen.

Wenn jemand mir die gleiche Frage bezüglich Tien-tung stellt, antworte ich nur, dass dieser einst die alte Höhle eines Wildfuchses mit seiner Faust zertrümmerte. Wenn jemand weiter fragt: ‚Das ist ein gewöhnlicher Ausdruck, wie lautet dein eigener?', dann erwidere ich: ‚Ich werde, solange ich lebe, nie früher schlafen gehen als Tien-tung.'"

---

[408] Zuständig für die Schriften im Tempel.

[409] Zitate von Hung-chih Cheng-chüeh/Wanshi Shôgaku.

57. „In der Vortragshalle sagte einst Zen-Meister Huang-lung Pu-choa: ‚Der dritte chinesische Patriarch[410] meinte: ‚Der Dharma ist rund und vollkommen wie das Universum. Doch in Wahrheit ist dies nicht so, denn wir haben einen unterscheidenden Geist [‚Die Vollkommenheit des höchsten Weges ist der uranfänglichen Leere gleich, ohne Mangel, ohne Extras. Doch wegen des Ergreifens und Aussonderns geht Soheit verloren.‘ (!)].‘ Also ist der Dharma jenseits von Zunehmen und Abnehmen, unabhängig von heilig und gewöhnlich. Doch warum verwirklichen die Buddhas höchste Weisheit, während gewöhnliche Menschen in das Reich von Geburt und Tod fallen? Nur weil die Letztgenannten einen solch unterscheidenden Geist haben, die Buddhas aber frei davon sind und darum Erleuchtung erlangen können. Gewöhnliche Menschen hängen daran und fallen deshalb ins Reich von Geburt und Tod. Darum heißt es in einem Sutra: ‚Traum und Halluzination sind ganz ähnlich dem Mond im Wasser. Das Gleiche gilt für Geburt, Tod und Nirwana.‘ Wenn ihr dies versteht, solltet ihr aufhören, bei Pippalaguha[411] über den Dharma zu sprechen, und stattdessen den Weg von Tsaochi bedenken.‘ Dann schlug Huang-lung seinen Sitz mit seinem *hossu* und stieg herab.

Heute beraube ich Huang-lung seines Horns und Haarknotenjuwels, lege diese auf meinen Kopf [und setze respektvoll das Juwel in seinen Haarknoten. (!)], erzeuge Wolken und Donner und lasse diese unter den Mönchen zirkulieren. Dies bedeutet: Der Dharma ist rund und vollkommen wie das Universum. Darum verwirklichten die Buddhas den höchsten Weg. Gewöhnliche Menschen hingegen fallen ins Reich von Geburt und Tod, weil sie einen unterscheidenden Geist haben. Wie können sie sich davon befreien? Wollt ihr das wissen?

Wenn ihr versteht, dass Bodhisattvas der höchsten Stufe [unmittelbar bevor sie Buddhas werden] nicht versäumen, unermüdlich Zazen auf dem Sitz der Erleuchtung zu machen [auf dem *vajra*-Sitz zu sitzen], und dass diejenigen der niedrigsten Stufe unweigerlich zum *bodhi*-Geist erwachen [Bodhisattvas, die zum ersten Mal ihren Anfänger-Geist erregen, ausnahmslos den Geist des Erwachens erwecken], dann werdet ihr erkennen, dass der Dharma rund und vollkommen wie das Universum ist [dass die Vollkommenheit des höchsten Weges der uranfänglichen Leere gleich ist, ohne Mangel und ohne Extras].“

---

[410] Chien-chih Tseng-tsan (–606).

[411] Die Höhle nahe Râjagrha, wo Ânanda weilte und kurz nach Shâkyamunis Tod eine erste Versammlung zwecks Formulierens des Kanons stattfand.

VII. Eiheiji Goroku

1. Dôgen sprach in der Vortragshalle: „Wenn wir den Dharma diskutieren, ist es, als würden wir Kot und Urin auf ihm verteilen. Wenn nicht, hören wir ihn schallen wie Donner. Dann ist die ganze Erde eingeebnet und das ganze Weltall auseinandergerissen. Die Dinge nicht hinein- oder hinauswerfend, schlägt man sie mit einem Hammer und versteht sie [Ohne von außen eintreten und ohne von innen heraustreten zu dürfen, schlägt ein Hammer das Holzbrett (für Ankündigungen), und zehntausend Angelegenheiten sind vollendet].

   Der immer wieder fallende Schnee ist ein Bild für den Dharma [Immer wieder existiert alles innerhalb eines Gemäldes]. Nur diejenigen, die den bitterkalten Schnee um Mitternacht nicht fürchten, werden dies verstehen."

2. „Der dritte Patriarch, ein großer Lehrer, sagte: ‚Der höchste Weg ist nicht schwer zu verwirklichen. Wir dürfen bloß keine Unterschiede machen.' Manche mögen seine Worte hören, ihre Bedeutung verstehen sie jedoch nicht, wenn sie sagen: ‚Nichts besitzt Gut und Böse oder Richtig und Falsch. Man geht nur gemäß seiner eigenen Natur durch die Welt und verhält sich je nach den Umständen. Zwischen Gut und Böse, Richtig und Falsch nicht unterscheidend, begegnet man ihnen.' Oder sie sagen: ‚Die Worte ‚nicht unterscheiden' bedeuten, keine Worte zu äußern. Stattdessen nur einen Kreis zu zeichnen, ein *hossu* oder *shujô* zu erheben und hinzuwerfen, in die Hände zu klatschen, einen Schrei loszulassen, ein Zazen-Kissen zu nehmen, die Faust gegen einen anderen zu schütteln – all dies ist das Erscheinen von Erleuchtung.' Diese Ansicht ist immer noch eine gewöhnliche. Wenn jemand zu mir sagt: ‚Was bedeuten die Worte: ‚Wir dürfen nur nicht unterscheiden?', dann sage ich nur: ‚Ein Garuda isst nur lebende Drachen, und die Bodhisattvas der höchsten Stufe werden in keinem anderen Land geboren als dem Tushita-Himmel.'"

3. „Bodhidharma vom Berg Sung sagte: ‚Selbst im Laufe von achttausend Jahren nach meinem Tod wird sich mein Dharma nicht ändern.' Unser Buddha-Tathâgata sagte: ‚Ich hinterlasse nach meinem Tod das Verdienst meiner weißen Locke zwischen den Augenbrauen meinen Nachfolgern.' Oder: ‚Ich lasse zwanzig Jahre meiner Lebensspanne zum Schutze meiner hinterbliebenen Schüler zurück.' Dazu habe ich Verse verfasst:

   Kalte Pflaumenblüten im zwölften Monat enthalten das Mondlicht,
   seine Übung auf dem Himalaya gleicht Frost auf dem Schnee.
   Seine weiße Locke verleiht seinen fernen Nachfolgern
   noch immer Wohltaten.
   Wie ist es möglich, solch wunderbares Verdienst zu verstehen?"

4. „Die Buddha-Natur manifestiert sich im Augenblick, unabhängig vom Davor und Danach [Die Buddha-Natur ist in Vergangenheit und Zukunft, in jedem Moment vollkommen]. Wenn sich also jemand lange Zeit übt, wird er die Buddha-Natur so verwirklichen, wie Käse in der Milch vorhanden ist [Trotz Unterschieden in Meriten und Tugend verdienen sich Milch und Käse ihre Namen zur jeweils rechten Zeit]."

5. Am 8. des zwölften Monats sprach Dôgen in der Vortragshalle: „Als der Bhagavat zum ersten Mal erleuchtet wurde, zitierte er Buddhas Worte von: ‚Drei Viertel dieser Nacht sind bereits vergangen', bis: ‚der Eine mit allwissender Weisheit'. Weiter zitierte er von: ‚Unermessliches Verdienst ist bereits erschienen und hat vollständiges Wirken gezeigt, so wie im zwölften Monat ein Fächer aus den eigenen Händen springt', bis: ‚Hiermit habe ich meine früheren Täuschungen ausgelöscht.' Ich habe hier ein paar Verse aus den Bergen, mit denen ich seine Freundlichkeit vergelten möchte.

   Es gibt keine Freiheit von Praxis und Erleuchtung.
   So konnte der Buddha den Weg verwirklichen.
   [Es gibt zwar Praxis-Verwirklichung, doch der Weg des Erwachens ist vollständig.]
   Welche Stufe des *satori* ist da in diesem Augenblick?
   Unser barmherziger Buddha wurde bei Tagesanbruch erleuchtet.
   Es ist, als würde jemand einen Grashalm
     an seiner früheren Augenbraue befestigen.
   Welch freudvolles Ereignis dies ist!"

6. „Niemand kann erkennen, wann sich Praxis und Erleuchtung manifestieren. Niemand kann Ursache von Wirkung unterscheiden, weil sie eins miteinander sind. Es gibt keine Kluft zwischen Dharma und Reich, keine zwischen Weisheit und Körper. Was solltet ihr also zu dieser Praxis sagen?

   Eine Milliarde Welten schulden ihm Dankbarkeit. Alle fühlenden Wesen folgen seiner Anweisung.

7. „Chao-chou sagte einst: ‚Keine Holzstatue und kein metallenes Abbild des Buddha hängen über einer Feuerstätte, kein tönernes Bild des Buddha hängt im Wasser. Der wahre Buddha sitzt inmitten der Menschen [Ein hölzerner Buddha geht nicht durchs Feuer, ein goldener nicht durch den Brennofen, ein tönerner nicht durchs Wasser. Der wahre Buddha sitzt mittendrin].' Mönche! Versteht ihr dies? Was ist eine Holzstatue des Buddha? Es ist der Krakucchanda-Buddha. Was ist ein metallenes Abbild des Buddha? Es ist der Kanakamuni-Buddha. Was ist ein tönernes Bild des Buddha? Es ist der Kâshyapa-Buddha. Was ist der wahre Buddha? Es ist der Shâkyamuni-Buddha. Warum ist dies so?

   Weil der hervorragende Körper des Tathâgata vom weltlichen verschieden ist."

8. „Am Todestag seiner Mutter sprach Dôgen in der Vortragshalle: „Wenn Pfirsich- und Pflaumenbäume Frost und Schnee widerstehen, zerbricht ein Bettler seine Schale. Das Licht, das von der weißen Locke unseres Buddha erstrahlt, erleuchtet dann das gesamte Universum. Dieses wunderbare Licht legt den Dharma dar. Dies ist der Weg der Buddhas und Patriarchen. Was sollte ich noch über die Praxis eines Zen-Mönches sagen?"

   Hier warf Dôgen seinen *shujô* hin, drehte sich zu einigen Mönchen um, zeigte direkt mit dem Finger auf sie und sagte: „Schaut! Wenn der *shujô* eines Zen-Mönchs einen Salto schlägt, bringt er überall die Menschen zu Sinnen [bricht er bei allem, was er berührt, das karmische Bewusstsein auf]."

9. „Die Buddhas der drei Zeiten und die aufeinanderfolgenden Patriarchen schenkten allen fühlenden Wesen in der Menschen- und Himmelswelt Lehrreden. Dabei fiel der Ausspruch: ‚Tod (Täuschung) ist lang, Tod ist kurz.'[412] Wenn wir uns im Reich von Gier, Wut und Unwissenheit befinden, dann ist unser Leben und unser Tod lang. [Stützen wir uns aber auf Gebote, *samâdhi* und Weisheit, dann sind Leben und Tod kurz.]

   Damals saß eine tugendhafte Frau vor dem Buddha: ‚Bhagavat! Woher kommen Gier, Wut und Unwissenheit?' – ‚Von unserer Blindheit der Wahrheit gegenüber.' – ‚Ist diese Blindheit innerhalb unseres Körpers oder nicht?' – ‚Das ist sie nicht.' – ‚Sie ist also außerhalb?' – ‚Das ist sie nicht.' – ‚Dann ist sie jenseits von beiden?' – ‚Das ist sie nicht.'

   So lautete die Aussage des Tathâgata. Als ein entfernter Nachfolger kann ich das nicht unkommentiert lassen. Wenn die Frau mich heute fragen würde: ‚Wo ist meine Blindheit für die Wahrheit?', dann würde ich antworten: ‚Selbst wenn ich es wüsste, ist sie noch nicht jenseits meines *hossu* [Selbst wenn du es erkennst, kannst du meinem *hossu* nicht entkommen].'"

10. „Während alle fühlenden Wesen im Reich von Geburt und Tod transmigrieren, ist es am schwierigsten für sie, in der Menschenwelt wiedergeboren zu werden. Eines Tages legte der Tathâgata einen Klumpen Erde auf die Rückseite seiner Finger und fragte: ‚Was ist mehr – die Erde von einer Milliarde Welten oder dieser Erdklumpen?' Da sagte Ânanda zum Buddha: ‚Die Erde einer Milliarde Welten. Man kann sie nicht mit dem Klumpen vergleichen.' Der Buddha sagte: ‚Die Zahl der in der Menschenwelt Wiedergeborenen ist so klein wie dieser Erdklumpen. Die Zahl derer, die nicht darin wiedergeboren wurde, ist so groß wie die Erde von einer Milliarde Welten. Doch nur selten begegnen die Erstgenannten dem Dharma.' Mönche! Ihr seid nicht nur in der Menschenwelt wiedergeboren worden, sondern sogar dem Buddhismus be-

[412] Dôgen zitiert im Folgenden wieder Chih-i.

gegnet. Darum solltet ihr so konzentriert den Weg praktizieren, als wolltet ihr euren Kopf vorm Verbrennen retten.

Der Ehrwürdige Ashvaghosha[413] sagte einst zum Ehrwürdigen Punyayasha[414]: ‚Ich würde gern den Buddha kennenlernen. Wer ist der Buddha?‘ – ‚Du möchtest den Buddha kennenlernen, doch er ist jenseits deiner Wahrnehmungskraft.‘ – ‚Wenn dem so ist, wie kann ich ihn dann erkennen?‘ – ‚Er ist bereits jenseits deiner Wahrnehmungskraft. Wie könntest du ihn nicht als den Buddha ansehen?‘ – ‚Dies ist ja das Prinzip einer Säge.‘ – ‚Es ist vielmehr das Prinzip von Holz. Was aber bedeutet die Säge?‘ – ‚Der Meister ist dem Schüler, was die Säge für das Holz ist [Ich werde die Kosten mit dem Lehrer teilen]. Meister, was bedeutet Holz?‘ – ‚Du bist von mir erkannt worden [Du kannst durch mich verstehen].‘ Da erfuhr Ashvaghosha plötzlich Erleuchtung.

Wenn jemand mich fragt: ‚Was bedeutet eine Säge?‘, dann antworte ich: ‚Wenn wir dem Buddha anhaften, werden wir weiter von ihm entfernt sein als der Himmel von der Erde.‘ Und wenn man mich fragt: ‚Was bedeutet Holz?‘, dann sage ich: ‚Wenn es am Anfang den kleinsten Unterschied zwischen dir und Buddha gibt, wird die Folge eine größere Kluft als die zwischen Himmel und Erde sein.‘“

11. Am fünfzehnten des ersten Monats sprach Dôgen in der Vortragshalle: „Schnee bedeckt eine Schilfblume, unbeschmutzt von Staub. Zen-Mönche erkennen diesen reinen Dharma gründlich und machen ihn zu ihrem eigenen. Ein Zweig mit kalten und duftenden Pflaumenblüten erscheint und erweckt den Frühling der ewigen Leere.“

12. „Der Dharma wurde zwei Mal in China eingeführt. Zunächst wurde er von Buddhabhadra Bodhisattva im Tempel Wa-kuan-ssu an Dharma-Lehrer Tseng-chi[415] übertragen, dann von Bodhidharma, dem hohen Mönch beim Shaolin-Tempel auf dem Berg Sung, an Hui-ko aus dem Chin-Staat. Die Übertragungslinie von Tseng-chi existiert nicht mehr, doch die Hui-kos hat sich in ganz China ausgebreitet. Ihr Buddhisten solltet sie erkennen und den höchsten Dharma dank der Tugend des Weisheitssamens praktizieren, der in einer früheren Existenz gesät wurde. Übt den Weg so konzentriert, als wolltet ihr euren Kopf vorm Verbrennen bewahren. Der Buddha sagte: ‚Es gibt zwei Arten von Verbrechern. Die eine tötet alle fühlenden Wesen in einer Milliarde Welten, die andere erlangt große Weisheit, verleumdet jedoch Erleuchtete [Za-

[413] Der zwölfte Patriarch, geboren in Shrâvasti in Zentralindien, verbreitete später als Mönch den Dharma in Nordindien und verfasste einige Abhandlungen zum Buddhismus.

[414] –182 v. Chr., der elfte Patriarch und Dharma-Erbe von Pârshva (jap. Kyô-Sonja).

[415] Seng-chao (ca, 374–414). Siehe *Hekiganroku* (Fall 62).

zen-Übende]. Welche ist die schlimmere?‘ Der Buddha antwortete selbst: ‚Diejenige, die Erleuchtete verleumdet.‘ Wir haben nun erkannt, dass das Verdienst, Zazen zu üben, das hervorragendste und tiefgründigste ist.

Wer auf der Sitzplattform lange Zeit Zazen übt, erkennt, dass ein *shujô* schwarz ist. Gibt es in diesem Augenblick eine andere Wahrheit oder Erleuchtung [Ist da das Prinzip des Abwerfens/Loslassens oder nicht]?

‚Ich dachte, der Barbar hätte einen roten Bart, aber da ist noch ein anderer rotbärtiger Barbar.‘“

13. „Selbst wenn die zahllosen Buddhas und Patriarchen von dieser wichtigsten Angelegenheit sprechen, sind sie davon entfernt, obwohl sie Übung und Erleuchtung folgen. Darum übertrug Shâkyamuni Buddha auf dem Geierberg unter zahllosen Mönchen den Dharma an Kâshyapa allein, und auf dem Berg Huang-mei übermittelte der fünfte Patriarch die Lehre unter siebenhundert bekannten Mönchen allein an den Mönch Lu. Wie kann ein gewöhnlicher Mensch dem Dharma gewachsen sein? Wer aber ist dann ein ungewöhnlicher Mensch? Es ist der wahre Mönch. Er sollte das Banner erweckenden Eifers hissen und sofort und entschieden die strenge Peitsche erheben. So wird er den Schlüssel der Buddhas und Patriarchen erlangen, mit dem er das wichtige Tor jenseits des Buddha öffnen und so seine eigene Habe (die ursprüngliche Buddha-Natur) forttragen und Menschen, die ohne Eltern sind, [alle Verzweifelten und Verlassenen] beleben kann. In diesem Moment vergilt er dem Buddha dessen Güte.“ Bei diesen Worten schlug Dôgen mit seinem *hossu* auf seinen Sitz und stieg dann herab.

14. „Chi-kung sagte: ‚Niemand kann den Weg des *bodhi* verwirklichen. Er ist in Länge und Breite grenzenlos und unergründlich wie ein Abgrund.‘[416] Heute will ich dies für euch Mönche kommentieren. Die Worte ‚Der Weg des *bodhi*‘ bedeuten ‚den Weg üben, einen Ochsen reiten‘. ‚Niemand kann ihn verwirklichen‘ bedeutet ‚heimkehren und gründlich nachsinnen‘. ‚Grenzenlose Länge‘ heißt, dass eine gelbe Nachtigall in einer Weide singt; ‚grenzenlose Breite‘ bedeutet, dass ein Minimum an Substanz *paramânu*[417] ist; ‚unergründlich wie ein Abgrund‘ heißt, der Himmel ist so mit großem Tadel (Weisheit) bedeckt, dass niemand darin auch nur einen Edelstein sucht.‘ *Kwatz!*“

[416] Okumura/Leighton sehen die Quelle in Seng-chaos *Chao-lun*.

[417] Atome oder die kleinste materielle Einheit.

15. „Die Nachfolger der Buddhas und Patriarchen versäumen es nie, den großen Weg der Buddhas und Patriarchen auf rechte Weise zu übermitteln. Unser Buddha-Tathâgata sagte: ‚Selbst im Verlauf von hundert *kalpa* wird das eigene Karma sich nicht erschöpfen und seine je eigene Vergeltung nach sich ziehen.‘ Der Ehrwürdige Kumâralabdha, der neunzehnte indische Patriarch, sagte zum Ehrwürdigen Jayata: ‚Die karmische Vergeltung von Gut und Böse geschieht in drei unterschiedlichen Zeitabschnitten. Gewöhnliche Menschen hingegen denken, dass Kausalität nicht existiert, weil sie die Barmherzigen jung sterben und die Gewaltsamen lange leben, die Verräter glücklich und die Gerechten unglücklich sehen; darum glauben sie, dass Glücklichsein und Unzufriedenheit nichts mit Kausalität zu tun haben. Sie sind sich nicht bewusst, dass ein Schatten seiner Form so folgt wie ein Klang seiner Stimme. Das Gesetz von Ursache und Wirkung wird selbst in einer Milliarde *kalpa* nicht verschwinden!‘ So lautet die Aussage von Buddhas und Patriarchen. Darum sollten ihre Nachfolger dies sogleich tief im Gedächtnis bewahren.

Pûrana-Kâshyapa, der erste von sechs ketzerischen Lehrern[418] zu Lebzeiten des Buddha, sagte zu seinen Schülern: ‚In dieser Menschenwelt gibt es kein böses Karma oder seine Vergeltung. Es gibt weder in der Menschen- noch in der Himmelswelt oder den drei bösen Welten Karma.‘ Nigantha-Nâtaputta [Nirgrantha Jnatîputra], der sechste Ketzer, sagte zu seinen Schülern: ‚In dieser Welt gibt es kein Gut und Böse, kein Vater und Mutter, nicht diese und jene Existenz, keinen Arhat und keine Übung. In den achtzigtausend *kalpa* der Zeit werden alle fühlenden Wesen auf natürliche Weise auf dem Rad von Geburt und Tod erleuchtet. Dies ist mit jedem Menschen der Fall, unabhängig von Sünde oder Verbrechen.‘

Ihr habt nun erkannt, dass die Aussage der Buddhas und Patriarchen recht verschieden von der falschen Ansicht der Nicht-Buddhisten ist. Letztlich gibt es drei Arten von karmischer Vergeltung: die im gegenwärtigen Leben, die im nächsten Leben und die in folgenden Leben erfahrene. Sie folgen wie ein Schatten seiner Form oder der Klang seiner Stimme, oder wie jemand einen Spiegel in eine andere Form schmilzt. Ich sage respektvoll zu euch Mönchen: Ich wünsche mir, dass ihr eins mit dem Weg seid!“

16. Bei der Zeremonie zu Buddhas Todestag sprach Dôgen in der Vortragshalle: „An diesem Tag vor zweitausend Jahren hat unser ursprünglicher Lehrer Shâkyamuni-Tathâgata dieses menschliche Leben verlassen. An diesem Tag hängen die Zweige eines Bodhibaumes in Indien herab und seine Blätter ermatten im Betrauern seines Todes. Sein Nirwana bedeutet, dass wir den Ort

[418] Außer den beiden Genannten noch: Makkali-Gosâla, Sanjaya-Velatthiputta, Ajita-Kesakambarin und Pakuda-Kaccâyana.

nicht sehen, wo Kâshyapa lächelte, und die Zeit nicht erkennen, in der Hui-ko sich niederwarf. Wo ist die Notwendigkeit, dies Zen-Mönchen durch das Zeichnen eines Kreises in der Luft zu verdeutlichen? Und wo ist die Notwendigkeit, es mit einem Zen-Führer zu besprechen, der seinen Stuhl schlägt?

Der Zen-Meister Tsao-chih Ta-chien, sechster Patriarch in China, sagte zum Zen-Meister Chih-ta: ‚Der Mond des höchsten Nirwana ist rund und leuchtend und scheint stets still auf alle Dinge. Gewöhnliche Menschen nennen dies ‚Tod', Nicht-Buddhisten halten es für Verlöschen, Hinayanisten für ihr eigenes Nicht-Tun. All dies ist unterscheidende Täuschung und die Ursache der zweiundsechzig Ansichten. Tatsächlich ist der Tod des Tathâgata jenseits von Kommen und Gehen oder verzweifeltem Verstecken und jenseits von Aufstieg und Abstieg; er ist auch keine Geburt und kein Verlöschen. Er ist zufälliges Geschehen[419] [Wenn Gelegenheit und Bedingungen sich treffen, manifestiert sich Parinirwana (!)]. In jener Nacht verschied der Buddha unter den zweistämmigen Sâla-Bäumen. Das *Lotus-Sutra* behauptet, der Buddha sei stets auf dem Geierberg, doch wann können wir unseren gütigen Vater treffen? Einsam und verarmt bleiben wir vergebens in dieser Welt zurück. Dennoch: Was solltet ihr ferne Nachfolger in dieser tausendfältigen *Sahâ*-Welt jetzt dazu sagen?

Der Mond ist über den Sâla-Bäumen aufgegangen. Wie könnte nun der Tag anbrechen? Die Blumen in Kushinagara sind verwelkt und der Frühling ist nicht wie der Frühling. In der Sehnsucht nach unserem gütigen Vater wissen wir Kinder nicht, wie wir handeln sollen. Die bitteren [roten] Tränen kaum zurückhaltend, wollen wir nun alle gute karmische Grundlagen legen."

17. „Es gibt keine Kluft zwischen dem Erwachen zum *bodhi*-Geist und der Erleuchtung. Sie sind die Kernlehre von Buddhas und Patriarchen. Ihr uneigennütziges Wirken erblüht purpurn wie die heimischen Pfirsichblüten im Frühling [Selbstvergessen andere durch Verdienst und Tugend befreiend – meiner Heimat Frühlingsfarbe, das Purpurrot der Pfirsichblüte]."

18. „Eines Tages fragte ein Mönch den Chao-chou: ‚Was ist das *soshi-seirai-i*[420]*?'* – ‚Es ist eine Eiche im Garten.' – ‚Zeigt mir kein Objekt.' – ‚Das tue ich nicht.' – ‚Was ist dann das *soshi-seirai-i?'* – ‚Es ist eine Eiche im Garten.' Die Menschen von heute verstehen die Bedeutung nicht und lernen auch nicht mehr diese Worte. Ihre Unwissenheit darf bedauert werden. Einige von ihnen sagen: ‚Chao-chou gab am Anfang und Ende die gleiche Antwort, damit man ihn nicht verstehen konnte.' Andere meinen: ‚Er machte es so, weil Worte ein Ausdruck des Zen sind.' Es gibt so viele Meinungen wie Reis- und Hanfpflan-

[419] Übersetzt aus „occasional happening".

[420] Die Bedeutung von Bodhidharmas Kommen aus China.

zen, Bambusstangen und Schilfrohr. Diese Leute erklären seine Antwort wie in einem Frühlingstraum und verstehen die wahre Bedeutung nicht.

Wenn jemand nun mich fragt: ‚Was ist das *soshi-serai-i?‘*, dann antworte ich: ‚Bodhidharma kam innerhalb von drei Jahren nach China, indem er den weiten Ozean überquerte.‘ Wenn er dann sagt: ‚Zeig mir kein Objekt‘, verneine ich dies. Und wenn er fragt, was ich damit meine, erwidere ich: ‚Warum soll es nicht hilfreich sein, dass der Tathâgata auf dem Geierberg mit seinen Augen zwinkerte? Darum ist der Dharma, der mit einem milden Lächeln übertragen wurde, noch immer in der Übertragung. Hierin gibt es zahlreiche Färbungen, die so leuchten wie vier- oder fünftausend Blüten und Weiden, während aus einem Turm die Musik von zwanzig- oder dreißigtausend Feiern erklingt.“

19. Zur Schließung einer Feuerstätte sprach Dôgen in der Vortragshalle: „Einen Kreis ziehend, habe ich den Frühling gesehen. Am heutigen Tag habe ich eine Feuerstätte geschlossen, die einem Bild (des Dharma) ähnelt. Wir legten noch mehr Kohle ins Feuer und taten noch etwas Schnee dazu, während wir in die Asche starrten. Zen-Mönche nennen dies eine rote Feuerstätte.“

20. „Als Zen-Meister Nan-yüeh Huai-jang das erste Mal zu Tsao-chi kam, fragte der sechste Patriarch: „Woher kommst du?‘ – ‚Vom Aufenthaltsort des Nationallehrers Hui-an vom Berg Sung.‘ – ‚Was ist auf diese Weise gekommen?‘ – Huai-jang schwieg. Schließlich meinte er nach acht Jahren der Übung zu Hui-neng: ‚Ich habe die Bedeutung der Frage erkannt, die Ihr mir bei meinem ersten Besuch gestellt habt.‘ – ‚Wie ist es dir gelungen?‘ – ‚Es ist tatsächlich etwas Unbeschreibliches, obgleich es nicht so scheint.‘ – ‚Benötigt es Erleuchtung [Praxis-Verwirklichung] oder nicht?‘ – ‚Es gibt keine Freiheit von der Notwendigkeit zu Übung und Erleuchtung [Praxis-Verwirklichung]. Doch wir müssen davon frei werden [Doch sie kann nicht befleckt werden].‘ – ‚Nur dieser freie Geist [diese Nicht-Befleckung] wird von den Buddhas, dir, mir und den indischen Patriarchen erhalten.‘

Wollt ihr dies genau verstehen? Als Hui-neng fragte: ‚Wo kommst du her?‘, hätte ich anstelle von Nan-yüeh geantwortet: ‚Ich habe schon lange vom Verdienst Eures Weges gehört. Ich bin so tief gerührt, dass ich Euer Schüler sein will und hierher kam, um mich niederzuwerfen.‘ Wenn Hui-neng mich fragte: ‚Was ist auf diese Weise gekommen?‘, würde ich mich in *shashu* verbeugen und an Nan-yüehs Stelle erwidern: ‚Es ist nun Frühling und in allen vier Richtungen warm. Ich hoffe, Ihr habt eine heitere Zeit.‘ Wenn mich jemand fragte: ‚Was ist die Bedeutung von Nan-yüehs Worten ‚Es ist tatsächlich etwas Unbeschreibliches, obgleich es nicht so scheint‘?‘, dann würde ich nur antworten: ‚Im Frühling ist das Elefantengras grün und jung. Davon abgesehen, denke ich daran, an diesen langen Frühlingstagen eine Grashütte zu errichten.‘ Wenn er weiter fragte: ‚Was ist die Bedeutung von Hui-nengs Worten ‚Nur dieser freie Geist wird von den Buddhas, dir, mir und den indischen Patriarchen erhalten.‘, würde ich sagen: ‚Eine blaue Lotusblume[421] erblüht in Richtung Sonne.‘“

21. „Im Kreislauf von Geburt und Tod ist es die beste Vergeltung, den Tathâgata zu seiner Lebzeit zu sehen; wenn man ihm nicht begegnen kann, ist es am besten, den Dharma zu erkennen; wenn man dem wahren Dharma nicht begegnen kann, dann sollte es zumindest der formelle Dharma sein; wenn nicht, dann so etwas Seltenes wie eine Udumbara-Blume oder eine weiße Lotusblume in der Menschenwelt, solange irgendeine Art von Dharma besteht, und sei es nur eine entartete. Diese Vergeltung kann nicht mit der des Cakravartirâja[422] oder der Menschen in Uttarakuru verglichen werden. Wo wir dies nun schon erkannt haben, sollten wir den Weg ganz ernsthaft üben.

Die bekannten Mönche vergangener Zeiten versuchten nur, die rechte Sicht zu erlangen. Darum ist es ein Fehler, das Schatzkammer-Auge des Wahren Dharma, den Wunderbaren Geist des Nirwana und des Tathâgata, absichtlich als ‚Zen-Sekte‘ zu bezeichnen.

Die achtundzwanzig indischen Patriarchen haben auf rechte Weise den Dharma von Erben auf Erben übertragen. Bodhidharma, der achtundzwanzigste Patriarch, den der weite Weg nicht schreckte, gelangte nach dreijähriger Reise schließlich nach China, nach Kuang-chou am südlichen Ozean. Es war im achten Jahr der Ära Pu-tung des Kaisers Wu. Er hatte eine Audienz bei diesem Kaiser des Staates Liang[423], doch Wu machte sich nicht viel daraus. Nachdem Bodhidharma diesen Staat verlassen hatte, blieb er beim Shaolin-Tempel am Fuße des Berges Shao-shih-feng in Wei und übte dort neun Jahre lang Zazen, mit dem Gesicht zur Wand. Sein Dharma und seine Robe wurden an Shen-kuang übertragen und später durch drei aufeinanderfolgende Patriarchen an Hui-neng. Dieser hatte zwei herausragende Schüler – den Großen Lehrer Hung-chi aus Ching-yüan und Zen-Meister Ta-hui aus Nan-yüeh. Ching-yüan hatte nur den einen Schüler Shih-tou, Nan-yüeh nur Ma-tsu aus

[421] Skt. *utpala*, steht für Sorgfalt.

[422] Der Rad drehende König. Er soll zweiunddreißig unterscheidende Merkmale besitzen und die Welt dadurch regieren, dass er die Räder dreht, die ihm bei seiner Inthronisierung von einer himmlischen Gottheit gegeben wurden. Er manifestiert sich auf vier Arten: Als der das Goldrad drehende König herrscht er über die vier Kontinente, als der das Silberrad drehende König über den östlichen, westlichen und südlichen, als der das Kupferrad Drehende über den östlichen und südlichen und als der das Eisenrad Drehende über den südlichen Kontinent.

[423] 502–550 n. Chr.

Chiang-hsi. Spätere Generationen müssen verstehen, dass es selbst in alten Zeiten nur wenige herausragende Mönche gab. Wie könnten wir behaupten, dass es damals keine teuflischen Menschen voller Vorurteile gegeben hätte wie heute? Ma-tsu aus Chiang-hsi fand Pai-chang; Shih-tou fand Yüeh-shan. Patriarchen wie Chiang-hsi (Ma-tsu), Pai-chang, Shih-tou und Yüeh-shan trifft man heute nicht mehr. Ich habe nie gehört, dass diese zu ihren Lebzeiten den Dharma als Zen-Sekte bezeichnet hätten. Zwei- oder dreitausend Jahre lang haben die Menschen absichtlich diese Sektenbezeichnung verwendet, ohne sich ihres Ursprunges bewusst zu sein. Sie geht jedoch vollkommen in die Irre.

Im *Lin-chien-lu*[424] von Shih-men[425] heißt es: „Bodhidharma ging zuerst vom Staate Liang zu dem der Wei, machte einen langsamen Spaziergang zum Fuß des Berges Sung, blieb beim Shaolin-Tempel, übte allein Zazen – und nicht *jhâna*[426] –, indem er lange Zeit einer Wand gegenübersaß. Seine Zeitgenossen, die die Essenz seines Zazen verkannten, hielten ihn für einen *jhâna*-Praktizierenden. *Jhâna* ist jedoch nur eine von sechs verschiedenen Übungen. Es kann nicht genügen, um seine heilige Person zu erklären. Die Historiker seiner Zeit ordneten ihn ebenfalls unter die *jhâna*-Praktizierenden ein und betrachteten ihn als bar jeder geistiger Funktionen. Doch er war zugleich in *jhâna* und doch jenseits davon.

Selbst in alten Zeiten gab es also einen Menschen, der im Buddhismus bewandert war. Heutzutage sucht man die Menschen, die dem Buddhismus lauschen, vergeblich. Zahlreiche teuflische und tiergleiche Menschen voller Vorurteile bezeichnen den Dharma absichtlich als Zen-Sekte und wetteifern fälschlich um Überlegenheit mit der Hokke[427]- oder der Kegon-Schule[428]. Dies geschieht, weil es nicht einen Wahrhaftigen im Zeitalter des dekadenten Buddhismus gibt.

Die rechte Übertragung der Buddhas und Patriarchen ist der einzige wahre Dharma unseres Shâkyamuni Buddha. Sie ist die höchste Weisheit. Darum sollten wir verstehen, dass der Dharma die Hokke- und Kegon-Schule umfasst, jedoch diese Schulen nicht den Dharma umfassen. Die soll bedeuten: Die 84.000 Lehren ihrer Schulen wurden auf rechte Weise von Buddhas und Patriarchen übermittelt. Es gibt keinen anderen Weg der Patriarchen als die Hokke- und Kegon-Schule. Darum kann man verschiedene Schulen nicht vergleichen. Es ist einfach wie bei einer Nation, die einen alles umfassenden Kö-

---

[424] Es beschreibt Worte und Taten von Altehrwürdigen.

[425] 1071–1128; gehörte der Huang-lung-Schule des Lin-chi-Zweiges an.

[426] Skt. *dhyâna*, jap. *zen*; eigentlich: Glühen, Brennen; höhere Bewusstseinszustände der Meditation.

[427] Die Tendai-Sekte, die sich aufs *Lotus-Sutra* stützt.

[428] Stützt sich aufs *Kegon(„Blumengirlanden")-Sutra.*

nig hat. Ein Mensch, der nach dem Weg zur höchsten Wahrheit sucht, darf den höchsten wahren Dharma, der von Buddhas und Patriarchen übertragen wurde, nicht als Zen-Sekte bezeichnen, sonst ist er keiner ihrer Nachfolger, sondern ein Mensch mit Vorurteilen.

Ursprünglich ist der Dharma jenseits von Name und Form. Doch spätere Generationen haben ihm fälschlich verschiedene Namen gegeben. Tatsächlich ähnelt Bodhidharmas Zazen beim Shaolin-Tempel *jhâna,* doch dürfen wir die Öffentlichkeit nicht in die Irre führen, indem wir die Worte ‚Zen-Sekte' gebrauchen."

22. „Ein buddhistisch Übender wird ein Mann rechten Verhaltens genannt. Im Gegensatz dazu wird ein Suchender eines weltlichen oder amtlichen Weges, dem es um Ruhm und Gewinn geht, als Mann schlechten Verhaltens bezeichnet. Gemäß seiner üblen Taten fällt er in die drei schlechten Welten, gemäß seiner guten kann er den Weg Buddhas verwirklichen. Darum haben berühmte Führer und Mönche früherer Generationen nie einen weltlichen oder amtlichen Weg verfolgt, noch weniger Ruhm und Gewinn. Mönche müssen ernsthaft den Dharma studieren, als würden sie ihren Kopf vor einem Feuer retten, und nicht Gedichtsbände oder einunddreißigsilbige japanische Oden. Es muss nicht betont werden, dass das Menschenleben so vergänglich ist wie Tautropfen auf dem Gras. Wenn jemand dem Weg der Buddhas und Patriarchen folgt, ist er sogar in der Täuschung glücklich.

Yüeh-shan ging lange Zeit nicht mehr in die Vortragshalle, um den Dharma darzulegen. Ein *kanin*-Mönch meinte: ‚Die Mönche warten schon lange darauf, dass du ihnen gnädig den Dharma erläuterst.' Yüeh-shan erwiderte: ‚Dann schlage die Glocke.' Als sie geschlagen war, versammelten sich die Mönche. Yüeh-shan bestieg den erhabenen Sitz, sagte jedoch nichts. Nach einer Weile stieg er vom Sitz herab und ging zurück in sein Zimmer. Der *kanin*-Mönch folgte ihm und fragte: ‚Vor Kurzem hast du noch versprochen, den Mönchen den Dharma darzulegen, warum hast du denn kein Wort gesagt?' Yüeh-shan antwortete: ‚Sowohl Sutren als auch Shastren haben ihre eigenen Lehrer. Warum machst du mir also Vorwürfe?'

Wollt ihr die Bedeutung dieser Antwort verstehen? Wie könnt ihr dann daran zweifeln, dass ein alter Lehrer euer Meister ist und ihr seine Schüler seid? Wollt ihr die Bedeutung der Frage des *kanin*-Mönches verstehen? Sie bedeutet, dass die stille Lehrrede Yüeh-shans wie Donner in weite Ferne dröhnte."

23. „Lin-chi wurde von Huang-po insgesamt sechzig Mal mit einem *shujô* geschlagen; später machte er Zazen unter Ta-yü. Als er dort die wahre Absicht Huang-pos erkannte, kehrte er zu diesem zurück. Huang-po sagte: ‚Du Verrückter! Geh in die Meditationshalle!‘

Die Spitze von Huang-pos Stock hatte ein so strahlendes Auge, als hätten sich zahlreiche Sonnen darauf versammelt. Damit erhellte er den vergangenen Traum (Lin-chis Täuschung) zu seiner Erleuchtung. Das heißt, ihm gebührt weder Lob noch Tadel dafür, Lin-chi mit dem *shujô* geschlagen zu haben, denn sein Schmerz war eins mit dem Dharma. Wie könnten wir behaupten, Huang-po sei nicht freundlich zu Lin-chi gewesen?“

24. „Der Großlehrer Tung-shan Wu-pen erzählte Mönchen die Geschichte von Yün-yen, den er einst zur Verwirklichung des Dharma in der Zukunft befragt hatte. Einer der Mönche meinte: ‚Die Antwort von Yün-yen war also: ‚Da ist nichts als dies.‘ Was soll das bedeuten?‘ Tung-shan erwiderte: ‚Damals habe auch ich die wahre Absicht meines verstorbenen Lehrer Yün-yen missverstanden.‘ Der Mönch sagte: ‚Ich frage mich, ob Yün-yen selbst seine Antwort verstanden hat.‘ Tung-shan erwiderte: ‚Wie hätte er ohne sein Wissen solche Worte ausprechen können? Wie hätte er dies wagen können?‘

Tung-shans Worte sind so klar wie eine Milliarde Welten in der Dämmerung, sobald leuchtende Sterne auftauchen. Zugleich sind sie so unklar, wie wenn einer den Berg Kukkutapâda öffnete und herausfände, dass der Ehrwürdige Kâshyapa darin für lange Zeit den Dharma versteckt hätte. Der alte Spiegel (Dharma) ist rund und klar, er spiegelt die letztgültige Wirklichkeit und die Phänomene wider. Sein wunderbares Wirken wechselt zur Stufe, wo die vier Bedingungen[429] vollkommen miteinander harmonieren. Tung-shans Lehrmethoden bestehen in diesem Augenblick auf ewig fort, und der Ton von Vater (Yün-yen) und Sohn (Tung-shan) ist ansprechend.“

25. Am Tag der Buddhastatuenreinigung mit Duftwasser sprach Dôgen in der Vortragshalle: „Die acht Stufen eines Buddha in dieser Welt bestehen daraus, die Wege der Buddhas und Patriarchen zu lehren. Deshalb kam Mâyâ in den Lumbini-Garten und wurde Shâyamuni-Bodhisattva aus ihrem Schoß geboren, um in dieser Welt zu erscheinen. Damals empfing Shakrendra (Indra) Kleidung für das Baby und gab es diesem Bodhisattva, und Menschen wie Himmelswesen verbeugten sich vor diesem Ehrwürdigen. Eine herrliche Lotusblume erschien und stützte seine Füße, der ganze Himmel ließ Blumen auf ihn regnen. Dann machte er sieben Schritte in jede der vier Richtungen,

[429] 1) Phänomene, die identisch mit der letztgültigen Wirklichkeit sind, 2) letztgültige Wirklichkeit, die identisch mit den Phänomenen ist, 3) die letztgültige Wirklichkeit selbst, 4) die Phänomene selbst.

schaute sich um und sprach diese Worte, bevor er mit den Augen blinzelte: ‚Ich allein bin der Ehrwürdigste auf der Welt. Gewiss habe ich heute mein Leben im Tushita-Himmel verloren. Nun bin ich ein Bodhisattva auf der höchsten Stufe und werde ein Buddha werden.‘

Zur gleichen Zeit wurde Mâyâ Wasser gereicht, das aus zwei Teichen quellte, und ihr Körper wurde von zwei Wasserströmen gereinigt, die aus dem Himmel herabfielen. Ihr wurden eine Kette, schöne Kleidung, ein goldenes Bett und ein prächtiger Sonnenschirm zuteil. All dies wurde, denke ich, von Himmelswesen dargebracht. Es bewies, dass ihre Zeit gekommen war. Zweitausend himmlische Nymphen umgaben und nährten Mâyâ, fünfhundert himmlische Wesen priesen sie und erkundigten sich respektvoll nach ihrem Befinden. Gräser und Bäume in einer Milliarde Welten ließen plötzlich ihre Blüten erblühen, und alle fühlenden Wesen empfingen ihr herrliches Licht. Dadurch konnten sich einige vom Leiden aus ihrer Vergangenheit befreien, einige auch ihr Vergnügen erhöhen. Wer könnte es wagen, einen solch glücklichen Anblick vollständig zu erklären? Diese Gunst ist noch jetzt ganz frisch. Wollt ihr wissen, warum?

Zazen auf dem Exkrementen-Spatel (Erleuchtung) eines Zen-Mönches üben und die Strohsandalen (Übung) verschleißen – das ist die Geburt Shâkyamunis. Wie können getäuschte Menschen ihm gleichkommen? Im Augenblick seiner Geburt wurde er zum Dharma-König von einer Milliarde Welten.“

26. „Mönche! Übt euch zu dieser schönen Zeit, da ihr dem Dharma begegnet seid. Die Zeit wartet auf niemanden. Übt so eifrig, als würdet ihr euren Kopf vor einem Feuer retten wollen, dann wird euch der Dharma ins Gesicht geschrieben. Es ist nicht nötig, Worte zu benutzen. Ein Mensch, der die Eigenschaften eines Führers besitzt, reagiert auf das, was ihm begegnet, und gilt als einer, der dem Mysterium des Dharma folgt. In diesem Fall gehen die Lehren unserer Schule nicht verloren. Wie soll ich es ausdrücken?

Den vier Elementen einer Schlange noch einen Fuß anzumalen ist nicht meine Absicht. Übt am besten während eurer Lebenszeit den Geist von Buddhas und Patriarchen.“

27. „Es bedeutet, dass der warme Frühling nach China und Bodhidharma aus Indien kam. Bevor und nachdem der Dharma aus Indien kam, war er wundersam. Dem Großlehrer Hui-ko allein wurde er auf dem Berg Sung übermittelt. Bodhidharma gelangte aus dem weit entfernten Indien nach dreijähriger Reise in China an und übte Zazen so fest wie ein Fels, neun Jahre einer Wand gegenüber. Seine Nachfahren können im ganzen Land angetroffen werden, sein wahrer Erbe (Dôgen) kam schließlich nach Japan. Wir können wohl behaup-

ten, dass unser Volk den rechten Meister von Geboten, Meditation und Weisheit gefunden hat, so wie es seinen König fand. Es klärte die gute ‚Wurzel' der Taten, Worte und Gedanken, als würde eine Lampe in der Dunkelheit entgegengenommen. Die Udumbara-Blume erblüht, alle Wesen lieben und achten einander [sie]; Löwen brüllen, Dämonen [Phantome] verschwinden.

Den Dharma verwirklichend, setzte Ching-yüan den Preis von Lu-lings Reis fest. Nan-yüeh sagte: ‚Der Dharma ist wirklich unbeschreiblich.' In solchen Momenten manifestiert sich die Essenz der Buddhas und Patriarchen: Ihre Augen öffnen sich und erkennen Licht und Dunkelheit als das, was sie sind, und ihre Nasen sind erhaben und wohlgeformt. Um diesen Dharma zu zeigen, zerbrachen Huang-mei und Huang-po einen *shujô*; Yün-yen und Yün-chü brachten ein Zazen-Kissen herbei. Da ihr diesen Dharma gefunden habt, dürft ihr keine Zeit vergeuden. Ihr solltet den Weg so eifrig praktizieren, als würdet ihr euren Kopf vorm Verbrennen retten wollen. Wie also solltet ihr den Weg üben?

Wer lacht darüber, wenn ein Ziegel zu einem Spiegel geschliffen wird? Habt ihr den Weg gründlich geübt, dann sind der grüne Bambus und die gelbe Blume ein Bild des Dharma. Praktiziert den Weg ausgiebig und fallt nicht in Unterscheidung, sondern sät den Samen des Buddha ins Reisfeld eures Geistes."

28. „Ein Mensch, der keine Kluft zwischen Übung und Erleuchtung kennt, wird Patriarch genannt. Seine Übung ist identisch mit der Bodhidharmas. Die Buddhas und Patriarchen verfolgen Übung und Erleuchtung nur auf diese Weise.

Der erste Schritt in ihrer Übung ist, die Bindung an die Familie aufzulösen, den Weg des Nicht-Tuns zu beschreiten und auf einem Berg zu leben, abseits von menschlicher Behausung und einem Herrscher. Wer in alten Zeiten nach dem Weg strebte, ging in die Abgeschiedenheit der Berge, um ein ruhiges Leben führen zu können. Darum sagte der Patriarch Nâgârjuna[430]: ‚Alle Zazen-Übenden leben in der Abgeschiedenheit der Berge.' Wir müssen verstehen, dass dies die beste Weise ist, ablenkenden Geräuschen zu entfliehen und Stille zu finden. Selbst Narren sollten so vorgehen. Wenn sie in der Nähe von menschlichen Behausungen leben, werden sie immer mehr Fehler machen. Weise würden dort ihr Verdienst verlieren. Als ich jung war, ging ich nach China, um nach dem Weg zu suchen. Ich Narr strebe nun mal nach der Tradition althergebrachter Übung. Zen-Übende sollten auf steilen Bergen und in dunklen Tälern leben, ob sie nun weise oder einfältig, klug oder dumm sind.

[430] Der vierzehnte indische Patriarch, Dharma-Erbe von Kapimala; Gründer der Mâdhyamika-Schule. Seine Hauptwerke sind u.a.: *Mâdhyamaka-kârikâ, Dvâdasha-nikâya-shâstra, Shûnyatâ-saptati, Vigraha-vyâvartanî.*

Ta-tsu sagte zu einigen Mönchen: ‚Ein wenig Übung steht schon über jeder weitschweifigen Erklärung.' Großlehrer Tung-shan Wu-pen meinte dazu: ‚Wir drücken etwas Unpraktizierbares aus und praktizieren etwas Unausdrückbares.' Yün-chü sagte: ‚Im Falle einer Erklärung gibt es keine Übung. Im Falle der Übung gibt es keine Erklärung. Welchem Weg folgt einer, der jenseits von Übung und Erklärung steht?' Lo-pu[431] meinte: ‚Wo weder Übung noch Erklärung ist, dort ist das Reich der Erleuchtung. Wo sie existieren, gibt es keine Erleuchtung.' Hung-chih sagte: ‚Wenn jemand Befleckungen wie Richtig und Falsch auslöscht und keine Spur davon zurücklässt, dann begegnet er einem Menschen, ohne dessen Gesicht zu erkennen, und wenn er dessen Gesicht doch erkennt, dann nicht als von ihm getrennt. Jeder der älteren Mönche hat sein eigenes Verdienst. Es gibt kein Tor zu den Kreuzungen der eigenen Zunge, kein fünffarbiges Seil zu den Füßen[432]. Mit der rechten Neigung praktiziert und erklärt man den Weg. Fragt jemand Chang-lu (Hung-chih): ‚Was bedeuten die Worte ‚Mit der rechten Neigung praktiziert er'?', dann antworte ich: ‚Geh!' Wenn er dann fragt: ‚Was bedeuten die Worte ‚Mit der rechten Neigung erklärt er'?', dann erwidere ich: ‚Erkläre es nun du!'

Alle fünf tugendhaften Mönche sagten das Gleiche. Warum nicht auch ich? Selbst wenn ich den Dharma frei darlege, sind wundersame Tage mit den unauffälligen identisch."

29. „Ein Zen-Mönch lässt eine Blume in seiner Hand (ursprüngliche Weisheit) sich in Richtung Sonne öffnen und trinkt zuweilen Tee wie Chao-chou. Sein gemalter Kreis ist wie der Herbstmond und das freie Reich, das Tung-shan beschrieb. ‚Drei *kin* Hanf' – auf die Frage des Mönchs ‚Was ist der Buddha?'. Was könnte ich noch dazu sagen?

Was bedeutet die Übertragung von Buddhas Robe? Schlagt in diesem Moment nicht den Ochsen, sondern den Karren!"

30. „Wenn jemand die schwer verständlichen und wundersamen Lehren der Zen-Schule darlegt, wird er nur zum Verwirklicher des Dharma, indem er die zahllosen Buddhas und Patriarchen auf seinen Haarspitzen manifestiert, zum *bodhi*-Geist erwacht, das Große Fahrzeug praktiziert, Erleuchtung erlangt und ausgiebig das Wirken Buddhas zeigt, und indem er das große Dharma-Rad dreht. Habt ihr dies schon gewusst? Er manifestiert das prächtige Buddha-Land oder errichtet einen großen Tempel in einem Atom. Buddha, Dharma, Sangha, Buddha-Land, Atom, fühlende Wesen, Berge, Flüsse, die Erde und vergangene wie gegenwärtige Zeit – all dies erläutert unaufhörlich den Dhar-

---

[431] 834–898, Dharma-Erbe von Chia-shan Shan-hui.

[432] Keine Bindung an die fünf Sinnesobjekte.

ma. Niemand darf diese klare Manifestation missachten. Es ist die rechte Übertragung der Buddhas und Patriarchen und das Erscheinen buddhistischer Praxis. Wie sollten es die Buddhas und Patriarchen oder Heilige und Gewöhnliche oder ältere und jüngere Mönche in diesem Moment zum Ausdruck bringen?

Ich erinnere mich nur, dass Blumen erscheinen und die Welt des Frühlings duftet. Doch wer wird verstehen, dass unsere Nasenlöcher gleichzeitig mit denen von Buddhas und Patriarchen offen [durchstoßen] sind?" Hierbei warf Dôgen seinen *hossu* hin und stieg von seinem Sitz herab.

31. „Körper und Geist abzuwerfen ist der erste Schritt bei buddhistischer Übung. Dabei empfängt ein runder Pfeiler ein Kind. Wie könnten wir dies mit einem häretischen Nicht-Geist begreifen? Dieser Mensch verteilt nun überall auf der Welt dichte Wolken der Gnade, und selbst Berge sind befriedet. Der runde Mond (der Buddha-Natur) steigt in die Höhe, weit weg von den vier und acht Richtungen aller Dinge. Der Buddha-Körper erhebt sich unbeschreiblich. Darum meinte einst ein Tugendhafter: ‚Die Heiligen sind so sehr leeren Geistes, dass sie alle Dinge als von ihnen geschaffen ansehen!' Dies beschränkt sich nur auf sie. Was sollte ich nun noch ergänzen?

Der Mond rennt einem Boot hinterher, und der Ozean ist weit. Der Frühling ändert sich unter dem Einfluss des Wetters, die Blüte einer Stockrose [die Sonnenblume] ist rot."

32. „Mein verstorbener Lehrer Tien-tung erzählte einst in der Vortragshalle: ‚Ein Mönch fragte einen tugendhaften Meister: ‚Gibt es tief in den Bergen oder auf einer steilen Klippe einen Dharma?' – ‚Ja.' – ‚Wie ist er?' – ‚Ein großer Stein ist groß, ein kleiner klein.'' Dann ergänzte mein verstorbener Lehrer: ‚Diese Frage und Antwort sind so lebendig wie eine zerbröselnde Klippe, ein zersplitternder Stein und ein Weltall voller Geräusche.'

So lauteten also ihre Aussagen, doch ich möchte etwas ergänzen. Wenn jemand mir plötzlich die gleiche Frage stellt, antworte ich ihm: Tiefe Berge bedeuten nicht unbedingt Gipfel und steile Klippen, doch wenn du die höchste Grenze durchdringst, ist da immer noch lautes Geschrei." Dann warf Dôgen seinen *hossu* hin und stieg von seinem Sitz herab.

33. „Einst fragte der Mönch Kuei-tung Tao-chuan den Yün-men: ‚Was ist Buddha?‘ Yün-men antwortete: ‚Es ist ein trockener Exkrementenspatel [ein trockenes Stück Scheiße].‘ Dazu machte mein verstorbener Meister diese Verse:

‚Yün-men erläuterte den Buddha
mittels des umgekehrt ausgespuckten Exkrementenspatels.
Er lenkte den Geist Buddhas ab
und berührte ihn an einer empfindlichen Stelle.
Wollt ihr den Ozean bis zum Grunde austrocknen sehen,
wird euch das nur gelingen, wenn ihr einen vollständigen Tod gestorben seid.‘

Ich möchte heute diese Verse ergänzen:

Wie könnten die Taten des Buddha keine Lehrreden sein?
[Wie konnten zahllose Aktivitäten zu dieser sorglosen Natur führen?]
Als er krank war, bot ihm Jîvaka eine Nadel an[433].
Wer kann klären, ob jemand einen vollständigen Tod gestorben ist,
wenn er den Ozean bis zum Grund [ohne jeden Grund (!)] austrocknen sieht?“

34. Am Todestag seines verstorbenen Lehrers, des Abtes Butsuju (Eisai), sprach Dôgen in der Vortragshalle: „Der alte Buddha (Vipashyin) sagte: ‚Unser Körper ersteht aus der Nicht-Form, wie ein Zauberer zahlreiche Illusionen schafft. Körper und Geist des imaginären Menschen sind ursprünglich leer und unbeständig. Das gleiche gilt für sein Empfinden von Glück und Unglück.‘ Dazu sage ich: ‚Abgesehen vom Entstehen – was ist Nicht-Form? Wollt ihr das wissen? Der Dharma verweilt an seinem Ort, und das Weltliche an seinem. Nur Buddhas und Patriarchen können dies gründlich verstehen. Nennt mir einen Ausdruck, um ihre Freundlichkeit zu vergüten!

Selbst der Tathâgata hat nie das Gesetz der Kausalität geklärt oder überschritten. Bodhisattvas kommen nicht umhin, im Tushita-Himmel wiedergeboren zu werden.“

35. „Heute Morgen ist der erste des sechsten Monats. Es ist so heiß, dass wir kein Zazen üben, sondern nur das Holzbrett *(han)* schlagen. Doch keiner von uns wirft sein altes *zenpan* weg. Ein Zen-Mönch muss den Dharma darlegen und die verwirrten Menschen retten.“

---

433 Jîvaka, ein Sohn König Bimbisâras, war ein begabter Arzt zu Shâkyamunis Lebzeiten, seine (Akupunktur-)Nadel wird hier mit dem Exkrementenspatel Yün-mens verglichen.

36. Am achten des zwölften Monats sprach Dôgen in der Vortragshalle: „In dieser Nacht erlangte der Tathâgata Erwachen. Er praktizierte den Weg [warf Körper und Geist ab] und seine Augen der Erleuchtung wurden klar. In diesem Augenblick lächelten auch die fühlenden Wesen in einer Milliarde Welten den Buddha an. Was sollte aber ein Zen-Mönch im Eiheiji dazu sagen?

Pflaumenblüten im Schnee bieten uns eine wunderbare Frühlingsszene. Mein *shujô* vergießt schwarzen und klaren Glanz."

37. Zum Todestag des Ältestenmönchs Ekan sprach Dôgen in der Vortragshalle auf Wunsch des *shojô*[434]-Mönches Jun: „Ein alter Kranich (Erwachter) baut ein Nest in den Wolken, erwacht nicht aus seinem Schlaf und wird immer weißer, wie Frost, der auf weißen Schnee fällt. Für seine Belohnung im Buddhaland braucht es nichts als den zarten Duft der Übung, bei der ein Weihrauchstäbchen abbrennt.

Versucht mir nun zu sagen, was heutzutage die Essenz eines Zen-Mönches ist?

‚Das Reich des Nirwana (Weisheit) ist genau unter eurer Nase.' Mein *shujô* ist eine Brücke in dieses Reich."

38. „Den vollen Mond (Buddhaschaft) verwirklichend, hat ein Zen-Mönch ihm die Robe Buddhas übertragen. Dies ist die traditionell bekannte Weise. In diesem Moment tauchen im Überfluss holde Blumen auf und bringen auf natürliche Weise Früchte hervor. Dies geschieht, weil die Blüte des Buddha-Geistes erscheint [Früchte tragen geschieht aufgrund von Ursachen]."

39. „Beim Studium des Weges sollte man die rechte Sichtweise pflegen, sonst wird man seine Zeit nutzlos vergeuden. Neuerdings sagen die Menschen: ‚Unsere Wahrnehmung bedeutet unser ursprüngliches Leben; dass wir kalt und warm empfinden, ist unsere Meisterschaft. Der Gegenstand des Wissens ist nichts anderes als die Buddha-Natur.' Wenn ihr es so versteht, werden euch die alten tugendhaften Meister tadeln. Kennt ihr nicht das Kôan, in dem Chou, der für die Ordensangelegenheiten zuständige Mönch, Chang-sha fragt: ‚Wenn man einen Erdwurm in zwei Teile zerschneidet, bewegen sich beide Hälften. Welche davon hat die Buddha-Natur?' – ‚Beende dein täuschendes Denken!' – ‚Wie erklärt Ihr aber deren Bewegung?' – ‚Es liegt daran, dass sich die Körper noch nicht in ihre vier Elemente aufgelöst haben.' Chou sagte nichts mehr. Als Chang-sha ihn bei seinem Namen rief, bejahte Chou. Chang-sha fragte: ‚Ist das nicht dein ursprüngliches Leben?' – ‚Es kann keinen zweiten Meister jenseits dieser Antwort geben.' – ‚Dann kann ich dich nicht einen

[434] Ein Gehilfe, der sich um die Dokumente seines Meisters kümmert.

Erleuchteten nennen.‘ – ‚Andererseits will ich Euch gar keine Antwort geben. Bedeutet dies nicht, dass der Schüler der Meister ist?‘ – ‚Es geht nicht darum, ob du mir antwortest oder nicht. Von anfangloser Vergangenheit an war dieses Antworten und Nicht-Antworten der Ursprung von Geburt und Tod.‘ Danach sprach er in Versen:

‚Weil ein Übender an die Unterscheidung glaubte,
blieb er unwissend in Bezug auf den wahren Dharma.
Von der anfanglosen Vergangenheit an war dies der Ursprung der Täuschung.
Narren nennen diesen Mann einen Erleuchteten.‘

Diese Verse sind offensichtlich ein klarer Spiegel für spätere Übende. Dieser Spiegel reflektiert vergangene und gegenwärtige Zeiten oder Richtig und Falsch. Sobald ihr dies erfasst habt, werdet ihr frei von dem Fehler sein, Chou einen Erleuchteten zu nennen oder die Täuschung als die Buddha-Natur anzusehen. Heute Nacht schlief Chang-sha auf der Spitze meines *hossu* und rezitierte wieder und wieder im Schlaf diese Verse. Ich werde sie nun fortsetzen: Buddhisten müssen die Wahrheit unmittelbar verwirklichen.

Die Patriarchen haben nie mit der Unterscheidung gerungen.
Selbst wenn Chou sich als Erleuchteten dargestellt hätte,
hätte ihm niemand geglaubt,
  nicht einmal im Verlauf von einer Milliarde Jahren.“

40. „Buddhisten dürfen das Gesetz der Kausalität nicht leugnen, sonst trennt sich die Übung von der Erleuchtung. Einige zweifeln an Pai-changs Geschichte vom Wildfuchs und sagen: ‚Ein Wildfuchs ist bloß ein Tier. Wie könnte es fünfhundert Leben kennen?‘ Dieser Zweifel ist ganz dumm. Ihr müsst verstehen, dass fühlende Wesen, ob Tier oder Mensch, sich von Natur aus an ihre früheren Existenzen erinnern. Einige meinen: ‚Es gibt keine Kluft zwischen der Freiheit von der Kausalität und der Unterwerfung unter diese. Die Wiedergeburt des Mönches als Fuchs ist ganz natürlich.‘ Diese Sichtweise ist ketzerisch. Heute ergänze ich etwas. Wenn ich nur von der Freiheit von Kausalität spräche, würde ich die Lehre von der Kausalität beiseite legen. Spräche ich nur von der Unterwerfung unter die Kausalität, würde ich vergeblich die Juwelen meines Nachbarn zählen.

Ich lebe schon viele Jahre auf diesem Berg, und dieses schwarze *shujô* ist zu einem Drachen geworden, der Wind und Donner erzeugt.“

41. „Kaiser Hsien-tung aus dem Staate Tang lud einmal den Zen-Meister Wo-hu Ta-i in seinen Palast ein, um mit ihm den Dharma zu diskutieren. Ein Gelehrter fragte den Meister: ‚Es gibt kein Zen in der Welt der Begierde. Warum übt Ihr also die Meditation?' Wo-hu antwortete: ‚Ihr wisst, dass es kein Zen in der Welt der Begierde gibt, doch versteht ihr nicht, dass kein Begehren im Reich des Zen existiert.' Da schwieg der Gelehrte.

Dieser Zen-Meister verwendete Begehren und Zen frei. Wenn wir an Nicht-Begierde und Nicht-Zen anhaften, sind diese nicht wahrhaftig. Sobald wir verstehen, dass Wahrheit und Falschheit beide falsch sind, wenn wir an ihnen haften, gibt es bei der fortgesetzten unbeweglichen Anstrengung nichts zu suchen. Wie könnte man dies mit dem Reich der Begierde gleichsetzen?"

42. Zum Todestag von Zen-Meister Senkô[435], dem früheren zweiten Abt, sprach Dôgen in der Vortragshalle: „Abt Senkô öffnete das Buddha-Auge auf dem Scheitel eines Zen-Mönches, durchdrang lebhaft die Essenz von Buddhas und Patriarchen und zerstörte wunderbar das Haupttor und das Schloss der Täuschung, während er den Stempel des *dharmakâya* auf der Rückseite seiner Arme trug. Mit dieser vollständigen Wirkung erleuchtete er gänzlich alle Dinge und warf seinen Körper in der einen ganzen Welt ab, während er auf einer steilen Klippe mit der Hand winkte. Von einem höheren Standpunkt aus hat er die Scheitel der Buddhas und Patriarchen durchdrungen; von einem niedrigen Standpunkt aus machte er das Gleiche mit den sechs Sinnesorganen und Sinnesobjekten. Seine Augen waren unsichtbar, seine Ohren unhörbar [Seine Augen und Ohren machten aus Sehen und Hören kein Verdienst], seine gewöhnlichen sechs Sinnesorgane wurden gegen die von Buddhas und Patriarchen ausgetauscht [erneuerten sich], und alle Dinge wurden leer und still. In diesem Moment wurde er ein Buddha und ein Teufel jenseits von Gleichheit und Unterschied. Er befand sich im Reich von Geburt und Tod allein und jenseits von Kommen und Gehen [Vollständig lebend und vollständig sterbend, warf er dadurch das Wirken von Kommen und Gehen ab]. So war sein freies Wirken. Versucht mir zu sagen, wo sich mein buddhistischer Großvater Senkô jetzt befindet.

Ich habe im Stillen zu meinem Vergnügen das Muster einer Mandarin-Ente zu Brokat geflochten[436]. Die Menschen wetteifern miteinander, um die goldene Nadel zu bekommen."

---

435 Eisai Zenji.

436 Okumura/Leighton übersetzen in dem Sinne, dass Dôgen vergeblich (!) „Pärchen von Turteltauben" zum Ausschmücken bemüht habe, wobei diese für die im alten Chinesisch typische Parallelstruktur der vorangegangenen Verse über Eisai stehen.

43. „Den Dharma zu studieren ist sehr schwierig. Jemand kann zum *bodhi*-Geist erwacht sein, hernach aber verwirrt in Gedanken werden. Dann wird er zu Übung und Erleuchtung zurückkehren müssen, um kein scharfsinniger Teufel zu werden oder der Krankheit von Ruhm und Gewinn anheimzufallen. Die Übenden heutzutage glauben, den Weg verwirklicht und das Verdienst des Dharma erlangt zu haben. Dieser Gedanke zerstört nicht nur ihren Körper und ihr Leben, sondern auch ihre ewigen Verdienste und ihre Wurzeln. Dies ist eine höchst bedauerliche Angelegenheit für buddhistisch Übende.

Was wir Erleuchtung nennen, ist sehr schwer zu verwirklichen. Es liegt jenseits von Denken und Unterscheidung oder Scharfsinn und Klugheit. Dennoch glauben gewöhnliche Menschen, dass sie vollständige Erleuchtung verwirklicht hätten – und werden dabei vom Teufel des Scharfsinns getäuscht; oder sie glauben, dass sie das Verdienst des Dharma erlangt hätten – und leiden doch nur unter der Krankheit von Ruhm und Gewinn. Wie könnten wir behaupten, dass sie nicht in die Irre gehen? Mönche! Ihr müsst sogleich sorgsam den Dharma studieren, diesen Teufel der Scharfsinnigkeit unterwerfen und die Krankheit von Ruhm und Gewinn heilen.

Der ‚Teufel' verwandelt sich selbst in Eltern, Lehrer, Brüder, Angehörige, Freunde und Diener und verleitet häufig mit Macht die Übenden, den Weg zu vernachlässigen. Oder er manifestiert sich als Buddhas, Bodhisattvas, Himmelswesen und Arhats und spricht zu einem Übenden: ‚Die buddhistische Praxis erfordert eine lange und arbeitsame Anstrengung, bei der ihr euch selbst mäßigen sollt. Stattdessen ist es doch nur natürlich, wenn ihr euch um euer Wohlergehen kümmert, ein stilles Leben in üppigen Gewändern und mit reichen Mahlzeiten genießt, euch den Vergnügen der fünf Begierden hingebt und dadurch den Weg verwirklicht. Der große Weg hat doch gar nichts mit Schwierigkeiten zu tun. Eure täglichen Bedürfnisse lassen sich allesamt auf eure Natur reduzieren.' Oder er verleitet einen Übenden dazu, den Weg zu vernachlässigen, indem er ihm eine anziehende weltliche Geschichte erzählt. Ein Übender muss darauf achten, nicht darauf zu hören.

Ein gewisser Mönch fragte einst den Zen-Meister Hua-yen Hsiu-ching[437] aus Ching-chao: ‚Wenn ein Mensch mit vollständiger Erleuchtung erneut getäuscht wird, was ist er dann?' Hua-yen erwiderte: ‚Ein zerbrochener Spiegel reflektiert nichts, und eine gefallene Blüte kommt nie an ihren Zweig zurück.' Dazu meinte mein Meister: ‚Heute habe ich den Geisteszustand von Hua-yen erfasst. Doch ich wurde gezwungen, beide Seiten einer Trommel zu schlagen[438].' Wenn mir jemand die gleiche Frage stellt, antworte ich: ‚Sollte der Ozean von zahllosen Flüssen gesättigt sein, würden diese rückwärts fließen.'

[437] Dharma-Erbe von Tung-shan Liang-chieh.

[438] Also vollständige Erleuchtung von Täuschung zu unterscheiden.

44. Am letzten Tag des *ge-ango* sprach Dôgen: „Während dieser Übungsperiode haben die Schüler die Buddha-Weisheit jenseits der Unterscheidung mittels ihrer Körper gesucht. Sie legten sie vor sich selbst dar, ehe sie es vor anderen taten, und betrachteten den letztgültigen Dharma als den ihrigen. Darum ist Sein Nicht-Sein. Von diesem freien Wirken zu sprechen ist wie eine kühle Brise, die überall bläst. Und von dieser Übung oder der Erleuchtung zu reden ist wie ein alter Kranich, der schläft. Herbstliche Farben stehen über dem Kaiserpalast, es sind die Farben der Morgendämmerung vor dem Palast des Strahlenden Mondes. Was könnte ich noch sagen? Begreift ihr denn?

Da stehen achthundert Esel und dreitausend Pferde (Mönche) im Garten. Bodhisattvas der höchsten Stufe werden im Tushita-Himmel geboren. Doch wie kann ein Mensch jenseits von Aufstieg und Verfall sowohl aus der letzten Wirklichkeit wie auch aus den Phänomenen über die Angelegenheit von Leben und Tod sprechen [Wie kann das Ungeborene über Ursachen und Bedingungen sprechen][439]?“

45. Zum Todestag von Tien-tung sprach Dôgen in der Vortragshalle: „An diesem Tag ist mein Lehrer plötzlich verstorben und hat die Grenze zwischen Geburt und Tod niedergetreten. Wolken, Wind und Bergflüsse trauern um ihn. Seine Schüler vermissen sein Gesicht und sehnen sich nach ihm. Dies ist eine Rede über die Zeit, als er vollkommen gelassen starb. Meine Anhänger sind für seine Freundlichkeit empfänglich. Was solltet ihr also sagen, um ihm diese dankbar zu vergelten?

Die Zeit meiner Dankbarkeit dauerte lange, doch wann wird sich die Wolke meiner Trauer verziehen? Meine Tränen haben mehr als nur eine Stelle meiner Flickrobe benetzt.“

46. „Der Patriarch Nâgârjuna sagte: ‚Zazen ist der Dharma der Buddhas. Nicht-Buddhisten mögen Zazen üben, doch haften sie daran. Darum gibt es einen Unterschied zum Zazen der Buddhisten. Hinayanisten und *shrâvaka* machen auch Zazen, doch dabei kontrollieren sie ihren Geist und suchen nach Erleuchtung. Darum ist dies nicht das Gleiche wie das Zazen der Buddhas und Patriarchen.‘

So lautete seine Aussage. Ihr müsst verstehen, dass Hinayanisten und Nicht-Buddhisten den Ausdruck ‚Zazen‘ gebrauchen, dieser sich jedoch von dem der Buddhas und Patriarchen unterscheidet. Die älteren Mönche, die sich angeregt in Tempeln des Sung-China unterhalten, sind sich dieser Tatsache nicht

[439] Ein Zitat von Hung-chih Cheng-chüeh (1091-1157). Seine „Ausführlichen Aufzeichnungen“ *(Hung-chi lu)* gehören mit dem *Ju-ching lu* von Dôgens Lehrer Tien-tung zu den meistzitierten Werken im *Eihei Kôroku.*

bewusst. Meiner Ansicht nach bedeutet dies, dass der Dharma im Verfall begriffen ist. Mönche! Ihr müsst begreifen, dass der Patriarch Bodhidharma nur Zazen übte, indem er der Wand gegenübersaß, und die Essenz des Dharma übermittelte. Seit der Ära von Yung-ping[440] im späteren Han-China gab es ein formelles Sitzen, doch kein substantielles. Nur Bodhidharma übermittelte persönlich den wahren Dharma. Zazen der Wand gegenüber zu machen ist die Übermittlung der Buddhas und Patriarchen, nicht die der Hinayanisten und Nicht-Buddhisten. Durch dieses Zazen öffnet man sein vollkommenes Auge jenseits der Unterscheidung, so wie eine Lotusblume im zwölften Monat aus einem Feuer ersteht."

47. „Der zwanzigste indische Patriarch Jayata sagte einst zum Ehrwürdigen Kumâralabdha: ‚Obgleich meine Eltern üblicherweise Zuflucht zu den Drei Schätzen nehmen, waren sie oft Krankheiten und finanziellem Unglück ausgesetzt. Unser Nachbar wiederum, der ein *candâla*[441] ist, erfreut sich bester Gesundheit und Reichtum. Welches Glück hat er – und welches Unglück ich?' Der Ehrwürdige antwortete: ‚Dein Zweifel kann leicht zerstreut werden. Die karmische Vergeltung von Gut und Böse geschieht in drei Zeitabschnitten. Gewöhnliche Menschen, die Gütige jung sterben und Gewalttätige lange leben oder Heimtückische glücklich und Aufrichtige unglücklich sehen, denken, dass Kausalität nicht existiert und Glück und Unglück folglich nicht damit in Verbindung stünden. Sie sind sich nicht dessen bewusst, dass ein Schatten seiner Form so folgt wie ein Klang seiner Stimme. Das Gesetz der Kausalität wird selbst im Verlaufe von einer Milliarde *kalpa* nicht vergehen!' Als er diese Worte hörte, wurde Jayata unmittelbar von seinem Zweifel hinsichtlich karmischer Vergeltung befreit.

Wenn jemand mich fragt: ‚Was ist die karmische Vergeltung, die man im eigenen Leben erfährt?', dann antworte ich: ‚Sie ist wie Buchweizen.' Wenn er dann fragt: ‚Wie ist die Erfahrung im nächsten Leben?', dann erwidere ich: ‚Wie Gerste.' Und wenn er fragt: ‚Wie ist sie in den folgenden Leben?', dann sage ich: ‚Wie ein hoch aufragender Baum.'"

48. Dôgen zog einen Kreis in der Luft, indem er seinen *hossu* anhob, und sprach in der Vortragshalle: ‚Wenn ich diesen hier anhebe, werdet ihr das als Erscheinen der Buddhas bezeichnen. Wenn ich ihn wegwerfe, werdet ihr es *soshi-seirai-i* nennen. Und wenn ich damit einen Kreis ziehe, werdet ihr ihn als etwas Wertvolles ansehen, das von den Buddhas und Patriarchen erhalten wurde. Doch wenn ich meinen *hossu* nicht plötzlich anhebe oder hinwerfe und

[440] Der Buddhismus wurde in China im zehnten Jahr unter Yung-ping eingeführt.

[441] Angehöriger der niedersten Klasse des indischen Kastensystems.

keinen Kreis male, an welches Reich denkt ihr dann? Selbst wenn ihr es euch vorstellt, wird es Weisheit und deren Wirken jenseits von Aufstieg und Verfall sein. Dennoch haben meine Anhänger noch etwas viel Besseres. Mönche! Wollt ihr davon hören?"

Da erhob Dôgen sein *hossu* und sprach nach einer Weile: „Mönche! Begreift ihr das? Wenn ja, dann bedeutet dies, dass der *dharmakâya* der Buddhas in eure Natur eingetreten ist. Wenn nein, ist eure Natur eins mit der des Tathâgata geworden. Mönche! Wie versteht ihr das?

Früh am Morgen esse ich Haferschleim, am Abend Reis, in der Nacht mache ich Zazen und um Mitternacht lege ich mich schlafen."

49. „Lotusblumen auf dem Wasser sind wie Heilige, die nach Weisheit streben und aufrecht Zazen üben. Darum wollen sie nicht vom Schmutzwasser befeuchtet werden. Ihr sollt wissen, dass darin ein ehrbarer und glorreicher *dharmakâya* liegt. Es ist nun zweitausendzweihundert Jahre [sic!] her, seit Shâkyamuni Buddha den Dharma an Mahâkâshyapa weitergab."

50. „Manchmal zeigt einer mit dem Aufnehmen des *hossu* die Essenz des Dharma; manchmal übermittelt er durch das Niederwerfen des *hossu* die Lehrmethode der Buddhas und Patriarchen; und manchmal nutzt er den *hossu* frei, ohne ihn anzuheben oder niederzuwerfen. In diesem Reich hört er den Klang eines Bergflusses in der Nacht und sieht dessen Wasser am Tag; damit wäscht er dann die Sonne und den Mond. Wolken ziehen südlich eines Berges dahin, der Regen fällt nördlich von ihm. Im Frühling werden die Blätter grün, im Herbst rot. Wie kann die Eiche von Chao-chou in dieser Zeit zum Objekt werden? Vielmehr erkennt er, dass der Bambus Ta-fus in Mengen wächst. Er befindet sich jenseits der drei Stufen der Zeit und hat nichts, für oder gegen das er sich einsetzen könnte. Eine Milliarde Welten stehen leer am weiten Himmel. Ein *kshana*[442] ist jenseits von Selbst und Anderen; Übung und Erleuchtung kommen sowohl aus dem Osten wie aus dem Westen."

51. In der Nacht des Erntemondes sprach Dôgen in der Vortragshalle: „Der Mond nimmt nie zu oder ab. Wie könnte er dies tun? Pai-chang meinte: ‚Dieser Mond ist gerade recht, um ihm Opfergaben zu bringen.' Hsi-tang sagte: ‚Dieser Mond ist gerade recht für die Übung.' Hsüan-shas ‚Zweiter Mond' wird sinken, Yün-wens ‚Welche Zahl hat der Mond?' ist nicht aktiv. Dennoch geht es für die Nachfahren der Buddhas und Patriarchen um das ‚darüber hinaus'.

Zur Lebenszeit des Bhagavat war der Asura-König Râhula bereit, den Mond zu verschlingen. Der himmlische Mond war so erschrocken, dass er sogleich zum Buddha ging und in Versen sprach:

[442] Ein Fünfundsiebzigstel einer Sekunde.

‚Bhagavat, Weiser und Tüchtiger!
Jetzt Zuflucht zu Euch nehmend, werfe ich mich nieder.
Weil Râhula mich schrecklich verstört,
errettet mich bitte!‘

Daraufhin sprach der Bhagavat zu Râhula in Versen:

‚Der himmlische Mond strahlt und erhellt die Dunkelheit.
Er ist ein großes Licht am weiten Himmel,
von weißer Farbe und viel Leuchtkraft.
Lass ihn sofort ziehen und verschlucke ihn nicht!‘

Als er das hörte, brach Râhula vor Schreck in Schweiß aus und ließ den Mond ziehen. Der Asura-König Pâri sprach, als er dies sah, in Versen:

‚Râhula! Warum bist du so erschrocken
und hast den Mond so schnell ziehen lassen?
Du schwitzt wie ein kranker Mann.
Warum bist du so ängstlich und verstört?‘

Râhula erwiderte in Versen:

‚Der Bhagavat befahl mir in Versen, den Mond ziehen zu lassen.
Hätte ich ihm nicht gehorcht,
hätte er meinen Kopf in sieben Teile zerbrochen.
Ich hätte dann zu Lebzeiten keinen Frieden mehr gefunden.
Darum musste ich ihn ziehen lassen.‘

Der Asura-König Pâri sprach in Versen:

‚Die Buddhas sind sehr schwer anzutreffen,
weil sie nur in großen Zeitabständen in der Welt erscheinen.
Als Râhula seine reinen Verse darlegte,
befreite er sogleich den Mond.‘

Als er diese klaren Worte hörte, ließ Râhula also den Mond ziehen. Nur weil der Bhagavat ihn rettete, lebte der Mond fünfhundert Jahre lang im Himmel der Könige der vier Kontinente[443].

Spricht man von der Lebensspanne in diesem Himmel, so entspricht dort ein Tag fünfzig Jahren in der Menschenwelt. Diese multipliziere man mit dreißig

---

[443] In der Mythologie vier Könige, die auf halber Höhe des Berges Sumeru leben und die nach altindischer Geografie im Osten, Süden, Westen und Norden gelegenen Kontinente beschützen.

Tagen im Monat und zwölf Monaten im Jahr und dann mit jenen fünfhundert himmlischen Jahren.

Dank der Wirkung der Augäpfel des Bhagavat erstrahlt dieser Herbstmond und erhellt die Dunkelheit. Ich möchte zur Zeit dieses strahlenden Mondes nur einen Buchstaben der Verse des Bhagavat nehmen und damit dem Mondpalast Licht spenden, wodurch eine Milliarde dunkler Welten (der Täuschung) erhellt würden. Meines Erachtens bedeutet dies, sowohl das Licht (die Lampe) des Dharma als auch die buddhistische Sangha zu übertragen. Dazu sage ich in Versen:

‚Aufgrund von Buddhas Erhabenheit leuchtet der Mondpalast,
tausend wunderbare Strahlen erscheinen zur gleichen Zeit.
Auch wenn die Menschen den Vollmond im Herbst lieben,
ist die Leuchtkraft des Halbmondes im Himmel grenzenlos.'"

52. „Als mein verstorbener Lehrer noch auf dem Berg Tien-tung weilte, sprach er zu den Mönchen in der Vortragshalle: ‚Zen-Mönche üben Zazen. In dieser Zeit dienen sie ehrerbietig den Buddhas und Patriarchen in den zehn Richtungen mit duftenden Blumen, Lampen, seltenen Juwelen und edlen Roben. Wisst ihr davon? Habt ihr solches gesehen? Wenn ja, dann dürft ihr nicht behaupten, ihr würdet eure Zeit verschwenden. Auch wenn ihr es noch nicht beobachtet habt, dürft ihr es doch nicht übersehen, sobald es direkt vor euren Augen steht.'

Glücklicherweise bin ich ein buddhistischer Sohn von Abt Tien-tung, auch wenn ich einen etwas anderen Weg gehe. Ich habe lange Zazen mit ihm geübt. Wie könnte ich sein inneres Reich übersehen? Versucht mir zu sagen, was das heißt.

Wenn Zen-Mönche Zazen üben, dürfen sie darüber nicht sagen: ‚Wir schleifen einen Ziegel zu einem Spiegel' oder ‚Wir schlagen den Wagen, damit er rollt', und das gleichsetzen damit, den Buddhas und Patriarchen in den zehn Richtungen edle Roben, seltene Juwelen und duftende Blumen darzubringen. Habt ihr da noch mehr zu bieten, Mönche?

Wie könnten Hören und Sehen gewöhnlicher Menschen damit verglichen werden, wenigstens ein Mal selbst Chao-chous Tee zu trinken?"

53. „Heute ist der erste des neunten Monats. Wenn das Holzbrett geschlagen wird, sollt ihr Mönche Zazen üben. Dann dürft ihr nicht mit hängenden Köpfen dösen. Wenn ihr einen Ebenbürtigen sehen wollt, müsst ihr wie die vergangenen Buddhas und Patriarchen sein. Hängt an nichts. Sucht keine Lotusblumen im zwölften Monat. Euer weggeworfener Körper-und-Geist ist unbe-

weglich. Selbst auf einem alten Zazen-Kissen müsst ihr so angestrengt üben, dass ihr ein neues Loch hineinmacht.

Zazen-Übende sind nicht frei von der Notwendigkeit der Übung und Erleuchtung, doch wer unter ihnen wird daran haften? Darum sind sie von Bodhisattvas auf höheren Stufen der Verwirklichung verschieden."

54. Zum Todestag des führenden Regierungsrates Horikawa[444] sprach Dôgen in der Vortragshalle: „Ein Inbegriff des Bhagavat will seinen Eltern ihre Güte vergelten. Wie sollte ich den Ausdruck ‚Gutes mit Gutem vergelten' erklären? Als er den Weg des Nichts-Tuns beschritt und die Familienbande durchtrennte, wie hätte da das Licht seiner Weisheit nicht den Frost seiner Täuschung auftauen können? Es heißt, wenn einer Mönch wird, würden neun Generationen seiner Familie im Himmel wiedergeboren. Dies bringt seinen Eltern Freude. Der Boden, auf dem sie karmische Vergeltung erfahren, ist ebenfalls geheiligt. Welche Falschheit könnte darin liegen?

Yüeh-shan machte Zazen, als ein Mönch fragte: ‚Was denkst du im Reich des Zazen?' – ‚Ich denke Nicht-Denken.' – ‚Wie geht das?' – ‚Indem man jenseits von Denken und Nicht-Denken denkt.' Heute ehre ich die kommende Existenz der Vergeltung seiner Eltern [meines Vaters] und verfasse dieses Kôan:

Jenseits von Denken und Nicht-Denken zu denken ist jenseits von Denken,
doch niemand darf den Himmel als Erde bezeichnen.
Wenn sich sowohl Wissen als auch Täuschung plötzlich erledigen,
kocht Wasser in einem großen Topf, und die Kohle im Feuer erkaltet."

55. „Ein alter Führer sagte: ‚Die buddhistische Übung liegt jenseits unserer sechs Sinne. Wenn wir diese Sinne benutzen, sind wir weit von wahrer buddhistischer Übung entfernt.' Darum sage ich: Auf dem Weg dürft ihr nicht versuchen, Erleuchtung durch das Bewusstsein zu erfassen oder in Buchstaben zu übermitteln. Selbst wenn ihr den Weg so kraftvoll wie Donnerhall studiert – wie könnt ihr euch von den sechs Sinnen befreien? Übt euch unaufhörlich, indem ihr der Wand gegenübersitzt oder einen Ziegel schleift, dies entspricht einem Treffen von Angesicht zu Angesicht. Wenn ihr Körper und Geist nur ein wenig abgeworfen habt, werdet ihr feststellen, dass die Öffnung eurer Essschale rund ist. Doch dies ist das Studium auf der erhabenen Plattform. Wie sollte ich meinen Standpunkt jenseits der Buddhas und Patriarchen ausdrücken?

[444] Okumura/Leighton geben hier Minamoto Michitomo, der Dôgens Bruder oder Vater (zumindest sein Adoptivvater) gewesen sein soll.

Sowohl Ma-tsu als auch Ashvaghosha haben recht. Huang-mei und Huang-po zeigen den Dharma so klar wie der Wind und der Mond, die auf ihren Gesichtern spielen. Sie benutzen das Zazen-*samâdhi* frei, während die Roben der sieben vergangenen Buddhas ihre Schultern bedecken."

56. „Ihr müsst verstehen, dass ein Buddha werden jenseits von vergangener oder gegenwärtiger Zeit liegt. Wie könnten Übung und Erleuchtung nur in der Zukunft existieren? Ihr dürft nicht sagen: ‚Es gibt ursprünglich nicht ein einziges Ding.'[445] Auch wenn kein Unterschied in der Essenz von Ursache und Wirkung besteht, treten sie beide in Erscheinung. Mönche! Versucht zu sagen, warum.

Erblühende Pflanzen bringen folgerichtig Früchte hervor. Grüne Blätter werden im Herbst rot."

57. „Ein Wassertropfen wird zu einem Eisklumpen. Wie kann man behaupten: ‚Wasser hat sich in Eis verwandelt'? Ihr folgt der Ursache (Übung) und erfasst die Wirkung (Erleuchtung). Dies durchdringt Zeit und Raum. Die Worte ‚Buddhas Weisheit' [Vorhersagen von Buddhaschaft] bedeuten, den Reispreis in Lu-ling festzulegen. ‚Ein Buddha werden' heißt, dass Regen fällt, wenn sich Wolken erheben. Die obigen Worte bedeuten: ‚Der Weg folgt dem Weg selbst.' Ich will gütig noch etwas Weltliches ergänzen.

Das erste Licht erhellt die vergangene Dunkelheit. Ich sehe sie noch mehr erleuchtet, wenn ich das zweite Licht hinzufüge. Doch keines von beiden unterscheidet sich vom anderen, Myriaden von Lichtern werden auf ein Licht im Universum verdichtet [sind bereits im Zimmer]."

58. Am Tag der Öffnung der Feuerstätte sprach Dôgen in der Vortragshalle: „Selbst wenn ihr, wie Hsüeh-feng sagte, das Ende der Welt mit einem alten Spiegel (Weisheit) ausmessen könntet, ist dieser Spiegel nicht einfach ein Abbild. Pai-chang zeigte Wei-shan, was eine Feuerstätte ist, doch er verstand die Feuerstätte nicht. Hsüeh-feng war der Erste, der ihre Vorbildfunktion aufzeigen konnte.[446]

Heute haben sich die Mönche versammelt, um eine Feuerstätte zu öffnen. Sie sind wahre *bodhi* Suchende, die sich über dem Feuer wärmen, statt wie Pai-chang in seiner kalten Asche zu stochern oder wundersame einzelne Worte auszustoßen."

---

[445] Ein Satz, der Hui-neng zugeschrieben wird.

[446] Hsüeh-feng antwortete auf die Frage, wie breit eine Feuerstätte sei: „So weit wie der alte Spiegel." Siehe das Kapitel „Kokyô" im *Shôbôgenzô*.

59. „Nan-chüan lehrte einst die Mönche: ‚Ich denke daran, meinen Körper zu verkaufen (den Dharma zu übertragen). Ist hier jemand, der ihn kaufen würde?‘ Ein Mönch trat hervor und sagte: ‚Ich mache es.‘ – ‚Welchen Preis zahlst du, wenn er nicht hoch und nicht niedrig sein darf?‘ Der Mönch antwortete nicht. Da meinte Chao-chou: ‚Nächstes Jahr mache ich ein frommes Hanfgewand für Euch, Abt.‘

Versteht ihr diese hervorragende Geschichte? Ich werde sie euch darlegen, doch ich befürchte, dass ihr auch mich nicht recht begreifen könnt.

Bevor Nan-chüan seinen Körper verkaufte, bot Chao-chou ihm einen niedrigen Preis dafür. Chao-chou besaß ein solch freies und liebenswertes Wirken, dass er andere auf dem Marktplatz willentlich um Dinge erleichtern konnte. Welcher Unterschied [im Preis] besteht zwischen Gänsekraut und Chinesischem Holunder *(sendan)*? Sowohl ein einziger Drache [ein Kriegspferd] als auch acht [Arbeits-]Pferde genießen die Ankunft des Frühlings (des Dharma).“

60. „König Prasenajit[447] sprach zum Ehrwürdigen Pindora-bhâradvâja[448]: ‚Ich hörte, Ihr habt den Buddha persönlich getroffen. Ist das wahr?‘ Der Ehrwürdige zupfte an seiner Augenbraue, um es zu belegen. Dazu sagte mein verstorbener Lehrer Tien-tung in Versen:

‚An seiner Augenbraue zupfend antwortete der Ehrwürdige
und bewies so, dem Buddha persönlich begegnet zu sein.
Noch immer geben ihm alle Menschen Almosen.
Sein Reich ist so kalt wie ein Pflaumenzweig im Frühlingsschnee.‘

In Ergänzung dieser feinen Verse möchte ich heute noch etwas sagen. Wollt ihr es hören, Mönche?

Die Frage des Königs: ‚Habt Ihr den Buddha persönlich getroffen‘ ist angebracht. Der Ehrwürdige versucht mit dem Zupfen seiner Augenbraue keineswegs, den König zu täuschen. Das Verdienst, dass der Ehrwürdige den Buddha traf, ist so lebendig wie Frühlingsblüten, die niemals fallen, oder wie ein alter Kranich in edlem Gehölz, der seine Flügeln ausbreitet.“

---

[447] König der Länder Koshala und Kâshî in Zentralindien. Er war von gleichem Alter wie der Buddha und bestieg den Thron im gleichen Jahr, wo dieser Erleuchtung erlangte. Mit seiner Frau und seinem Sohn wurde er zu einem Anhänger Buddhas.

[448] Der erste der sechzehn Arhats.

61. „Ching-yüan ließ ein Bein baumeln. Tsao-shan sagte: ‚Drei Tassen Sake aus einem bescheidenen Haus können die Lippen nicht befeuchten.' Das Reich, in dem Shih-tou erkannte, was Ching-yüan mit dem Baumelnlassen seines Beines meinte, hinterlässt keine Spur dieser Erkenntnis, so wie eine Schneeflocke im Feuer eines Weihrauchgefäßes wegschmilzt.[449] In diesem Moment hat die Spitze eines *shujô* eine so seltene Wirkung wie das Erscheinen einer Udumbara-Blume [Eine Blume, die auf dem Mönchsstab erblüht, hat Verdienst]. Ein Zazen-Kissen ist mit Freude gefüllt [Auf unseren Sitzkissen lächelnd, fehlt es uns an nichts]. Wie sollten es nun meine Anhänger ausdrücken?

Jemand bezeichnet das Reich der Täuschung als die drei Welten [Was wir Karma nennen, erzeugt die drei Welten]. Doch sobald er die Wahrheit erkannt hat, betrachtet er die drei Welten als den Buddha-Geist.[450] Diesen Buddha-Geist erfassend, empfing Nâgârjuna andere mit einer Schale Wasser, und Kânadeva[451] folgte dem Weg mit einer Nadel in der Hand[452]."

---

[449] Okumura/Leighton deuten anders. Chang-tse, ein Schüler von Shih-tou (dessen Lehrer Ching-yüan war), bejahte Shih-tous Frage, ob dieser ihm die Augen öffnen solle. Daraufhin hob Shih-tou ein Bein an. Chang-tse verbeugte sich, Shih-tou fragte weshalb, und Chang-tse erwiderte: „Eine Schneeflocke auf der roten Feuerstätte."

[450] Dôgen verhandelt den Satz „Die drei Welten sind nur ein Geist" aus dem Kegon-Sutra im Kapitel „Sangai Yuishin" seines *Shôbôgenzô*.

[451] Der fünfzehnte indische Patriarch und Dharma-Erbe Nâgârjunas.

[452] Als Nâgârjuna den Kânadeva mit einer Schale Wasser in der Hand empfing, ließ dieser eine Nadel hineinfallen (siehe *Hekiganroku*, Fall 13).

VIII. Verschiedenes

(I) Reden im kleinen Kreis (shôsan)[453]

1. Am letzten Tag der Sommerübung sprach Dôgen bei einem *shôsan:* „Wenn jemand den Weg geklärt hat, sind die zahlreichen Dinge in seinem Gesicht eins miteinander. Wenn er sich dieser Tatsache nicht bewusst wäre, wie könnte er dies behaupten? Wenn er sich ihrer aber bewusst wäre, wie würde er dann handeln? Verwirklicht er Erleuchtung, ohne sie abzuwerfen, dann begeht er einen Irrtum in seiner buddhistischen Übung. Wenn er aber die Erleuchtung abwirft, wird er den Dharma mit Buddhas Augen sehen. Übt er den Weg auf rechte Weise, dann trinkt er mit allen Menschen gemeinsam Tee."

2. Bei einem *shôsan* sprach Dôgen am Neujahrsabend: „In unserer Welt gibt es dreihundertsechzig Tage. Am Ende des zwölften Monats kann ich einen Zweig mit Pflaumenblüten kaufen, der mit den Glück verheißenden Wolken auf dem Gipfel eines Felsens und dem Mond, der auf ein kaltes Tal scheint, Frühling, Wärme und ein Lächeln enthält. Buddhistisch Übende sollten sogleich dem Weg der alten berühmten Meister und Patriarchen folgen. Darum meinte ein Altehrwürdiger: ‚Man muss tun, was der Tathâgata tat.' Buddhistisch Übende verlassen ihre fernen Häuser und Geburtsorte und schneiden für lange Zeit die Bindungen an ihre Familie ab. Sie sollten tüchtig jede Übung vollziehen und wenig Interesse für Ruhm und Gewinn oder Richtig und Falsch zeigen. Doch zuerst sollten sie die wichtigste Angelegenheit der Buddhas und Patriarchen studieren – in einer Bergklause zu leben.

Einst fragte ein Mönch den Großen Meister Hung-choai vom Berg Yün-chü: ‚Was sollte ein Zen-Mönch eigentlich tun?' Hung-choai antwortete: ‚Er sollte in einer Bergklause leben.' Als dieser Mönch sich niedergeworfen hatte und wieder aufgestanden war, fragte ihn Hung-choai: ‚Was hast du erkannt?' Der Mönch erwiderte: ‚Dieser Geist ist so unbeweglich wie ein Berg, selbst im Reich des Dualismus von Gut und Böse, Geburt und Tod oder Richtig und Falsch.' Da schlug Hung-choai den Mönch mit seinem Stock und sprach: ‚Du hast dich gegen die alten heiligen Mönche gestellt und mich meine Nachfolger gekostet.' Dann fragte Hung-choai einen anderen Mönch in der Nähe: ‚Was hast du erkannt?' Dieser warf sich nieder, stand auf und sagte: ‚Ein Zen-Mönch lebt in einer Bergklause und sieht weder die Farben Schwarz und Gelb

[453] Die Reden in der Vortrags- oder Dharma-Halle aus Kapitel I–VII werden *jôdô* genannt, wörtlich: „in der Halle aufsteigen", und Dôgen gab sie von seinem erhöhten Sitz aus, während die Mönche standen. Die *shôsan* in diesem Kapitel sind informellerer Natur und fanden meist im Zimmer des Abtes im kleinen Kreis statt, und zwar traditionell an Tagen, die auf 3 oder 8 enden (also am 3., 8., 13., 18., 23., 28.), auf die wiederum die Tage folgen, in denen der Klosteralltag aufgelockert wurde (und die auf 4 oder 9 enden).

noch hört er den Frühlingsklang des edlen Bambus.‘ Hung-choai meinte: ‚Auch du hast dich gegen die alten heiligen Meister gestellt und mich meine Nachfolger gekostet.‘ Darum, ihr Mönche: Die alten weisen und berühmten Meister wollten nur in einer Bergklause leben. Ihr selbst könnt nun hier auf dem Berg Kichijô bleiben und unmittelbar den alten berühmten Buddhas und Patriarchen begegnen. Wenn nicht, solltet ihr doch froh sein, hier leben zu können. Es ist die unermüdliche Übung des Weges, diese Freude unaufhörlich im eigenen Geist zu bewahren.

Der Bhagavat sagte: ‚Die Buddhas sind glücklich, in den Bergen und Wäldern schlafen zu können, doch nicht, wenn sie inmitten menschlicher Behausungen üben müssen.‘ Darum lebte Shâkyamuni auf dem Geierberg, Mahâkâshyapa auf dem Berg Kukkutapâda, Bodhidharma auf dem Berg Sung, der fünfte Patriarch auf dem Berg Huang-mei, der sechste Patriarch auf dem Berg Tsao-chi; so machten es die großen Patriarchen wie Nan-yüeh, Ching-yüan, Shih-tou, Yüeh-shan, Yün-yen, Tung-shan, Yün-chü, Hsüeh-tou, Fu-yung und Ta-pai (Tien-tung). Selbst Laien auf der Suche nach *bodhi* lebten auf bekannten Bergen, z. B. dem Chi-shan, Nan-shan, Shou-yang und Kung-tung. Heutzutage sollten Buddhisten zuerst abgeschieden in Gebirgstälern leben. Narren, denen es am *bodhi* suchenden Geist mangelt und die es nach Ruhm und Gewinn gelüstet, können nicht in einer Bergklause verweilen. Ihr aber könnt es. Warum vernachlässigt ihr also die buddhistische Übung? Ihr könnt euch nicht gegen die alten heiligen Meister stellen und mich meine Nachfolger kosten. Ich hoffe, ihr werdet die Freude nicht übersehen, hier leben zu können. Unter anderen Mönchen mit ihrem Körper von Leben und Tod (Täuschung) zu leben ist bedeutender, als mit Eltern und Geschwistern zusammen zu sein. Ihr solltet unweigerlich dem Dharma folgen, den Weg üben und in völliger Harmonie leben. Wenn ihr euch heute nicht übt, werdet ihr dreihundertsechzig Tage vergeuden. Wenn ihr aber nie einen Tag verschwendet, dann werdet ihr dreihundertsechzig Tage praktizieren. Der alte Patriarch Shih-tou sagte: ‚Ihr dürft nicht eure Zeit verplempern.‘ Ein alter heiliger Mönch meinte: ‚Manchmal übt jemand für sich selbst, und manchmal überschreitet er seine eigene Übung. Manchmal denkt jemand über sich selbst nach, und manchmal geht er über diese Selbstreflexion hinaus.‘ Diese Aussage ist eine klare Anweisung für Übende.

Als einst der Abt Fo-yen zum *keshu*-Mönch[454] unter Wu-tsu Fa-yen wurde und auf dem Weg ins Stolpern kam, dachte er über sich selbst nach. Als er zurückkam, erklärte er es Wu-tsu. Später stocherte er in einem Feuer, als er Abend-Zazen im *shika*-Zimmer[455] übte. Auch da reflektierte er ernsthaft über

[454] Kümmert sich um die Einwerbung von Spenden für die Mönche.

[455] Raum zum Empfang von Gästen.

sich selbst. Dennoch konnte er keinen Einblick in die Geheimnisse des Weges gewinnen und trat daraufhin ins Zimmer seines Meisters, um Wu-tsu zu bitten, den Dharma darzulegen. Dieser sagte: ‚Ich erzähle dir eine Parabel. Es ist wie ein Ochse, der durch ein vergittertes Fenster kommt, während er von einem Mann gezogen wird. Seine Hörner und vier Beine sind draußen, doch sein Schwanz nicht.‘ Mönche! Warum ist der Schwanz noch drinnen, wenn die Hörner und Beine bereits draußen sind? Versucht dies genau zu verstehen.

Der Bhagavat sagte: ‚Wenn ein großer Elefant durch ein Fenster kommt, ist sein ganzer Körper draußen, aber sein Schwanz nicht. Wenn also weltlich gesinnte Menschen Mönche werden und der Welt entsagen, können sie doch ihr Anhaften an Ruhm und Gewinn nicht abwerfen.‘

Darum wiederholen sie Geburt und Tod in den drei Welten und den sechs Daseinsbereichen. Deswegen verglich der Bhagavat sie mit einem Elefanten und Wu-tsu sie mit einem Ochsen. Ihre Worte mögen sich unterscheiden, doch ihre Absichten sind gleich. Ihr müsst erkennen, dass ihr die Worte ‚Schwanz‘ und ‚Hörner‘ noch nicht verstanden habt. Wenn die Letztgenannten draußen sind, dann auch der Erstgenannte. Mönche! Wollt ihr sie beide verstehen oder nicht?

Wenn ihr einen Ochsen herauszieht, dürft ihr dabei nicht ein *jôbanzei*[456] anschauen. Die drei Welten sind so vergänglich wie wallendes Gras. Der Ochsenschwanz buddhistischer Übung befindet sich noch hinter einem vergitterten Fenster. Wann wird sein ganzer Körper herauskommen? Mönche! Ich danke euch für eure Mühen. Passt auf euch auf!“

3. Bei einem *shôsan* zum Abschluss der Sommerübung sprach Dôgen: „Früher reichte ein Wort an jemanden, heute reichen viele Worte für niemanden. Warum? Mit welchen Gesichtszügen haben früher Menschen diese Erleuchtung verwirklicht? Und mit welchen Blicken öffnen heutzutage die Menschen das Auge Buddhas? Ein hoher Mönch sagte: ‚Die Übung eines Altehrwürdigen wird vom heutigen Menschen befolgt; die des heutigen Menschen wurde vom Altehrwürdigen befolgt. Es gibt nichts, dem man zwischen früher und heute widerstehen müsste.‘ Wie viele wissen das? Es gibt darum keine Kluft zwischen der Übung eines Altehrwürdigen und eines modernen Menschen. Der moderne Mensch befolgt die Übung eines Altehrwürdigen. In der Praxis herrscht kein Unterschied zwischen ihnen, sie sind identisch miteinander. Darum verweilen sie für neunzig Tage in der Übung. Wenn sie sich in diesem identischen Reich befinden, werden sie beide entweder altehrwürdig oder modern genannt, oder keiner von ihnen wird so bezeichnet. Wie könnte ich sie sonst nennen?

---

[456] Stern/Zeichen des Gleichgewichts.

Ich kann euch keine andere Sichtweise als diese vollständige anbieten. Wenn ihr diese letzte Wirklichkeit verstanden habt, werdet ihr entdecken, dass alte Zeiten sowohl identisch mit als auch verschieden von modernen Zeiten sind. Bitte gebt auf euch acht!"

4. Bei einem *shôsan* zur Wintersonnenwende sprach Dôgen: „Ein altehrwürdiger tugendhafter Meister sagte: ‚Niemand versteht wirklich, dass neun mal neun einundachtzig ergibt. Wenn man dies verstehen will, soll man wissen, dass fünfhundert *mon*[457] mal zwei einen *kan-mon* ergeben.' So war seine Aussage. Wollt ihr sie genau erfassen? Niemand versteht wirklich seine Worte ‚neun mal neun macht einundachtzig'. Was kleine Stöcke in ihrer Länge und Breite angeht, so sind tausend zu zehntausend, was einer zu zehn ist. Welch wunderbare Angelegenheit: Fünfhundert *mon* mal zwei ergeben einen *kan-mon*. Er enthält zahllose Münzen, Kupfer, Eisen, Silber und Gold. Alle sind glückverheißend bezüglich der Rückkehr des Frühlings. Doch was solltet ihr in Hinsicht auf die Wintersonnenwende sagen, wenn ihr die Buddhas und Patriarchen trefft?

   Der Schnee ist hier in diesem Bergtempel jede Nacht tief, doch die Pflaumenblüten darin duften über die gesamte Erde. Gebt gut auf euch acht!"

5. Bei einem *shôsan* dankte Dôgen am Neujahrsabend den *chiji*-Mönchen[458], *chôshu*-Mönchen[459] und Übenden: „Ihr Bodhisattvas wurdet zum *bodhi*-Geist erweckt, betratet die Tempelküche und durchdrangt die Nasenlöcher der Buddhas und Patriarchen, um deren Reis und Gewürze zu erlangen. So oft habt ihr Wasser und Feuerholz getragen und diesen Tempel zu einem hervorragenden Übungskloster gemacht.

   Einst fragte ein Mönch den Chao-chou: ‚Wenn sich zwei Spiegel gegenüberstehen, welcher der beiden ist klarer?' Chao-chou antwortete: ‚Deine Augenlider sind stark genug, den Berg Sumeru zu bedecken.' Wenn jemand mich das Gleiche fragt, erhebe ich mein *shujô* und antworte: ‚Dies ist ein *shujô*.' Wenn er sagt: ‚Das hast du auf der erhöhten Plattform studiert. Wie lautet aber deine Antwort im Reich jenseits von Buddhas und Patriarchen? – – –'" Da warf Dôgen seinen *shujô* weg, stieg von seinem Sitz herab und sagte: „Gebt gut auf euch acht!"

[457] Die damalige Währungseinheit, ein *mon* war ein Tausendstel *kan*.

[458] Sechs Bedienstete eines Zen-Klosters: 1) *tsûsu* (Generalsekretär), 2) *kansu* (Sekretär), 3) *fûsu* (Buchhalter), 4) *inô* (Verantwortlicher für die Meditationshalle), 5) *tenzo* (Chefkoch), 6) *shissui* (Verantwortlicher für Gebäude und Instandhaltung).

[459] Sechs weitere Bedienstete eines Zen-Klosters: 1) *shuso* (Verantwortlicher für die Übenden), 2) *shoki* (Verantwortlicher für Dokumente), 3) *chizô* (Verantwortlicher für Sutren), 4) *shika* (Verantwortlicher für den Empfang), 5) *chiden* (Verantwortlicher für die Halle), 6) *chiyoku* (Verantwortlicher fürs Bad).

6. Bei einem *shôsan* zum Abschluss der Sommerübung sprach Dôgen: „Heute seid ihr Übenden in der Meditationshalle zusammengekommen, um den wahren Dharma zu verwirklichen. Ihr haltet euch fern, um zu zeigen, dass eure Füße denen von Eseln ähneln. [Da ich das Kloster nicht verlasse, inwiefern ähneln meine Beine denen eines Esels?][460] Ihr schützt euer Leben, um zu zeigen, wie ihr ursprünglich geboren wurdet [Das Leben beschützend, haben alle Menschen ihre eigenen Lebensbedingungen]. Yün-men forderte: ‚Bezahlt mir den Reis für die letzten neunzig Tage!', doch wie könnte dieser Reis nicht das Selbst sein? Tung-shan sagte: ‚Wo auch immer ich hingehe, es gibt dort nicht einen einzigen Grashalm', doch dieser Tempel hat ein Ost- und ein Westtor. Ältere Mönche aus allen Teilen des Landes sind ‚auf dem *shujô'* des Huang-po, Hunderte und Tausende von *samâdhi* sind in der Brust von Meister Shui-liao[461]. Darum gibt es den Ausspruch: ‚Wir betrachten vollständige Erleuchtung als unseren buddhistischen Tempel.' Nun ist mein buddhistischer Tempel auch vollständige Erleuchtung. Ein anderer Ausspruch lautet: ‚Ein friedvolles Leben in Körper und Geist zu leben ist die Weisheit der Gleichheit.'[462] In der buddhistischen Übung während dieses *ango* werden viele Körper zu einem, und umgekehrt. Wollt ihr dies verstehen? Ihr könnt keinen Reis essen, ohne euren Mund zu öffnen [Wir müssen den Reis mit dem Mund der Gemeinschaft essen (!)]. Euer tägliches aktives Wirken hängt unweigerlich von eurer Energie ab [Unsere Vitalität muss die Stärke der Gemeinschaft sein]. Bitte achtet auf euch selbst."

7. Bei einem *shôsan* zum Ende der Sommerübung sprach Dôgen: „Wollt ihr das buddhistische Zeitalter vollendet sehen?" Dann malte er einen Kreis in die Luft und sagte: „Hier ist die Ursache vollendet." Dann zog er einen weiteren Kreis und sagte: „Hier ist die Wirkung vollendet. Wenn ihr ein kleines Zen [das ‚Zen des großen Rettichs' (von Chao-chou)] praktiziert, werdet ihr es vollständig erfassen [werdet ihr die Schöße von Eseln und Pferden füllen]; wenn ihr ein zerbrechliches [‚Glaskrug'-]Zen praktiziert, werdet ihr es in seine Einzelteile zertrümmern [werden sieben Blumen in acht Teile zerrissen]; wenn ihr Tathâgata-Zen macht, werdet ihr keine Beobachtungsgabe entwickeln und euer ganzes Leben nur wie ein armer Mensch sein; wenn ihr Patriarchen-Zen übt, wird dies euren Nachkommen unaufhörlichen Schaden verursachen. Was soll ich über solche Erleuchtung sagen [Sagt mir, was ist also der Zweck vom Eiheiji]? Ich sehe nur den Sonnenaufgang im Osten. Wer kann darüber hinaus das Ende des Sommers oder den Beginn des Herbstes kennen [Seht einfach die Sonne im Osten aufgehen. Wer kann dann Chao-chous Tee trinken]?"

---

[460] Siehe Kap. VI, 7.

[461] Dieser wurde einst von Ma-tsu in die Brust getreten, nachdem er ihn zu Bodhidharmas Kommen aus dem Westen befragt hatte, und erfuhr dadurch Erleuchtung.

[462] Ein Satz aus dem „Sutra der vollkommenen Erleuchtung".

8. Bei einem *shôsan* zum Abschluss des *ge-ango* sprach Dôgen: „Abt Ts'u-kang[463] war ein tugendhafter Mönch unter Huang-lung. Er lebte einst auf dem Berg Tien-tung in Ssu-ming und sagte in einem *shôsan* zum Ende der Sommerübung: ‚Zen-Übende müssen eine aufrechte Nase haben, klare Augen und Verständnis für die ursprüngliche Bedeutung einer Lehrrede. In diesem Fall wird eine große Wirkung entstehen, und sie können in die zahlreichen Gefilde des Buddha, der Dämonen, von Selbst und Anderen eindringen. Warum ist dies so? Wenn die Nase aufrecht ist, dann sind alle anderen Dinge aufrecht. Wenn der Herr eines Hauses aufrecht ist, spürt seine Familie auf natürliche Weise seinen Einfluss. Wie können wir unsere Nasen korrigieren? Der alte Meister Huang-po sagte: ‚Ich wurde ohne zweite Erinnerung erleuchtet.' So treten auch wir mittels der ersten Erinnerung durchs Tor unserer Schule. [‚Seid entschlossen, nicht in einen zweiten Gedanken zu driften, und ihr werdet durch unser wichtigstes Tor treten.'] Ist das nicht eine gute Methode für euch, euer wahres Selbst vor der Geburt eurer Eltern zu erkennen? Morgen beginnt der Abschnitt von neunzig Tagen. Ihr dürft nicht von den eingeführten Regeln dieses Übungsklosters abweichen.'

Tatsächlich sagte er: ‚Ich wurde ohne zweite Erinnerung erleuchtet', doch ich sage auch: ‚Ich wurde ohne erste oder umfassende Erinnerung erleuchtet.' [Seid entschlossen, nicht einmal in einen ersten Gedanken, aber auch nicht ins Nicht-Denken zu driften. (!)] Ihr Mönche werdet den Dharma nur verwirklichen, wenn ihr auf diese Weise studiert habt. Heute Nacht fürchte ich das Karma von Worten nicht und sage: ‚Morgen beginnt der Abschnitt von neunzig Tagen. Ihr dürft nicht von den eingeführten Regeln dieses Übungsklosters abweichen.' Tut nichts anderes, als den ganzen Tag auf dem Zazen-Kissen zu sitzen, und feiert still euer friedliches Leben."

9. Bei einem *shôsan* zur Wintersonnenwende sprach Dôgen: „Die Frage eines Mönchs an Chao-chou ‚Was ist *soshi-seirai-i?*' bedeutet: ‚Deine Zungenspitze ist meine Zungenspitze.' Chao-chous Antwort ‚Es ist eine Eiche im Garten' bedeutet: ‚Die Wirkung jenseits von Buddha *(soshi-seirai-i)* ist euch nur schwer zu beweisen, doch diese Lehrmethode wurde seit undenkbaren Zeiten an Menschen übermittelt.' Die Worte des Mönchs ‚Zeigt mir nicht das Objekt' bedeuten, dass er gewaltsam seine Augäpfel herausriss und versuchte, zum Großen Wagen hinaufzuschauen. Chao-chous Antwort ‚Ich werde dir nie das Objekt zeigen' bedeuten, dass der stille Wind den Herbstklang enthält. Die Frage des Mönchs ‚Was ist *soshi-serai-i?*' bedeutet, dass ein Pflaumenbaum nächstes Jahr neue Sprossen treiben wird und seine Blüten eine nach der anderen im Frühlingswind erscheinen werden. Chao-chous zweite Ant-

[463] Dharma-Erbe von Yü-wan.

wort ‚Es ist eine Eiche im Garten' mag in Ordnung sein, doch wer will an dieser Aussage hängen und bloß kleine Fische und Krabben fangen? Es gibt noch mehr zu sagen. Wollt ihr es hören?

An einem kalten Tag zur Wintersonnenwende empfand ich eine grüne Kiefer als tugendhaft. Ich grub ihre geistigen Wurzeln aus und pflanzte sie auf dem Gipfel des Berges Kichijô ein. Mönche! Ich danke euch für eure Mühen. Achtet gut auf euch!"

10. Bei einem *shôsan* am Neujahrsabend sprach Dôgen: „Ein *shôsan* ist die Anweisung von Buddhas und Patriarchen. In unserem Land habe ich diesen Ausdruck zuvor nie gehört, geschweige denn übermittelt gefunden. Es sind nun zwanzig Jahre, dass ich ihn übertrage. Welches Glück für unser Land und unser Volk! Warum? Weil der Patriarch aus Indien kam und so der Dharma nach China. Gemäß seiner Anweisung wird nichts anderes als die Übung der Buddhas und Patriarchen verfolgt; nichts hält warm außer ihren Roben. Das Wort ‚verfolgen' bedeutet, dass ihr bald Ruhm und Gewinn von euch werft und euch bescheiden zurückhaltet, Könige und Minister meidet, nicht versessen auf Spender und Gönner seid, euer Leben missachtet, euch mit einer Bergklause begnügt, den Dharma wertschätzt, in einem Übungskloster verweilt, seltene Juwelen ablehnt, nur den Augenblick allein für wichtig haltet und aufrecht den Weg übt, fern aller Dinge. In diesem Fall seid ihr wahre Erben der Buddhas und Patriarchen und Führer von Menschen und Himmelswesen. Wenn ihr wirklich zum *bodhi*-Geist erwacht seid und den Weg unter einem berühmten Meister studiert, wird dies zu einer hervorragenden Ursache für das Asamkhya-*kalpa*. Mönche! Wollt ihr dieses *kalpa* sehen?" Da zog Dôgen mit dem *hossu* einen Kreis und sagte: „Wie könnt ihr dies zum Ausdruck bringen? Könnt ihr dies einen Kreis, ein Viereck, das ursprüngliche Sein, das gegenwärtige Sein, die vier vorübergehenden Jahreszeiten oder die Erkenntnis der drei Zeiten und zehn Richtungen nennen? Wenn ihr sagt: ‚Wir können all dies dazu sagen', dann geht ihr fehl und habt die falschen Ansichten von Nicht-Buddhisten gehegt. Die Tugend der Übung für das Asamkhya-*kalpa* ist jenseits der Gedanken von Menschen und Himmelswesen. Warum ist das so?

Heute ist der letzte Tag des Jahres, morgen wird Neujahr sein. Es ist nicht richtig, morgen als den letzten Tag zu bezeichnen und heute als Neujahr. Weil das neue Jahr noch nicht gekommen ist, kann ich diesen zwölften Monat nicht so nennen. Das kalte Jahr ist noch nicht gegangen, das neue noch nicht gekommen. Kommen und Gehen sind unveränderlich. Es gibt keine Kluft zwischen neu und alt. Als ein Mönch den Shih-men fragte: ‚Wie ist es, wenn das Jahr zu Ende geht?', antwortete dieser: ‚Nachts verbrennt ein Dorfältester Papiergeld.' Später fragte ein Mönch den Kai-hsien: ‚Wie ist es, wenn das Jahr zu Ende geht?‘, und dieser erwiderte: ‚Wie üblich ist es im Frühling zunächst noch kalt.‘ Wenn ein Mönch mir heute Nacht die gleiche Frage stellt, dann sage ich: ‚Letzte Nacht tauchte ein Zweig mit Pflaumenblüten im tiefen Schnee des Dorfes auf.‘ Die Nacht ist vorangeschritten. Danke für eure Mühen. Achtet gut auf euch!“

11. Bei einem *shôsan* zum Abschluss der Sommerübung sprach Dôgen: „Der Zen-Meister Ts‘u-kang vom Tien-tung sagte in einem *shôsan* vor dem Ende der Sommerübung: ‚Zunächst muss ein Zen-Übender eine wohlgeformte Nase haben, dann klare Augen und schließlich die ursprüngliche Bedeutung der Lehrrede kennen.‘ Mönche! Wollt ihr die Bedeutung einer ‚wohlgeformten Nase‘ verstehen? Wenn ihr sie versteht, werdet ihr Ts‘u-kangs Nasenlöcher durchstoßen. Und wollt ihr die Bedeutung von ‚klaren Augen‘ wissen? Dies bedeutet, dass seine Augäpfel von einem Zuschauer gegen die Nüsse eines Bodhibaumes eingetauscht wurden. Wollt ihr die Worte ‚die ursprüngliche Bedeutung der Lehrrede kennen‘ verstehen?“

Hier schlug Dôgen mit dem *hossu* auf den Boden und sagte: „Nun habt ihr sie alle begriffen. Doch gibt es noch einen anderen einstweiligen Weg. Der alte Ts‘u-kang sprach: ‚Morgen fängt der Zeitabschnitt der neunzig Tage an. Weicht nicht von eingeführten Regeln ab.‘ Mönche! Ihr müsst verstehen, dass dies eine vorzügliche Aussage ist. Heute werde ich euch allen erklären, was das Nicht-Abweichen von eingeführten Regeln bedeutet. Von morgen an bis zum letzten Tag des *ge-ango* werdet ihr drei Monate lang von Ost nach West gehen, die Buddhas und Patriarchen überschreiten, Körper und Geist abwerfen und die Nasenlöcher der Buddhas und Patriarchen mit jeder Handlung durchdringen. Zur Meditationshalle, zur Buddha-Halle, zur Tempelküche oder zum Haupttor zu gehen – all dies bedeutet, nicht von eingeführten Regeln abzuweichen. Die Buddhas und Patriarchen folgen, wie die Zen-Mönche, der Buddha-Praxis gemäß den Regeln. Selbst wenn sie versuchten, davon abzuweichen, gelänge das nicht. Heute erkläre ich euch die Grundlage dieser dreimonatigen Zurückgezogenheit nach den Sätzen von Zen-Meister Ts‘u-kang.

Der Zeitabschnitt der neunzig Tage beginnt morgen. Weicht nicht von den Regeln ab. Nun verehre ich nichts als die lebendigen Augäpfel des Gautama, ziehe meine Strohsandalen aus und lege das *shujô* ab. Danke für eure unermüdliche Anstrengung. Gebt auf euch acht!“

12. Bei einem *shôsan* zum Ende der Sommerübung sprach Dôgen: „Im Allgemeinen wird ein *shôsan* gehalten, um die Anweisung der Buddhas und Patriarchen zu verstärken. Die eigenen zahlreichen Taten, ob groß oder klein, sind die Wirkung der Zazen-Kissen und *zenpan* der sieben Buddhas und die Quelle des Lebens der Patriarchen. Darum sind die vier Meditationen und *samâdhi* nicht Gegenstand unserer Übung; höhere Stufen des Erlangens stehen außer Frage. Ihr müsst immer Zazen üben und Körper und Geist abwerfen. Vergeudet nicht eure Zeit mit dem ausgelassenen Lachen des Barbaren in China. Ihr müsst stets auf die Zeit neidisch sein. Selbst wenn ihr nach der letzten Wirklichkeit und den Phänomenen fragt, ist die ehrwürdigste Angelegenheit bereits offenbar. Was sollte ich noch sagen?

Es ist klar, dass die ganze Welt sich niemals selbst versteckt hat. Ein Übender macht Zazen so hingebungsvoll, als würde er den Buddha Vairocana (den *dharmakâya* oder die phänomenale Welt) ignorieren. Eine Gans trinkt verdünnte Milch und genießt nur den lieblichen Milch-Geschmack; eine Biene saugt Nektar aus einer Blume und mindert doch niemals deren Duft. Bitte gebt auf euch acht!"

13. Bei einem *shôsan* zur Wintersonnenwende sprach Dôgen: „Wo das große Wirken des Dharma erscheint, öffnet sich euer Buddha-Geist so, wie der Frühling zurückkehrt. Dann kommt ihr zurück zur Quelle aller Dinge und entdeckt das ehrwürdigste Ding überhaupt (Dharma). Darum heißt es: ‚Das ganze Universum ist euer Buddha-Auge, Selbst, glanzvolles Licht und Tor zur Erleuchtung.' Wo gibt es einen Ort, an dem ihr nicht ein Buddha werden könntet? Wisst ihr nicht, dass ein runder Mond den Menschen den Dharma genau so erklärte, wie er die zehn Richtungen erleuchtete, bevor der Bodhisattva Hu-ming[464] vom Tushita-Himmel herabstieg?

Als einst der Zen-Meister Nan-yüeh Ta-hui zum sechsten Patriarchen Hui-neng auf den Berg Tsao-chi kam, fragte Hui-neng: ‚Woher kommst du?' – ‚Vom Nationallehrer Hui-an auf dem Berg Sung.' – ‚Was ist auf diesem Weg gekommen?' Nan-yüeh wusste keine Antwort. Acht Jahre später meinte er zu Hui-neng: ‚Als ich zum ersten Mal hier angelangte, fragtet Ihr, was auf diesem Weg gekommen sei.' – ‚Wie hast du das verstanden?' – ‚Es ist tatsächlich etwas Unbeschreibliches, obgleich es nicht so scheint.' – ‚Gibt es eine Notwendigkeit für Übung und Erleuchtung?' – ‚Es gibt keine Freiheit davon, doch darf niemand daran haften.' – ‚Dieser Geist des Nicht-Anhaftens wird vom Buddha, mir, dir und den indischen Patriarchen gepflegt.' Hui-neng wusste, was man einen Übenden fragen musste; Nan-yüeh fand, was zu befolgen war. Upagupta war bereit, die schwarzen und weißen Steine zu zählen,

[464] Der vorige Name Shâkyamunis im Tushita-Himmel.

die ihm vom Ehrwürdigen Shânavâsa gegeben worden waren, und verehrte seinen Meister so sehr, dass er das Licht der weißen Locke zwischen den Augenbrauen Buddhas erlangen konnte. Was könnte ich nun noch dazu sagen?

Die vier Elemente kehren zu ihrer Quelle (eigenen Natur) zurück wie Kinder zu ihrer Mutter.[465] Die Nacht ist vorangeschritten. Danke für eure Bemühungen. Gebt bitte auf euch acht!“

14. Bei einem *shôsan* am Neujahrsabend sprach Dôgen: „Yüeh-shan fragte Yün-yen: ‚Abgesehen von deinem Aufenthalt auf dem Berg Pai-chang, wo warst du noch?‘ – ‚In Kuang-nan.‘ – ‚Ich hörte, dass jenseits des Osttores der Burg Kuang-chou ein runder Stein vom Provinzfürsten weggeschafft wurde. Ist das wahr?‘ – ‚Nicht nur er, sondern alle Menschen versuchen ihn fortzuschaffen, müssen aber feststellen, dass er unbeweglich ist.‘ So lauteten ihre Aussagen. Wie sehr die Buddhas und Patriarchen in den drei Zeiten auch versuchen mögen, ihn zu bewegen, sie werden feststellen, dass er unbeweglich ist. Warum ist das so?

Dies und das sind eins, jenseits von Innen und Außen, und alles befindet sich in *samâdhi*. Wie wundervoll! Der gesamte Körper strahlt und glänzt wertvoller als jedes Juwel.“

15. Bei einem *shôsan* zum Beginn der Sommerübung sprach Dôgen: „Yüeh-shan war schon lange nicht mehr zur Vortragshalle gegangen. Ein *kansu* meinte: ‚Schon lange wünschen sich die Mönche, dass ihnen der Dharma dargelegt würde. Abt! Bitte erläutert ihn den Mönchen.‘ Yüeh-shan trug einem Mönch auf, die Glocke zu schlagen. Da kamen die Mönche zusammen. Yüeh-shan bestieg seinen Sitz, doch nach einer Weile kam er wieder herab und ging zurück in sein Zimmer. Der *kansu* folgte ihm und sagte: ‚Ihr habt kürzlich versprochen, den Mönchen den Dharma zu erläutern. Warum habt ihr nicht ein Wort gesagt?‘ Yüeh-shan erwiderte: ‚Sowohl Sutren wie auch *shâstra* sind Sache ihrer jeweiligen Lehrer. Warum stellst du meine Taten in Frage?‘

Mönche! Wollt ihr diese Aussage verstehen? Als er Yüeh-shans Worte ‚Wolken sind am blauen Himmel‘ vernahm, zeigte Pao-fu den Buddha-Geist, indem er auf ein Boot deutete. Und bei Yüeh-shans Worten ‚Da ist Wasser in der Flasche‘ pflanzte Ti-tsan Reis und nahm ein Mahl zu sich. Der Traum eines Einfältigen ist jedoch nur ihm selbst verständlich, und eine alte Frau erläutert ihr eigenes Zen. Ein erstklassiges Juwel lässt zahllose Wolken auf einem Berg entstehen und eine Lotusblume öffnet sich in Richtung Sonne. So sind meine Worte, doch heute Nacht will ich sie auch in Versen ausdrücken:

---

[465] Ein Satz aus dem *Sandôkai.*

Was seine Schüler erkannten, war nur der Schatten einer Peitsche.
Wären sie besondere Pferde gewesen, hätten sie nicht darauf gewartet.
Wer kann Yüeh-shans wortlose Tat verstehen?
Und doch wollen alte wie junge Menschen seine Lehre übertragen.

Die Nacht ist vorangeschritten. Danke für eure Anstrengungen [Ihr habt nun lange teilnahmsvoll hier stehen müssen]. Gebt bitte auf euch acht!“

16. Bei einem *shôsan* zum Ende des *ge-ango* zog Dôgen einen Kreis in der Luft und sprach: „Dies ist das wichtigste Ding. Selbst die Buddhas in den drei Zeiten erkennen es, legen es dar und strahlen sein glanzvolles Licht aus. Auch die aufeinanderfolgenden Patriarchen praktizieren es und geben seine Essenz persönlich an ihre Schüler weiter. Selbst die Bodhisattvas, die *prajnâ* studieren, erläutern es und sehen es als ihr Gesicht oder ihre Augenbrauen an. Alle machen während des *ge-ango* neunzig Tage lang durch und durch Zazen, transzendieren die drei Zeiten, verwirklichen *bodhi* und retten fühlende Wesen.

Ich erinnere mich, wie am Tag danach Chao-chou den Ta-ts‘u fragte: ‚Was ist die Essenz von *prajnâ?*‘ Ta-ts‘u fragte ihn dasselbe. Chao-chou lachte laut auf. Am folgenden Tag fegte Chao-chou den Boden, als Ta-ts‘u erneut fragte: ‚Was ist die Essenz von *prajnâ?*‘ Seinen Besen fortwerfend, schüttelte sich Chao-chou vor Lachen. Es ist keinesfalls selten, dass sich altehrwürdige Mönche wie Ta-ts‘u und Chao-chou eine Zeitlang auf diese begegnen. Nun beginnt der letzte Tag des *ge-ango.* Was haltet ihr davon? Gestern hattet ihr gekochten Reis in der Schale, heute Morgen gibt es Haferbrei, Reis und Gemüse. Dies ist die tägliche aktive Wirkung [der gewöhnliche Lebensstil] eines Zen-Mönchs. Was sollte ich über das Reich jenseits der Buddhas und Patriarchen sagen? Mönche! Wollt ihr dies wissen?

Hätte Ta-ts‘u dem Chao-chou eine andere Frage gestellt, hätte dieser anders geantwortet [Ta-ts‘u Huan-chungs ‚Was ist der Körper von *prajnâ*?‘ lässt Chao-chous Lachen noch einmal aufflammen]. Danke also für eure Anstrengungen. Bitte gebt auf euch acht!“

17. Bei einem *shôsan* zur Wintersonnenwende sprach Dôgen: „Ihr Mönche seid alle hier zusammengekommen, unabhängig von der Entfernung eures Zuhauses. Hier bekommt ihr genug vom Mahl des Dharma und erzeugt durch eure Übung Verdienst. Wolken ziehen am Himmel vorüber, das Wasser des Ozeans ist grenzenlos. Wie könnte es für jeden Mönch einen anderen Dharma geben? Könnt ihr das in diesem Moment völlig begreifen? Euer Auge für die Einheit der verschiedenen Dinge öffnend, begegnet jeder von euch mir, Kichijô (dem Berg des Eiheiji), einem Menschen der Wolken und des Wassers (einem Mönch).

Der sechste chinesische Patriarch Hui-neng fragte Hui-jang: ‚Woher kommst du?' – ‚Vom Nationallehrer Hui-an vom Berg Sung.' – ‚Was ist auf diesem Weg gekommen?' Acht Jahre später sagte Hui-jang zu Hui-neng: ‚Es ist wirklich etwas Unbeschreibliches, obgleich es nicht so scheint.' – ‚Gibt es eine Notwendigkeit für Übung und Erleuchtung?' – ‚Es gibt keine Freiheit davon, doch darf niemand daran anhaften.' Danach vergingen noch einmal acht Jahre.

Heute habe ich an ihrer Stelle diese Worte gesprochen und bin so mit ihnen eins geworden. Wollt ihr dies verstehen?

Da ist ein Mann, dessen Kopf einen Meter lang ist.[466] Um einen solchen Mann zu klären, erläuterten die Patriarchen allen Übenden gleichermaßen *prajnâ.* Nun ist die Nacht vorangeschritten. Ich danke euch für eure Anstrengungen. Bitte gebt auf euch acht!"

18. Bei einem *shôsan* am Neujahrsabend sprach Dôgen: „Yüeh-shan fragte Yüen-yen: ‚Abgesehen von deinem Aufenthalt auf dem Berg Pai-chang, wo warst du?' – ‚In Kuang-nan.' – ‚Ich hörte, dass ein runder Stein jenseits des Osttores der Burg Kuang-chou vom Provinzfürsten fortgeschafft wurde. Ist das wahr?' – ‚Nicht nur er, alle Menschen versuchten ihn fortzutragen, doch sie mussten erkennen, dass er unbeweglich ist.' Wie könnte ich, ein entfernter Nachfolger, so etwas vollbringen, ohne dieses Gespräch zu verstehen?

In Chang-an gab es zu allen Zeiten viel Schnee. Der zweite Patriarch erlangte in diesem Schnee das Mark Bodhidharmas und gab die Robe Buddhas weiter. Die Kälte drang ihm bis auf die Knochen. Wie könnten wir dies als kostbare Schale bezeichnen? [Der ganze Körper strahlt und glänzt. Wie könnte man seinen Wert bestimmen?] Der zweite Patriarch wurde nicht durch Bodhidharmas Güte getäuscht [Die freundlichen Gemüter alter Frauen wurden nicht getäuscht]."

19. Bei einem *shôsan* zu Beginn des *ge-ango* sprach Dôgen: „Der Zen-Meister Pu-choai vom Huang-lung belehrte die Mönche in der Vortragshalle: ‚Ein Mönch sollte in einer Bergklause leben, an einem ruhigen Ort, fernab der fünf Begierden. Dort kann er ein Sutra öffnen und lesen und einen Führer zum Dharma befragen. Ein Mönch erkundigte sich beim Großen Lehrer Yün-chü Hung-choai: ‚Was sollte ein Zen-Mönch tun?' Hung-choai antwortete: ‚Er sollte in einer Bergklause leben.' Der Mönch warf sich nieder und stand dann auf. Hung-choai fragte: ‚Wie hast du dies verstanden?' – ‚Der Geist eines Mönchs ist so unbeweglich wie ein Berg, selbst in den zahllosen Reichen von Gut und Böse, Geburt und Tod oder Richtig und Falsch.' Da erteilte ihm Hung-choai einen Schlag mit dem Stock und sagte: ‚Du hast dich an den alten

[466] Siehe *Hekiganroku* (Fall 59).

heiligen Mönchen vergangen und mich meine Nachfolger gekostet.‘ Dann fragte Hung-choai einen anderen Mönch in der Nähe, wie er es verstanden hatte. Dieser warf sich nieder, erhob sich und sagte: ‚Ein Mönch lebt in einer Bergklause und sieht weder die Farben Schwarz und Gelb (von Himmel und Erde), noch hört er den Klang des edlen Bambus.‘ Hung-choai sagte: ‚Auch du hast dich gegen die heiligen Mönche vergangen und mich meine Nachfahren gekostet.‘ Pu-choai meinte dazu: ‚Was sollte man dagegen sagen? Wenn man es versteht, sind alle blauen Berge ein Übungskloster für die buddhistische Praxis. Ansonsten wird man erfahren, wie Kälte und Hitze das eigene Leben verkürzen und Dämonen einen ums Wohlergehen beneiden.‘ Hierbei schlug Pu-choai drei Mal seinen Stuhl mit dem *hossu* und stieg dann von ihm herab.

Yün-chü und Huang-lung haben so gesprochen. Wie könnte ich, ein entfernter Nachfolger, nichts dazu sagen? Habt ihr dies recht verstanden oder nicht? Versucht mir nur zu sagen, was die Worte ‚Er sollte in einer Bergklause leben‘ bedeuten.

Das Reich, in dem jemand die Wahrheit erkannt und alle Dinge geklärt hat, ist das eine vollständige Sein. Der Wind bläst in der Morgendämmerung durch die Kiefern zum Fenster hin, der Mond wird im Herbstwasser widergespiegelt. Jemand hält sich einen Kranich und liebt dessen reine Figur bis zum Tod. Beim Anblick von Wolken schätzt er ihr seichtes Dahinschweben. Manchmal kommt ein Windstoß von Süd oder Südost auf und bringt dunkle Spritzer oder einen stillen Regen in Berg und Tal. Was sollte ich nun noch sagen? Auf dem Platz fürs Zazen liegt dickes Moos und ein weicher Stein. Der Wind bläst stark in To-fus Bambus-Dickicht.[467] Mönche! Danke für eure Anstrengungen. Bitte gebt auf euch acht!“

20. Bei einem *shôsan* zum Ende des *ge-ango* sprach Dôgen: „Die Übung der neunzig Tage ist das Leben des Nichts-Tuns, die Mönche sind in Frieden und von den Buddhas und Patriarchen geschützt. Welch ein Glück für die Mönche! Heute halte ich wie üblich ein *shôsan*. Dies ist eine Anweisung der Buddhas und Patriarchen. Ich greife eine oder zwei der zahlreichen Anweisungen auf. Die aufeinanderfolgenden Buddhas und Patriarchen waren alle *bodhi*-Sucher. Hätten wir keinen *bodhi* suchenden Geist, könnten wir keine unserer Taten vollbringen. Darum müssen Buddhisten zuerst zum *bodhi*-Geist erwachen, das heißt zu einem erlösenden Geist. Zuerst benötigen sie den *bodhi* suchenden Geist, des Weiteren eine Sehnsucht nach alten Zeiten und schließlich den

[467] To-fu war ein Schüler Chao-chus. Als ein Mönch sich bei ihm erkundigte, wie es um seinen Bambuswald stehe, erwiderte To-fu: „Ein oder zwei Halme sind schief, drei oder vier vornübergebeugt.“

Wahrheit suchenden Geist. Diese drei Geistesarten werden von Anfängern wie Fortgeschrittenen studiert. Dies allein ist meine Belehrung.

Zur Lebenszeit des Bhagavat verbrachte Manjushrî den Sommer an drei Orten[468]. Am letzten Tag des *ge-ango*[469] wollte Kâshyapa ihm aus dem Weg gehen [ihn vertreiben (!)] und näherte sich gerade dem Holzbrett, als er unzählige Manjushrîs wahrnahm. Er sammelte seine übernatürlichen Kräfte vollständig, konnte aber nicht einmal einen kleinen Schlegel anheben. Schließlich meinte der Bhagavat zu Kâshyapa: ‚Welchen Manjushrî willst du meiden?' Kâshyapa gab keine Antwort. Mönche! Wollt ihr diese herausragende Geschichte verstehen? Dann solltet ihr zuerst tief daran glauben, dass *ge-ango* das wichtigste Ereignis für Buddhas und Patriarchen ist. Nehmt das nicht leicht! Versucht mir einfach zu sagen, ob Kâshyapa dem Manjushrî aus dem Weg ging oder nicht. Wenn ihr sagt: ‚Kâshyapa mied Manjushrî' bedeutet dies, dass er nicht einmal einen kleinen Schlegel anheben konnte, selbst wenn er seine übernatürlichen Kräfte anwandte. Wenn ihr sagt: ‚Er mied ihn nicht', bedeutet dies, dass er den Dharma vollständig praktizierte. So können wir uns seine Anstrengung nutzbar machen. Mönche! Ihr müsst verstehen: Wenn Kâshyapa die *shrâvaka,* Pratyeka-Buddhas, Anfänger, Fortgeschrittene oder Bodhisattvas höherer Stufen hätte meiden wollen, dann hätte er doch einen kleinen Schlegel hochheben können. Wenn ich nun unzählige Manjushrîs meiden wollte, sollte ich diesen kleinen Schlegel benutzen, den Kâshyapa nicht anheben konnte. Wie kann ich das behaupten? Kennt ihr nicht den Ausspruch: ‚Ein Steinbogen von tausend *kin* wird nicht gegen eine Maus eingesetzt, und ein großes Boot von zehntausend *koku*[470] fährt durch keine Pfütze'? Was könnte man noch dazu sagen?

Die Zeiten sind friedlich, der Kaiser regiert formlos. Die Lehrmethode des alten Bauern (Zen-Meisters) ist recht freimütig [tadellos]. Ist man nur mit den Liedern der Dörfler und dem Besäufnis am Schrein beschäftigt, wie könnte man da Shuns Tugend und Hsiaos[471] Güte verstehen?

Mönche! Danke für eure Anstrengungen. Bitte gebt auf euch acht!"

---

[468] Dôgen zitiert diese Geschichte im *Shôbôgenzô*-Kapitel „Ango". Demnach weilte Manjushrî in jenem Sommer je einen Monat in König Prasenajits Harem, in einem Bordell und in einer Grundschule, wo er mit den Kindern spielte.

[469] Der „Tag der Reue" (skt. *pravârana*, jap. *jishi*), an dem die eigenen Missetaten bekannt werden.

[470] Ein Schiff, das zehntausend *koku* Reis fasst; ein *koku* entspricht 180,5 Litern.

[471] Shun und Hsiao galten als tugendhafte Herrscher in China.

(2) Dharma-Worte (hôgo)[472]

1. Ruhm und Gewinn sind in der säkularen Welt vergänglich. Wie könnte unsere Übung auf dem Weg der Erleuchtung nicht ein besonders langes *kalpa* beanspruchen? Ein heiliger Mensch, der den Weg verwirklicht und Budddhaschaft erreicht hat, lebt darum bald in einer Bergklause oder einer menschlichen Behausung, die anderen nicht bekannt ist; ein Weiser, der erwacht ist und das Reich des Buddha betreten hat, lebt unverzüglich im Wald oder bei einem Fluss. Warum kümmern sich die Übenden heutzutage nicht um das Wesentliche? Vielleicht haben sie die Spur der Übung verloren, die einst altehrwürdige Mönche in der täuschenden Welt verfolgten. Darüber hinaus sollten Übende, die wahrhaft den Weg studieren, diese Abkehr von der Welt jedoch anzweifeln. Ich bleibe in einer menschlichen Wohnstatt und will nicht allein in den Bergen oder Wäldern leben. Es ist, als habe sich eine Lotusblume im Feuer geöffnet und als stehe eine weiße Ulme am blauen Himmel. Hier gibt es wirklich keine Wolke und keinen Dunst. Der Mond, zu dem ich aufschaue, ist weit oben und hell. Vor uns gibt es Bambus und Blumen und die Geräusche des freien Windes in der säkularen Welt. Es gibt keine Notwendigkeit, in einem großen Tempel zu bleiben und von den Worten Richtig und Falsch verführt zu werden. Ihr hättet euren besten Auftritt in einem Laden oder auf der Straße, wenn ihr die buchstäblichen Unterschiede überwindet. Wer sagt, dass es ehrenhaft sei, sich um sich selbst zu kümmern? Wer betrachtet es als seinen langgehegten Wunsch, aus einer vom Weltlichen durchdrungenen Residenz zu entkommen?

Die Lehrreden des Buddha waren so gehaltlos wie der Mond im Wasser; die geschickten Mittel der achtundzwanzig Patriarchen nach seinem Tod waren so leer wie das Bild in einem Spiegel. Wer den Buddha sucht und den Dharma hören will, hängt noch immer an beidem; wer andere belehrt und Sutren darlegt, haftet an getäuschten Menschen. Wenn er den Dharma fern von seinem Geist sucht, wird sich der Buddha in einen Dämon verwandeln; wenn er Vergnügen fern von seinem Geist sucht, wird es sich in Schmerz verwandeln. Die reinen und die unreinen Länder sind der Durchgang durch die Täuschung. Wie kann ein Erleuchteter danach streben? Unser gutes und unser schlechtes Karma werden von einem betrunkenen Mann, nicht von einem nüchternen gefunden. Wie bedauernswert! Die Täuschung in der Täuschung selbst zu hassen bedeutet, Schlamm mit Schlamm wegzuwaschen. Wie töricht! Man sucht und schätzt den Buddha außerhalb, als suche man Wasser, während man in einem See steht. Ihr solltet wissen, dass man die Wahrheit erst von der Falsch-

---

[472] Diese Texte wurden wohl schriftlich gegeben, zu der Zeit, als Dôgen noch im Kôshôhôrin-Tempel lehrte, also vor der Errichtung des Eiheiji. Dort entstanden auch die Reden aus Kapitel I.

heit unterscheiden kann, wenn man Erleuchtung verwirklicht hat. Wer wird im Buddha-Reich bleiben, wenn er den unterscheidenden Geist überwunden hat? Zu dieser Zeit trägt man keine schwere Last auf dem Rücken, federnde Schritte können die Beine nicht verletzen. Wisst ihr nicht, dass der Kaiserpalast, der Marktplatz, das Schlachtfeld und die Sandgrube ursprünglich das freie Übungskloster des Dharma sind? Wie kann man behaupten, ein Freudenhaus oder ein Amtsgebäude seien kein angemessener Ort für eine Lehrrede des Tathâgata? Darum legte ein altehrwürdiger Heiliger den Dharma bei Gayâ dar, und weise Mönche[473] spielten einst in Chang-an. Erst recht sind die eigene Rede und das eigene Schweigen oder der gemächliche Gang durch Zierde oder liebliche Lotusblumen verherrlicht. In seinen Alltagshandlungen verwirklicht man unaufhörlich Erleuchtung. Dies ist bereits eine Wirkung jenseits von Unterscheidung. Wie könnte ich mich gegen den Weg eines Mönchs stellen? Leider verstehen nur wenige meine Absichten."

2. Der große Weg ist ursprünglich namenlos. In diesem Wissen wagt man es, ihn den großen Weg zu nennen. Die Buddhas und Patriarchen tauchen einer nach dem anderen aus diesem großen Weg auf. Selbst ein Mann aus Holz und ein Eisenochse gehen einer nach dem anderen den großen Weg auf und ab und hinterlassen davon keine Spuren. Ich denke, der Weg ist nicht fern von hier, und niemand kann ihn sehen, wie sehr er sich auch anstrengt. Dies müsst ihr verstehen.

Einmal fragte ein Mönch den Zen-Meister Kuei-tsung: ‚Was ist der Weg?' Kuei-tsung antwortete: ‚Du.' Und als ein Mönch den Ma-tsu das Gleiche fragte, erwiderte dieser: ‚Es ist dein Alltagsgeist.' Ein weiterer altehrwürdiger Meister antwortete: ‚Es ist dein Vorübergehen.' Sind die Worte dieser drei tugendhaften Mönche gleich oder verschieden? Wenn sie gleich sind, dann so wie Zehn zwei Fünfen hat; sind sie verschieden, dann so, wie acht *ryô*[474] ein halbes *kin* sind. Ha, ha, ha!

Was bedeuten die Worte ‚Du bist der Weg'? Was sind die fünf *skandha*, die sechs Sinnesorgane oder die vier Elemente? Was ist der Weg? Einst fragte ein Mönch den Zen-Meister Fa-yen: ‚Was ist der ewige *dharmakâya*?' Fa-yen gab zur Antwort: ‚Die vier Elemente und die fünf *skandha.*' Richtet eure Augen auf dieses Kôan, und es wird bald schon den großen Weg manifestieren.

Wie ich zuvor erwähnte, sagte Ma-tsu: ‚Dein Alltagsgeist ist der Weg.' Was ist dieser ‚Alltagsgeist'? Ihr müsst ihn gut verstehen. Einen Führer auf dem Weg aufsuchen und ihn zum Zen-Buddhismus befragen, Roben tragen und Reis essen, sich recht benehmen, kommen und gehen, über Buddha meditie-

[473] Nationallehrer wie Sung-shan, Hui-an, Nan-yang und Hui-chung.

[474] Gewichtseinheit.

ren, ein Sutra lesen, sprechen und schweigen, wachen und schlafen, an etwas festhalten und es vergessen – ist nicht all das unser Alltagsgeist? Wie kann man dies aber nach Belieben als den Weg bezeichnen?

Ein altehrwürdiger Meister sagte einst: ‚Dein Vorübergehen.' Was bedeutet dieses ‚Vorübergehen'? Ihr müsst es gut verstehen. Unzählige *kalpa* lang habt ihr Vögel und wilde Tiere auftauchen und verschwinden sehen, Kopf und Körper gedreht oder den Buddha angeschaut und fühlende Wesen gerettet, einen Berg bestiegen und den Ozean überquert, den Tag lang und den Monat als kurz empfunden – all dies ist Vorübergehen. Ohne dies würdet ihr in den weit entfernten weißen Wolken weilen, doch mit diesem lauft ihr auf eigenen Füßen auf dem Weg. Wie könnten wir uns da sorglos wünschen, was über unsere eigenen Fähigkeiten hinausgeht? Dies ist der traditionelle Weg der Buddhas und Patriarchen. Wisst ihr nicht, dass Shâkyamuni einst Westen und Osten sah, sieben Schritte in die zehn Richtungen einschließlich Himmel und Erde machte und sagte: ‚Ich allein bin der Ehrwürdigste'? Dies bedeutet, dass er vorüberging, weil es einen Weg gab. Weil er diesen Weg erlangt hatte, verließ er die Burg seines Vaters, lebte in den Bergen, saß unter einem Bodhibaum und ging nach Mrgadâna. Und weil er auf dem Weg lief, stand er auch plötzlich auf dem Geierberg außerhalb der Burgstadt von Râjagrha, oder er ging plötzlich in den *shâla*-Hain Kushinagaras. Ihr wiederholt nun Geburt und Tod, wollt essen und trinken, hasst Kälte und liebt Wärme, erlebt Freude und Zorn oder Gewinn und Verlust von der Kindheit bis ins Alter – all dies ist der große Weg, frei von Hindernissen [all dies sind keine Hindernisse, dank des einen großen Weges].

Der Heilige Enchi, Abt des Iwamuro-Tempels in Tôtômi[475] am Tôkaidô, fragte mich direkt drei Mal nach dem großen Weg des Buddha und der Patriarchen. Ich konnte ihn jedoch nicht willentlich darlegen, weil ich schon lange den Wunsch hegte, ihn zu praktizieren. Dieses hervorragende Kôan versuchte ich dreißig Jahre lang zu bewältigen. Wisst ihr nicht, dass Zen-Meister Ling-yu vom Berg Ta-wei, als ihn Hsiang-yen Chih-hsien zum ersten Mal besuchte, sagte: ‚Ich lege den Weg nie widerwillig dar. Doch wenn ich ihn erläutere, zerstöre ich wahrscheinlich deinen Weg.' Später verwirklichte Chih-hsien den Weg, als er hörte, wie ein Stein gegen Bambus schlug. Er verbrannte Weihrauch, warf sich vor dem weit entfernten Berg Ta-wei nieder und sagte: ‚Wenn mein Großer Lehrer, der Zen-Meister vom Ta-wei, mir damals den Weg erläutert hätte, wie könnte ich ihn dann jetzt wohl verwirklichen?'

Der Große Lehrer Lin-chi ging drei Mal zu Huang-po und fragte: ‚Was ist die wesentliche Bedeutung des Dharma?' Huang-po schlug ihn stets zwanzig Mal mit seinem *shujô*, insgesamt also sechzig Mal. Später ging Lin-chi zum

[475] Die heutige Präfektur Shizuoka.

Zen-Meister Ta-yu. Dieser sagte: ‚Mönchsältester! Warum bist du hergekommen?' Lin-chi antwortete: ‚Wegen des Dharma.' – ‚Warum fragst du nicht Huang-po danach?' – ‚Ich habe ihn drei Mal nach der wesentlichen Bedeutung des Dharma gefragt und wurde bloß sechzig Mal mit einem *shujô* geschlagen.' – ‚Das hat er aus Freundlichkeit getan.' Als Lin-chi das hörte, erwachte er.

Ihr müsst verstehen, dass Ta-wei ein bedeutender Führer und Huang-po ein großer Lehrer von Menschen und Himmelswesen war. Ein Mensch, der den Zen-Buddhismus kennt, sollte dies nicht vergessen. Wenn er den Weg lange Zeit praktiziert, wird die Energie seiner Übung so anwachsen, als gäbe jemand Frost auf den Schnee. Sie wird immer weiter herausragen, als füge jemand einem Ding Glanz zu, dass bereits strahlt. Der Weg kennt wirklich kein Hindernis. Hoch und niedrig, jung und alt, klug und dumm – all dies kommt und geht auf dem Weg. Gold und prachtvolle Tempel werden auf dem Weg erlangt. Selbst Devadatta, der die fünf tödlichen Fehler beging, konnte den Weg erreichen. Ihr müsst verstehen, dass Innen und Außen oder Fortschreiten und Rückzug nichts anderes als der Weg sind. Der Weg liegt nur hier in euch selbst. Warum wollt ihr andere danach fragen und euch die Mühe machen, mit der Hand zu winken oder die Arme zu verschränken? Euer *bodhi* suchender Geist ist auch der Weg suchende Geist der Buddhas und Patriarchen. Darum gab es in alten Zeiten ein solches Ereignis wie Hsüeh-fengs dreimaliges Besteigen des Berges Tou-ts'u, um neun Mal Tung-shan nach dem Weg zu befragen. Warum sollte das heutzutage auch so sein?

Den Weg zu suchen oder einen Meister zu treffen bedeutet, dass der große Weg in der Welt zirkuliert. Ihr müsst verstehen, dass genau dies die Zeit ist, den Dharma zu verbreiten. Ein Lehrer ist vorbildlich, wenn er andere freundlich diesen Dharma lehrt. Ein Meister, der ihn übermittelt, muss sich dessen bewusst sein. Solange ein Ausdruck es nicht wert ist, Buddhas Erwachen zu übertragen, wie könntet ihr da wagen, ihn zu benutzen? Worin besteht also die Methode, andere zu lehren? Darin, den *bodhi* suchenden Geist unverzüglich abzuwerfen. ‚Abwerfen' meint genau den Moment, wenn ihr den großen Weg durchdringt. Hat nicht einst ein Mönch [Chuang-tse] gesagt: ‚Wo jemand mit den Augen zwinkert, da ist der Weg' [‚Der Weg liegt direkt vor deinen Augen']? Was bedeutet das? Was ist letztlich der Weg? Es ist lange her, dass ihr euch vom Schwert getrennt habt (und darum solche Fragen stellen könnt). Ich will es in Versen ausdrücken:

Ihr sollt verstehen, dass der große Weg vor euren Augen liegt.
Wer muss schon umherschauen und Hügel und Flüsse überqueren?
Wenn jemand mich fragt, was der große Weg ist,
dann sage ich: ‚Mit der Kraft, den Himmel zu zertrümmern,
  könnte dir jemand antworten.'
[‚Durchquere den Himmel, der von Beginn an über deinem Kopf war.']

[476]Das Rad der Täuschung drehend, geht ihr hier und dort frei umher. Dieses Drehen ist manchmal schwierig und manchmal leicht. Das Wort ‚schwierig' bedeutet, eine halbe Gottheit oder einen halben Dämon zu drehen; ‚leicht' heißt, den ganzen Körper der Buddhas und Patriarchen zu drehen.

Einst fragte ein Mönch den Hui-neng: ‚Wer versteht die Bedeutung der rechten Übertragung auf dem Berg Huang-mei?' – ‚Ein Erleuchteter.' – ‚Versteht Ihr sie?' – ‚Nein.' – ‚Warum nicht?' – ‚Ich habe den Dharma nicht verwirklicht.' Diese Aussage bedeutet, dass Hui-neng seinen halben Körper gedreht hat. Was bedeutet dies? Hätte er es nicht getan, hätte er den Dharma verwirklicht. Wenn aber jemand nicht seinen halben Körper drehen kann, kann er nicht die Bedeutung der rechten Übertragung auf dem Berg Huang-mei verstehen. Ein Mensch, der bereits den Dharma erfasst hat, dreht das Rad den halben oder den ganzen Weg. Dann gibt es keinen Unterschied zwischen halbem und ganzem Weg, so unaufhörlich ist das gegenseitige Durchdringen von halbem und ganzem Drehen. Götter und Dämonen haben bisher den Dharma als ihr tägliches Tun angesehen. Ist das auch der Fall mit dem Weg der Buddhas und Patriarchen? Sie drehen ihren ganzen Körper auf die rechte Weise und hinterlassen keine Spuren davon. Ich habe noch niemanden getroffen, der ihre Spuren entdeckt hätte. Selbst in unserer Schule wird der halbe Körper einer Gottheit oder eines Dämons gedreht (um die Lehre anderen nahezubringen).

Einst schnitt der Abt Nan-chüan auf einem Berg Gras, als ihn ein vorbeikommender Mönch bat: ‚Erklärt mir den Weg zum Berg Nan-chüan.' – ‚Ich habe diese Sichel mal für dreißig *mon* gekauft.' – ‚Ich habe nicht nach dem Preis Eurer Sichel gefragt, sondern nach dem Weg zum Berg Nan-chüan.' – ‚Nun benutze ich sie, und sie schneidet gut.' Konnte Nan-chüan die ursprüngliche Natur dieses Mönches drehen oder nicht? Der Mönch verstand die Bedeutung von ‚eine Sichel kaufen' nicht, warum hätte er sonst gesagt: ‚Ich habe nicht nach dem Preis Eurer Sichel gefragt'? Den Preis einer Sichel missachtend, fragte er nur nach dem Weg zum Berg Nan-chüan. Doch wenn er nur einen Schritt gemacht hätte, wäre er schon bald im Reich der Götter und Dämonen gewesen. Lassen wir den Mönch beiseite – wer könnte Nan-chüan bei-

[476] Bei Okumura/Leighton beginnt hier ein eigens nummerierter Abschnitt.

bringen, die Sichel zu meistern, wenn dieser bereits erkannt hätte, dass die Schärfe der Sichel dreißig *mon* wert ist? Auch wenn sie jemand meistern kann, indem er sie benutzt, wie wird er ihre Schärfe und Stumpfheit verwirklichen? Selbst wenn er ihre Schärfe erkannt hat, nutzt er ihre Stumpfheit, und umgekehrt. Dieser Mönch muss versuchen, noch andere Aspekte zum Ausdruck zu bringen."

3. Gelehrte Buddhisten sagen: ‚Dieser Dharma ist der wahre Zustand aller Elemente jenseits der Lehre oder der Worte.' Das ‚jenseits' oder ‚Worte' meint diesen Dharma. Wenn ihr diese Geschichte jenseits des Buddha vernehmt, müsst ihr die Wahrheit mit dem Buddha-Auge sehen.

Der Ehrwürdige Ânanda ging einst zum Ehrwürdigen Kâshyapa und sagte: ‚Buddhistischer Bruder! Was wurde dir neben einer goldgeschnürten Robe noch vom Tathâgata übertragen?' – ‚Ânanda!' – ‚Ja.' – ‚Hol das Dharmabanner vor dem Tor ein!' Als er das hörte, erwachte Ânanda. Dieses Kôan ist hervorragend. Was ist letztlich der Dharma? Was ist ‚jenseits der Lehre'? Es bedeutet etwas Unbeschreibliches. Was ist also das lebendige Wirken eines Zen-Mönches jenseits der Lehre? Es bedeutet eine Eiche im Garten oder einen Wolkenfetzen über dem Berg, der gemäß des Windes und der Zeit dahintreibt. Dies ist der Dharma jenseits des Erkennens.

Shâkyamuni und Bodhidharma gingen ihrer täglichen Praxis nach. Shâkyamuni war bereits vom Tushita-Himmel in einen königlichen Palast herabgestiegen, Bodhidharma plötzlich nach China gekommen. Dieser Dharma wurde als das direkte Zeigen auf den Buddha-Geist richtig übermittelt. Sowohl Lehre als auch Nicht-Lehre sind der Weg. Mit den Augen zu starren, die Hand herunterzunehmen, den Kopf zu drehen, voran- und zurückzuschreiten oder sich zur Seite zu drehen – all dies ist nichts als die Wirkung des Dharma.

Meine Nonnenschülerin Ryônen war schon früh hinreichend mit dem Samen der Weisheit gesegnet, um dem großen Weg der Buddhas und Patriarchen ernsthaft zu folgen. Sie ist eine Frau, doch so energisch wie ein Mann. Ich erspare ihr keine Anstrengung und lehre sie die wahre Essenz des Weges aus Indien: ‚Du darfst nicht die Silbe eines einzigen Wortes auf deinem Körper lassen, wenn du versuchst, mit dem Dharma im belebenden Reich eins zu werden. Ansonsten würdest du dir schaden. Wenn du meine Taten verstehen willst, darfst du dich nicht einmal an diese Geschichte erinnern. Ich möchte, dass du auch davon ablässt.'"

4. „Der große Lehrer Yung-chia[477] sagte: ‚Ich spiele in einem Fluss oder einem Ozean, überquere Berge und Flüsse, suche den Meister wegen des Weges auf und übe bei ihm Zazen.‘ Dies ist der Weg der Übung für unsere Zen-Mönche, nicht immer jedoch der für Laien. Selbst wenn einer körperlich ein Mönch ist, kann man ihn keinen wahren Mönch nennen, wenn es ihm an Feuereifer fehlt. Im Gegenteil ist einer, der von der Erscheinung ein Laie ist, einem Mönch überlegen, wenn er sich wie einer verhält. Dazu sagte ein Altehrwürdiger: ‚Der Tiger hat Hörner.‘[478]

Der hochrangige Aufseher Yakô aus Dazaifu ist ein Konfuzianer. Er hat sich lange auf den Weg der Patriarchen besonnen. Doch war er weder ein Mönch noch Laie. Im Winter des Jahres 1234 sah ich ihn zum ersten Mal, im Sommer des Jahres 1235 betrat er noch einmal mein Zimmer. Wir verhielten uns zueinander wie Meister und Gast oder Mönch und Laie. Am 31. des achten Monats bat er mich, die Lehre eines Altehrwürdigen darzulegen, und stellte mir neue Fragen [aber ich bremste ihn und deutete auf unsere gegenwärtige Situation].

Allgemein gesprochen wurde das Schatzkammer-Auge des Wahren Dharma, der Wunderbare Geist des Nirwana, vom Buddha Shâkyamuni an niemand anderen übertragen als an Kâshyapa. Er wurde über die achtundzwanzig indischen Patriarchen, einschließlich Bodhidharma, auf rechte Weise von Erbe zu Erbe übertragen. Es heißt, nur Bodhidharma sei nach China gekommen, um neun Jahre vor einer Wand Zazen zu machen und den Dharma schließlich an Hui-ko weiterzugeben. Die sechs chinesischen Patriarchen bis Hui-neng und die Gründer der fünf Zen-Sekten[479] übertrugen ihn einer nach dem anderen. Wie kann es da einen Unterschied geben? Da ist nichts als die Aufeinanderfolge von Erleuchtung.

‚Erleuchtung‘ wurde bis jetzt übertragen und blieb als solche in Erinnerung. Zum Zeitpunkt der Erleuchtung fließt das Wasser des Berges Tsao-chi rückwärts und der Wind des Shaolin-Tempels weht zurück nach Indien. Wir nennen dies Selbst-Erwachen[480]. Die Dinge (Phänomene) erkennen [bestätigen] die Menschen und umgekehrt. Dieses Erwachen ist von Anfang bis Ende vollkommen. Darum sagte ein altehrwürdiger Mönch, dass die Klarheit der Patriarchen die Klarheit der hundert Grasspitzen ist.

Nun sucht Yakô den Weg der Patriarchen und möchte einen Führer sehen. Dies bedeutet, dass er Handeln verwirklicht und von der Erleuchtung (Verwirklichung) zum Handeln gebracht wird. Handeln ist der Erleuchtung, was die Welle dem Wasser ist, sie geben und nehmen Leben. Die Buddhas und Pa-

[477] –713. Erwachte bei einem Gespräch mit Hui-neng und verfasste später das *Shôdôka*.

[478] Das heißt, einem Menschen von würdiger Erscheinung kann man sich nicht so leicht nähern.

[479] Die fünf Schulen von Lin-chi, Yün-men, Tsao-tung, Wei-yang und Fa-yen.

[480] Erwachen, Authentifizierung, Bestätigung usw. sind Übersetzungen von jap. *shô*.

triarchen nennen einen solchen Menschen einen durch und durch Erleuchteten. Auf lange Sicht kann ein solcher Mensch den Dharma klären, das Reich der Erleuchtung, den höchsten *bodhi.* Darum sagte Ma-tsu: ‚Ich habe dreißig Jahre lang weder Salz noch Soja gegessen und die Unterscheidung abgeworfen. Wie lautet jene Geschichte, in der ein Altehrwürdiger den Weg betritt, oder jenes Kôan, wonach ein tugendhafter Meister Erleuchtung erlangte? Chu-ti erhob seinen Finger, Ho-shan schlug die Trommel[481], Lin-chi brüllte, Te-shan schlug Mönche mit einem Stock. Inwiefern sind das alles geschickte Mittel? Dies ist nur die eine Erleuchtung, wo man die Augen auf einen Stock richtet oder seine Hände zum Brüllen formt. Wenn der Wind auf natürliche Weise weht, biegt sich das Gras unter ihm; wenn ein Bootsmann den Wind sieht, benutzt er ein Segel. So ist der Lauf der Dinge. Selbst wenn er etwas Neues hat, hängt er nicht daran. Dies geschieht von selbst durch den Weg, ohne eigene Anstrengung. Er ist glücklich über sein Erwachen, sein Geist ist in Frieden. So kann er frei auf einem hoch aufragenden Bergfelsen spazieren gehen. Im Wissen, dass der Weg nicht vorläufig ist, erkennt er bald die Bedeutung des Erwachens. In diesem Moment kann er den wunderbaren Dharma mit seinem *shujô* darlegen und diese Darlegungen auch zerschmettern, so dass nicht eine Spur der Täuschung zurückbleibt. Er kann die Buddha-Natur und den Dharma mit seinem *shippei* darlegen und diese Darlegungen auch zerstören, so dass nicht eine Spur der Täuschung zurückbleibt. Sein glanzvolles Licht ausstrahlend, kann er den fünf Meter hohen Buddha-Körper mithilfe eines Grashalmes vollständig erläutern und umgekehrt. In diesem Moment wird die Knospe zur Blume, ohne dass es dabei um schnell oder langsam ginge. Wie könnte das große Werk der Buddhas nicht das Spiel des *samâdhi* sein?‘“

5. „Im Jahr 1240 wurde Eun zum *sissui*[482] ernannt. Letztes Jahr wurde er zu Neujahr eingeladen und dient seitdem den Mönchen. Am 25. des fünften Monats, in der Regenzeit, fiel ständig Regen. Ein Regentropfen drang durchs Strohdach. Ich übte gerade Zazen in der Meditationshalle und sah, dass die Regenrinnen des *shôdô*[483] und der Meditationshalle beschädigt waren. Dadurch wurde den Mönchen der Weg versperrt. Ich teilte dies Eun mit. Er zog seine Robe aus, stieg ohne einen Bambushut aufs Dach und brachte es in Ordnung. Regen fiel auf seinen Kopf, doch das schien ihn nicht zu kümmern. Ich dachte mir, ich sollte etwas zu ihm sagen. Doch das ist nun sechs Monate oder zweihundert Tage her, und ich habe noch immer nicht mit ihm gesprochen, obwohl ich mich ständig daran erinnere. Selbst in der Trockenzeit habe ich nichts zu sei-

---

[481] Siehe *Hekiganroku,* Fall 44.

[482] Der für die Instandhaltung der Gebäude zuständige Mönch.

[483] Die Halle zwischen Meditations- und Waschraum.

nem Lobe aufgeschrieben; doch nun in der Regenzeit benutze ich meine indische Tinte dafür. Das ist der übliche Weg früherer Buddhas, wenn auch nicht mein eigener.

Es ist fast ein Jahr her, dass mein Schüler Eun zum *shissui* ernannt wurde. Zahlreiche Hallen wurden seitdem fertiggestellt, aufgrund seiner Anstrengung und Sorgfalt. Durch sein Vorbild erwachen Mönche zum *bodhi*-Geist und verwirklichen Erleuchtung.

Meiner Ansicht nach ist der bescheidene Eiheiji-Tempel so weit von Zugangswegen entfernt, dass außer buddhistischen Mönchen niemand hierher kommt; den meisten ist es hier zu armselig, kalt und einsam. Dennoch versammeln sich einige vornehme Mönche mit *zuda*-Taschen[484], verhalten sich wie etwas Besonderes und legen im Wettstreit miteinander ihre eigenen Ansichten des Dharma dar, um meine an die Patriarchen angelehnte Lehrmethode zu übertreffen. Wer würde behaupten, dass Eun nicht herausragend sei? Wie könnte ich es unterlassen, ihn zu preisen und mit ihm zu sprechen? Was kann ich also über ihn sagen? ‚Wo immer er sich regt, er trifft den großen Weg. Wann immer er etwas macht, wird es gänzlich vollbracht.'"

6. „Wie erfreulich, dass der Zen-Übende Ken'e Eltern und Zuhause verlässt, um den traditionellen Weg der Buddhas und Patriarchen zu praktizieren. Die Menschen im Norden, Süden und Osten kommen ihm nicht gleich. Dies wird auch in Zukunft gelten. Im Allgemeinen gibt es zwei Arten buddhistischer Übender: bedeutende und durchschnittliche Schüler. Ich habe diesen Mönch nun zum *jôsu*[485] ernannt. Wir schreiben das Jahr 1241. Er hatte die Ehre, den Buddhas und Patriarchen in den zehn Richtungen zu dienen. Manchmal wird er zu einem besonderen Mönch, manchmal zu einem gewöhnlichen. Doch wenn er es aufrichtet, tut er es jedes Mal aufs Neue. Das Wort ‚aufrichten' bedeutet, die große Erleuchtung zu verlieren, die Worte ‚aufs Neue' bedeuten, plötzlich Erleuchtung zu verwirklichen. Versucht mir nur zu sagen, warum. Wollt ihr dies verstehen? Ich sage euch: Man sucht sein Geld im Fluss da, wo man es verloren hat, und sein Pferd am Fuße des Berges dort, wo es weggelaufen ist."

7. „Wer wird die wichtigste Angelegenheit [der kausalen Bedingungen für das Erscheinen] der Buddhas und Tathâgatas leicht verwirklichen? Neuerdings trifft man wahre *bodhi*-Suchende nur noch selten, ganz zu schweigen von Erleuchteten. Selbst wenn einer sich an die Lehrreden von dreihundertsechzig buddhistischen Versammlungen und an die Sutren mit fünftausendachtundvierzig Ab-

[484] Kennzeichen von Pilgern.

[485] Der Verantwortliche für die Aborte.

schnitten erinnert, selbst wenn seine Lehrrede sich wie Nebel ergießt, wie ein Fluss fließt, so klar wie der tiefe Ozean ist, selbst wenn er die Opfergaben von Himmelswesen annimmt, Götter und Dämonen bei ihm Zuflucht suchen, er eine Milliarde Welten mit übernatürlichen Kräften bewegt, die Wasser der Ozeane austrocknet, wie Wolken am Himmel fliegt, über Wasser geht wie über Land, selbst wenn er Feuer, Wasser, Wolken und Licht aus seinem Körper erzeugt, sage ich: Du bist dir des allerhöchsten Dharma nicht bewusst.

All dies sind nur die Taten von Nicht-Buddhisten und Anhängern des Hînayâna, sie stellen ein Anhaften an den Dharma dar. Der wundersame Dharma, die höchste Weisheit des Tathâgata, ist solchen Leuten ein Rätsel. Selbst wenn sich so viele Menschen jahrelang darüber Gedanken machten, wie es Sandkörner des Ganges gibt, könnte keiner von ihnen ihn verwirklichen. Darum trifft man nur selten auf wahrhaft Übende und große Führer. Wenn ihr von einem wahren Führer unterwiesen wurdet, werdet ihr ein lebendiges Wirken [vitale Spontaneität] erlangen, so als würden sich Blüten an einem abgestorbenen Baum oder in kalter Asche öffnen oder plötzlich der Boden eines gebrauchten Lackeimers[486] durchbrechen. Sobald man die Farbe sieht, wird man seinen eigenen Buddha-Geist klären, sobald man den Klang hört, den Weg verwirklichen. Darum gab es von den indischen über die chinesischen Patriarchen bis heute eine stetige Übertragung des Dharma.

Wisst ihr nicht, dass den Zen-Meister Chia-shan, als er Abt in Ching-kou war, auf dem Weg in die Vortragshalle ein Mönch fragte: ‚Was ist der *dharmakâya*?' – ‚Er hat keine Form.' – ‚Was ist das Dharma-Auge?' – ‚Es hat keinen Makel.' Als er dies hörte, brach Tao-wu in Gelächter aus. Chia-shan stieg von seinem Sitz herab und richtete seine Kleidung. Dann warf er sich nieder und fragte Tao-wu[487] nach dem Grund. Tao-wu erwiderte: ‚Ich habe einen Bruderschüler, der andere in einem Boot auf dem Fluss Hua-ting belehrt. Wenn du ihm begegnetest, würdest du es sicher verwirklichen. Du solltest deine Kleidung besser gegen die eines schriftkundigen Lehrers tauschen.' Chia-shan nahm diesen Rat an, löste die Mönchsversammlung auf und begab sich wegen des besagten Chuan-ts'u zum Hua-ting. Als Chuan-ts'u ihn sah, sagte er: ‚Lehrer! Aus welchem Tempel kommst du?' – ‚Ich bin in keinem Tempel. Sonst würde ich nicht so aussehen.' – ‚Wie siehst du denn aus?' – ‚Ich bin jenseits von Sehen, Hören und Bewusstsein.' – ‚Wo hast du das gelernt?' – ‚Jenseits von Hören und Sehen.' – ‚Selbst ein Wort über die letztgültige Wirklichkeit würde seine Freiheit für immer verlieren, wenn wir daran hafteten. Eine tausend Fuß lange Angelleine auszuwerfen bedeutet, einen Fisch mit goldenen Schuppen in der Tiefsee zu suchen. Warum sagst du nicht

[486] Der alte schwarze Lackeimer ist ein Synonym für Unwissenheit.

[487] 769–835, Dharma-Erbe von Yüeh-shan Wei-yen.

etwas, was ein paar Zentimeter neben dem Angelhaken liegt?‘ Chia-shan wollte gerade seinen Mund öffnen, als ihn Chuan-ts‘u ins Wasser stieß. Chia-shan war kaum wieder im Trockenen, da rief Chuan-ts‘u: ‚Sprich! Sprich!‘ Chia-shan wollte gerade loslegen, da stieß ihn Chuan-ts‘u erneut ins Wasser. Da erlebte Chia-shan plötzlich große Erleuchtung. Er verneigte sich drei Mal. Chuan-ts‘u sagte: ‚Nun bewegst du die Leine an der Angelrute. Dass sie in stillem Wasser keine Wellen erzeugt, ist sehr tiefgründig.‘ – ‚Wofür hast du Leine und Haken fortgeworfen?‘ – ‚Um einen grünen Schwimmer an der Leine zu befestigen und herauszufinden, ob es einen Fisch mit goldenen Schuppen gibt oder nicht. Wenn du dies verstehst, sag es mir schnell! Sprich schnell!‘ – ‚Worte sind wundersam und unaussprechlich. Unsere Zunge rollt, sagt aber nichts.‘ – ‚Du kannst solch einen Fisch erst sehen, wenn du den ganzen Ozean (der Täuschung) abgefischt hast.‘ Schließlich bedeckte Chia-shan seine Ohren. Da sagte Chuan-ts‘u: ‚Recht so! Recht so!‘ Er übertrug Chia-shan den Dharma und sprach: ‚Ich blieb dreißig Jahre auf dem Berg Yüeh-shan, um dies zu klären. Da du es nun erfasst hast, darfst du nicht in einer Burgstadt oder gewöhnlichen menschlichen Behausung leben, sondern solltest bald deine Spuren verwischen. Du musst dich in eine Bergklause und auf Ackerland begeben, einen oder auch nur einen halben Mann anleiten und zur Essenz des Dharma durchdringen, damit sie nie vergessen werde.‘ Chia-shan verstand, verbeugte sich dankbar, kehrte zum Ufer zurück und nahm seinen Abschied, nicht ohne immer wieder zurückzuschauen. Da rief ihn Chuan-ts‘u: ‚Abt!‘ Als Chia-shan sich erneut umdrehte, hob Chuan-ts‘u ein Ruder hoch und sagte: ‚Hast du noch etwas (zu sagen)?‘ Dann warf er sein Boot um und versank im Wasser.

Später weilte Chia-shan auf dem Berg Chia-shan. Er war ein wahrer buddhistischer Sohn des Shâkyamuni. Als er in Ching-kou weilte, erwies er sich als guter Redner. Er legte Menschen wie Himmelswesen den Dharma von seinem Sitz aus dar. Seine Rede war geschliffen und konnte nicht widerlegt werden. Bis er auf Chuan-ts‘u traf, fühlte er keinen Mangel. Ein wahrer buddhistisch Übender sollte auf diese Weise handeln, zur Essenz des Buddha vordringen und ein Meister für Menschen und Himmelswesen werden. Wie angestrengt wir auch nach solch einem Menschen in dieser Welt suchen mögen, wir werden ihn nicht finden. Ah! Was für eine Schande! Ein ehrenhafter Buddhist sollte dies wissen. Zunächst muss er einen resoluten *bodhi* suchenden Geist besitzen, dann seine Augen auf das absolute Reich jenseits von Zunahme und Abnahme richten und erkennen, wie Chuan-ts‘u einen Fischhaken zurückließ. Wer könnte eine solche Tat vollbringen? Ansonsten muss er den einsamen Mond auf einer Welle zertrampeln oder sich mit einer großen Welle im Mond abmühen.“

8. „Manche Menschen reiten auf einem Eisenochsen (Nicht-Geist) mit der Peitsche (Weisheit) in der Hand auf dem Wasser herum; manche meistern den hölzernen Mann (Nicht-Geist), lassen ihn einen Schuh und eine Kapuze (Weisheit) tragen und im Feuer spielen. Wenn ihr solch einem Menschen begegnet, dürft ihr nicht glauben, ihr stündet auf einer Stufe mit ihm. Dies ist nur die halbe Wirkung des Dharma. Ich will euch nun ein paar Beispiele der vollen Wirkung zeigen.

Als der Zen-Meister Ta-mei Fa-chang einst Ma-tsu fragte: ‚Was ist der Buddha?', erwiderte Ma-tsu: ‚Der Geist selbst ist der Buddha.' Danach stieg Fa-chang auf den Gipfel des Berges Ta-mei. Dreißig Jahre später kam ein Mönch, der unter Yen-kuan übte, zu dessen Einsiedelei, als er sich gerade auf der Suche nach einem Baum verirrt hatte, aus dem er sich einen *shujô* herstellen wollte. Er fragte: ‚Wie lange seid Ihr schon hier?' – ‚Ich habe nur die Berge beobachtet, wie sie grün oder gelb wurden, und mich nicht um die Zeit gekümmert.' – ‚Sagt mir, wie ich den Berg verlassen kann.' – ‚Folgt dem Fluss.' Als der Mönch zu seinem Meister Yen-kuan zurückkehrte, meinte dieser: ‚Ich habe einmal einen Mönch in der Sangha von Ma-tsu gesehen und seitdem nichts mehr von ihm gehört. Vielleicht ist das jener Mönch.' Später schickte Ma-tsu einen Mönch zu Fa-chang, um ihn zu fragen: ‚Von welchem Wort Ma-tsus wurdest du erleuchtet, und wie lebst du nun hier?' – ‚Durch Ma-tsus Worte ‚Der Geist selbst ist der Buddha.'' – ‚Jetzt ist sein Weg ein anderer.' – ‚Wie sieht er aus?' – ‚Nun sagt er: Nicht-Geist ist Nicht-Buddha.' – ‚Nun, wie auch immer, ich glaube nur, dass der Geist selbst der Buddha ist.' Als der Mönch zu Ma-tsu zurückkehrte und davon berichtete, meinte dieser: ‚Die Frucht der Pflaume ist gereift.'

Übende unserer Zeit müssen seiner Anweisung folgen. Selbst wenn jemand erkennt, dass Nicht-Geist Nicht-Buddha ist, werden nur wenige verstehen, dass der Geist selbst Buddha ist. Nonne Ryônen! Du musst dies verwirklichen!"

9. „Heutzutage können buddhistisch Übende Drachen von Schlangen oder Sojabohnen von Gerste unterscheiden. Es ist wirklich schwer, den Weg mit solch armseligen Fähigkeiten zu klären. Ein altehrwürdiger Mönch sagte: ‚Die Erde ist mit Schnee bedeckt und so kalt wie üblich, obwohl der Frühling bereits da ist. Es ist leicht, dies zu verstehen, doch schwer, den Zen-Buddhismus zu erläutern.' Die Buddhas und Patriarchen haben sich noch nicht von der Dualität befreit, wie jener von leicht und schwer. Warum nicht? Weil es leicht ist, Erleuchtung zu erlangen, aber schwer, den Zen-Buddhismus darzulegen; oder leicht, den Zen-Buddhismus zu erläutern, aber schwer, zu erwachen. Wie könnten sie sich von der gewöhnlichen Ansicht befreien, dass der Dharma

leicht oder schwer sei, wenn sie nur solch armselige Fähigkeiten besitzen? Warum verstehen sie das nicht? Als ein Mönch den Yün-men fragte: ‚Wie sind die Blätter, wenn sie verwelken und fallen?‘, antwortete dieser: ‚Der gesamte *dharmakâya* manifestiert sich, und es weht der goldene Wind.‘ Später griff Fo-chao Te-kuang dies auf und sagte: ‚Die zahlreichen Yün-mens, ob groß oder klein, benutzen das öffentliche Eigentum eines Zen-Klosters als ihren eigenen Geist, also für zahllose buddhistische Handlungen von morgens bis nachts. Wie steht es mit den Anhängern des Tempels Ryôanji[488]?‘ Dann warf er seinen *shujô* hin.

Der Buddha Shâkyamuni wurde in einem Zeitalter zu einem großen König (geistiger) Medizin. Er empfand Mitleid mit den fühlenden Wesen im Reich des Leidens und legte mitempfindend den gesamten umfangreichen buddhistischen Kanon dar, um ihnen Wege ins Land des Wohlbefindens zu zeigen – auf die gleiche Art, mit der ein Arzt gemäß einer Krankheit die passende Medizin verabreicht. Als Bodhidharma nach China kam, hofften alle seine Anhänger, dass Gift Gift bezwingen könnte und die Kranken verschwinden und nie mehr auftauchen würden. Dies war wie bei der persönlich übermittelten ‚Heilkunst der Insel Hôrai‘ (der Taoisten). Es mag ja viele neue Wundertugenden geben, doch vom Standpunkt des wahren Dharma aus verletzen sie das eigene gute Fleisch. Ohne Krankheit in dieser Welt wäre das nicht der Fall. Ein Heiliger greift nicht nach einem medizinischen Ratgeber, er fühlt keinen Puls, sondern erfasst mit einem Blick das Ausmaß der Ausgeglichenheit. Er gibt anderen gemäß ihrer Krankheit Medizin und nimmt keine Krankheit leicht, selbst wenn es die der Buddhas und Patriarchen ist, sondern tauscht all die Knochen eines Kranken (Täuschung) aus, wäscht seine inneren Organe, reinigt seinen Geist und erfrischt sein Empfinden. Mit dieser Pille (dem Dharma) allein kuriert er alle Arten von Krankheiten. Ich bin jenseits der Krankheit, darum kann ich ihren Ursprung nicht erfassen, wie sehr ich mich auch anstrenge. Der *tsûsu*-Mönch Futô besitzt eine solche Fähigkeit. Versucht mal, ihn seine Augen darauf richten zu lassen. Wenn er es durchdringen kann, werden Pien-tso und Lu-i[489] unter ihm stehen.“

10. „Das ganze Ding ist die ursprüngliche Gestalt [Mit dem ganzen Körper, so wie er ist], wer wird da im Reich der Dualität von Buddha und Nicht-Buddha bleiben [wer würde da an einem Ort hängenbleiben]? Der eigene Körper ist eins mit dem Dharma. Es ist nicht nötig, nach der Quelle zu suchen. Wenn wir selbst über einer letztgültigen Redewendung des Dharma stehen, warum bekümmern uns dann die drei Fahrzeuge (von *shrâvaka*, Pratyeka-Buddhas und Bodhisattvas)?

[488] In dem Fo-chao lehrte.

[489] Bedeutende Mediziner im alten China.

Sobald wir mit der Hand winken, treffen wir den Dharma. Sobald wir unseren Körper drehen, manifestiert sich die Lehre selbst. Dieser Dharma wurde vollständig von den achtundzwanzig indischen Patriarchen übertragen, seit der Ehrwürdige Kâshyapa auf dem Geierberg milde lächelte, und von den fünf [sechs] chinesischen Patriarchen, seit Hui-ko das Mark von Bodhidharmas Lehre erfasste. Wir erkennen, dass es jenseits von Worten und Denken ist. Es weist direkt auf den Buddha-Geist. Daher rührt der Ruhm Bodhidharmas, der neun Jahre vor einer Mauer am Fuße des Berges Shao-shih Zazen machte, und der Hui-nengs, dem Ta-man um Mitternacht die Buddha-Robe auf dem Berg Huang-mei übergab. Chu-ti erhob seinen Finger, Huang-po schlug Lin-chi sechzig Mal mit einem Stock, Pai-chang erhob seinen *hossu*, Lin-chi brüllte, Tung-shan sagte: ‚drei *kin* Hanf', Yün-men sagte: ‚ein Spatel für trockene Scheiße'. All dies ist jenseits der Beziehung von Buddha und fühlenden Wesen oder von Erleuchtung und Täuschung. Einige von uns halten Erleuchtung für ein eigenes Objekt, den eigenen Schatten oder Körper, und vergessen ihr wahres Selbst; einige suchen nach Buchstaben und tun nichts für andere, obwohl sie mit Buddha-Weisheit ausgestattet sind. Wie könnte man sie mit den oben genannten Patriarchen vergleichen? Die Essenz der Lehre, die die Buddhas und Patriarchen jenseits von Buchstaben erkannt und auf rechte Weise übermittelt haben, liegt nicht in Kôan, wie sie von erleuchteten Patriarchen festgehalten wurden, und nicht in der Erleuchtung altehrwürdiger Meister; sie liegt nicht in Wissen, Verständnis und Denken, nicht in der Erkenntnis des wundersamen Einen und auch nicht im Ausdruck der Natur und des Geistes Buddhas. Wenn ihr dies alles abwerft und an nichts davon hängt, dann ist, wenn ihr hier und jetzt ein Ding anblickt, genau dies der vollständige Dharma. So werdet ihr identisch mit dem Buddha-Auge, und euer eigenes Buddha-Auge öffnet sich unverhofft. In diesem Moment ist das Buddha-Land vor eurem Gesicht. Selbst wenn ihr euch dessen nicht bewusst seid, ist es euch ein wunderbarer Freund. [Hinter dem Kopf öffnet sich weit der Weg echter Vertrautheit, vor dem Gesicht ist Nicht-Wissen[490] ein guter Freund.]

Es ist eine lange Zeit her, dass der Große Lehrer Shâkyamuni das Schatzkammer-Auge des Wahren Dharma in Indien und China verbreitete. Keiner weiß, wann dies begann. Die Worte ‚lange Zeit verbreiten' bedeuten diese eine Welt, das heißt die Welt zu unseren Füßen. Ein Altehrwürdiger nannte dies den großen Weg. ‚Lange Zeit' ist unermesslich und unzählbar. Selbst wenn die Dinge zu weit entfernt sind und die Zeit zu lange her, um deren Bedeutung zu klären, werden sie Tag für Tag frisch gehalten, wenn ihr sie verwirklicht und erhaltet. Die Worte ‚Tag für Tag frisch' bedeuten das besondere

[490] Siehe *Hekiganroku* (Fall 1) und *Shôyôroku* (Fall 2) für typische „Ich weiß nicht"-Antworten von Zen-Adepten.

Reich, das Übung, Lehre und Erleuchtung enthält. Die Übung ist Zazen. Altehrwürdige Meister haben diese Übung nie vernachlässigt, auch dann nicht, als sie erleuchtet waren, weil dieses Zazen buddhistisch Übende ummantelt. Ihr müsst Lehre, Erleuchtung und Zazen gemeinsam studieren.

Dieses Zazen wurde von den Buddhas übermittelt und unmittelbar von den Patriarchen gezeigt; nur buddhistische Erben konnten es meistern. Nichts als dies ist, was die Buddhas und Patriarchen meinten, selbst wenn es Zazen genannt wird. Anhänger anderer Sekten machen es sich nämlich zum Prinzip, Erleuchtung vom Zazen zu erwarten. Es ist, wie den Ozean auf einem Boot oder Floß zu überqueren – sie denken, dass sie das Boot danach entsorgen könnten. Dies gilt jedoch nicht fürs Zazen unserer Buddhas und Patriarchen, dank der Tat des Buddha.

Im Fall dieses Zen-Übenden gibt es keine Kluft zwischen Essenz, Ausdruck und Praxis. Essenz ist Erleuchtung, Ausdruck ist Lehren, Praxis ist Übung. Ihr werdet sie alle auch in Zukunft studieren und sollt verstehen, dass Praxis bedeutet, Essenz und Ausdruck zu folgen; Ausdruck bedeutet, Essenz und Praxis auszusprechen; Essenz bedeutet, Ausdruck und Praxis zu verwirklichen. Wenn Praxis frei von Ausdruck und Essenz ist, wie könnt ihr dann sagen: ‚Wir verwirklichen den Dharma'?

Ihr sollt verstehen, dass der Dharma von Anfang bis Ende eins ist und Kausalität wie Leere bedeutet. Er wurde nicht gewaltsam von anderen geschaffen, sondern entstand natürlich aus sich selbst. Ihr habt bereits herausgefunden, dass es im Dharma Lehren, Übung und Erleuchtung gibt. Ihr könnt nicht behaupten, dass ein Augenblick von kurzer Dauer sei. Manchmal solltet ihr auch den ‚Baum in der Mitte' nicht schätzen, auf den Hsüan-sha gewöhnlich viel gab. So sind Lehren, Übung und Erleuchtung. Wie könntet ihr in dem Augenblick, da ihr sie alle durchdrungen habt und eure eigene Erleuchtung missachtet, sagen: ‚Wir sind weit vom Dharma entfernt'?"

11. „Der große Weg der Buddhas ist zu tiefgründig, um verstanden zu werden. Wie könnten buddhistisch Übende ihn vernachlässigen? Kennt ihr nicht das herausragende Vorbild des altehrwürdigen Mönches, der seinen Körper und sein Leben dahingab, seine Burg, Frau und Kind verließ und diese nur wie Ziegeln oder Kieselsteine ansah, lange Zeit einsam in einer Bergklause oder im Wald lebte und erst eins mit dem großen Weg wurde, nachdem sein Körper und Geist wie ein toter Baum geworden waren? Zu dieser Zeit legte er den unvergleichlichen Dharma mithilfe von Bergen und Flüssen sowie Wind und Regen am weiten Himmel dar. Er konnte jede Funktion verwirklichen. Wer dem großen Weg folgt, sollte sich an dieses Vorbild halten.

Einst fragte ein Mönch den Zen-Meister Fa-yen: ‚Was ist der altehrwürdige Mönch?' – ‚Nun besteht kein Zweifel mehr daran.' – ‚Wie sollte ich mich den ganzen Tag lang verhalten?' – ‚Trete Schritt für Schritt auf den Boden.' Und Fa-yen ergänzte: ‚Im Allgemeinen sollte im Falle von Kälte ein Mönch sich der Kälte hingeben, im Fall von Hitze der Hitze. Wenn du also die wahre Bedeutung der Buddha-Natur verstehen willst, solltest du verstehen, dass es sich dabei um die augenblicklichen Manifestationen handelt. Du solltest deinen Teil je nach den Umständen erfüllen.'

Betrachten wir diese Aussage genau: Was bedeuten die Worte ‚deinen Teil je nach den Umständen erfüllen'? Ihr müsst verstehen, dass ihr weder Form noch Nicht-Form als solche ansehen sollt. Ihr solltet vergessen, zu hassen oder zu zweifeln, und zusammen mit den wahren Meistern der Vergangenheit leben und üben, so wie Spiegel einander reflektieren. Darum sagte der Buddha Shâkyamuni: ‚Es ist wie eine Biene, die nur den Saft einer Blume einsaugt, ohne deren Farbe oder Geruch zu zerstören.' Wie könnten ein Zen-Mönch oder ein Weiser einen solchen Satz ignorieren? Ihr solltet die ganze Zeit, die ihr mit einem Objekt verbunden seid, seinen Geschmack genießen, ohne seine Farbe und seinen Geruch zu zerstören. Was bedeutet dieses ‚nicht zerstören'? Ich sage es euch. Es bedeutet, von allen Dingen die Buddha-Natur zu empfangen und durch sie verwirklicht zu werden. Wenn es etwas neben dieser Wahrheit geben sollte, werden alle Dinge seine Falschheit aufzeigen. Man kann das Streben nach dem Weg einer Ryônen nicht mit dem anderer vergleichen. Deshalb habe ich ein wenig erläutert, um euch zu helfen, den Weg zu praktizieren. Gebt euer Bestes! Gebt euer Bestes!"

12. „Ein hervorragendes Beispiel der Überlieferung ist, einem Meister von Kindesbeinen an zu folgen. Der Zen-Mönch Gyôgen wurde im Alter von vierzehn Jahren Mönch und übte fleißig bei Tag und bei Nacht, da er bereits mit Weisheit ausgestattet war. Zur gleichen Zeit verschrieb sich Nan-yüeh dem Weg und hatte sich schon den halben buddhistischen Namen Ching-yüans angeeignet. Dies ist natürlich ein gutes Ereignis. Nan-yüeh gab mit fünfzehn Jahren die Stelle eines Gelehrten auf und studierte den Weg. Auch ihr studiert im gleichen Alter den Weg mittels des Dharma. Ihr seid eins mit ihm, nicht zwei. Ihr dürft ihn nicht als Jungen bezeichnen; er ist ein altehrwürdiger Mönch. Buddhistisch Übende müssen sofort den Körper und Geist der altehrwürdigen Mönche verwirklichen. Dies ist buddhistische Übung. Der Weg, das Studium, Buddha, die zahllosen Dinge – all dies ist ‚ehrwürdig'. So auch die tausend und zehntausend. ‚Altehrwürdig' ist nicht ‚modern'.

Als ein Mönch den Nationallehrer Hui-chung fragte: ‚Was ist der Geist eines altehrwürdigen Mönches?', antwortete dieser: ‚Er ist Zäune, Mauern, Ziegel und Kieselsteine.‘ Und als ein Mönch Nan-yüan die gleiche Frage stellte, erwiderte dieser: ‚Berge, Flüsse und die Erde.‘ Wenn mich jemand fragt, dann sage ich: ‚Die vier Elemente und fünf *skandha*.‘ Diese drei Geschichten sind hervorragend. Ihr müsst verstehen, dass altehrwürdige Mönche bedeutet: Der Körper ist dem Geist, was achttausend den hunderttausend sind, ob es da eine Kluft gibt oder nicht. Dennoch hat sich der Geist nie versteckt. Gyôgen! Du wirst ihn nur verwirklichen, nachdem du ihn studiert hast.“

13. „Regierungsbeamter![491] Das erste, was man bei der buddhistischen Praxis tun muss, ist, einen Meister aufzusuchen. Je nachdem, ob dieser wahr oder falsch ist, kann man den Weg auf rechte Weise verstehen oder nicht. Die Buddhas und Patriarchen treten nicht in den weltlichen Staatsdienst ein, sondern in die Meditationshalle und damit in den ‚Staatsdienst des Nicht-Geistes‘. Sie suchen also das hohe Reich der Buddhas und Patriarchen und verwirklichen Erleuchtung in ihren täglichen Handlungen. Nichts gleicht ihrem Erwachen. Ein Hilfsmönch des Nationallehrers Ta-chang wurde befreit, nachdem er drei Mal gerufen worden war. Dies geschah dank der Freundlichkeit eines wahren Meisters. Wenn jemand hingegen auf einen falschen Meister stößt, ist er weit davon entfernt. Die Unwissenheit des falschen Meisters verwirrt seinen Geist, und er bewacht nur einen Holzstumpf, während er auf einen Hasen wartet, einen Stein für ein Juwel hält, eine Dämonenhöhle betritt oder in eine Grube von Teufeln fällt. Trifft er jedoch einen wahren Meister und befragt ihn aufrichtig zum Dharma, wird er die wichtigste Angelegenheit klären, nämlich Geburt und Tod, und sich von seinen früheren Gedanken befreien. Wer kann sagen: ‚Wie sehr wir auch den Weg praktizieren, wir können nicht Erleuchtung verwirklichen‘? Es ist schwer, einen Meister zu finden, der ein Auge für den Weg hat. Selbst wenn wir ihn treffen, wird es äußerst schwer sein, ihn zu verstehen. Wir mögen seine Worte hören, doch seinen Taten folgen wir nicht; wir mögen seine Taten sehen, doch seine Erleuchtung begreifen wir wohl nicht. Wie könnten wir die Kraft jenseits aller Dinge und Normen verstehen, wenn wir ihm nicht lange dienen? Selbst in China trifft man nur selten auf Erwachte, noch seltener im weit davon entfernten Japan. Selbst in alten Zeiten waren sie selten, wie könnten sie da jetzt zahlreich sein?

Es gibt einen Grund, warum niemand den Unterschied zwischen Juwelen und Steinen benennen kann, selbst wenn er diesen Schatzberg erlangt hat. Es liegt daran, dass er vergeblich den Dharma außerhalb von sich sucht und seinen Kopf nicht wenden kann, um über sich selbst nachzusinnen, obwohl er doch stets mit dem Weg verbunden ist. Er hat noch nicht herausgefunden,

---

[491] Wahrscheinlich an Hatano Yoshishige gerichtet, Dôgens wichtigsten Patron, der ihm auch das Land schenkte, auf dem der Eiheiji errichtet wurde.

dass nach der ersten Bedeutung zu fragen heißt, sie kann nie zur zweiten werden; dass aber die zweite Bedeutung zu erkunden bedeutet, sie wird zur dritten. Beide missverstehend, vergeudet so jemand dann sein Leben. Wie bedauerlich! Ihr müsst euch einen Lehrer aussuchen. Einen falschen Meister kennzeichnen Vorurteile und Arroganz, während ein wahrer Meister die Essenz der Dinge für immer verstanden hat und seine Unterscheidung aufgibt.

Wenn Regierungsbeamte oder Laien einen Zen-Meister zwecks buddhistischer Übung aufsuchen, darf dieser sie nicht eilig unterweisen. Er sollte ihnen vom Weg des Laien Yan-wen[492] erzählen; dass Li-fu-ma[493] nie an der Erleuchtung verzweifelte; dass Pai-hsiu[494], als ihn Huang-po rief, ‚Ja' sagte und sich von der Täuschung befreite; dass Yu-chou[495] den Berg Ts'u-yü bestieg und den Weg mithilfe des einen ganzen vorläufigen Weges von Yüeh-shan verwirklichte; dass der Laie Pang[496] unter Ma-tsu und Shih-tou übte und so viel Kraft erlangte, einen Ziegel zu einem Spiegel schleifen zu können; dass Kaiser Shu[497] den Nationallehrer Hui-chung oder den Zen-Meister Tan-yüan[498] zum Dharma befragte und ihn erfasste, wodurch er Juwelen von Steinen unterscheiden konnte – all dies sind die Taten altehrwürdiger Meister und ein Spiegel für spätere Übende.

Wenn Regierungsbeamte und Laien einen Meister sehen, bitten sie zunächst um ein Kôan, halten es sogleich in Erinnerung und üben sich ernsthaft daran. Wenn sie Erleuchtung erlangt haben, bleiben sie vollkommen, selbst wenn ein Berg zusammenbricht oder der Ozean austrocknet. Der zweite Patriarch stand im Schnee und erfasste den Dharma nach acht Jahren der Übung; der sechste Patriarch hatte vom fünften die Robe erhalten, weil er den Weg acht Monate lang geübt hatte. Wenn ein Mensch einen Weisen sieht und ihm gleichkommen will, wie könnten wir ihn da nicht als Wegsuchenden bezeichnen? Wenn wir einmal einem Weisen oder einem Menschen von hohem Geist begegnen, dürfen wir nicht zögern, ihm gleichen zu wollen.

Nun besuchen einige weltlich gesinnte Menschen einen Meister und stellen ihm eine weitere Frage zu einer alten Geschichte, weil sie sich nicht mit einer Frage begnügen können; andere scheinen ihn zu verstehen und entfernen sich von seinem Sitz, ohne jedoch seine kleine Frage beantworten zu können. Wenn er noch nicht einmal ein Drittel erläutert hat, wie könnten dann Übende das Ganze verstehen? Einige sagen: ‚Der Dharma ist schwer zu verstehen.'

---

[492] Dharma-Erbe des Zen-Meisters Kuang-hui.

[493] Erlangte Erleuchtung unter dem Zen-Meister Ku-yin.

[494] Dharma-Erbe von Huang-po und Premierminister.

[495] Ein Regierungsbeamter aus Jang-yang.

[496] Übte unter Ma-tsu Tao-i.

[497] Der sechste Kaiser der Tang-Zeit.

[498] Dharma-Erbe des Nationallehrers Hui-chung.

Andere: ‚Wir sind dem Dharma nicht gewachsen.‘ Schließlich wenden sie sich vergebens vom Weg ab. Wie bedauerlich! Selbst in der säkularen Welt gibt es eine Legende, nach der einst Kaiser Huang sich vor Kuang-cheng niederwarf und auf dem Berg Kung-tung um den Weg bat, worauf er die überlieferten Worte empfing: ‚Begib dich auf die Wolken in die Gnade des Windes.‘

Wie könnten wir behaupten, buddhistisch Übende würden nie unmittelbar auf den Dharma jenseits von Worten und Dingen weisen? Solch ein hervorragendes Wirken wie das Verwandeln von Eisen (gewöhnlicher Mensch) in Gold (Buddha) genügt, um fühlende Wesen zu führen. Sie dürfen die Dinge nicht unterscheiden und die buddhistische Übung nicht vernachlässigen, sondern müssen ihr Bestes geben. Sie werden auf natürliche Weise den ewigen Geist von Kiefern und Eichen verstehen und die große Grenze (von Geburt und Tod) überwinden. Glaubt ihr das: Wenn ein einziges Wort geäußert wird, werden viele Bedeutungen klar? Wer wird das grenzenlose Reich der Buddhas, der Meister des großen Dharma verstehen? Schüler sollten sich ständig üben, Meister müssen sie von ihren falschen Ansichten befreien. Darum hat der zweite Patriarch einst beim Shaolin-Tempel seinen linken Arm abgeschnitten und später das Mark von Bodhidharmas Dharma erfasst. Ich hörte, dass Chu-ti sogar einem Kind den Finger abschnitt und beim Bluten zusah. Ihr sollt nicht versäumen, im erfrischenden buddhistischen Wind des Shaolin-Tempels aus einer langen Täuschung zu erwachen. Ergreift die Essenz von Chu-tis Dharma und löscht eure Illusionen aus!

Allgemein gesprochen gibt es drei Arten von Fragen und Antworten, mündliche, körperliche und geistige. Doch niemand kennt sie bis jetzt. Wie kann man es da wagen, nach dem Dharma zu fragen? Selbst wenn einer Mönch geworden ist, ist er sich dessen nicht bewusst. Er erklärt sich selbst absichtlich zum Führer von Menschen und Himmelswesen und erinnert sich doch nur an die Worte eines Sutras. Er ist ein großer Verräter am Dharma. Ihr solltet ihm nicht zu nahe kommen. Wenn ihr so einen als euren Meister anseht, werdet ihr keinen Nutzen davon haben. Buddhistisch Übende sollten einen wahren Meister finden, der aufrichtig den *bodhi*-Geist sucht, ihn begleiten, ihm freundlich Fragen stellen und sorgfältig Antworten geben, ob mündlich, körperlich oder geistig. Zuerst verwirklicht das Reich eines toten Baumes und kalter Asche, dann benutzt frei euren *shippei* und *shujô,* und ihr werdet sie als das eine Ganze vollkommen und endlos meistern. Warum könnt ihr keine wahrhaftigen Nachfolger Shâkyamunis sein?

Wisst ihr nicht, dass der Zen-Meister Mei-tang Pao-chai[499] zu Huang-ti-chien[500] sagte: ‚Denke nicht, unterscheide nicht! Du sagst, ich habe es nie verbor-

[499] Dharma-Erbe von Huang-lung Hui-nan.

[500] Der Laie Shan-ku.

gen. Ist das wahr?‘ Huang-ti-chien wollte gerade etwas erwidern, als Mei-tang sagte: ‚Wenn du antwortest, wird es zu etwas anderem.‘ Darum übte er noch zwei Jahre auf diese Weise, konnte jedoch keine Erleuchtung erlangen. Eines Tages erholte sich Mei-tang mit Huang-ti-chien in der Nähe eines Teichs und sagte: ‚Die Lotusblume auf dem Teich duftet.‘ – ‚Eine Lotusblume duftet von selbst.‘ – ‚Ich habe es nie vor dir verborgen. Was hältst du davon?‘ Da erfuhr Huang-ti-chien plötzlich Erleuchtung. Dies geschah aufgrund seiner langen buddhistischen Praxis. O, wer kann die Wahrheit verwirklichen und es aufgeben, wieder und wieder nach dem Mond im Wasser zu greifen?“

(3) Eine allgemeingültige Empfehlung des Zazen (Fukanzazengi)[501]

Von Beginn an war der Weg vollkommen gegenwärtig, warum sollten wir ihn erst noch üben und bezeugen müssen? Das Gefährt der Lehre bewegt sich frei und von selbst, welchen Sinn hätte da unser eifriges Üben? Im ganzen Universum gibt es nicht das geringste Staubkorn, wie könnten wir je versuchen, uns selbst durch die Übung zu reinigen? An diesem Ort ist alles offenbar, wohin sollten wir die Füße unserer Übung richten?

Wenn du auch nur ein Haarbreit von Unterscheidung machst, wird sich eine Kluft wie zwischen Himmel und Erde auftun. Wenn du dem einen folgst und dem anderen widerstrebst, wird dein Geist wie Pulver vom Wind verweht. Auch wenn du stolz auf dein Wissen und deine große Erleuchtung bist, auch wenn deine intuitive Weisheit Buddha erschaut hat und du den Weg erlangt und den Geist geklärt hast, selbst wenn deine entschlossene Gesinnung zum Himmel durchbricht: Selbst dann zappelst du nur so wie einer, der mit dem Kopf in der Schale feststeckt, während der Leib den Ausweg zum Leben fast vollkommen vergessen hat.

Shâkyamuni wurde als Weiser geboren. Dennoch saß er für sechs Jahre im Gion-Park. Siehst du seine Spuren nicht? Bodhidharma brachte das Siegel des Geistes aus Indien. Hörst du nicht das Echo der neun Jahre, die er im Shorin-Tempel gegen die Wand gerichtet saß? Wenn es selbst bei den Alten so war, wie könnten wir Heutigen uns da vor der Übung drücken? Suche nicht nach Buchstaben, verstricke dich nicht in Worte, lass endlich ab von deinen Kommentaren. Dreh' das Licht um und beleuchte dich selbst, lerne, einen Schritt zurück zu tun. Von selbst werden sich Körper und Geist lösen, dein Urangesicht wird ganz offenbar. Wenn du die Dinge sehen willst, so wie sie sind, musst du – hier und jetzt – ganz du selbst sein, so wie du bist.

Für die Zen-Übung ist ein stiller Ort geeignet. Halte Maß beim Essen und Trinken und löse dich aus allen Bindungen, lasse die zehntausend Angelegenheiten ruhen. Denke nicht an „gut“ und „böse“, urteile nicht über „richtig“ oder „falsch“. Dein Geist und Bewusstsein drehen sich im Kreis – lass sie zur Ruhe kommen. Hör' auf, alles mit deinen Gedanken und Meinungen abzuwägen. Versuche auch nicht einen Buddha aus dir zu machen, gib dich nicht ab mit „Sitzen“ oder „Liegen“.

---

[501] Die Übersetzung des *Fukanzazengi* stammt von Muhô, Abt des Antaiji, und wurde mit seiner freundlichen Genehmigung übernommen.

Breite eine dicke Sitzmatte aus. Darauf lege dein Sitzkissen. Sitze entweder im halben Lotussitz oder im vollen Lotussitz. Beim vollen Lotussitz lege den rechten Fuß auf den linken Oberschenkel und dann den linken Fuß auf den rechten Oberschenkel. Beim halben Lotussitz lege einfach den linken Fuß auf den rechten Oberschenkel.

Trage dein Gewand locker und ordentlich. Lege die rechte Hand auf den linken Fuß und die linke Hand auf die rechte Hand. Die Spitzen der beiden Daumen sind gegeneinander gestützt. Sitze gerade, in der richtigen Haltung. Sitze nicht nach links oder rechts gekrümmt, vornüber gebeugt oder zurückgelehnt. Ohren und Schultern sollten in einer Linie sein, während die Nase in einer Linie mit dem Nabel ist. Die Zunge sollte am Gaumen anliegen. Halte Lippen und Zähne geschlossen und die Augen stets geöffnet. Atme leise durch die Nase.

Ist der Körper auf diese Weise eingestimmt, dann atme ein Mal tief durch den Mund aus. Schwinge deinen Oberkörper erst nach links und rechts. Dann sitze reglos wie ein mächtiger Berg in Konzentration und denke auf dem Grund des Nicht-Denkens. Wie denkt man auf dem Grund des Nicht-Denkens? Es ist die Loslösung vom Denken (Undenken). Dies macht die Kunst des Zazen aus.

Zazen ist keine Meditationstechnik – es ist das Dharmator großer Zufrieden- und Gelassenheit. Es ist das übende Erweisen des endlosen Dharmaweges. Hier verwirklicht sich das offenbare Geheimnis, es gibt kein Netz mehr, in dem du dich verfangen könntest. Wenn du dir dies zu eigen gemacht hast, bist du wie ein Drache, der zurück ins Wasser taucht, du bist wie ein Tiger, der durch die Berge streift. Die wahre Lehre verwirklicht sich von selbst, und deine Müdigkeit und Zerstreutheit werden sich auflösen.

Wenn du aus Zazen aufstehst, bewege deinen Körper erst langsam und richte dich dann in Ruhe auf. Tue es nicht Hals über Kopf.

Siehe, dass all die, die über das Gewöhnliche wie das Ungewöhnliche hinausgehen und im Sitzen wie im Stehen sterben, sich dieser einen Kraft überlassen. Das gilt auch für den Finger und den Mast, die Nadel und den Schlegel, mit denen das Rad der Lehre gedreht wurde. Der Erweis, der mit dem Wedel und der Faust, dem Stock und dem Schrei erbracht wurde, lässt sich durch Gedanken und Urteile nicht verstehen. Wie sollte ihn je einer erkennen, der sich mit übendem Erweisen um das Erlangen übernatürlicher Kräfte bemüht? Dein Handeln muss sich von Klang und Gestalt lösen, es muss sich auf die Ordnung gründen, die vor intellektuellem Sehen und Verstehen liegt.

Mache dir keine Gedanken darüber, ob du mehr weißt als die anderen oder nicht. Glaube nicht, dass der Kluge besser ist als der Dumme. Gib' dich einfach hin an die Übung: Das ist es, was Beschreiten des Weges genannt wird. Nichts könnte das übende Erweisen beflecken – sich nach dem Weg zu richten bedeutet, den Alltag zu leben. In dieser wie in allen anderen Welten, in Indien wie in China, wird das Buddhasiegel auf gleiche Weise bewahrt, und der Wind der Wahrheit weht frei und ungehindert. Gib' dich einfach hin an das Sitzen, geh' auf im unbeweglichen Zustand des Zazen. Auch wenn es tausend Wege mit zehntausend Unterschieden gibt, beschreite den einen Weg, indem du einfach nur Zen übst. Welchen Sinn hat es, das Sitzkissen bei dir zuhause zu verlassen, um in der Fremde umherzuirren? Ein falscher Schritt, und du wirst den Boden unter deinen Füßen verlieren. Als Mensch geboren, hast du die seltene Gelegenheit den Weg zu gehen – verschwende nicht deine Zeit!

Dem Buddhaweg in diesem Leben begegnet – wie könntest du die Gelegenheit ungenutzt lassen und fliegenden Funken nachblicken? Dein Leben ist wie das Tau am Gras. Das Schicksal schlägt zu wie ein Blitz. Dein Körper hat keinen Bestand, in einem Augenblick musst du ihn aufgeben. Ich hoffe, dass du, der du die Lehre so gelernt hast wie ein Blinder, der an einem Elefanten tastet, nicht in Angst und Schrecken versetzt wirst, wenn du dem wirklichen Drachen begegnest. Übe den direkten Weg der Wahrheit mit Leib und Seele, respektiere den Müßiggänger, der jenseits jedes Lernens ist. Teile die Weisheit mit Buddhas und Buddhas, erbe das *samâdhi* von Patriarchen und Patriarchen. Auf diese Weise geübt – auf diese Weise verwirklicht. Die Schatzkammer öffnet sich von selbst. Es liegt an dir, sie auszuschöpfen.

IX. Kommentare zu Kôan

Verse zur Überlieferung der Patriarchen

1. Als der Bhagavat vor zahllosen Mönchen auf dem Geierberg eine Udumbara-Blume hochhob und mit den Augen blinzelte, lächelte nur Kâshyapa milde. Der Bhagavat sagte: ‚Ich besitze das Schatzkammer-Auge des Wahren Dharma, den Wunderbaren Geist des Nirwana. Ich übergebe es Mahâkâshyapa. Du musst es verbreiten und stets erhalten.' Dann übergab er Mahâkâshyapa eine große goldgewebte *samghâti*[502].

Aus einem Traum auf seinem Frühlingssitz erwachend
und den süßen Geruch des Dharma genießend
zeigte es der Bhagavat Menschen und Himmelswesen.
Obgleich niemand außer Mahâkâshyapa es erfasste,
wusch der Regen aus den Bergen die Flecken aus,
und jeder Ort strahlte wie ein geschliffener Edelstein;
auch die Wolken auf dem Berg verschwanden
und es schien aus gewebtem Brokat zu bestehen.
Ein Fisch mit goldenen Schuppen hat die Farbe einer Udumbara-Blume
  und erzeugt gemusterte Wellen,
ein gelber Vogel singt, so laut er kann,
  und zerreißt die Herzen der Menschen.
Zahllose Mönche auf dem Geierberg [Gast und Gastgeber sind traurig]
  recken vergeblich ihre Köpfe –
nur Kâshyâpa genießt den süßen Duft dieser Blume.

2. Alle Dinge hängen vom Geist ab.

Auch wenn Wolken die Berge und Flüsse bedecken,
zählt man die Sandkörner der gesamten Erde des Nicht-Geistes vergeblich.
Wir müssen also nicht auf hohe Wellen warten wie ein Fisch bei Lung-men.[503]
sondern überlassen es der Udumbara-Blume auf dem Geierberg.

[502] Eine Robe aus mehr als neun Streifen, die ein Mönch trägt, wenn er einen Palast oder eine gewöhnliche menschliche Behausung betritt.

[503] Es heißt, ein Fisch könne zum Drache werden, wenn er über die hohen Wellen bei Lung-men im Fluss Huang spränge.

3. Der Ehrwürdige Prajnâtara brachte drei Prinzen einen wertvollen Edelstein und sagte: „Dieses Juwel ist rund und glänzend. Gibt es etwas, was ihm gleichkäme?“ Der dritte Prinz Bodhitara antwortete: „Dies ist nur ein weltlicher Edelstein. Der größte Schatz aber ist der Dharma.“ Jener Edelstein ist das Licht der Welt, doch das Licht der Weisheit ist das beste. Jener Edelstein strahlt Licht aus, doch kann er sich selbst nicht erleuchten. Dies muss man mit dem Licht der Weisheit tun. Wenn dies geschieht, findet man ein bestimmtes Juwel und erkennt dieses als wahren Schatz. Andere Schätze verlieren dann an Wert. Darum muss man einen weltlichen Edelstein von dem der Wahrheit unterscheiden. Der Schatz des Dharma muss mithilfe der Weisheit geklärt werden. Wenn ihr den Weg erlangt, wird sein Geistes-Schatz unmittelbar erscheinen.

   Bodhitara sah Prajnâtara zunächst mit hervortretenden Augen,
   erhellt vom zitternden Glanz eines Weisheits-Juwels.
   Er nahm seine Augen heraus und drehte den Kopf,
   wodurch er frei genug wurde, ein neuneckiges Juwel zu durchdringen.
   Wer auf Erden kann genau erkennen,
   dass das Juwel der Weisheit auf seine Weise frei gewirkt hat?

4. Der erste Patriarch machte neun Jahre lang vor einer Mauer Zazen.

   Er übte neun Jahre beim Shaolin-Tempel Zazen,
   ohne eine andere Gesellschaft als die am Himmel singenden Wildgänse.
   Niemand sollte diesen selbstlosen Anhänger des Mahâyâna verlachen,
   der eine Schlange (Hui-ko) überraschte, um sie sich gleich zu machen.

5. Eines Tages sagte ein Laie zum zweiten Patriarchen Hui-ko: „Ich bin Euer Schüler und sehr krank. Darum möchte ich meine Sünden aus früheren Existenzen bereuen.“ Hui-ko erwiderte: „Bring mir deine Sünden. Ich werde sie für dich bereuen.“ Nach einer Weile meinte der Laie: „Ich kann meine Sünden suchen, aber nicht fassen.“ Hui-ko sagte: „Ich habe sie bereits für dich bereut. Du musst nur den Buddha, den Dharma und die Sangha im Geist behalten.“

   Deine zahllosen Sünden sind nicht zu fassen,
   sie sind das Reich wunderbarer Erleuchtung.
   Wenn dieser Laie plötzlich dieses Reich wiederentdeckt,
   wird ihm eine kühle Brise erfrischend entgegenwehen.

6. Es gab einen Novizen namens Tao-hun, der nur vierzehn Jahre alt war, als er sich vor dem dritten Patriarchen Tseng-tsan niederwarf und bat: „Abt! Bitte erzählt mir von der Freiheit vom Leiden.“ – „Wer hat dich gefesselt?“ – „Niemand.“ – „Warum suchst du dann nach Freiheit?“ Da erfuhr der Junge große Erleuchtung und übte neun weitere Jahre unter Tseng-tsan.

   Das Küken eines Gottesvogels befindet sich nirgendwo als in seinem Nest.
   Das Junge eines Drachen trinkt nichts anderes als Milch.
   Wenn du die Bedeutung ihrer wiederholten Dispute verstehen willst,
   wirfst du besser alle Illusionen ab.

7. Als Zen-Meister Ta-man des Nachts heimlich zur Reisstampf-Hütte ging und den Laien Hui-neng fragte: ‚Hast du den Reis weiß gestampft oder nicht?‘, erwiderte dieser: ‚Ich habe ihn weiß gemacht, aber noch nicht gesiebt.‘ Ta-man klopfte drei Mal mit seinem Stock an den Mörser. Da trennte Hui-neng den Reis drei Mal von der Spreu. Später wurde er ins Zimmer des Meisters eingelassen.

   Um Mitternacht sah Hui-neng den Meister mit seinen lebendigen Augen.
   Der Buddha ist, wie er ist, ein alter Mönch in Indien.
   Die Kraft eines Löwen ist stark genug, andere zu vertreiben.
   Die Schritte eines Königselefanten zerstören die Fußspuren eines Fuchses.

8. Der sechste Patriarch Hui-neng weilte einst im Fa-hsing-Tempel nahe der Traufe bei der (Vortrags-)Plattform. Der Abendwind bewegte ein Dharmabanner. Er hörte, wie sich zwei Mönche darüber unterhielten. Einer meinte: ‚Das Banner flattert.‘ Der andere: ‚Der Wind bläst.‘ So stritten sie sich. Da sagte Hui-neng: ‚Ich bin zwar nur Laie, darf ich dennoch an eurer Unterredung teilnehmen?‘, und ergänzte sogleich: ‚Weder bläst der Wind noch flattert das Banner, es ist nur euer Geist, der sich bewegt.‘

   Die Augen zweier Mönche leuchten,
     wo der Wind bläst und ein Banner flattert.
   Ihre endlosen Gedanken sind recht verschieden.
   Selbst Hui-neng scheint vergessen zu haben,
     dass sein eigener Geist sich bewegt.
   Der eigene Geist ist so, seine Essenz jedoch unbeweglich.

9. Ein alter Mönch sagte: ‚Alle Dinge sind der klare Geist der Patriarchen.‘

Er bleibt nicht im Reich der Täuschung, geht weit fort
und öffnet auch nicht sein ursprüngliches Tor in Erwartung einer Lehre.
Er hat einen solch freien Geist,
  dass er leicht auf den Weg der Welt verzichten kann
und trotz tauber Ohren über den Klang des nächtlichen Regens bekümmert ist.

10. Nachdem ich einen Vers für Sôkai aufschrieb, möchte ich etwas ergänzen. Abt Chuan-tsu zeigte Chia-shan den Dharma mit den Worten auf: „Du musst dich bald verstecken und darfst keine Spuren hinterlassen. Doch dein Selbst verstecke nicht. Ich habe dreißig Jahre bei Yüeh-shan geübt und nur dies allein geklärt.“

Wer besitzt die Fähigkeit, einen Ochsen mit dem Schwert zu häuten?
Doch Chia-shans Reich liegt drei *jô* und vier *shaku*[504] höher.
Ein reiner Teich, wie ein Spiegel, in dem keine Fische vorbeiziehen.
Frei von Unterscheidung, ein einsamer Vogel am Himmel.

Chia-shan stieß auf Gift und starb einen vollständigen Tod.
Leider waren seine einstigen Augenbrauen fort.
Er befreite sich von Selbst und Anderen
und vergaß in einem Augenblick das frühere Kommen und Gehen.

11. Zen-Meister Ta-an[505] fragte Pai-chang: „Manche Übende wollen den Buddha kennenlernen. Was ist er?“ – „Sie sind nur wie jemand, der einen Ochsen sucht, während er ihn reitet.“ – „Wie ist es, nachdem sie ihn kennengelernt haben?“ – „Sie sind wie jemand, der auf einem Ochsen reitend nach Hause kommt.“ – „Wie sollten sie es von Anfang bis Ende erhalten?“ – „Sie sollten wie ein Ochshirte sein, der mithilfe seines Stockes den Ochsen davon abhält, auf ein Reisfeld zu treten.“ Da erfasste Ta-shan die ursprüngliche Bedeutung.

Selbst in feinem Morgennebel wird Ta-shans Kleidung nass.
Wenn die Abendsonne untergeht,
  kehrt er wie ein Vogel auf ferne Berge zurück,
die Lieder des Schnees, des Mondes und der Pflaumenblüten singend.
Ein Ochshirte, der im Abendlicht nach Hause kommt.

---

[504] Ein *jô* entspricht ca. drei Metern, ein *shaku* ca. dreißig Zentimetern.

[505] Ta-an Yuan-chih.

12. Yün-yen fegte den Boden, als Wei-shan sagte: „Danke für deine Mühe." – „Du musst auch das Gegenteil kennen." – „Gibt es denn noch einen zweiten Mond?" Da erhob Yün-yen seinen Besen und sagte: „Was ist die Nummer dieses Mondes?"

    Wer sah den Mond, als er den Boden fegte?
    Yün-yens zerbrochener Besen durchdrang strahlend den Himmel.
    Er fügte diesen Mond zahllosen anderen hinzu.
    Wie könnte der erste Mond etwas anderes als der zweite sein?

13. Chao-chou unterwies Mönche mit den Worten: „Selbst wenn ihr fünf oder zehn Jahre lang still Zazen übt und das Kloster euer ganzes Leben lang nicht verlasst, wird euch niemand als Dummköpfe [als sprachlos] bezeichnen können.[506]"

    Übende sollten gemeinsam nach Zazen streben
    und ihr ganzes Leben lang mit äußerster Armut zufrieden sein.
    Wenn seit ihrer Ordination viele Jahre vergangen sind,
    sind Jade und Steine weithin geordnet, doch in der Tiefe liegt ein Juwel.

14. Shih-shuang wurde unter Ta-wei zum *beiju*[507] berufen. Eines Tages siebte er Reis in der Stampfhütte, als Ta-wei sagte: „Du darfst keinen Reis eines Spenders wegwerfen." Shih-shuang hob ein Reiskorn auf und erwiderte: „Das habe ich noch nie gemacht." Ta-wei meinte: „Du kannst das behaupten, doch wo kommt dann dieses her?" Shih-shuang schwieg. Ta-wei fuhr fort: „Du darfst dieses eine Reiskorn nicht ignorieren. Hunderte und Tausende anderer Reiskörner entstehen daraus." – „Ihr könnt das behaupten, doch wo kommen diese her [wo kommt dieses eine her]?" Laut lachend kehrte Ta-wei in sein Zimmer zurück. Am Abend sagte er in der Vortragshalle: „Da ist ein Getreidekäfer im Reis."

    Ta-wei fragte: „Wo hast du dieses eine Reiskorn her?"
    und erreichte diesen begabten Mönch, der keine Antwort gab.
    Zahllose Reiskörner sind letztlich nicht zu erlangen.
    In diesem einen ist ein Käfer, der es auffrisst.

---

[506] Ein Zitat nach Chao-chu, dass Dôgen in den Kapiteln „Gyôji" und „Dôtoku" des *Shôbôgenzô* bespricht.

[507] Der Verantwortliche für den Reis.

15. Als sie auf dem Berg Betsu eingeschneit waren, fragte Hsüeh-feng den Yen-tou[508]: „Was sollen wir tun?" Yen-tou antwortete: „Wenn du in Zukunft die großen Lehren der Buddhas und Patriarchen verbreiten willst, musst du jede einzelne aus deinem eigenem Herzen nehmen und so weit vor mir ausbreiten, dass sie Himmel und Erde bedecken." Bei diesen Worten erfuhr Hsüeh-feng Erleuchtung, warf sich nieder, stand auf und rief: „Heute habe ich hier zum ersten Mal den Weg erkannt."

Es war falsch, dass Hsüeh-feng nachts wie eine Erdgottheit stillsaß.
Ein grandioser Felsen voller Verbitterung.
Nun hat er aber auf dem Berg Betsu den Weg verwirklicht –
wie er ausrief, von einem anderen Teufel besessen.

16. Als der Zen-Meister Fa-yen einst Zazen bei Meister Kuei-shan übte, fragte dieser: „Alter Mönch, wo gehst du hin?" – „Ich gehe auf eine Zen-Pilgerreise." – „Was ist das?" – „Weiß ich nicht." –„Unwissenheit ist eins mit dem Weg." Bei diesen Worten erwachte Fa-yen.

Wenn ein Erwachter auf eine Pilgerreise geht, ist er jenseits von Regeln.
Wenn es ihm an vollkommener Weisheit fehlt,
  wird es ihm auch an Tugend mangeln.

17. Einst fragte ein Mönch den Tou-tsu: „Wenn der Mond noch nicht rund ist, was macht Ihr da?" – „Ich werde zwei oder drei verschlucken." – „Und wenn er rund ist, was macht Ihr dann?" – „Ich kotze sieben oder acht aus."

Ziegel, Spiegel und die Milchstraße polierend,
zeigte Tou-tsu seinen geistigen Mond weit ab vom großen Weg.
Der Mond stammt ursprünglich aus dem eigenen Geist
  und nicht vom Herbst.
[Ich denke, da ist kein Mond im Herbst, aber Herbst im Mond.]

Der zunehmende Mond ist eins mit dem abnehmenden
und kann doch nicht mit der strahlenden Perle der Nacht verglichen werden.
Ich erlaube diesem Mond, zwei, drei, sieben oder acht zu schlucken
  und auszuspeien.
Sein ewiges Licht erleuchtet gänzlich die fünf Seen[509].

---

[508] 828–887, Dharma-Erbe von Te-shan Hsüan-chien.

[509] Damit sind gemeint: Fan-yang, Ching-tsao, Tung-ting, Tan-yang und Ta-hu.

18. Ching-yüan fragte Shih-tou: „Woher kommst du?" Dieser erwiderte: „Vom Berg Tsao-chi." Ching-yüan ergriff sein *hossu* und fragte: „Ist dies auf dem Berg Tsao-chi?" – „Es ist weder auf dem Berg Tsao-chi noch in Indien." – „Warst du denn in Indien?" – „Wenn ja, hätte ich es dort finden können?" – „Du verstehst mich noch nicht. Versuche, mehr zu sagen." – „Ich möchte gern, dass auch Ihr ein halbes Wort sagt, nicht nur ich allein." – „Es wäre leicht für mich, es dir zu sagen, aber dann würde dich keiner verstehen."

Hier werden Tsao-chi und Indien an einer Kreuzung verhandelt.
Es gibt keinen Unterschied zwischen einem vergitterten Fenster
  und einem gewöhnlichen.
Ching-yüans Reich des Nicht-Geistes entbehrt gänzlich
  Luft, Wasser und Wind.
Ein Stein-Mensch (Shih-tou) scheint diesen großen Weg erkannt zu haben.

Ching-yüan ergriff einen *hossu* und hielt ihn doch nicht für wahr.
Er zeigte den Dharma, ohne ihn darzulegen.
Shih-tous und Ching-yüans Aussagen sind eins.
Durchdringt den *hossu* trotz der halben Worte der beiden!

19. Ching-yüan fragte den sechsten Patriarchen Hui-neng: „Welche Tat wird mich davor bewahren, von der Stufe der Erkenntnis abzusinken?" – „Was hast du denn vorher angestellt?" – „Ich habe nicht einmal das Nicht-Tun verfolgt." – „Auf welche Stufe bist du herabgesunken?" – „Ich habe nicht einmal das Nicht-Tun verfolgt. Gibt es da eine Stufe, auf die ich herabsteigen könnte?" Hui-neng erkannte seine Fähigkeit, den Weg zu verwirklichen.

Sie haben genug Wirkung, um die Erdachse zu bewegen
  und das Himmelstor zu öffnen.
Es sieht aus, als würde der Frühling zu einem kalten Spaziergang
  nach Shangrila aufbrechen.
Schnee liegt tief auf dem Bergbambus,
  und der Wind zerbricht dessen Gelenke.
Die Wellen klären sich bald, eine Spur auf dem Wasser hinterlassend.

20. Als Yüeh-shan den Yün-yen fragte: „Welche Lehre hat unser buddhistischer Bruder (Pai-chang) Huai-hai dargelegt?", erwiderte Yün-yen: „Eines Tages ging er in die Vortragshalle, wo sich bereits Mönche versammelt hatten. Als er seinen Stock senkte und ‚Mönche!' rief, drehten sie sich um. Er fragte: ‚Was bedeutet dies?'" Yüeh-shan meinte: „Warum hast du mir das nicht früher gesagt?"[510] Bei diesen Worten erfuhr Yün-yen große Erleuchtung.

Yün-yen misstraute Yüeh-shan und wurde von ihm befragt.
Er konnte die Unterscheidung abwerfen
  und seinen täuschenden Körper schlagen.
Yüeh-shan wog tausend *kin* an Fleisch, aber null an Unterscheidung.
Einst grollte Yün-yen dem Yüeh-shan, nun jedoch liebt er ihn von Herzen.

21. Als ein Mönch Chao-chou fragte: „Was ist Chao-chou?", erwiderte dieser: „Das Nord-, Süd-, Ost-, Westtor." Der Mönch meinte: „Das trifft meine Frage nicht." Chao-chou sagte: „Du hast nach Chao-chou gefragt. Dies ist meine Antwort."[511]

Als Chao-chou einst von einem Mönch befragt wurde,
sagte er: „Das Nord-, Süd-, Ost- oder Westtor."
Er zeigte wahrlich oft die vier Tore, doch sind sie alle eins.
Die Menschen jedoch zweifeln, wo das Osttor [die ursprüngliche Quelle] ist.

22. Der Abt Chuan-ts'u aus Hua-ting sagte: „Um einen Fisch mit goldenen Schuppen in der Tiefe zu fangen, wirf eine tausend Fuß lange Leine aus. Nenn mir schnell acht Zentimeter von ihrem Haken. Sprich sofort!" Als Chia-shan gerade seinen Mund öffnen wollte, warf ihn Chuan-ts'u mit der Stange ins Wasser. Da erfuhr Chia-shan große Erleuchtung.

Chia-shan aus Ching-kou war angesehen dafür, sein wahres Selbst zu kennen.
Doch in den sich kräuselnden Wellen von Hua-ting
  verlor er fast seinen früheren Weg.
Als sie ein wenig versanken, sprang ein Fisch mit goldenen Schuppen empor.
Er wusste um die Tiefe von Chuan-ts'us Worten und verneigte sich drei Mal.

---

[510] Siehe Keizan Zenjis *Denkôroku*.

[511] Siehe die Auszüge aus dem *Jôshû roku* in *Meister des Zen* (Frankfurt 2015).

23. Als Hsüan-sha versuchte, einen Berg zu überqueren, stolperte er und blutete deshalb am Fuß. Da erlangte er plötzlich Erleuchtung. Schließlich kehrte er zu Hsüeh-feng zurück und ging danach nirgendwo mehr hin.

Er fuchtelte heftig mit seinen Händen herum,
Blut drang aus seiner Zehenspitze und färbte den Boden rot.
Auf einer wasserlosen Bergwolke trampelnd,
  suchte er vergeblich einen Meister.
Doch nachdem er Hsüeh-feng auf dem Berg Hsiang-ku getroffen hatte,
  suchte er keinen anderen Ort mehr auf.

24. Eines Abends machte Te-shan still Zazen im Freien, als Lung-tan[512] fragte: „Warum kommst du nicht ins *tanga-ryô*[513] zurück?" Te-shan antwortete: „Weil es dunkel ist." Also reichte ihm Lung-tan eine Lampe. Als Te-shan sie nehmen wollte, blies Lung-tan das Licht aus. Da erwachte Te-shan und warf sich vor ihm nieder. Lung-tan fragte: „Was verstehst du?" – „Von nun an werde ich die Worte des größten Abtes, den die Welt je kannte, nicht mehr anzweifeln."[514]

Obgleich Te-shan sich von seiner früheren Übung befreien sollte,
wurde ihm großmütterlicher Rat zuteil:
Da er den wahren Drachen liebte, manifestierte sich dieser
in jenem Moment des Ausblasens der Laterne.

25. Zen-Meister Hung-chi sprach in Versen:

„Unser tägliches Handeln [Kommen und Gehen] ist das Wirken eines Einsiedlers,
der weiß, dass der blaue Berg sein eigenes *dharmakâya* ist.
Der blaue Berg ist der *dharmakâya* [Körper], der *dharmakâya* ist das Selbst.
Wo sind dann seine sechs Sinnesorgane und die Sinnesobjekte?"

Dazu ergänze ich:

Der Einsiedler liebt das Gebirge.
Sein tägliches Handeln bedeutet, dass der Berg der *dharmakâya* ist.
Der Berg ist der *dharmakâya*, doch der *dharmakâya* ist frei von sich selbst.
Wo also kann er ein Sinnesorgan oder Sinnesobjekt finden?

---

[512] Dharma-Erbe von Tien-huang Tao-wu.

[513] Das Quartier für Wandermönche.

[514] Siehe *Mumonkan* (Fall 28).

26. Nan-chüan unterwies Mönche mit den Worten: „Seit meiner Jugend habe ich einen Wasserbüffel gehalten. Wann immer ich versuchte, ihn gen Osten oder Westen des Bergflusses zu treiben, fraß er die Wasserpflanzen des Königs. Ich sollte wohl für einen kleinen Ausgleich sorgen."

Sein Büffel schwimmt in den Bergflüssen und hält die Nase über Wasser.
Er mag sich mit Eseln und Pferden zusammentun,
das Reisfeld aber pflügt er nicht.
Eine Klause bauend, stellt sich Nan-chüan nie
gegen den Willen eines Übenden,
und lebt eine Zeitlang auf den zehntausend Gipfeln.

27. Der *Tripitaka*-Lehrer Daini kam in die Hauptstadt Indiens und sagte: „Ich habe die *tashinzû*[515] erlangt."

Kaiser Tai-tsung[516] bat den Nationallehrer Hui-chung, Daini einem Test zu unterziehen. Kaum hatte dieser Mönch den Nationallehrer erblickt, verneigte er sich vor ihm und stellte sich an dessen rechte Seite. Der Nationallehrer fragte: „Verfügst du über die *tashinzû?"* – „Nein, ich bin weit davon entfernt."[517] – „Wo bin ich genau jetzt?" – „Ihr seid ein Nationallehrer. Wie könntet Ihr an den Westfluss gehen, um das Bootsrennen zu sehen?" Der Lehrer wiederholte die gleiche Frage wie am Anfang. Der Mönch erwiderte: „Ihr seid ein Nationallehrer. Wie könntet Ihr dabei zusehen, wenn Menschen mit Affen auf der Tien-sin-Brücke spielen?" Als der Lehrer seine Frage zum dritten Mal wiederholte, blieb der Mönch eine Weile still und wusste keine Antwort. Der Lehrer tadelte ihn mit den Worten: „Du wilder Fuchs! Wo sind deine *tashinzû?"* Doch Daini blieb stumm.

Es scheint, als würde Pai-yan[518] seinen Freund Ts'u-chi dafür tadeln,
nicht gekommen zu sein,
und als würde Te-yün allein auf dem Berg Miao-feng weilen.
Ein Tal ist ein Tal und jenseits des Denkens.
Wie schade! Das *jinzû*[519] des Buddha war für Daini
nur das eines wilden Fuchses.

[515] Eine übernatürliche Fähigkeit, den Geist anderer zu durchdringen.

[516] Der siebte Kaiser im China der Tang-Zeit.

[517] Eine höfliche Verneinung, wie sie den Sitten entsprach.

[518] Ein begnadeter Harfenspieler in China.

[519] Übernatürliche Kraft.

28. Der Abt Chuan-ts'u sprach zu Chia-shan: „Weil jemand einen Fisch mit goldenen Schuppen in der Tiefe fangen will, wirft er eine tausend Fuß lange Leine aus. Warum nennst du mir nicht die acht Zentimeter ihres Hakens?"

Wer wird eine tausend Fuß lange Leine auswerfen?
Als Chuan-ts'u nach einem Fisch angelte,
  war er der Güte der Wellen ausgeliefert,
händigte lange und kurze Stangen aus
und benutzte gerade und krumme Haken.
Ein Halbmond schien leuchtend
  zwischen den Wolken hindurch auf den Drachenpalast,
wie ein alter Bogen auf dem Wasser
  und so unerreichbar wie der des Yang[520].
Ich habe nun geklärt, warum Chuan-ts'u nach diesem goldenen Fisch angelte.
Die Wellen sind ruhig, der Wind ist abgeklungen, die Worte ruhen.

29. Als Chang-ching[521] den Ling-yün fragte: „Was ist die wesentliche Bedeutung des Dharma?", erwiderte dieser: „Bevor ein Ding daherkommt, ist schon ein anderes da." Chang-ching ist seitdem dreißig Jahre lang zwischen Hsüeh-feng und Hsüan-sha hin- und hergegangen, ohne dies klären zu können. Als er eines Tages eine Rattanblende aufrollte, erlangte er jedoch plötzlich große Erleuchtung.

Wer wollte ein Gesicht erleuchten, das bereits ein Juwel ist?
Als er alt wurde und nach Hause kam, war sein Bart weiß.
Er erfasste den Mond, während er eine zerbrochene Blende aufrollte:
„Ich will den Bommel meiner Kappe mit ein wenig Flusswasser waschen."[522]

30. Als ein gewisser Mönch Yen-tou fragte: „Was ist das *soshi-seirai-i?*", erwiderte dieser: „Verschiebe den Berg Lu und ich sage es dir!"

So verschieden wie Menschengesichter sind,
  so unterscheidet sich von Zeit zu Zeit der menschliche Geist.
Yen-tous beste Worte bewiesen eine Fähigkeit,
  die der dieses Mönches gewachsen war.

---

[520] Ein meisterlicher Bogenschütze, der unter anderem Namen auch im *Hôkyô zanmai* vorkommt.

[521] 854–932, Dharma-Erbe von Hsüeh-feng I-tsun.

[522] Zitiert ein Gedicht von Chu Yuan (343-277 v. Chr.), der aufgrund seiner offen-kritischen Einstellung im Exil landete. Er schrieb, wenn das Wasser klar sei, würde er seine Uniform-Mütze waschen, wenn es trüb sei, seine Füße.

Die Bewegung eines blauen Berges ist jenseits menschlicher Kraft.
Wir sollten nicht sagen, dass der Berg Lu näher kommt, weil wir ihn ziehen.

Selbst wenn wir den Berg Lu bewegt haben, kommt er von selbst.
Wer weiß, warum Yen-tou seinen Mund nur halb für den Weg öffnete?
Wie könnten wir behaupten, er habe den Berg Lu unter seine Knie gesetzt?
Der Berg Lu ist verschieden von den Gipfeln der drei Welten,
die um Höhe wetteifern.

31. Zen-Meister Wu-hsieh Ling-mo[523] suchte Shih-tou auf und versprach sich zunächst selbst: „Wenn mir ein Wort gefällt, bleibe ich hier. Ansonsten werde ich bald gehen.“ Shih-tou, der seine Fähigkeit erkannte, den Weg zu verwirklichen, gab ihm Unterweisung. Doch Ling-mo verstand ihre ursprüngliche Bedeutung nicht und verabschiedete sich. Als er das Tor erreicht hatte, rief Shih-tou: „Altehrwürdiger!“ Als Ling-mo sich umdrehte, sagte Shih-tou: „Von Geburt an bis zum Tod ist es nur genau so. Such nicht nach etwas anderem.“ Als Ling-mo dies hörte, erlangte er große Erleuchtung.

Leider hat dieser Ausspruch keinen Griff.
Gehen oder Verweilen bleiben eine Zeitlang ihm überlassen.
So lange man das Leben nicht von der Geburt bis zum hohen Alter versteht,
mag man seinen Kopf drehen und sein Denken verändern,
ohne jedoch miteinander übereinzustimmen.

32. Zen-Meister Kuan-chi lebte auf einem Berg und sagte in der Vortragshalle: „Vom Buddhistenvater Lin-chi habe ich eine halbe Kelle des Dharma erhalten, von der Buddhistenmutter Mo-shan[524] die andere Hälfte. Seit ich eine volle Kelle des Dharma getrunken habe, hat sie mich bis heute gesättigt.“

Klug von Lin-chi angeleitet, schmerzt Kuan-chi der ganze Körper.
Ich frage mich, wie viele Augenbrauen übrig sind, wenn man sie zählt.
Er gab sich nicht damit zufrieden, sich selbst und Lin-chi zu tadeln,
so wie Lu-lien nach langem Nachsinnen einen Pfeil abschoss[525].

---

[523] Dharma-Erbe von Ma-tsu Tao-i.

[524] Dharma-Erbe von Kao-an Ta-yu.

[525] Der General einer Armee der Chi soll einen Pfeil mit einem Brief auf den General der Yen-Armee geschossen haben, in dem er diesen drängte, sich zu ergeben.

33. Abt Tou-ts'u I-ching[526] diente Ta-yang[527] drei Jahre lang. Eines Tages sagte Ta-yang zu Tou-ts'u: „Als ein Zen-Buddhist zu Buddha sagte: ‚Ich werde nicht nach Worten und nicht nach Nicht-Worten fragen', blieb dieser eine Weile still. Was bedeutet dies?" I-ching wollte gerade antworten, als Ta-yang seinen Mund bedeckte. Da erfuhr dieser klare Erleuchtung und warf sich sogleich vor Ta-yang nieder. Dieser fragte: „Hast du ein wundersames Wirken erkannt?" I-ching antwortete: „Selbst wenn, sollte ich es ausspeien." Da meinte der Hilfsmönch Ts'u, der in der Nähe stand: „Heute scheint I-ching Hua-yen eine Krankheit auszuschwitzen." Dieser drehte sich um und sagte: „Halt den Mund!"

Wie kann das Bedecken seines Mundes
  dem Bedecken seiner Nase gleichkommen?
Er erkannte das wunderbare Wirken, schluckte es aber nicht hinunter.
Wie könnte er also besorgt sein, es auszuspeien?
Seine Sekte ist ewig und leuchtet auf wie ein Blitz.
[Einen Schüler im Namen des Lehrers schaffend, breitet sich dieser Zweig aus.
In I-Chings Himmel hört der Donner auf und die Sternschnuppen sind zahlreich.]

34. Eines Tages sagte Hsüan-sha: „Alle älteren Mönche von überall her behaupten: ‚Wir haben andere den Dharma gemäß ihrer Fähigkeiten gelehrt und ihnen so Verdienst gebracht.' Ich jedoch sage dazu: ‚Wie könnt ihr drei Arten von Behinderten lehren, die Blinden, Gehörlosen und Stummen? Ihr mögt zum Holzhammer greifen oder ein *hossu* erheben, doch ein Blinder kann diese nicht sehen; ihr mögt Worte äußern, doch ein Gehörloser kann sie nicht vernehmen, und ein Stummer kann nicht sprechen. Solange ihr diese drei nicht den Dharma lehren könnt, wird es nutzlos sein.'

Es gibt drei Arten von Behinderten, doch Hsüan-sha meint niemals die Zahl:
Nur das vollkommene Reich darlegend, in dem eins, wie es ist, drei ist.
Es mag verschiedene Arten von Heilkünsten geben, doch davon abgesehen:
Wer wird andere allein mit einer Tafel behandeln, auf der „Heilrezept" steht?
[Wer seine Hände hochwirft (loslässt), hält kein Schild hoch.]

[526] Dharma-Erbe von Ta-yang Ching-hsüan; auch I-ching Hua-yen.

[527] Liang-shan Yüan-kuan.

35. Chia-shan sagte: „Ursprünglich gibt es nichts unter den eigenen Augen, doch man hält es für etwas anderes. Es ist jedoch jenseits von Sehen und Hören."

Seine zehntausend Augäpfel wurden herausgerissen,
Blüten seiner Erleuchtung in die vier Himmelsrichtungen zerstreut.
Eines Morgens, wenn sie alle gefallen sind und wieder gesammelt wurden,
tummeln sich Rebhühner auf einem Baum und singen ihr Lied.

36. Als Ching-ping[528] den Tsui-wei fragte: „Was ist das *soshi-seirai-i?"*, antwortete dieser: „Wenn niemand da ist, werde ich es dir erklären." Nach einer Weile meinte Ching-ping: „Es ist niemand hier. Bitte erklärt es mir." Da stieg Tsui-wei von seinem Sitz herab und betrat den Bambusgarten, wo Ching-ping seine Bitte wiederholte. Tsui-wei deutete auf einen Bambus und sagte: „Diese Stange ist so lang, und jene da so kurz."

Tsui-wei erklärte das *soshi-seirai-i,* als niemand anwesend war.
Der Bambus erklärte es Ching-ping an seiner statt.
Dort angekommen, wird noch an lang und kurz gedacht.
Wer kennt den Dichter, der die Berge liebt und darum,
  wenn er in die Stadt kommt, seinen Esel verkehrt herum reitet?

Der Anfang von übertretendem Wasser oder Eis ist unbekannt.
Jeder Tag und jedes Jahr ist zu lang.
[Die Zeit als Tag, Monat und Jahr ist nur ein Überbleibsel.]
Ein wenig Medizin aus Pai-shang
[Der Fenchel vom Wegesrand, wie er wohl schmeckt?]
und Eisenhut aus Hsi-chuan sind beide unser eigener leerer Geist.
[Der Eisenhut vom Westfluss hat keine eigenen Absichten.]

37. Wo-lung[529] meinte zum *kanin*-Mönch Liao: „Mein verstorbener Meister sagte: ‚Das ganze Universum ist der Körper eines wahren Menschen.' Kannst du also sehen, dass die Meditationshalle ein wahrer Mensch ist?" – „Abt! Seht es nicht mit einem getäuschten Auge!" – „Mein Lehrer ist tatsächlich gestorben, aber sein Fleisch ist noch warm."

Ein schlafender Drache öffnet seine Augen in einer Blüte,
  die schon duftet, bevor der Frühling kommt.
Der *kanin*-Mönch manifestierte sich in dessen Augen, fern von zwei und drei.
Wir können kaum Kälte von Wärme oder Frost von Tau unterscheiden,
noch Vertrautheit von Entfremdung oder eine Pfütze von der Tiefsee.

---

528 Dharma-Erbe von Tsui-wei Wu-hsüeh.

529 Dharma-Erbe von Hsüan-sha Tsung-i.

38. Als Nan-yüeh den Ma-tsu fragte: „Tugendhafter Mönch! Wofür machst du Zazen?“, erwiderte dieser: „Um ein Buddha zu werden.“ Da ergriff Nan-yüeh einen Ziegel und schliff ihn auf einem Stein vor Ma-tsus Einsiedelei. Ma-tsu fragte: „Was machst du da?“ – „Ich schleife einen Ziegel zu einem Spiegel.“ – „Wie das?“ – „Und wie kann man ein Buddha werden, indem man Zazen macht?“ – „Was sollte ich sonst tun?“ – „Es ist, wie einen Karren (Körper) zu bewegen. Wenn er sich nicht bewegt, soll dann der Karren oder der Ochse geschlagen werden?“ Ma-tsu schwieg.

Nan-yüeh unterwies Ma-tsu auch mit den Worten: „Studierst du Zazen oder den sitzenden Buddha? Im ersten Fall ist Zazen nicht Sitzen und nicht Liegen. Im zweiten Fall ist der Buddha nicht unbeweglich [hat der Buddha keine feste Form]. Im Dharma des Nicht-Verweilens gibt es nichts zu wählen. Wenn du den sitzenden Buddha studierst, bist du jenseits des Buddha [ist das einfach tötender Buddha]. Wenn du an einer Sitzform hängst, bist du weit von ihrer Essenz entfernt.“ Als er diesen Rat hörte, fühlte sich Ma-tsu, als hätte er Nektar getrunken.

Sie sagen, dass einen Ziegel zu einem Spiegel zu schleifen
buddhistische Praxis sei.
Doch wie denken sie darüber, einen Spiegel zu einem Ziegel zu polieren?
Nun täuschen sie einander in klarer Erleuchtung
und formen runde und eckige Statuen nach ihrem Bilde.

Wir können ihn einen *bodhi*-Suchenden [Mensch aus Eisen] nennen,
aber nicht einen Mann, der einen Ziegel zum Spiegel schliff.
Bevor der transzendente Buddha geboren ist, manifestiert sich der sitzende.
[Bevor tötender Buddha geboren ist, steigt sitzender Buddha herab.]
Sitzen, Liegen und stilles Gehen sind alle recht.
Wolken entstehen auf dem Nan-shan, Regen fällt auf Hsi-chiang.

39. Wei-shan sagte: „Alle fühlenden Wesen haben Nicht-[keine]Buddha-Natur.“

Seine Worte klingen wie ein strahlendes Juwel,
das auf natürliche Weise umherrollt.
Er erläuterte den Dharma auf diese Weise wohl zu spät.
Wenn man tot ist, hat man seinen Geist verloren;
mit der Geburt bekommt man ein Gesicht.
Doch die seltsam dreinschauenden Übenden sind dumm genug,
dies zu bezweifeln.

40. Yang-shan fragte Ta-wei: „Wenn zahllose Objekte auf einmal kommen, wie ist das?“ Ta-wei erwiderte: „Blau ist nicht gelb und lang nicht kurz. Alle Dinge sind an ihrem eigenen Ort und haben nichts mit meinen Angelegenheiten zu tun.“ Da warf sich Yang-shan nieder.

Versucht nur das Reich der Nicht-Dualität zu erklären,
wo Bambus bricht, Kuckucke singen und hochfliegende Schwalben
ihr Nest am Gebälk bauen.
Wenn jemand eine Kapuze kauft, soll sie seiner Kopfgröße entsprechen.

41. Eines Tages meinte ein Mönch zu Hsüan-sha: „Ihr sagtet, das ganze Universum sei ein leuchtendes Juwel. Wie sollten Übende dies verstehen?“ Hsüan-sha antwortete: „Das ganze Universum ist ein leuchtendes Juwel. Was hat es für einen Nutzen, dies zu erkennen?“ Am folgenden Tag fragte Hsüan-sha den Mönch: „Das ganze Universum ist ein leuchtendes Juwel. Wie verstehst du das?“ Da antwortete der Mönch: „Das ganze Universum ist ein leuchtendes Juwel. Was hat es für einen Nutzen, dies zu erkennen?“ Hsüan-sha meinte: „Nun habe ich erkannt, dass du in der dunklen Berghöhle unterscheidest.“

Ein glänzendes Juwel beleuchtet Vergangenheit und Gegenwart,
doch es wird euch wundern, dass es formlos ist.
[Wir sollten diese Sache mit der Welt ohne Wurzeln in Frage stellen.]
In Bezug auf rund und eckig oder lang und kurz ist es endlos,
innen, außen und in der Mitte kennt es keinen Abgrund (keine Grenze).
[Innen, Außen und Mitte sind seine Grenzen. (!)]

42. Eines Tages fragte ein Mönch den Chang-sha: „Wie können wir Berge, Flüsse und die Erde in uns selbst verwandeln?“ Chang-sha meinte: „Wie können wir uns selbst in Berge, Flüsse und die Erde verwandeln?“

Berge und Flüsse zeigen auf vertraute Weise ihre Kräfte,
doch sind sie sich ursprünglich ihrer Bedeutung nicht bewusst.
Wer wird an der Quelle zweifeln, auf die man sie zurückführt?
Wir sollten sie uns immer wieder bewusst machen.

43. Der Abt Chao-chou unterwies Mönche mit den Worten: „Wenn das kleinste dualistische Denken entsteht, werdet ihr euren Buddha-Geist verlieren. Gibt es einen Weg für euch, mir zu antworten?“ Ein Mönch trat hervor und erteilte einem Gehilfen einen Schlag mit den Worten: „Warum antwortest du nicht dem Abt?“ Chao-chou kehrte sogleich in sein Zimmer zurück. Später bat ihn der Gehilfe, ihm den Dharma zu erklären, und fragte: „Hat der andere Mönch verstanden oder nicht?“ Chao-chou erwiderte: „Sitzen ist Stehen und Stehen ist Sitzen.“

Er zeigt unmittelbar buddhistisches Handeln,
  ob dieser Mönch es versteht oder nicht,
wie weiße Wolken, die sich am blauen Himmel bewegen.
Wie könnte er die erstaunliche Kraft
  von Chao-chous Nicht-Geist verstehen?
Ein harter Stein nickt und kehrt ins Reich des Einsseins zurück.

44. Einst fragte Huang-po den Pai-chang: „Wie wirst du [soll ich] andere die Essenz des frühen Chan (Zen) lehren?“ Pai-chang erhob sich von seinem Sitz [Pai-chang blieb still sitzen]. Huang-po fragte: „Wie werden spätere Generationen es übermitteln?“ Pai-chang erwiderte: „Ich dachte, du seist der Aufgabe gewachsen“, und kehrte unverzüglich in sein eigenes Zimmer zurück.

Bisher haben die Patriarchen die Essenz des Zen übermittelt,
wie könnte es da vergeblich sein, sie unser ganzes Leben lang zu studieren?
Es geschah auf dem Geierberg, dass Kâshyapa milde lächelte,
und auf dem Berg Shao-shih, dass Hui-ko das Mark empfing.

45. Eines Tages fragte ein Mönch den Chao-chou: „Was ist das *soshi-seirai-i?“* Dieser antwortete: „Eine Eiche im Garten.“ Der Mönch fragte weiter: „Abt! Erklärt den anderen nicht ein Objekt!“ – „Das habe ich nie getan.“ – „Was ist das *soshi-seirai-i* denn dann?“ – „Eine Eiche im Garten.“

Chao-chous „wurzellose Eiche“ ist für alle Zeiten am weiten Himmel.
Er behielt den Stumpf, doch ihre Zweige und Blätter sind fort.
Nichts als die Wahrheit dieser Eiche blieb nach all den Zeiten zurück
und lässt andere ihren Duft bis ins Letzte genießen.

Als ein Mönch den alten Chao-chou zum Dharma befragte,
meinte dieser nur: „Eine Eiche im Garten.“
Seine Antwort mag wahr und wunderbar sein,
doch leider wurde sie später gegeben als das *soshi-seirai-i* selbst.

46. Als der Mönch Chang-shui Ts'u-ji den Lang-hsieh fragte: „Wie kann die reine Natur plötzlich Berge, Flüsse und die Erde schaffen?“, antwortete Lang-hsieh mit den gleichen Worten.[530]

Kiefern und Chrysanthemen haben ihre jeweils beste Zeit.
Das ganze Universum manifestiert sich im himmelsgleichen Spiegel.
Staub häuft sich an, vom Schatten des Bambus weggefegt.
Der Mond durchdringt den tiefen Teich und ist identisch mit allen Dingen.

47. Mi-hu[531] ließ einen Mönch den Yang-shan fragen: „Brauchen die Menschen heutzutage Erleuchtung oder nicht?“ Yang-shan erwiderte: „Nicht dass es keine Erleuchtung gäbe, doch wie gelingt es, sie nicht in Dualismus fallen zu lassen?“ Der Mönch teilte Mi-hu diese Antwort mit. Dieser hielt sie für wahr.

Die Erleuchtung heutiger Menschen,
  ob letztgültig oder phänomenal, ist schwer zu ergreifen.
Dies ist die Spur unserer Erleuchtung [des Selbst] vor den *shûnyatâ-kalpa*.
Yang-shan zeigte sie Mi-hu behelfsweise
  und Mi-hu folgte ihm im Nicht-Geist.
Alle Patriarchen in Indien und China haben sie persönlich übermittelt.

48. Huang-po verließ die Mönche und trat ins Kloster Ta-an ein. Er fegte gerade den Tempel, als Premierminister Pai-hsiu vorbeikam, Weihrauch verbrannte und Huang-po fragte: „Ich habe das Porträt eines bedeutenden Mönches gesehen. Wo kann ich ihn finden?“ Huang-po wiederholte die gleichen Worte [Huang-po erwiderte laut: „Wo ist es?“]. Da erfuhr Pai-hsiu Erleuchtung.

Im Reich, wo keine Kluft zwischen Mensch und Mauer ist,
versuchen beide sich zu erkennen, indem sie sagen:
  „Wo kann ich es finden?“
Doch an jenem Ort, wo sie mit weit offenen Mündern lachen,
brechen Pflaumenblüten an ihren Zweigen durch den Schnee,
  ohne dass sie das mitbekämen.

49. Eines Tages fragte ein Mönch den Abt Ching-yüan: „Was ist das *soshi-seirai-i?*“ Ching-yüan antwortete: „Auch er ist so gegangen.“

[530] Siehe *Shôyôroku* (Fall 100) und den Kommentar zu Fall 35 im *Hekiganroku*.
[531] Dharma-Erbe von Wei-shan Ling-yü.

Ihr müsst euch klar erinnern, dürft nicht so närrisch sein, daran zu zweifeln, dass sowohl Kommen als auch Gehen Taten im Reich des Nicht-Geistes sind.
Er näherte sich, ohne sich zu verbergen,
und befragte deutlich den Ching-yüan.
Doch wenn ich Ching-yüan wäre,
würde ich euch mit einem Hammer auf den Kopf schlagen.

50. Tung-shan unterwies die Mönche mit den Worten: „Nur wenn jemand das Reich jenseits des Buddha erkannt hat, kann er es ein wenig zum Ausdruck bringen." Da fragte ein Mönch: „Was ist es?" – „Wenn ich es dir sage, kannst du es nicht hören." – „Könnt Ihr es hören?" – „Wenn ich es nicht sage, kann ich es manchmal hören."

Es ist oberflächlich, einen Menschen nur durch seine Worte zu kennen.
[Erkennen wir die Worte, ist es, als sehen wir jemandes Gesicht.]
Ihr solltet alsbald Zunge, Schwert und Pinsel meiden.
[Drei unmittelbare Hinweise sind Zunge, Scharfsinn und Schreibkunst.]
Wenn ihr nur den Weg erfasst, werdet ihr frei wie ein flügger Vogel sein.
Wenn ihr das wahre Selbst erkannt habt,
werdet ihr Tung-shans Worte tiefer verstehen.

51. Drei Jahre lang übte Lin-chi konzentriert in der Sangha von Huang-po. Eines Tages drängte ein *shuso*-Mönch Lin-chi dazu, Huang-po zur wahren Bedeutung des Dharma zu befragen. Lin-chi fragte diesen drei Mal und wurde ebenso oft von ihm mit dem Stock geschlagen. Schließlich ging er zu Ta-yü und fragte: „Muss ich mir etwas vorwerfen?" Ta-yü antwortete: „Huang-po war sehr freundlich zu dir. Und doch kommst du zu mir und stellst deine Frage." Da erfuhr Lin-chi große Erleuchtung und sprach: „Huang-pos Lehre ist ursprünglich jenseits des Denkens." [„Im Grunde ist nicht viel dran an Huang-pos Dharma."] Ta-yü packte ihn am Kragen: „Du erbärmlicher Mönch! Du hast gefragt, ob du dir etwas vorwerfen müsstest, doch jetzt sagst du, Huang-pos Lehre sei jenseits des Denkens. Welche Wahrheit hast du erkannt. Sag es schnell!" Lin-chi stach Ta-yü drei Mal mit dem Finger in die Seite. Ta-yü griff nach Lin-chis Hand, ließ sie los und sagte: „Dein Meister ist Huang-po. Ich habe keine Verbindung zu dir." Lin-chi verließ Ta-yü und ging zu Huang-po zurück.

Huang-pos Stock erkannte Lin-chi durch sein leuchtendes Auge.
Ta-yü hatte Mitleid mit seinem Sohn, der dem Denken anhing.
Aus Freundlichkeit unterwies er ihn.
Lin-chis Tat sieht aus, als würde Wasser stromaufwärts fließen,
doch seine Lehre erblüht schon lange.

52. Tung-shan fragte Yün-yen: „Wer kann die Lehrrede nichtfühlender Wesen hören?" – „Nichtfühlende Wesen können dies." – „Könnt Ihr sie hören?" – „Du kannst nicht einmal meine Lehrrede hören, noch weniger ihre." Daraufhin präsentierte Tung-shan dem Yün-yen folgende Verse:

Wie wunderbar! Wie großartig die Lehrrede der nicht fühlenden Wesen ist!
Niemand kann sie mit den Ohren hören, doch mit den Augen sieht man sie.
Die Lehrrede der nicht fühlenden Wesen ist nur für diese hörbar.
Zäune, Mauern, Gräser und Bäume
legen auf natürliche Weise den Frühling dar.

53. Shih-kung fragte Hsi-tang: „Weißt du, wie man das Universum ergreift?" – „Ja, das weiß ich." – „Wie willst du das machen?" Da griff Hsi-tang mit den Händen danach. Shih-kung meinte: „Du verstehst überhaupt nicht." – „Buddhistischer Bruder! Wie würdest du es tun?" Shih-kung zog ihn an der Nase. Hsi-tang stöhnte vor Schmerzen und sagte: „Du ziehst so stark an meiner Nase, als wolltet du sie abbrechen." – „Auf diese Weise kannst auch du es letztlich erfassen."[532]

Wem gehört der Baum inmitten von Innen und Außen
und den vier Richtungen? Wofür steht er?
Buddhistische Glaubensbrüder erkennen einander
und besprechen die Taten ihrer Väter.
Einer zerrt an der Erde, der andere am Himmel.

54. Eines Tages fragte ein Mönch den Tou-ts'u: „Was sind die zehn Arten des *tajuyû-shin*[533]?" Tou-ts'u stieg von seinem Sitz herab und stand in *shashu.* Der Mönch fragte weiter: „Wie weit ist es zwischen heiligen und gewöhnlichen Menschen?" Tou-ts'u wiederholte die gleiche Handlung.

Der Sohn gelehrter Buddhisten wird eines Tages ein böser Zen-Mönch.
Alte Dokumente und neue Redewendungen dienen dazu,
diesen Kerl zu ermahnen.
Es ist, als sähen wir zahllose Arten seltener Juwelen,
wenn Tou-ts'u von seinem Sitz herabsteigt und sich ein wenig bewegt.

---

[532] Zu dieser Geschichte siehe auch das Kapitel „Kôku" im *Shôbôgenzô.*

[533] Anderen Freude am Dharma verschaffen.

55. Der Zen-Meister Lung-tan war von Beruf Reiskuchenmacher. Indem er sich vor Abt Tien-huang[534] niederwarf, wurde er jedoch zum Mönch. Tien-huang sagte: „Nachdem du mir gedient hast, werde ich dir den Schlüssel zu deinem Geist erklären." Etwa ein Jahr später meinte Lung-tan: „Als ich hierher kam, habt Ihr mir versprochen, mir den Schlüssel zu meinem Geist zu erläutern. Bis jetzt ist das jedoch nicht geschehen." – „Das habe ich schon vor langem erledigt." – „Wann habt Ihr dies getan?" – „Als du dich vor mir in *gasshô* verbeugt hast, habe ich deinen Gruß erwidert. Als ich saß, standest du hilfsbereit neben mir, und als du mir eine Tasse Tee brachtest, nahm ich sie dankbar in Empfang." Lung-tan schwieg eine Weile.

Tien-huang sagte: „Wenn du etwas erkennen willst, tue es einfach. Wenn du lange nachdenkst, bist du vom Dharma entfernt." Bei diesen Worten erfuhr Lung-tan große Erleuchtung.

Was ist das Objekt seines Erkennens? Es ist das Selbst allein.
Es scheint zu kommen und zu gehen wie kleine Wellen auf einem Fluss.
Das ewige Reich kennt zahllose Meister des Dharma.
Diese beiden sind der Essenz des Geistes, was ein Drache der Schlange ist.

56. Eines Tages fragte ein Mönch den Tsao-shan[535]: „Diese Jahreszeit ist sehr heiß. Wie kann ich der Hitze entgehen?" Tsao-shan antwortete: „Im kochenden Wasser eines großen Kessels, im Kohlefeuer eines Schmelzofens." – „Sagt mir, wie das gehen soll." – „Dort kann kein Leiden hingelangen."

Der Herbst kommt und das Mondlicht erkaltet,
während ein Glühwürmchen aufspringt und den Mars verfolgt.
Wenn wir noch einmal um die Feuerstätte herumgehen,
fühlen wir uns, als ob Wolken den Gipfel erreichten
  und Wasser in einer Flasche ansteigt.

57. Abt Fu-yung Tao-chieh fragte Tou-ts'u: „Die Worte und Aussprüche der Buddhas und Patriarchen sind unser täglich Brot. Gibt es da noch etwas?" – „Versuch mir zu sagen, ob der Kaiser, wenn er Befehle gibt, solche Regenten wie Hsiao, Shun, Yu und Tang benötigt oder nicht." Tao-chieh wollte gerade antworten, als Tou-ts'u dessen Mund bedeckte und sagte: „Wenn du sprechen willst, verdienst du dir dreißig Stockschläge." Da erfuhr Tao-chieh Erleuchtung, warf sich nieder und wollte gerade gehen, als Tou-ts'u sagte: „Komm mal her, Altehrwürdiger!" Tao-chieh schaute jedoch nicht zurück. Tou-ts'u

[534] 738–807, Dharma-Erbe von Shih-tou Hsi-chien.

[535] 839–901, Dharma-Erbe von Tung-shan Liang-chieh.

fragte: „Hast du das Reich ohne Zweifel verwirklicht?“ Tao-chieh bedeckte seine Ohren mit den Händen.

Die täglichen Mahlzeiten der Buddhas und Patriarchen sind grobkörnig,
doch Tou-ts‘u empfing ihn herzlich
  und spielte sogar auf dem Schilfrohr für ihn.
Dass er sogleich seine eigenen Ohren bedeckte,
  hatte eine grenzenlose Bedeutung.
Tou-ts‘u gab ihm die Musik aus achtzehn Zeitaltern und noch einem dazu.

58. Als Zen-Meister Nan-yüeh Hui-jang den sechsten Patriarchen Hui-neng aufsuchte, fragte dieser: „Woher kommst du?“ – „Vom Nationallehrer Hui-chung auf dem Berge Sung.“ – „Was ist auf diesem Weg gekommen?“ Hui-jang wusste nichts darauf zu antworten. Darum diente er Hui-neng acht Jahre lang und verstand schließlich die Bedeutung von dessen Frage. Also sprach er zu Hui-neng: „Als ich das erste Mal hier ankam, hast du mich gefragt, was auf diesem Weg gekommen sei. Nun verstehe ich es.“ – „Wie ist es dir gelungen?“ – „Es scheint etwas Beschreibbares zu sein, doch in Wirklichkeit ist es das nicht.“ – „Erfordert es Übung und Erleuchtung?“ – „Es ist nicht frei davon. Doch niemand darf daran hängen.“ – „Dieses Nicht-Anhaften behalten die Buddhas, du, ich und die indischen Patriarchen stets in Erinnerung.“

Nan-yüeh sann lange nach, dann verließ er Sung-yin[536] leichten Herzens.
Es war, als hätte er selbst Wind und Wolken erhoben.
Mit Liebe zu Tigergebrüll und Drachengeschrei kam er zu Hui-neng,
praktizierte den Weg acht Jahre lang
  und verwirklichte seine ursprüngliche Buddha-Natur.

Ich frage mich, ob er schließlich Hui-nengs Frage begriffen hat oder nicht.
Das Reich jenseits der sechs Sinnesobjekte ist etwas Unbeschreibliches.
Auch wenn sich dieses Wunder genau jetzt verwirklicht,
hat Buddha Vipashyin diesen Geist schon zuvor erlangt.

60. Lung-ya[537] fragte Tung-shan: „Was ist der Geist der Patriarchen?“ – „Ich werde es dir sagen, wenn der Tung-shui rückwärts fließt.“ Als er dies hörte, erkannte Lung-ya die ursprüngliche Bedeutung.

---

[536] Ein Ort, an dem der Nationallehrer Hui-an weilte.

[537] 835–928, Dharma-Erbe von Tung-shan Liang-chieh.

Tung-shans Antwort ist, als würde man weit oben
eine Stange durch die Wolken bohren.
Er nutzt das Windsegel in Himmel und Erde frei.
Als Tung-shan belehrte, erschütterte sein aufrichtiger Rat das Ohr.
Beneidet den alten Kerl aber nicht um seine außergewöhnlichen Worte!

61. Tao-wu besuchte mit Yün-yen zusammen Yüeh-shan, als dieser sagte: „Ihr dürft nicht über das Reich jenseits der Unterscheidung sprechen. Wenn ihr es tut, wird ein Horn auf eurem Kopf erscheinen. Wie steht's mit dem *tou-to*[538] Hung-chih (Tao-wu)?" Tao-wu ging sofort davon. Dazu meinte Yün-yen zu Yüeh-shan: „Warum hat unser buddhistischer Bruder Hung-chih dir nicht geantwortet?" Yüeh-shan sagte: „Heute schmerzt mein Rücken. Ich denke, Tao-wu hat die Bedeutung verstanden. Frage ihn danach." Daraufhin ging Yün-yen zu Tao-wu und meinte: „Warum hast du dem Abt nicht geantwortet?" Tao-wu erwiderte: „Geh und frage ihn."

Als Yün-yen bereit zum Sterben war, ließ er jemanden einen Abschiedsgruß an Tao-wu überbringen. Dieser las ihn und sagte: „Yün-yen ist seine eigene Weisheit nicht bewusst. Es tut mir leid, dass ich ihm damals keine Antwort gegeben habe. Dennoch war Yün-yen der Erbe Yüeh-shans."

Wenn einer klar das Reich jenseits der Unterscheidung zum Ausdruck bringt,
werden seine Augenbrauen abfallen.
Yün-yen suchte beide in einer nach Adlern [Falken] stinkenden Robe auf.
Im Sonnenlicht verliert eine Lampe ihre Strahlkraft.
In einem Krug sind Sonne und Mond niemals vollständig.

62. Eines Tages meinte Wei-shan zu Hsiang-yen: „Als Baby warst du dir der vier Richtungen nicht bewusst. Versuche, mit mir aus diesem Zustand heraus zu sprechen, und ich werde dir zuhören." Hsiang-yen versuchte vergeblich das Prinzip darzulegen. Sogleich bestieg er den Berg Wu-tang und baute sich bei den Ruinen einer alten Hütte des Nationallehrers Hui-chung eine Klause. Eines Tages fegte er den Weg, als er den Klang eines Bambus vernahm, der von einem Kieselstein getroffen wurde. Da erfuhr er plötzlich Erleuchtung.

All die Tage wartete Hsiang-yen im Nicht-Geist auf den Phönix,
ein Bambusdickicht wurde ihm zum Nachbarn.
Er hörte weder den Drachen heulen noch den Phönix singen.
Doch ein Kieselstein ließ den Bambus erklingen
und brachte so einen toten Baum zum Erblühen.

[538] Skt. *dhatu,* beschreibt einen Asketen.

63. Eines Tages ging Nan-chüan in den Gemüsegarten, wo bereits ein *shôshu*-Mönch auf ihn wartete. Nan-chüan sagte: „Ich besuche diesen Ort normalerweise unangekündigt. Wie konntest du mich hier so früh erwarten?" – „Die Landgottheit hat es mich letzte Nacht wissen lassen." Da meinte Nan-chüan: „Es mangelte mir an Übungskraft, darum hat sie mich erhascht." Sein Dienermönch sagte: „Ihr seid ein bekannter Führer. Wie konntet ihr von ihr erblickt werden?" Nan-chüan erwiderte: „Gib ihr noch eine Opfermahlzeit."

Dank der Fähigkeit jenseits des Buddha
 konnte Nan-chüan Orte unangekündigt aufsuchen.
Die Landgottheit war freundlich genug, es wissen zu lassen.
Er sagte tatsächlich: „Das lag daran, dass es mir an Übungskraft mangelte."
Doch sein Aufsuchen war von Anfang an über dem Durchschnitt.

64. Eines Tages meinte Chang-ching[539]: „Einige mögen sagen: „Arhats besitzen die drei Gifte", doch niemand sagt: „Der Tathâgata besitzt ein dualistisches Wort." Dies bedeutet nicht, dass er kein Wort hätte, sondern dass er kein dualistisches hat." Pao-fu fragte: „Was ist das Wort des Tathâgata?" – „Wie könnte ein Tauber es hören?" – „Ich finde, du drückst es zweitrangig aus." Als Chang-ching die gleiche Frage wiederholte, meinte Pao-fu: „Trink einfach Tee."

Chang-chings Worte von der „stummen Rede" sind sehr bekannt.
Ein hölzerner Mann ist ursprünglich der Enkel eines anderen Hölzernen.
Das Wort des Tathâgata ist kein anderes als sein eigenes Wort.
Doch ein anderer Gehörloser erinnert sich seiner Worte: „Trink einfach Tee."

65. Eines Tages meinte Chou, der für die Angelegenheiten der Sangha zuständige Mönch, zu Chang-sha: „Wenn ein Erdwurm zweigeteilt wird, bewegen sich beide Teile. Ich frage mich, welcher die Buddha-Natur hat." – „Lass dein illusionäres Denken sein." – „Aber wie erklärst du diese Bewegung?" – „Es liegt daran, dass sich sein Körper noch nicht in die vier Elemente aufgelöst hat." Chou erwiderte nichts. Als Chang-sha ihn beim Namen rief, antwortete Chou: „Ja." Chang-sha fragte: „Ist dies nicht die Wahrheit, Chou?" – „Eine meisterlichere Antwort als diese kann es nicht geben." – „Dann kann dich niemand einen Erleuchteten nennen." – „Wenn nicht, werde ich dir nicht antworten. Bedeutet dies, dass ein Schüler ein Meister ist oder nicht?" – „Es bedeutet nicht, dass du anderen antwortest, sondern dass du mir nicht antwortest. Dies ist seit anfangloser Zeit die Quelle von Geburt und Tod." Dann sprach Chang-sha in Versen:

[539] Dharma-Erbe von Pai-chang Huai-hai.

„Nur weil sie die Unterscheidung zugelassen haben
sind sich buddhistisch Übende nicht des wahren Weges bewusst.
Dies ist seit undenkbaren Zeiten die Quelle von Geburt und Tod,
doch ein Narr nennt sie dennoch Erleuchtete.“

Die Buddha-Natur eines Erdwurms, der lebendig zweigeteilt wurde,
ist jenseits des Denkens.
Wenn die Körperteile getrennt sind, werden sie kalt und bewegungslos.
Geburt und Tod hatten bis jetzt keine feste Substanz,
darum sollte niemand solche Worte aufs Geratewohl äußern.

66. Eines Tages bestellte Yang-shan ein Reisfeld unter Ta-wei und sagte: „Dies ist so viel niedriger, und das so viel höher.“ – „Wasser kann Dinge ausgleichen. Gleiche sie nur mit Wasser aus.“ – „Niemand kann sich aufs Wasser verlassen. Abt! Ein hoher Ort ist als solcher gleichwertig, und ein niedriger ebenfalls.“ Wei-shan sah dies als wahr an.

Eine offene Ebene vor dem Berg Wei, ob hoch oder niedrig,
bringt zahlreiche Arten von Pferdefutter hervor.
Wenn ihr die zahllosen Formen dieser Ebenen verstehen wollt,
werdet ihr die vier Richtungen als blauen Sämling erkennen.

67. Als Pan-shan[540] einmal einen Kunden Pökelfleisch kaufen sah, meinte er zum Metzger: „Schneide ein gutes Stück davon ab und gib es mir.“ Dieser Metzger warf sein Hackmesser weg und sagte in *shashu:* „Mein Herr! Welches Fleisch ist nicht das beste?“ Als er das hörte, erfuhr Pan-shan Erleuchtung.

Pan-shan stieß unerwartet auf eine Kreuzung,
doch hatte er einen solch rotgesichtigen Mann erwartet?
Er war am Grunde des Staubes und verlor seinen Verstand.
Es ist ursprünglich nicht leicht, den Dharma zu verwirklichen.

Pan-shan kaufte als Kunde an einer Kreuzung Fleisch
und bat einen Metzger, der einem Erleuchteten gleichkam,
um das beste Stück.
Nun erkenne ich, dass die Blutflecken des Metzgers
auf Pan-shans Händen sind,
und dass Pan-shans geistige Blüten auf natürliche Weise rot erscheinen.

---

[540] Dharma-Erbe von Ma-tsu Tao-i.

68. Ein Mönch fragte den Abt Tung-shan Shou-chou[541]: „Was ist der Buddha?“ Shou-chu sagte: „Drei *kin* Hanf.“

Der Buddha von Tung-shan ist drei *kin* Hanf,
doch ein undankbarer Mann gerät in tiefes Bedauern.
Nur wenn wir gesehen haben,
dass der Ozean bis zum Grund ausgetrocknet ist,
werden wir erkennen, dass ein Mensch stirbt, ohne Geist zu hinterlassen.

69. Ta-wei unterwies einige Mönche mit den Worten: „Wenn ich sterben sollte, werde ich ein Büffel im Haus eines Gönners in der Nähe meines Tempels werden und die fünf Silben *wei-shan-tseng-ling-yu*[542] unter sein linkes Vorderbein schreiben. Selbst wenn ihr dies *wei-shan-tseng* nennt, ist es ein Büffel. Und wenn ihr es einen Büffel nennt, ist es *wei-shan-tseng.* Versucht dies zu erklären! Wie solltet ihr es nennen?“ Da trat Yang-shan hervor, verbeugte sich und ging fort.

Seine buddhistische Übung wird im Haus eines Gönners
vor den Tempeltoren vollzogen.
Selbst wenn wir ihn „Büffelmönch“ nennen, ist das nicht die Wahrheit.
Versucht einfach zu sagen, welche Tat ihm gut anstünde.
Yang-shan drückte es mit einer Verbeugung aus,
doch seine Anstrengung war fruchtlos.

70. Eines Tages gingen die beiden Mönchsälteren Hsien-shan und Tan-ming[543] zum Fluss Huai und beobachteten einen Mann, der an einem Netz zog, als plötzlich ein Karpfen heraussprang. Hsien-shan sagte: „Buddhistischer Bruder Tan-ming! Dies ist so wunderbar wie ein Übender!“ – „Du hast recht. Doch ist es nicht besser, von Anfang an in kein Netz zu geraten?“ – „Dir fehlt es an Erweckung.“ Um Mitternacht erfuhr Tan-ming Erleuchtung.

Das fließende Wasser des Huai ist tief und klar,
ein Fisch mit goldenen Schuppen sprang heraus und erhielt ein neues Leben.
Dieser unnütze Fisch scheint nie in den Abgrund zurückgekehrt zu sein,
sondern segelt auf den hohen Wellen des Nicht-Geistes,
ohne eine Spur davon zu hinterlassen.

---

[541] 910–990, Dharma-Erbe von Yün-men Wen-yen.

[542] Diese stehen für den Mönch Ling-yu vom Berg Wei-shan

[543] Dharma-Erbe von Yün-men Wen-yen.

71. Ein Einsiedler baute eine Klause am Fuß des Berges Hsüeh-feng und lebte dort lange Zeit, ohne sich den Kopf zu rasieren. Er schnitzte sich eine hölzerne Schöpfkelle und trank damit das Wasser aus dem Bergfluss. Eines Tages fragte ihn ein Mönch: „Was ist das *soshi-seirai-i?*", und er sagte: „Ein Bergfluss ist tief, darum ist der Griff dieser Kelle lang." Als der Mönch zu Hsüeh-feng zurückkehrte und davon erzählte, meinte dieser: „Er muss ein wunderbarer, herausragender Mensch sein. Doch ich kann das nur bestätigen, nachdem ich ihn geprüft habe." Eines Tages begab er sich also, von seinem Dienermönch begleitet, mit einer Rasierklinge zu diesem Einsiedler. Bei dessen Anblick meinte Hsüeh-feng: „Wenn du den Weg ausdrücken kannst, werde ich dir nicht den Kopf rasieren." Als er das hörte, holte der Einsiedler Wasser und wusch sich die Haare. Sogleich rasierte ihm Hsüeh-feng die Haare ab.

Wenn jemand mich fragt: „Was ist das *soshi-seirai-i?*",
dann sage ich: „Der Griff der Schöpfkelle ist lang,
darum ist der Bergfluss tief."
Wenn ihr die letzte Bedeutung ihres Treffens verstehen wollt,
wartet, bis der Wind in den Kiefern auf einer saitenlosen Koto[544]
ein Lied spielt.

72. Eines Tages erkannte Ling-yün beim Anblick von Pfirsichblüten den Weg und schrieb in Versen:

Ich habe dreißig Jahre lang den Weg gesucht,
wie viele Frühlinge und Herbste sind dabei vergangen?
Nun, wo ich Pfirsichblüten in Schönheit erstrahlen sah,
bin ich frei von den zahlreichen Täuschungen.

Als er diese Verse Ta-wei zeigte, sagte der: „Wer den Weg mittels eines wirklichen Dinges erkennt, wird niemals zurückkehren. Du musst dies gut bewahren."

Hsüan-sha meinte dazu: „Er stimmt mit dem Weg überein. Doch ich wage zu behaupten, dass es ihm noch an etwas fehlt."

Wie ein Mensch, der sich in alten Zeiten nach Shangrila verlief,
sah Ling-yün Pfirsichblüten und schwang ein Mal deren Zweig.
Doch den Weg ins Märchenland hatte er schon wieder vergessen.
Wenn ein Führer an diesem Reich zweifelte,
könnte Ling-yün nicht antworten.[545]

---

[544] Japanische Harfe.

[545] Weil er sich vollständig im Reich der Erleuchtung befindet.

Formschöne und lebendige Pfirsichblätter sind blau und ihre Blüten rot.
Der Frühling ist seit undenkbaren Zeiten unveränderlich.
Ihr solltet das Naheliegende verachten und das Entfernte wertschätzen.
Wer zweifelt an den Worten „Ling-yün fehlt es noch an etwas?“

73. Eines Tages fragte ein Mönch den Chao-chou: „Hat sogar ein Hund die Buddha-Natur?“ – „Er hat sie.“ – „Wie hat dann die Buddha-Natur sein Fell durchdrungen?“ – „Der Hund, der sie als Buddha-Natur erkannte, hat sie absichtlich beschmutzt.“ Als ein anderer Mönch die gleiche Frage stellte, erwiderte Chao-chou: „Er hat sie nicht.“ Der Mönch fragte: „Alle fühlenden Wesen haben die Buddha-Natur, wieso nicht auch ein Hund?“ Chao-chou antwortete: „Weil der Hund karmische Unwissenheit besitzt.“

Ein Hund ist nur ein Hund, der Buddha nur der Buddha.
In diesem Reich gibt es keine Dualität wie Ja und Nein.
Beide zu verkaufen ist das Gegenteil von beide zu kaufen.
Ihr dürft euch nicht um ihren Gewinn und Verlust sorgen.

Es ist nicht das ursprüngliche Leben fühlender Wesen,
ob ein Hund Buddha-Natur hat oder nicht.
Es scheint, als würde sich Milch in etwas anderes verwandeln.
Doch sind beide eins wie das Erlöschen-*samâdhi*.

74. Eines Tages sagte ein Mönch zu Tung-shan: „Es ist jetzt sehr heiß. Wo sollte ich hingehen, um dies zu vermeiden?“ – „Ins Reich jenseits von kalt und heiß.“ – „Was ist das?“ – „Das bist du, wenn du dich Kälte und Hitze hingibst.“

Geh deinen Weg und schwinge deine Arme in Nicht-Geist,
  wenn Kälte und Hitze kommen,
und du wirst Körper und Geist, Hitze und Kälte abwerfen.
Dieses friedvolle Reich
  wurde ursprünglich von einem „General“[546] begründet,
doch niemand darf ihm erlauben, es anzuschauen.

[546] Gemeint ist Tung-shan, der aufgefordert werden soll, einen weiteren Schritt zu machen, ohne im friedvollen Reich zu verweilen.

75. Ma-tsu sagte: „Der Geist selbst ist der Buddha."

Ma-tsu im vollkommenen Reich hat plötzlich seinen alten Weg vergessen,
wendet seinen Kopf und bleibt nicht dort.
Darum ist der Verkauf des *sokushin-zebutsu*[547]
das Gegenteil von seinem Kauf.[548]
Wie lustig: Ein Bergbambus zieht eine kühle Brise an!

76. Eines Tages sah Nan-chüan einige Mönche in den Ost- und Westtempeln miteinander wegen dem Besitzrecht einer Katze streiten. Schließlich ergriff er diese und sagte: „Wenn ihr den Weg zum Ausdruck bringt, werde ich sie verschonen." Doch sie gaben ihm keine Antwort, also zerteilte er die Katze in zwei Hälften. Als er später Chao-chou die gleiche Frage stellte, zog dieser seine Sandalen aus, legte sie sich auf den Kopf und ging von dannen. Nan-chüan sagte: „Wärst du hier gewesen, hättest du die Katze gerettet."

Nan-chüan verstand genug vom Weg und praktizierte oft,
Chao-chou hob eine Grube aus
und ich weiß, dass diese tote Katze das Kostbarste war.
Darüber wird noch lange von Mönchen gesprochen werden,
und es wird sie von der Täuschung befreien.

Eine Katze ergreifend, sagte Nan-chüan in Chih-yang:
„Wenn ihr mir antworten könnt, werde ich sie nicht töten."
Sagt nur, ob Nan-chüan in der Stille der Mönche
aus zwei Teilen des Tempels einen Donnerschlag hörte oder nicht.

77. Wann immer Pai-chang eine spontane Rede hielt, tauchte ein alter Mann auf, um ihm gemeinsam mit den anderen Mönchen zuzuhören. Wenn diese die Vortragshalle verließen, ging auch er. Eines Tages jedoch blieb er zurück und Pai-chang fragte ihn, wer er sei. Der alte Mann sagte: „Ich bin kein menschliches Wesen. Vor Langem, zur Zeit des Buddha Kâshyapa, war ich hier Abt. Eines Tages fragte mich ein Mönch, ob sogar ein Erwachter der Kausalität unterworfen sei, und ich verneinte. Zur Strafe wurde ich fünfhundert Leben lang als Fuchs wiedergeboren. Ich bitte euch nun, mich von diesem Schicksal zu erlösen und mich die wahre Natur der Kausalität zu lehren. Ist auch ein Erwachter der Kausalität unterworfen?" Pai-chang antwortete: „Niemand steht außerhalb dieses Gesetzes von Ursache und Wirkung." Bei diesen Worten er-

[547] „Dieser Geist selbst ist Buddha."

[548] *Sokushin-zebutsu* ist eins mit Ma-tsu, ob er es verkauft oder kauft.

fuhr der alte Mann vollständige Erleuchtung, warf sich vor Pai-chang nieder und sagte: „Nun wurde ich von der Wiedergeburt als Fuchs errettet.“

Als ein alter Mann sagte, ein Erwachter sei nicht der Kausalität unterworfen,
verneinte er diese und war doch kein gewöhnlicher Fuchs.
Als er Pai-chang bat, die wahre Natur dieser Verneinung zu lehren,
wurden Berge und Flüsse zu einem Fuchs und klärten ihren Weg.

Unglücklicherweise wurde er seit der Zeit des Buddha Kâshyapa
fortwährend fünfhundert Jahre lang als Fuchs wiedergeboren.
Doch als er das Löwengebrüll Pai-changs vernahm,
hörte er für immer auf, vergeblich als Fuchs zu jammern.

78. Eines Tages meinte ein Mönch zu Ma-tsu: „Meister! Ich bitte euch, mich so bald wie möglich das *soshi-seirai-i* jenseits der vier Redewendungen und der hundert Verneinungen zu lehren.“ Ma-tsu sagte: „Heute bin ich zu müde, dich zu unterrichten. Frage Chih-tsung.“ Als er dies tat, antwortete Chih-tsung: „Warum hast du nicht den Abt gefragt?“ – „Der Abt bat mich, dich zu befragen.“ – „Ich habe heute Kopfschmerzen, darum kann ich dich nicht lehren. Frage unseren Buddhistenbruder Huai-hai.“ Huai-hai sagte: „Wenn ich hierher komme, weiß ich nichts.“ Als der Mönch Ma-tsu davon erzählte, meinte dieser: „Chih-tsungs Kopf ist weiß, Huai-hais Kopf ist schwarz.“

Von den vier Redewendungen getrennt
  und die hundert Verneinungen überschreitend
waren ihre Antworten auf seine Bitte natürlich feinsinnig.
Niemand anderes als ein Mönch aus der Meditationshalle Ma-tsus
konnte Huai-hai und Chih-tsung so früh lehren sehen.

79. Wann immer der Zen-Meister Lu-tsu Pao-yun[549] einen Mönch kommen sah, blickte er zur Wand.

Unser Großer Lehrer Lu-tsu hat das einzigartige und freie Reich erlangt,
so dass er Besucher die Freiheit von der Dualität lehren konnte,
  indem er zur Wand blickte.
Selbst wenn ich Übende nur eine halbe Wahrheit lehren wollte,
würde ich das Verdienst seines Wandanstarrens verlieren.

---

[549] Dharma-Erbe von Ma-tsu Tao-i.

80. Als Ma-tsu krank war, fragte ein *kanin*-Mönch: „Wie fühlt Ihr Euch in letzter Zeit?“ Ma-tsu antwortete: „Ich bin jenseits von wohl und unwohl sowohl in der Gegenwart als auch in der Vergangenheit.“

Es gab mal einen Buddha in Ma-tsu,
dessen Gesicht die Sonne und der Mond war.
Nichts kam ihm gleich.
Diese Unterredung ist wie *go*[550]-Spielen.

81. Eines Tages schwang Nan-chüan auf einem Berg den Besen, als ein Mönch ihn im Vorübergehen bat: „Beschreibt mir den Weg zum Berg Nan-chüan.“ Nan-chüan hob eine Sichel hoch und sagte: „Die habe ich für 30 *mon* gekauft.“ – „Ich habe nicht nach dem Preis einer Sichel gefragt, sondern nach dem Weg zum Berg Nan-chüan.“ – „Nun benutze ich sie. Sie schneidet gut.“

Dieser Übende kam auf seinem Weg zum Berg Nan-chüan vorbei,
doch bevor er dessen Gipfel erreichte, geschah ihm etwas Gutes.
Wenn er Nan-chüans wunderbare Antwort nicht missverstanden hätte,
wie hätte sie uns bis zum heutigen Tag übermittelt werden können?

82. Als Ma-tsu den Pai-chang sich erneut nähern sah, erhob er seinen *hossu*. Pai-chang fragte: „Benutzt du ihn, um einen Menschen zu führen oder nicht?“ Ma-tsu legte den *hossu* weg. Pai-chang stand eine Weile neben ihm, bis Ma-tsu fragte: „Wie wirst du von jetzt an beide Seiten einer Trommel zum Nutzen anderer schlagen?“ Pai-chang hob den *hossu* hoch. Ma-tsu fragte: „Wirst du ihn benutzen oder nicht?“ Pai-chang legte ihn zurück. Da gab Ma-tsu einen lauten Schrei von sich. Später sagte Pai-chang zu Huang-po: „Als mich Ma-tsu zum ersten Mal angeschrien hatte, war ich drei Tage lang taub.“

Von Ma-tsu angeschrien, erlangte Pai-chang den formlosen *dharmakâya*.
Doch wer weiß, dass Pai-chang täglich eins ist mit jedem erhobenen *hossu*?
Pai-chang lief Ma-tsu noch einmal über den Weg
  und wurde von ihm angebrüllt,
doch später sehnte er sich nach den alten wahren Eltern mit finsterem Blick.

[550] Ein Art japanisches Schach (Brettspiel).

83. Eines Tages fragte ein Mönch den Ta-sui[551]: „Es heißt, das leuchtende *kalpa*-Feuer würde eine Milliarde Welten verbrennen. Verzehrt es auch die Buddha-Natur?“ – „Jawohl.“ – „Verschwindet also die Buddha-Natur gemeinsam mit dem *kalpa*-Feuer?“ – „Jawohl.“

Vögel und Tiere verschwinden gemeinsam mit dem *kalpa*-Feuer,
das leuchtend brennt, ohne sich in etwas anderes zu verwandeln.
Wer wird im Reich jenseits von Selbst und Anderen,
  das wie kalte schwarze Asche ist,
fragen, wo es entsteht?

84. Als Hui-chao[552] den Fa-yen fragte: „Was ist der Buddha?“, antwortete dieser: „Du bist Hui-chao.“

Die Worte „Du bist Hui-chao“ bedeuten,
  dass der Neujahrsabend der Neujahrstag ist.
Hui-chaos Reich ist wie ein Spiegel frei von Staub.
Es ist ausgezeichnet, dass Fa-yen das eine Wort „Hui-chao“ sagte
und der Buddha eine Gottheit wurde, noch bevor es ausgesprochen war.

85. Der Abt Tien-tung sagte: „Mein Dharma benötigt kein Weihrauchverbrennen, keine Niederwerfung, keine Anrufung von Buddhas Namen, keine Reue und keine Sutrenrezitation. Du kannst es erfassen, indem du einfach konzentriert Zazen übst.“

Sein Richtig und Falsch und Gewinn und Verlust abwerfend,
versuchte Tien-tung nie, sie wieder aufzunehmen.
Ein Drache und eine Schlange tun sich zusammen und ähneln einander.
Konzentriertes Zazen stellt ursprünglich die Flügel des Weges dar.

86. Abt Tien-tung sagte: „Zazen zu üben bedeutet, Körper und Geist abzuwerfen.“

Mit einer hölzernen Schöpfkelle hantierend,
  setzte er Wind und Wellen in Bewegung.
Seine Freundlichkeit war groß, sein Verdienst und seine Wirkung tief.
Selbst wenn ihr den Ozean bis zum Grunde ausgetrocknet und abgekühlt seht,
werdet ihr den Geist zum Zeitpunkt seines Todes
  nicht leichter erkennen können als euren eigenen.

---

[551] 834–919, Dharma-Erbe von Chang-ching Ta-an.

[552] Dharma-Erbe von Tung-ssu Jü-hui.

87. Eines Tages meinte Hsiang-yen zu einigen Mönchen: „Nehmt einmal an, ein Mann würde auf einer tausend Fuß hohen Klippe hängen, an einem Ast im Mund, aber ohne Boden unter den Füßen und ohne etwas zum Festhalten. Da würde ihn ein anderer plötzlich fragen: „Was ist das *soshi-seirai-i?"* Wenn er seinen Mund öffnete und antwortete, verlöre er sein Leben; wenn nicht, würde er bei der Frage fehlgehen. Was sollte er tun?" Der Ältestenmönch Chao trat vor und sagte: „Abgesehen vom Erklimmen des Baumes, was hat er davor noch getan?" Hsiang-yen lachte nur.

Wenn er sein Leben verliert, wird er Leben im Tod finden
und die Lippen schlagen, die seine Mutter ihm gab.
Wenn er antworten will, muss er es einfach tun.
Warum sollte er unterscheiden,
  während sich ein weiterer Ast ausbreitet?

88. Als Zen-Meister Hung-chih zum ersten Mal den Zen-Meister Tan-hsia Ts'u-chun besuchte, fragte dieser: „Was ist das Selbst vor dem *kalpa* der Leere?" Hung-chih antwortete: „Eine Kröte am Grund des Brunnens verschluckt den Mond. Dieses Mondlicht scheint um Mitternacht so hell, dass es keine reflektierende Rattanblende braucht." Tan-hsia sagte: „Du bist noch nicht vollkommen. Versuch mehr zu sagen." Als Hung-chih gerade loslegen wollte, erteilte ihm Tan-hsia einen Schlag mit dem *hossu* und sagte: „Willst du behaupten: ‚Es gibt keinen Grund, etwas zu sagen'?" Da erfuhr Hung-chih sogleich Erleuchtung und übte sich selbst. Tan-hsia meinte: „Warum sagst du nicht ein einziges Wort?" – „Heute habe ich Geld verloren und eine Sünde begangen." – „Ich sollte dich schlagen, habe aber keine Zeit zum Verschwenden. Verlasse mich!"

Seine Lehre verkaufend, wollte Tan-hsia, dass andere sie kaufen.
Der nächtliche Mond stieg über den Berg und gelangte ans Fenster.
Doch ein Mann, der Geld in einem Fluss verloren hat, sucht es dort,
und ein Mann, der Wasser in einem Fluss sucht, stillt dort seinen Durst.

89. Der zweite Patriarch Hui-ko meinte zum ersten Patriarchen Bodhidharma: „Mein Geist ist nicht in Frieden. Ich bitte Euch inständig, mir Geistesfrieden zu geben." – „Bring mir deinen Geist, und ich gebe dir seinen Frieden! „ – „Ich kann ihn nicht fassen, so sehr ich mich auch bemühe." – „Ich habe dir bereits Geistesfrieden gegeben."

Wenn wir klar Erleuchtung verwirklicht haben, gibt es sonst nichts zu tun.
Doch wenn wir ihr anhaften, sind wir wie verwirrte Fäden.
Hui-ko erkannte überrascht das wahre Selbst,
als er Bodhidharma nach seinem Geist befragte.
Er schien ein wenig auf Wolken gegangen zu sein, vom Wasser angezogen.

90. Als Zen-Meister Chen-chien[553] das Zimmer von Tan-hsia betrat, fragte dieser: „Was ist das Selbst vor dem *kalpa* der Leere?“ Chen-chien wollte gerade antworten, da sagte Tan-hsia: „Dein Geist ist verdreht. Geh eine Weile fort von hier.“ Eines Tages bestieg Chen-chien den Berg Po-yü und erfuhr dort Erleuchtung. Als er zu Tan-hsia zurückgekehrt war und gerade neben ihm stand, ohrfeigte dieser ihn sofort und sagte: „Ich dachte, du wärest dir bewusst, das Selbst vor dem *kalpa* der Leere zu sein.“ Chen-chien warf sich dankbar nieder.

Chen-chien hasste die Hässlichkeit und liebte die Schönheit so sehr,
dass sogar das Universum dadurch gestört wurde.
So versuchte er das wahre Selbst nah und fern zu durchdringen.
Als er wieder den Berg Po-yü bestieg,
erkannte er das höchste Reich und blieb dort.
Doch dies heißt nur, dass er ursprünglich ein Pferd in einer Bettelschale ritt.

[553] Dharma-Erbe von Ta-hsia Ts‘u-chun (–1119).

X. Gedichte

Shisan (Inschriften für Porträts großer Meister)

1. *Porträt von Shâkyamuni, wie er einen Berg verlässt*

Als der Tathâgata Shâkyamuni Erleuchtung verwirklicht hatte und vom Berg herabstieg, trug er eine anmutige Tasche an der Seite, in die er den Wind hineintat und wieder herausholte, den er willentlich zwischen den Kiefern eingefangen hatte. Er ging sogar durchs ganze Land, um anderen Dezemberpflaumen[554] zu verkaufen.

Nach sechs Jahren Buße verwirklichte er im Meditationssitz Erleuchtung. Er wurde zunächst zu einer Witzfigur[555], da er die Erleuchtung beim Anblick eines leuchtenden Sterns erlangte. Was war diese zerbrochene Kelle[556] doch für eine Erleuchtung?

2. *Bodhidharma*

Der achtundzwanzigste Patriarch, der Ehrwürdige Bodhidharma, war der dritte Prinzensohn des Königs von Kôshi, einem Land in Südindien. Er warf sich vor dem Ehrwürdigen Prajnâtara nieder, den er für einen Übermittler des Weges hielt. Später begegnete er einem Narren, der sich den Arm abschlug, und machte ihn zu seinem buddhistischen Sohn. Er saß neun Jahre lang in Zazen in der Nähe des Shaolin-Tempels und wurde von seinen Mönchsbrüdern „der Bodhisattva, der zur Wand sitzt" genannt. Danach hätte er nach Indien zurückkehren können. Warum hat er stattdessen am frühen Morgen die Opfergaben eines Laien empfangen?

---

[554] Ein Symbol für seine Erleuchtung.

[555] Da der Dharma der Dharma ist, ob Shâkyamuni nun erleuchtet ist oder nicht.

[556] Synonym für Dharma; angespielt wird hier mit „Kelle" auf das Sternbild des Großen Wagens.

3. *Ânanda*

Als er ein Gebetsbanner vor dem Tempeltor einholte, erfuhr er Erleuchtung. Später hat er über dem Ganges seinen Körper verwandelt und in vier Teile gestückelt. Dies bedeutet, dass er in einem Traum das Tor von Leben und Tod durchschritten hat. Im Leben praktizierte er die Essenz des Dharma, während er den Tathâgata begleitete. Doch daran sollt ihr nicht haften. Konzentriert euch einfach am Morgen und am Abend eine Weile auf sein Porträt und zollt ihm vom Grunde eures Herzens Respekt.

4. *Der Abt Butsuju (Myôzen)*

Seine tägliche buddhistische Praxis war eins mit dem Weg. Selbst nach seinem Tod ist seine Erscheinung noch lebendig. Versucht zu sagen, wo sie gerade jetzt noch lebendig ist. Selbst nachdem sein leiblicher Körper mit dem Vajra-Feuer [der Kremation] verbrannt worden war, manifestierte er noch den Körper eines wahren Menschen.

Jisan (Selbstlob, Inschriften für Dôgen-Porträts)

1. Mein Körper ist ein alter Pflaumenbaum. An jedem seiner Zweige und Blätter, die ich lange herangezogen habe, herrscht Frühling. Wenn ihr aufrichtig Zazen macht, dann werdet ihr feststellen, dass sich seine Wirkung klar zeigt und ihr das Schmuck-*samâdhi*[557] erfassen und in ein Atom eintreten könnt. Dann hat die Spitze eines *shujô* keine Knoten, doch ist da ein universeller Körper in Zazen-Haltung. Ich spiele mit der Feder eines Phönix und packe den Abt Tien-tung[558] an der Nase, betrete eine Tigerhöhle und lache über die Lippen des Abtes Daiyû[559]. Ein harter Fels auf dem Berg ist wie ein Chin-Mann[560] im Übungskloster.

2. Die buddhistische Übung des Zazen dauert ewig an. Wenn mich jemand zum Weg befragt, dann hebe ich nur die Faust. Was versteht er dadurch? Ein Erleuchteter wirft Körper und Geist ab, dann gibt es kein Zazen mehr zu üben.

3. Das Reich der Erleuchtung ist so erfrischend und kühl wie ein Berg. Es ist, als würde ein Esel sich selbst im Brunnen sehen oder der Mond in der Morgendämmerung sich im Wasser spiegeln. Da gibt es nichts, wovon man abhängen oder das man empfangen könnte. Der eigene Geist ist frei, angefüllt vom Haferschleim und Reis des Dharma, lebendig und recht von Anfang bis Ende. Im Himmel und auf Erden sind Wolken und Wasser [Dôgen selbst] befreit.

4. Der Dharma wurde übertragen: Ich habe das Mark des Dharma der Patriarchen verwirklicht. Es wurde an meine Scheitelspitze, meine Augenbrauen, meine Nasenlöcher übertragen. Wie könnte ich behaupten, er sei klar und selten oder alt und zweifelhaft? Ich bin stets so faul wie Niu-tou[561] und so eigensinnig beim Sitzen und Liegen wie der Abt Pu-tai[562]. Mein Haar ist so weiß wie Schnee auf einem Berg im Frühling; meine Augen sind tief eingesunken und klar wie Herbstwasser, da ist nicht einmal eine wertvolle Hülle für den Dharma. Mit nichts, woran mein Geist haften könnte, erfasse ich *dhârani*[563] und überwinde jedes Hindernis, während ich mich im *samâdhi* erfreue. Sagt mir, ob ich gewöhnlich oder heilig bin. Wer weiß schon, dass ich den Dharma

---

[557] Das neunundsiebzigste der einhundertacht *samâdhi*.

[558] Tien-tung Tsung-pan.

[559] D.h. seine Worte mühelos zu begreifen.

[560] Ein Mann, der den Weg wirkungsvoll verwirklicht.

[561] Niu-tou Fa-jung (594–657), der mit neunzehn Jahren bereits in den Sutren und buddhistischer Geschichte bewandert gewesen sein soll; einer der Nachfolger von Ta-i Tao-hsin.

[562] Wurde in Ming-chou geboren und für eine Inkarnation Maitreyas gehalten.

[563] Wörtlich: das, wodurch etwas aufrecht erhalten wird; mystische Silben.

für mich selbst kaufe und verkaufe? Das ganze Universum manifestiert einen Teil meines Körpers, und auch die Buddhas der drei Zeiten werfen sich von ihren Sitzen drei Mal vor mir nieder. Eine alte Kiefer scheint sich am Grunde des Tales so zu winden, wie sich ein Drache dahinschlängelt. Nachdem ich meinen Reis gegessen habe, bin ich zu einem tiefen und gelassenen Nickerchen bereit.

5. Ich nehme selbst einen Kiefernzweig und öffne die geistige Blume eines Übenden in fünf Blütenblätter, ergreife den *shujô* und vereinige Richtig und Falsch. So wie ein Gewitter heftigen Regen bringt, so ausgiebig wird der Dharma praktiziert. Für den Frühlingswind, der die Öffnung der Geistesblüten hervorbringt, bin ich in Freude dankbar.

6. Da mich der Abt Tien-tung mit seiner alten Faust schlug, sah ich den Großen Wagen[564] und den Altair mit geschwollenen Augen. Getäuscht durch mich selbst, gab es nichts, wonach ich suchen musste. Als ich später von China nach Japan zurückkam, lebte ich frei von weltlichen Sorgen.

7. Sonne und Mond [-Gesicht; zitiert nach Ma-tsu] sind Buddhas und Patriarchen – all dies ist der Weg. Ein Gespräch zwischen Meister und Schüler stellt ihre wechselseitige Verwirklichung des Erwachens dar. Zugleich ist es das ursprüngliche Gespräch von Buddhas und Patriarchen. Das Verdienst des Weges ist geschrieben in Zinnoberrot. Erwachen bedeutet, einen leuchtenden Stern in der Morgendämmerung zu sehen. Wer behauptet, der Buddha-Geist sei rund? Es kann nur gesagt werden: „Genau dies ist es." [Yun-yans Antwort auf die Frage, wie er und seine Lehre von Schülern dargestellt werden sollten.]

8. Die Worte von Erleuchteten werden oft durch buddhistisches Handeln erneuert. Wenn ihr diesen alten Mönch[565] kennenlernen wollt, müsst ihr verstehen, dass ich eins mit dem Weg bin und Knochen und Mark des Dharma übertrage.

9. Wenn Ihr sagt, dass ihr Dôgen nicht versteht, könntet ihr richtig liegen. Wenn ihr etwas anderes sagt, kann das richtig oder falsch sein. Sagt einfach, was angebracht ist. Eine Zeit lang solltet ihr mich den „Erben Tien-tungs" nennen.

[564] Dieses Sternbild heißt im Japanischen in etwa „Sake-Kelle".

[565] Dôgen.

10. Wenn ihr dieses Abbild als den wahren Dôgen anseht, wie kann dies die Wirklichkeit sein? Wenn nicht, was glaubt ihr, ist dann die Wirklichkeit? Was ist dann dieser Körper, der in der Leere hängt? Zäune und Mauern sind nicht mein gesamter Geist. [Eine Anspielung auf Nanyang Huizhong, der den Geist der alten Buddhas u. a. als Mauern und Zäune bezeichnete.]

11. Nun, da ich mein Selbstbildnis von vorn gesehen habe, wie könnte ich es da erkennen? Dies ist nur mein Abbild, und doch kann es eine große Wirkung erzielen. Die Buddhas und Patriarchen sind meine Vorfahren und Nachkommen.

12. Seit ich Salz und Soja des Dharma zum ersten Mal verrührt habe, habe ich noch öfter die Nahrung des Dharma zubereitet, hatte zeitweise genug davon und wusch dessen Schüssel aus. Dennoch solltet ihr nicht sagen: „Himmel und Erde sind ein Finger, die zehntausend Dinge ein Pferd." [Zitat nach Chuang-tse] Was heißt das? Das Buddha-Auge ist eine Faust, die das Universum in Stücke schlägt und Tropfen um Tropfen Blut vergießt. Die Faust ist ein Buddha-Auge, das mit jeder Sehne die runde Erde durchschaut.

13. Meine Macht, die Gedanken eines Übenden zu fixieren, hilft ihm bei der Kontrolle seiner Täuschungen. Mein strenges Tun übertrifft sogar das eines Mönches in Shu-chuan. Nichtsdestotrotz mache ich mit bloßen Füßen einen Tang-Schritt[566].

14. Die Worte „direkt auf den eigenen Geist verweisen" bedeuten, dass eure Scheitel und eure Fäuste der Dharma sind. „Die eigene Natur schauen" verweist auf eure Nasenlöcher und Augäpfel. Ich besitze Haut und Mark der Buddhas und Patriarchen und habe den Dharma so verwirklicht, wie sich fünf Blüten entfalten; sie wurden übertragen, als Kâshyapa beim Anblick der Udumbara-Blume, die der Buddha hochhielt, lächelte.

15. Bambusspäne und Ochsenhäute werden zum Zählen benutzt
und ergeben mehr als elfhundert.[567]
Ich machte meinen stinkenden Hautsack zum Trommelfell
und schlug die Donnerwolken[568] auf dem Berg der Unwissenheit.

---

566 Das heißt: Dôgens Zen ist eins mit dem Tien-tungs.

567 Möglicherweise eine Anspielung auf die Anzahl der Tage, die Dôgen im Eiheiji verweilte.

568 D.h. die Mönche.

16. Meine Nase ist höher als ein Berg, meine Augen sind klarer als ein Juwel. Mein Kopf ist so offen wie ein Fächer, meine Füße ähneln denen eines Esels. Wenn ich das Zimmer meines Meisters betrete, erhebe ich gern meine verschwitzte Faust; gehe ich in die Vortragshalle, stütze ich mich auf ein *shujô;* bittet mich jemand um Wasser, deute ich auf einen Brunnen vor der Tür; bittet mich jemand um Reis, dann gebe ich ihm eine Schale voll. Früher hielt ich die Gebote ein, indem ich Hähne und Hunde nachahmte; so habe ich den Buddhas und Patriarchen ihre feine Robe gestohlen. Belästigt nehme ich an einem irrigen Gespräch unter Bäumen teil und lache über jenen Augenblick auf dem Geierberg[569].

17. Wenn ich mich manifestiere, ähnelt mein Kopf dem eines blinden Esels. Ich wandere frei im Land umher und werde zu einem Pferd oder zu einem Ochsen. Ich lasse ein Donnern am weiten Himmel erschallen und begebe mich jenseits von Welt und Menschen. Selbst wenn ihr mich einen Dorfmönch nennt, bin ich doch tatsächlich mit der Essenz der Hauptstadt[570] ausgestattet.

18. Ein kalter, tiefer Schlund reflektiert die himmlische Farbe. Die Nacht ist still, ein Fisch mit Schuppen aus Brokat[571] schwimmt zum Grund des Wassers. Zwischen Fisch und Wasser gibt es keine Kluft. Das Mondlicht strahlt auf der ausgedehnten Wasseroberfläche.

19. Ich habe jahrelang Zazen im Reich des Nicht-Geistes gemacht, doch stets Tränen vergossen wie anhaltenden Regen[572]. Wer kennt den Donnerhall, der jenseits der Himmelssphäre erklingt? Lasst nicht plötzlich andere die Turmglocke läuten.

20. Junge Pflanzen zu setzen oder Reisbälle zu formen ist der Weg von Ti-tsang; Kiefernsetzlinge zu pflanzen ist das Zeichen von Lin-chi. Nun breite ich die Robe von Yün-yen oder Yün-chu aus, erzeuge die Atmosphäre eines verschneiten Berges oder Gartens in mir selbst und mache deren Essenz klar. Ihr müsst sie in einem stattlichen Tempel aufhängen und ihr Ehrenopfer darbringen.

---

[569] Weil der Dharma schon existierte, bevor Shâkyamuni dort eine Udumbara-Blume hochhielt.

[570] D.h. mit der ursprünglichen Buddha-Natur.

[571] Hier meint Dôgen sich selbst.

[572] Weil niemand den Dharma verwirklichte.

21. Wer bist du mit deinem grimmigen Gesicht[573], der du deinen Geist nicht einmal änderst, wenn er erniedrigt wird? Du spielst mit der Leere Subhûtis[574] und verlachst das Schweigen Vimalakîrtis. Wenn du jemandes Geist verwirrst, sagst du: „Dieser Geist selbst ist Buddha." Wenn die Pflaume des Weges gereift ist, sagst du: „Nicht-Geist ist Nicht-Buddha." Dein Leben ist das lebendige Reich der Erleuchtung, wo es ursprünglich nichts gibt, woran man haften könnte.

[573] Gesprochen zu einem Porträt.

[574] Einer der zehn Hauptschüler Buddhas, der für die Verwirklichung der Leere *(shûnyatâ)* bekannt war.

Verse

Dôgen weilte einst im zweiten Jahr der Pao-ching-Ära (1226) des Sung-China im Tempel Tien-tung-ching-te auf dem Berg Tai-pai-ming.

1. *Auf die Verse von Ingai Ô* [Beamter Wang] *reimend*

Er hält sich absichtlich einen faulen Ochsen vor dem Tor.
Der treibt des Nachts seine Spielchen, wie es ihm gefällt.
In der Morgendämmerung schauen wir uns um,
finden aber seine Spuren nicht.
An einem stürmischen Tag hört er auf, sich nach einem Kalb zu sehnen,
an einem verschneiten und frostigen Ort sucht er nicht mehr nach Gras.
Seine Nasenspitze ist unverletzt und frei von einem Rattanstrick,
sein Kopf- und Schwanzhaar fällt aus und hinterlässt nur verpestete Luft.

2. *Auf die Verse von Shûsai Bunpon* [Absolvent Wenben] *reimend*

a. Nach dem Weg strebend, verfasst er manchmal Gedichte,
vollkommen und herausragend in Wort und Wahrheit.
Doch die Weisheit scheint aufs gesamte Universum.
Welchen Teil hältst du für jenseits des Buddha-Landes
oder des Nicht-Handelns?

b. Ein abgestorbener Baum unter einer Klippe hat einen verschlungenen Pfad.
Wenn du von jemandem ein Pferd bekommen hast, gib einen Ochsen zurück.
Entsage der Welt und geh auf einen abgelegenen Berg,
ohne den Wunsch zu hegen, ein leeres Reisfeld zu bestellen.

c. Wenn du einen silbernen Berg und eine Eisenwand in Stücke schlagen kannst,
wer auf der Welt wird dann in der Lage sein, dies zu durchschauen?
Hier kommt ein Zen-Mönch,
der sich in eine Gottheit oder einen Dämon verwandeln kann.
Du bist also selbst unter Vögeln und wilden Tieren
so großzügig wie ein Fuchs.

d. Bunpon sieht sogar in einem zerbrochenen Atom große Sutren
und legt den wunderbaren Dharma dar,
um der Menschen Essenz klar aufzuzeigen.
Dem Schoß eines Esels entspringen,
um in dem eines Pferdes wiedergeboren zu werden –
immer, wenn man es hochhält, ist es ganz unverbraucht.

e. Ein unterstellender Ausdruck wie die „Drei Lehren“[575]
kennt ursprünglich keinen Unterschied,
doch wenn ihr diese Lehren nur ein wenig falsch versteht,
werden sie verschiedene Bedeutungen erzeugen.
Wenn ihr klärt, dass weder der Mensch noch die Welt ein Selbst haben,
werdet ihr eine Grenze niedertrampeln
und in eure ursprüngliche Heimat zurückkehren. Entsage der Welt und geh auf einen abgelegenen Berg,
ohne den Wunsch zu hegen, ein leeres Reisfeld zu bestellen.

f. Bunpon wurde mittels großer Barmherzigkeit
mit den fühlenden Wesen vertraut.
Er wusste von allen Dingen, die vor seiner Geburt lagen,
und verwirklichte wunderbare Weisheit.
Der Stern von *sandai*[576] taucht auf
und ein Fürst besitzt große Tugend.
Frei wirkend wie die aufgehende Sonne,
wartet er nicht auf ein Wort seines Meisters.

3. *Auf die Verse von Jirô Tan* [Minister Bu] *reimend*

Er hat ein Auge auf der Nasenspitze,
das aufgrund des Geruches gut von schlecht unterscheiden kann.
Er legt den Dharma dar, indem er seine sechs Sinnesorgane vollständig nutzt.
Alle, die seine Reden hören, klären die wahre Essenz.
Wer sie erkennt, der weiß um den Geist jenseits des weiten Himmels.
Lange hat er die Übungsklöster aufgesucht
und den tiefen Grund des auf ewig unergründlichen Ozeans erforscht.
Ich habe nun durch Jirô herausgefunden,
dass du einen zweiten Buchhändler geschlossen hast[577],
weil du frei in Übereinstimmung mit dem Dharma wirkst.

---

575 Buddhismus, Konfuzianismus, Taoismus.

576 Ein Stern, der zu Friedenszeiten erscheint.

577 D.h. frei von Worten zu sein.

4. *Auf die Verse von Kanchô Bunpon* [Beamter Wenben] *reimend*

Der Große Weg ist ursprünglich die eine gesamte Welt.
Das Paradies eines Eremiten liegt nicht immer außerhalb.
Wer kennt den unweltlichen Weg, auf dem ich dahinwandere?
Bunpon, der davon weiß, benimmt sich selbst wie ein alter Mönch.

5. *Auf die Verse von Tan* [Minister Bu] *reimend*

a. Tan ist von Natur aus ein bekannter Mann im Reich des Nicht-Geistes.
Welche Gier, welche Wut und welche Unwissenheit bestehen dort?
Nun kannst du das Haften am Selbst und an der Welt aufgeben,
dich von der Täuschung befreien und die fünf Haupttugenden[578] praktizieren.

b. Ein wahrer Mensch, der den Weg verwirklicht hat,
befindet sich jenseits von Dualität und jenseits von Gewinn und Verlust.
Ein Bodhisattva, der den Geist geklärt hat, ist sogar jenseits der Leere.
Diese heilige Schildkröte besitzt sechs Sinnesorgane,
scheint aber ihren Panzer zu vergessen.
Und doch gibt es nichts von ihrer Haut und ihren Knochen wegzunehmen.

6. *Auf die Verse von Riki* [Li-chi] *reimend*

a. Es gibt einen Weg in der endlosen Wiederholung von Geburt und Tod.
Also schneide ihn mit einem Schwert für immer gründlich entzwei.
Wenn du willst, dass der Ozean bis zum Grund austrocknet,
dann wisse, dass beim Tod eines Menschen
sein Körper und Geist zu nichts werden.
[dass Menschen sterben, ohne etwas zurückzulassen,
ihr Geist einfach leer.]

b. Der Dharma der Buddhas und Patriarchen soll deinen Geist klären.
Zunächst solltest du mithilfe deiner Weisheit ihre Augäpfel stehlen.
Wild vorwärts oder rückwärts gehend wie ein goldhaariger Löwe,
tauchen eiserne Krähenfüße[579] auf,
und auch ein hölzernes Pferd ist überrascht.

[578] Güte, Gerechtigkeit, Freundlichkeit, Weisheit, Treue.

[579] Eisenbälle mit Spitzen, die – ähnlich Tretminen – am Boden gegen Reiter eingesetzt wurden.

7. *Meine Verse für die Mutter von Sen'ichi Jo* [Absolvent Ru Qianyi]

Seine schöne und von Natur aus tugendhafte Mutter
erwachte zum *bodhi*-Geist
und kam von selbst mit einem heiligen, strahlenden Antlitz zu mir.
Behaupte nicht, dass mit vollständigem Verdienst der Weg erlangt wäre.
Berührst du aber Bodhidharmas Weg,
zerschneidest du den Webstuhl wie Mencius' Mutter.

8. *Meine Verse für Kôshi Nan* [Rechtsbeauftragter Nan]

So wie einer beim Niesen den weiten Himmel davonbläst,
hat er bald das Selbst klar und vollständig erkannt.
Dann verschlingt er die Buddhas und Patriarchen der Vergangenheit
und verwirklicht das vollkommene Erwachen fern von allen anderen.

9. *Auf die Verse des Staatsbeamten Ô* [Beamter Wang] *reimend*

a. Gewöhnliche Menschen sind in ihrer Täuschung so verwirrt
und mit den drei Giften angefüllt,
dass ihre täglichen Handlungen weit
von der Wahrheit des Weges entfernt sind.
Doch an diesem Morgen kam er hierher und trat das Feuer des Ofens aus.
Darum ist sein ganzer Körper leicht und seine Füße sind nackt[580].

b. Wenn eine Blüte erscheint, macht sie alle Dinge lebendig.
Schon bald trifft man überall den Frühlingswind an.
Darum musst du keinem Blütensucher außerhalb des Tores nachlaufen.
Wie oft du verwirrt an einer Weggabelung stehst
und einen Schritt vor und zurück machst!

10. *Meine Verse für Shûsai Jo* [Absolvent Ru]

Natürliche und wunderbare Weisheit ist wahre Soheit.
Darum braucht keiner die Texte des Konfuzianismus und Buddhismus.
Mach nur Zazen auf einem erhöhten Untergrund,
als wolltest du deinen Mund an die Wand hängen.
So wirst du ganz natürlich die eine Wahrheit erlangen,
die über tausend Falschheiten steht.

---

[580] D.h.: Er hinterlässt keine Spuren.

11. Auf die Verse von Myôtan reimend [laut Menzan die Nonne Miaopu!]

a. Meine Augen auf Laien und Mönche im Sung-China richtend,
habe ich einiges aus Tien-tungs Buddhismus verstanden.
So habe ich niemals sein traditionelles Licht verdunkelt,
doch damals war das Licht des Dharma kälter als Eis.
[Wenn ich Laien und Mönche in China betrachte,
können nur wenige von ihnen das Licht entzünden,
und doch ist die übertragene Flamme nicht verborgen.
Wenn das Blut weitertropft, ist die große Erde gefroren.]

b. Myôtan hat den tiefgründigen Dharma geklärt,
sein ganzer Körper wurde offenbar und auf natürliche Weise lebendig.
Mit der größten Freude ergreift er
die Hände von Männern und Frauen gleichermaßen
und führt sie bald auf den Weg, ohne nach ihren Namen zu fragen.

c. Ursprünglich ist der Himmel voll des Nicht-Geistes.
Wenn du dies erkennst, befreist du dich von vergangenen Täuschungen.
Gewöhnliche Menschen verstehen nicht, dass „zehn“ ursprünglich „zehn“ ist;
wenn bei ihnen ein Zweifel schwindet, taucht schon der nächste auf.

d. Das menschliche Leben ist vergänglich wie ein Traum,
suche nicht nach seinen Spuren.
Wenn der Kuckuck singt, senke den Kopf,
und kehre nach Hause[581] zurück.
Wer könnte schon den Weg dorthin versperren?
Frag aber nicht, wie lange die Reise dauert.

e. Der ursprüngliche Geist ist auf natürliche Weise friedfertig.
Er fragt nach nichts, außer dem größten Wunder.
Weil dies jenseits von Gewöhnlichem und Heiligem liegt,
gibt es keinen Grund, *satori* zu verwirklichen, um einen hellen Stern zu sehen.

---

[581] D.h.: Kehre zur eingeborenen Buddha-Natur zurück; der Ruf des Kuckuck soll klingen wie die chinesischen Worte für „nicht zurückkehren“.

12. *Auf die Verse von Kansatsu Ô* [Inspektor Wang] *reimend*

a. Er hat sich, ganz seinen Vorfahren verpflichtet,
   von allen Täuschungen befreit.
Wer von denen, die ihn sehen,
   wird nicht dessen Eltern beglückwünschen wollen?
Die Stimme der Bäche und die Farbe der Berge zeigen strahlende Wirkung.
Er scheint früher als andere zu wissen,
   dass der Frühling für die Menschen gekommen ist.

b. Seine Rede und sein Schweigen sind so tiefgründig und wunderbar,
dass er bereits anderen die gute Medizin des Dharma verabreicht hat.
Den Himmel durchstoßend und die Erde unterwerfend,
   gibt es keine Grenzen für ihn.
Darum bescheint sein heiliges Licht vollständig
   den steilen und erhabenen Ort.

13. *Auf Nenshis* [Kakunen] *Worte in seiner Todesstunde*

a. Er hat das klare und gefestigte Reich jenseits der Erleuchtung erreicht.
Doch als er starb, warf er es ins Feuer, damit es schmelzen konnte.
Nun könnte man fragen, wo er hingegangen ist.
Aber sein Weg ist so unsichtbar wie der Mond in einer blauen Welle.

b. Er hat das Eisen seiner Vergangenheit[582] geschmolzen,
[Er schmolz wie ein Stück Eisen,]
und nun schmolz auch seine Erleuchtung wie Schnee.
[und er ging, wer weiß wohin, gleich Schneeflocken.]
Der Mond am Himmel wird im Abgrund gespiegelt.
[Der Jadehase am Himmel ist nicht in den Tiefen des Teichs.]
Schau ihn dir an, nachdem du deine Finger gebrochen hast[583].
[Warum hörst du nicht auf mit Fingerzeigen und erkennst den wahren Mond?]

14. *Verse für den Zen-Mönch Myôshin* [Miaozhen]

Wunderbare Wahrheit manifestiert sich vor ihm.
Darum gibt es keinen Grund,
   die Wahrheit von der Falschheit zu unterscheiden.
Du solltest die Wahrheit mittels Sehen und Hören erkennen.
Denke hier über dich nach, und du wirst die Täuschung aufgeben.

---

[582] Die Täuschung.

[583] Um den Mond selbst zu sehen, bricht man die Finger, die auf ihn zeigen.

15. Verse für Seichû [Chengzhong]

a. Der Geist prähistorischer Zeiten brachte die drei Kräfte[584] hervor.
Wer sucht heute nach der letztgültigen Wirklichkeit?
[Vollständig wie deine ursprüngliche Natur.]
Richte deine Augen auf diesen Geist jenseits der Phänomene
[Menschen und Dinge vermengen sich, sind nicht in zwei getrennt.]
und du wirst lächelnd ein Mädchen aus Stein zu *sandai*-Musik tanzen sehen.
[„Die Frau aus Stein" ist ein Ausdruck aus dem *Hôkyô Zanmai* für etwas, das plötzlich zum Leben erwacht.]

b. Der Große Weg kennt ursprünglich keine festgelegte Spurrinne,
darum sind alle vier Richtungen das Zuhause eines Bergeinsiedlers.
Er kommt barfuß an, doch der Weg ist schwer zu verwirklichen.
Obwohl wir hungrig sind, nehmen wir uns in Acht vor Brei und Tee.[585]

16. Beim Besuch des Laien Zen [Quan], *der seines Sohnes beraubt wurde*

Auf seinen Wangen zeigen sich Tränen,
seine Pupillen zeigen Abbilder seines Sohnes.
Auch wenn sie wirklich erscheinen, sind sie trügerisch.
Gerade hatte er seinen Körper abgeworfen, da hat seinen Sohn der Tod ereilt.
Sei aber nicht so gedankenlos,
laut zu weinen und es König Yama[586] zu berichten.

17. Die Erleuchtung des alten Mannes aus dem Hôji-an [Baocian] *beschreibend*

Mittels des *Engaku-kyô*[587] und des *Ryôgon-kyô (Shûrangama-Sutra)*
erlangte er plötzlich *satori,*
doch bleibt er ein alter Mann aus dem Hôji-an.
Körper und Geist wegwerfend, besitzt er das Wirken des Buddha-Geistes.
So erweckt er seine Frühlingsblüte, ohne auf den Frühlingswind zu warten.

---

[584] Himmel, Erde und Mensch.
[585] D.h. wir nähern uns dem uns stets umgebenden Weg zu furchtsam.
[586] Der Herrscher der Unterwelt, der der erste sein soll, der je gestorben ist, und die Toten danach beurteilt, ob sie in ihrem Leben Falsches getan haben.
[587] „Sutra der Vollkommenen Erleuchtung".

18. *Verse für den alten Mann aus dem Hôji-an* [Baocian, Tempel- und Personenname]

Wenn erst sein heiliges Licht ausstrahlt,
vergisst er die Dualität von Subjekt und Objekt.
Er ist nicht nur materiell arm, sondern demütig auf dem Weg.
Ursprünglich ist der Weg jenseits von Dualitäten wie vorher und nachher.
Darum gibt es in seinem ursprünglichen Zuhause[588] keine Unterscheidung.

19. *Verse für Jirô Ô* [Minister Wang]

a. Du hast erkannt, dass der Weg jenseits aller Fragen nicht eben ist,
doch du musst ihn nicht mühsam erreichen,
weil alles ursprünglich rein und klar ist.
Unter Anstrengung zu deinem ursprünglichen Zuhause zurückzukehren
bedeutet jedoch auch, auf dem Weg zu sein.
Du jedoch nimmst einen Umweg und lachst häufig über die anderen.
[Wenn du Zeit auf dem Weg verplemperst, machst du dich zum Gespött der anderen.]

b. Wenn du die große Blume zerbrochen
und Täuschung wie auch *satori* überschritten hast,
gibt es niemanden, der Seite an Seite mit dir stehen könnte.
Nun spielst du oft auf freie und bejahende Art mit dem Dharma.
Du erkennst, dass die Nacht still ist
und der Große Wagen nahe leuchtet.

c. Deine Worte „wundersam" und „schwer verständlich" sind nicht zutreffend.
[Wunder wurden dargelegt, Geheimnisse besprochen, doch wer kann sie erlangen?]
Du solltest Zazen machen, als wäre dein Mund ein Schlägel [fest geschlossen].
Das bedeutet nicht, dich zu brüsten,
dein ursprüngliches *satori* sei unerreichbar.
[Ein guter Lehrer durchdringt sowohl Essenz als auch Ausdruck.]
Auch ohne deine Äußerungen ist alles in den Dingen offenbar.

d. Sowohl die drei Wege als auch die sechs Daseinsbereiche
gehören zur spielerischen Welt.
Dein vergänglicher Geist ist, so wie er ist, Leere.
Ein Mann, der die Lehre mit seinem Dharma-Auge durchdrungen hat,
ist nichts anderes als ein durchschnittlicher Alter.

---

[588] Die Buddha-Natur.

e. Weltliche Angelegenheiten nehmen endlos zu und ab.
Buddhisten haben damit zu tun, gehen jedoch darüber hinaus.
Ein Mann wie ein Eisenochse[589] blockiert die Milchstraße
und trampelt alles nieder, selbst das Gesicht des Buddha Vairocana.

20. *Auf die Verse von Tsûban Ri* [Provinzaufseher Li] *reimend*

Wenn ein heiliges Licht erstrahlt, hinterlässt es keine Spuren.
Wer will dies mit gewöhnlich oder heilig bezeichnen?
Er spricht lebendige Worte, die frei sind von solcher Dualität,
und sieht die Welt, wie sie ist, dahinfließend wie ein leeres Boot.
[Lass uns einander im nächsten Leben wiedersehen.
Hör auf, vergeblich das Boot dieses Lebens erheben zu wollen.]
Der Wind des Mitempfindens hat alle Richtungen erreicht,
das Wasser der Tugend brandet bis zum siebten Himmel.
Ich denke stets, daran, wie dieser ehrenwerte Mann mir aufgeholfen hat.
Es ist also nicht nötig, mühsam ein neues Fahrzeug herzustellen.

21. *Auf die Verse des Staatsbeamten Kôtan Ô* [Wang Haopu] *reimend*

Es ist nicht nötig, die Wahrheit außerhalb von Worten zu suchen.
Wenn einmal dein heiliges Wirken auftaucht,
wirst du frei von Täuschungen sein.
[ist vergangenes Karma verloren.]
Wer wird da versuchen, das Reich der Leere zu verlassen?
[Wer ist hier von den Fesseln der Leere befreit?]
Ohne Körper bitte nicht darum, über Krankheit zu sprechen.

22. *Verse für den Mönchsälteren Gôkan* [Ryûzen, Schüler Eisais]

Er legte ein *shakujô* (Mönchsstab) auf einen Felsen des Berges Tien-tung
und war von nichts mehr bewegt,
noch hatte er irgendwelche Wünsche bezüglich der buddhistischen Übung.
Wie viele Tage hat er damit verbracht,
sich selbst mit dem Buddha-Auge zu betrachten?
Viele Jahre sind vergangen,
seit er mit dem gewöhnlichen Denken aufhörte und seinen Körper abwarf.
Damals durchstieß er die Nasenlöcher eines Ochsen[590]
und öffnete das Eisentor der Buddhas und Patriarchen.

---

[589] Symbol für den Nicht-Geist und die vollständige Praxis.

[590] Des Geistes.

Er sprang sein ganzes Leben lang vom Weg,
  ob dieser nun gewöhnlich oder heilig war.
Darum ist es unnötig, in Zukunft noch
  die Geschichte des *mokuji*[591] zu erzählen.
[als Pilz wiedergeboren zu werden.]

23. *Kansatsu Chinkyô* [Inspektor Zhenpeng] *antwortend*

Alle irrigen Taten entstammen der eigenen Unwissenheit.
Ein gewöhnlicher Mensch ist zu sehr getäuscht, um sich selbst zu befreien.
Wirfst du aber deinen Körper vollständig ins Feuer,
wirst du zu toter Asche, und es gibt keine Zweifel mehr.

24. *Auf Verse des* shuso-*Mönchs Shi* [Hauptmönch Si] *antwortend*

Wie kann dieser Große Weg ursprünglich
  jenseits der zehn Richtungen gewesen sein?
Ein gewöhnlicher Mensch verpasst den Weg,
  während er durch diese illusorische Welt geht.
Durchdringe ein Mal dieses tote Skelett und erkenne dich selbst,
schon wird das wundersame und schwer verständliche
  Wirken des Weges sich offenbaren.

25. *Pilgerreise zum Berg Fudaraku* [Potalaka] *in der Präfektur Shimane* [Changguo]

Wenn ich durch die Weisheit des Hörens, des Erwägens und der Übung
  in *samâdhi* eintrete,
ist mein Gesicht bescheiden und ernst
  wie das des Bodhisattva Avalokiteshvara.
Dann sage ich zu denen, die diesen Berg heraufkommen:
„Avalokiteshvara [Kwan Yin, der Bodhisattva des Mitempfindens] ist nicht hier."

[591] Nach dieser Geschichte aus dem *Jingde Chuandenglu* wurde ein Mönch, der Almosen empfangen hatte, ohne den Weg geklärt zu haben, ständig als Pilz wiedergeboren, um seine Spender zu ernähren.

26. *Ein weiterer Vers zum Berg Fudaraku* [Potalaka]

Meerwasser sprudelt und hallt unter den Klippen wieder.
All dies entspricht dem Gesicht von Avalokiteshvara.
Jeder, der hierher kommt, schätzt den Ozean des Verdienstes ab.
Die Leute betrachten den blauen Berg und wenden ihr Gesicht ab.

27. *Auf die Verse des Staatsbeamten Ô* [Beamter Wang] *reimend*

Wenn sich der herausragende Weg in den Bergen
  und an den Flüssen verbreitet
und über Vairocanas Scheitel getreten ist,
erscheint er vollständig und klar jenseits aller Richtungen und Orte.
Dieser besondere Zustand geschieht im Reich des Nicht-Denkens.

28. *Verse für Shûsai Sen'ni Jo* [Absolvent Ru Qianer]

Du musst erkennen, dass der Dharma den Geist der Leere erreicht.
Dies kann nicht durch Worte und Reden ausgedrückt werden.
Mit dieser Erkenntnis wirst du Form und Töne abwerfen
und auf natürliche Weise mit den vier Richtungen eins werden.

29. *Sûmitsu Ri* [Kommandeur Li] *antwortend*

a. Seit mich der hohe Beamte Ri gnädig und respektvoll empfing,
habe ich an seine Stimme und sein Antlitz gedacht.
Der kühle Wind und der leuchtende Mond
  bewahren den Schatten seines Geistes.
Ich denke an berühmte alte Mönche, und dann wieder an Ri selbst.

b. Trennung bewegt den eigenen Geist erheblich.
Mein Herz drängt zu ihm, doch seine Oberfläche ist ruhig.
Seine Tugend durchdringt den Fürstenhof, Berge und Täler vollständig.
Wenn der Frühlingswind weht, macht er das gleiche Geräusch.

30. *Auf die Verse Sansei Chins* [Sekretär Zhen] *reimend*

Wie wichtig das ist: Die Zeit verfliegt von morgens bis abends
und trennt die Menschen vom Weg.
Ein leichtes Wehen des Frühlingswindes schmilzt den Schnee auf den Bergen,
und füllt den See mit wellengleichen Blüten.

[Senne, der diesen Band zusammenstellte, merkt an, dass hiermit die Verse aus China enden und die folgenden in Japan entstanden.]

31. *Ein Übender bittet um Verse*

Das freie Wirken des Lehrers war bisher eins mit dem Dharma.
Wer würde hier nicht sein täuschendes Selbst ablegen?
In deinen täglichen Handlungen musst du den grüblerischen Weg aufgeben.
Und behaupte nicht, deine Umstände seien von der Wahrheit getrennt.

32. *Verse für den Zen-Mönch Nin Yasan*

Wenn du die buddhistische Übung so betreibst,
  wie man einen Ziegel zu einem Spiegel wetzt,
dann sollte dir klar sein, dass du Fußabdrücke auf dem Weg hinterlässt.
Wenn jemand dich nach der wahren Bedeutung des *sohiseirai-no-i*[592] fragt,
dann nies einfach und bleib ansonsten still.
[drücke dein Erwachen durch Sitzen aus und halt den Mund.(!)]

33. *Verse für einen Zen-Mönch*

a. Die Ohren spitzend und den Kopf hebend, wartest du auf den Morgenwind.
Du hältst dir einen Ochsen, singst im Regen, stehst in dünnen Nebelschleiern.
Wer weiß schon, dass du die Kraft hast, den Himmel zu berühren,
indem du einfach deine Augenbrauen hebst und mit den Augen blinzelst?[593]

b. Die Buddhas und Patriarchen sind von Anfang an vor dir,
doch unsichtbar wie Wellen am Rande des Ozeans, wo der Herbstnebel wallt.
Die Nacht ist kalt und die Formation der Wildgänse schon früh zerstört,
der Mond zu dämmrig, um ein altes Fährboot[594] aufzutreiben.

---

[592] Bodhidharmas Kommen aus dem Westen.

[593] Dôgen bespricht diesen Ausdruck Ma-tsus im Kapitel „Uji“ seines *Shôbôgenzô*.

[594] Buddhas Weisheit.

c. Du kennst die Essenz und Sprache des Dharma,
  noch bevor du erleuchtet wirst.
Wer gelangt dorthin
  und erkennt das Wesentliche der buddhistischen Übung?
Der Wind in den Kiefern bläst vergeblich in die Ohren eines Gehörlosen,
Tautropfen fallen im kühlen Mondlicht vom Bambus herab.

d. Wenn ein Zen-Mönch frei mit der großen Wirkung spielt,
hinterlässt er keine Spuren davon.
Ein erhabener Turm wird in der Morgendämmerung
  vom Mondlicht gefärbt,
und der frühe Regen spült den verbleibenden Rauch davon.

e. Wer hasst die Unwissenheit, die wie Tautropfen auf Gras ist?
Der wesentliche Aspekt dieser Unwissenheit ist von Anfang an,
dass du vergisst, wie wandelbar dein sterblicher Körper doch ist,
dessen vier Elemente und fünf *skandha* am Grund fließenden Wassers
  nur schwer zu erkennen sind.

f. An einem Sommerabend heult der Wind zwischen den Kiefern.
Tautropfen fallen vom Bambus herab,
  als wollten sie zur Morgendämmerung Tränen vergießen.
Du solltest dich einzig deiner täglichen buddhistischen Praxis widmen.
Wer könnte den Großen Weg vergessen und die vergängliche Welt beklagen?

g. Wolken zerrissen am blauen Himmel,
  ein Kranich zeigt sein ruhiges Gemüt.
Wellen züngeln ans alte Ufer, Fische schwimmen frei herum.
Sollte jemand seine Augen auf dieses Reich richten,
wird er Freiheit finden, wenn er einen Schritt
  von der Spitze des hundert Fuß hohen Pfeilers macht.

h. Wenn ein edler Mensch aus einem Traum erwacht,
  verzieht sich die Morgenwolke schnell,
der Nebel schwindet,
  der Mond scheint heller, der verbleibende Tau verdampft.
Dann weißt du, dass Sitzen auf dem kalten Boden endlose Gedanken enthält,
und dass diese Sicht erfrischend und friedvoll ist.
[Allein auf der kalten Plattform zu erwachen ähnelt dem Warten auf Gedanken.
Wind und Licht erinnern sich nicht, je den Geist gesucht zu haben.]

34. *Weitere Verse für einen Zen-Mönch*

Wie viel Nieselregen und Morgenschnee gibt es nun auf diesem Berg?
Übende sehen Frost als Robe an und Tau als Kissen,
sie fürchten sich vor dem Sonnenschein.
Himmel und Wasser behindern einander nicht.
Wer hält mit dir Ausschau nach diesem einen vollständigen Reich?

35. *Verse für Jokô Ya, der nach Dazaifu zurückgekehrt ist*

Er hat seinen Körper durch unaufhörliche Übung gänzlich abgelegt[595],
Innen und Außen wie auch Quantität und Qualität sind nicht unterschieden.
Unter Bodhidharma gibt es herausragende Dinge:
Der weite Himmel ist überall gleich und der Mond wandert nach Westen.

36. *Auf Bitten eines Zen-Mönchs*

„*Sokushin-zebutsu*" ist schwer zu praktizieren und schwer zu erklären.
„*Hishin-hibutsu*[596]" ist ebenfalls nicht leicht darzulegen oder zu üben.
[„Dieser Geist selbst ist Buddha" ist schwer zu praktizieren, doch leicht zu erklären.
„Nicht Geist, nicht Buddha" ist schwer zu erklären, doch leicht zu praktizieren. (!)]

37. *Auf Bitten eines Zen-Mönchs*

Du willst unter mir üben, dich vor dem Wind bücken und das Gras schneiden.
Doch der Geist der Patriarchen ist so klar und wundervoll,
dass ich nichts zu sagen habe.
Deshalb musst du dir aber keine Vorwürfe machen.
Die weiten Berge und großen Flüsse
legen dir alle den wunderbaren Dharma dar.

38. *Zwanglose Arbeiten in meinem ruhigen Leben*

a. Geben und Nehmen vergessend, bin ich allein.
Alle Dinge werden mir gleichzeitig offenbar.
Von jetzt an habe ich keine Absicht mehr, den Dharma zu verkaufen.
[Im Buddha-Dharma ist mein suchender Geist abgelegt.]
Ich verhalte mich nur gemäß der Umstände.

---

[595] D.h. Buddhaschaft erlangt.

[596] Zitate von Ma-tsu.

b. Letzte Nacht trennte sich ein hölzerner Mann von meinem Geist.
Runde Pfeiler und Gartenlaternen sehnen sich nach seiner Freundlichkeit.
Ich weiß, dass er den Weg gegangen und mir in jenem Reich begegnet ist.
Bedecke also nicht Himmel und Erde mit Unterscheidung.

c. Alles Sichtbare und Relative ist eins mit dem Weg.
Stilles Gehen und Sitzen sind Manifestationen der Wahrheit.
Wenn jemand mich fragt: „Was bedeutet dein Leben in den Bergen?",
dann antworte ich ihm:
„Ein Atom [Ein Staubfleck] im Schatzkammer-Auge des Wahren Dharma."

d. Das Reich des großen Dharma-Wirkens bietet einen erfrischenden Anblick.
Doch wie kannst ihn als Manifestation der Wahrheit zum Ausdruck bringen?
Ein Getäuschter [Trauriger] soll nicht zu Getäuschten [Traurigen] sprechen,
sonst verwirrt er noch die anderen.

e. Geburt und Tod sind so liebenswert wie sich wandelnde Wolken.
Täuschung und Erleuchtung existieren nur in meinem Traum.
Ich habe noch immer eins im Sinn:
Das Geräusch des Nachtregens bei meiner stillen Einkehr in Fukakusa[597].

f. Im kalten Wind, der überall hin bläst, höre ich den Klang des Herbstes.
Das Wetter ist belebend, überall tragen die Pflanzen frische Früchte.
Im neuen Herbst ist die ganze Welt so voller Duft,
dass es keinen Ort gibt, den man meiden oder aufsuchen müsste.
[Wo wir nicht entfliehen können, nehmen wir auf innige Weise wahr.]

39. Die Nacht des Frühlingsschnees

a. Wie sollte ich je die eleganten Formen
von Pfirsichen und Pflaumen würdigen?
Manch einer bedauert, wenn das Grün der Kiefern und Zedern schwindet.
Auch wenn ich noch keine Hühnchenhaut und Kranichhaare[598] habe
sind Ruhm und Gewinn für immer abgeworfen.

---

[597] Dôgen weilte von 1230 bis 1233 im Anyô-Tempel in Fukakusa nahe Kioto.

[598] Zeichen des Alterns.

b. In einer Frühlingsnacht erinnerte ich mich plötzlich
  an ein Ereignis auf dem Berge Sung,
als hoher Schnee Himmel und Erde bedeckte.
Wenn einer Buddhas Robe erlangen, *satori* verwirklichen
  und ein Patriarch werden könnte,
würde er sich da noch schonen, wenn er im Schnee steht?[599]

40. Shâkyamuni war zunächst in seiner Mutter Leib und lebte dann in dieser Welt, wo er achtzig Jahre lang den Dharma darlegte. Die Zeitalter des wahren, formellen und verfallenden Buddhismus sind ebenfalls je achtzig Jahre lang. Doch die acht Stufen des Shâkyamuni Buddha[600] und anderer gelten nach wie vor als vollkommen. Heute ist der Geburtstag von Shâkyamuni Buddha. Ich bezeuge seinen Anhängern Respekt.

Um Mitternacht ist ein junger Vogel mit Schnee bedeckt.
Im Morgengrauen schöpft ein stummer Mann aus einem Brunnen
  und nennt ihn eine Quelle.
Unsere Gedanken sind verschieden von denen anderer.
In einem Teich von einem *jô*[601] Durchmesser
  taucht eine Lotusblume von einem *jô* auf.

41. In der Nacht des 15. des achten Monats rezitierten wir gemeinsam Verse über den Mond. Dies ist nicht der Mond des Geistes, des Himmels, des Gestern, der Nacht, des Kreises oder der Sichel, sondern des Herbstes. Was denkt ihr darüber?

Die goldenen Wellen – doch nicht der Mond darin –
  jagen einander hinterher.
Im Himmel ist die Luft frisch und klar, auf der Erde herrscht überall Herbst.
Beim Anblick eines Schilfblattes am Flusse Wei
  oder des Schnees am Berge Sung im Mondeslicht
wird niemand die Endlosigkeit der Nacht bedauern.

---

[599] Verweist auf den zweiten Patriarchen, der beim Shaolin-Kloster im Schnee ausharrend auf Bodhdiharmas Belehrung wartete.

[600] Diese sind: 1) vom Tushita-Himmel herabsteigen; 2) in den Mutterleib eintreten; 3) in diese Welt geboren werden; 4) das Zuhause verlassen; 5) den Dämon unterwerfen; 6) Buddhaschaft erlangen; 7) den Dharma darlegen; 8) Parinirwana erlangen.

[601] Längenmaß, ein *jô* entspricht 3.030 Metern.

42. *Beim erneuten Treffen mit meinen buddhistischen Brüdern am 9. des neunten Monats*

Im letzten Jahr am neunten Monat ging es von diesem Ort,
dieses Jahr am neunten Monat kommt es an diesem Ort an.
Lasst uns vergangene Jahre vergessen,
  und gemeinsam mit Freuden
die im Gebüsch blühenden Chrysanthemen betrachten.

43. *Auf die Verse meiner buddhistischen Brüder reimend, die in einer Winternacht ihre Herzen öffneten*

Mehr als zweitausendeinhundert Jahre
hat sich der Dharma an vielen Orten Indiens und Chinas gehalten.
Auch wenn die Roben der Buddhas und Patriarchen
  das ganze Universum ausfüllen,
empfinde ich mit den Mönchen in dieser bitterkalten Winternacht.

44. *Aufgeregte Insekten*[602]*, die ich in Kamakura, Provinz Sagami, hörte, in Versform bringend*

Ein halbes Jahr lang aß ich Reis bei einem Laien.
Inmitten von Schnee und Frost: Pflaumenblüten.
Das Grollen des Donners regt Insekten auf.
Frühlingsfarben in der Hauptstadt, kleine rote Pfirsichblüten.

[Die folgenden Verse wurden alle in Echizen verfasst.]

[602] Verweist auf in der Erde brütende Insekten und damit auf eine bestimmte traditionelle Jahreszeit.

45. *Gedenktag für Tenman Tenjin*

Am Todestag von Sugawara no Michizane[603] ergänzte ich seinen Vers „Beim Anblick von Pflaumenblüten in einer Mondnacht“. Im zweiten Jahr Saikô war er elf Jahre alt. Als er Pflaumenblüten im Mondlicht sah, sagte er zu sich selbst: „Das Mondlicht ist wie reiner Schnee, während die Pflaumenblüten wie leuchtende Sterne sind. Wie bewundernswert, dass der goldene Spiegel[604] sich in die duftenden Pflaumenblüten unseres Gartens verwandelt hat.“ Dazu ergänze ich nun:

Frühlingskiefern sind kalt wie Schnee.
Alte Pflaumenblüten tanzen wie Sternschnuppen.
Der himmlische Geist und die Menschen sind noch in den drei Bereichen,
wo der geheimnisvolle Duft in ihre Nasen dringt.

46. *Mitten im sechsten Monat Mönche anweisen*

Sich an der eigenen Nase ziehen,
so sind die neunzig Tage der Sommerübung.
Nur dreißig Tage bleiben bis zu ihrem Ende.
Übt so fleißig, als müsstet ihr euren Kopf vorm Verbrennen retten.

47. *In der Nacht vom 15. des achten Monats*

Wie glänzend der Mond über den Bergen der Provinz Echizen leuchtet!
Am durchgängig blauen Himmel strahlt er klar.
So bleibt keine Spur der Verwechslung von Schatten und Wirklichem zurück.
Je später die Nacht, desto heller der Mond.

---

[603] Dichter, Kalligraf und hoher Regierungsbeamter, geboren 845, gestorben am 25. des zweiten Monats 930. Tenman Tenjin („Himmlischer Geist, der den Himmel erfüllt“) wurde er genannt, nachdem man ihn nach seinem Tod zu einer Shinto-Gottheit gemacht hatte, besonders in der Hoffnung, durch seine Hilfe Naturkatastrophen zu bändigen.

[604] Der Mond.

48. Abt Tien-tung Ju-ching, der leitende Mönch des Ching-liang Tempels, sagte in den Nächten des Mittherbstfestes zu den anwesenden Mönchen: ‚Am Herbsthimmel sind Wolken verstreut. Mit dem Buddha-Geist sehe ich zum Mond hinauf.' Während er seinen *hossu* anhob, sagte er: ‚Schaut hier!'

[Dôgen verfasste mit seinen Glaubensbrüdern drei Gedichte, mit denen er im Laufe dreier Nächte seiner Bewunderung für diese Lehre Tien-tungs Ausdruck verlieh.]

I. Gedicht über den Ausdruck
‚Am Herbsthimmel sind Wolken verstreut' in der ersten Nacht[605]

Die morgendlichen Wolken des Fu-shan[606] sind keineswegs die der Nacht.
Der Mond am Himmel durchdringt Berge und Seen.
Deutet nicht auf den Mond, um ihn mit Himmel und Erde zu vergleichen.
Das ‚Eine Pferd'[607] und der Herbsthimmel sind nichts als Leere.

II. Gedicht über den Ausdruck
‚Mit dem Buddha-Geist sehe ich zum Mond hinauf' in der zweiten Nacht

Wir haben dieses Kôan angenommen, doch es ist schwer zu meistern.
Gebunden an den leuchtend-runden Mond,
  mangelt es euch am Mond des Geistes.
Dieser Mond manifestiert sich jenseits von Licht und Schatten.
Wie könnt ihr diesen Mond mitten im Herbst erfassen?

III. Gedicht über den Ausdruck
*‚*hossu *anheben' in der dritten Nacht*

Heute Nacht gibt es keinen Nebel und keinen Dunst,
  auch die Wellen sind beruhigt.
Die Kröte und der Hase im Mond frieren bis auf die Knochen.
Sieh genau hin, wie Abt Tien-tung in finsterer Nacht
einen *hossu* mit seiner Hand erhob und sogar den Mond täuschte.[608]

---

605 Am 15. des achten Monats.
606 Name eines Berges in der Provinz Ssu-chuan.
607 Nach Chuang-tses Zitat „Himmel und Erde sind ein Finger, die zehntausend Dinge ein Pferd."
608 Der sich an der Spitze seines Fliegenwedels spiegelte.

49. Abt Tien-tung Ju-ching, leitender Mönch des Ching-liang Tempels, sprach in den Nächten des Mittherbstfestes zu den anwesenden Mönchen: ‚Jedes Tor leuchtet im strahlenden Mond. Allerorts schließen Übende mit ihm Freundschaft, und auf dem Rücken eines Wales reitend fangen sie ihn ein.'

[Dôgen verfasste mit seinen Glaubensbrüdern drei Gedichte, mit denen er im Laufe dreier Nächte seiner Bewunderung für diese Lehre Tien-tungs Ausdruck verlieh.]

I. Gedicht über den Ausdruck
‚Jedes Tor leuchtet im strahlenden Mond' in der ersten Nacht

Dieser runde Mond gehört jedermann.
Darum leuchtet jedes Tor im strahlenden Mond.
Selbst wenn eine Kröte und ein Hase in die mondlose Welt fallen,
muss einen das nicht im Geringsten bekümmern.
[Augenlider abgetrennt, Vorderzähne zerbrochen,
richtete er (Bodhidharma) seinen Blick nach oben, um den Mond klar sehen zu können.
Die Kröte am strahlenden Himmel erreicht die schwarzen Berge,
der Jadehase fällt in die Höhle der Dämonen.]

II. Gedicht über den Ausdruck
‚Allerorts schließen Übende mit ihm Freundschaft' in der zweiten Nacht

Unabhängig von Norden und Süden, Osten und Westen,
bin ich fünfzig Jahre lang auf diesem Mond geritten.
Doch wie bedauerlich ist es, wenn Menschen fälschlich behaupten,
der Zweig des japanischen Judasbaumes
[der silberne Lorbeerzweig des Himmels]
sei ein Spatel für getrocknete Exkremente.

III. Gedicht über den Ausdruck
‚auf dem Rücken eines Wales reitend fangen sie ihn ein' in der dritten Nacht

Dieser Wal mit einem Schildkrötenhaar und einem Hasenhorn
bringt den Ozean zum Kollern.
Mit regenbogengleichem Rücken und drachenartigen Schuppen
zieht er umher,
auf seiner Suche das ganze All ausschöpfend.
Doch heute Nacht konnten sie endlich den Mond im Wasser fangen.

50. *Schneegedichte*

I. Geht der zehnte Monat zu Ende, fällt bitterkalter Schnee;
Die Eichen und Kiefern in den Bergen werden unsichtbar.
Ich hoffe, dieser Schnee gleicht dem von Shao-shih-feng[609].
Hört auf, vergeblich zu erwägen, wie tief er ist.

II. Noch eine Blüte hat sich zu den fünf anderen gesellt;
der Wind weht diese sechs Blüten frei.
[Obwohl es Tag und blauer Himmel ist, scheint es, als wäre kein Licht.]
Wenn jemand mich fragt, welche Farbe ich erkannte,
werde ich antworten: ‚Ich sah sie mit den alten Augen Gautamas.'[610]

III. Frost liegt auf dem Schnee, zu viel, um hineinpicken zu können;
Schnee liegt auf den weißen Pflaumenblüten,
zu viel, um sie erkennen zu können.
[Weiße Pflaumenblüten lassen den Boden allmählich makellos erscheinen.]
Buddhistische Mönche kennen drei Verhaltensweisen[611].
Doch von meinen wird nicht einmal die Hälfte
ins Reich der Unterscheidung stürzen.
[In meiner Versammlung werden wir alle vermeiden, in die schwarzen Berge zu stürzen.]

IV. Die Welt unterscheidet mutwillig zwischen Richtig und Falsch, Gut und Böse.
Sie nimmt in Allem Falschheit als Wahrheit an.
In meinem Müßiggang habe ich bloß gesehen, dass Schnee auf dem Berg ist,
[Während ich mit dem Mond spielte, Winde verschmähte und den Vögeln lauschte, ...]
doch in diesem Jahr habe ich plötzlich begriffen, dass Schnee zum Berg wird.

V. Inwiefern sind die drei Welten eins mit den zehn Richtungen?
Wer unterschied die menschliche Welt von der himmlischen?
Selbst wenn Schnee fällt, dürft ihr nicht sagen: ‚Ich leide unter der Kälte.'
Der See der Nicht-Leidenschaft[612] liegt nördlich des Himalaya.

---

[609] Wo Bodhidharma in einer Höhle saß und sein Nachfolger im Schnee stand.

[610] Siehe auch das Kapitel „Baika" im *Shôbôgenzô*.

[611] Laut Ta-hui praktizieren hochstehende Mönche Zazen in der Mönchshalle, mittelmäßige Mönche verfassen Gedichte über Schnee und niedere Mönche sitzen an der Feuerstelle und reden übers Essen.

[612] Ein See, in dem einer der acht Drachenkönige lebt. In der traditionellen buddhistischen Kosmologie der See Anavatapta, die Quelle der vier großen Flüsse Indiens

VI. Seltene Pflaumenblüten[613] wachsen ganz natürlich aus ihren alten Zweigen.
Am Frühlingsanfang errichten sie einen strahlenden Turm in der Nacht.
Ein Netz aus silbernen Juwelen hängt über dem gesamten Universum,
und die Erde wird rein wie Lapislazuli.[614]

51. *Wintersonnenwende*

I. Der gestrige Tag war kurz, der heutige ist lang.
Kein Dharma kann es anders ausdrücken.
Wenn ihr die Worte überschritten habt, wie werdet ihr dann handeln?
Hört auf, nach der Sonne am Himmel zu fragen.

II. Wenn ihr dies mit euren sechs Sinnesorganen erfasst,
erkennt ihr eure ursprüngliche Natur.
[Überall trefft ihr auf ihn, und er vervollständigt euer Antlitz.]
Dreht euren Körper und Kopf, um den Himmel zu berühren.
Selbst wenn ihr euch die Kraft des Meisters borgt,
solltet ihr durch eure eigenen Nasenlöcher ausatmen.

52. *Den Versen eines Liedes aus Yue folgend*

Mein reichhaltiges Mark ist rein wie Schnee,
meine unzähligen Augäpfel strahlen wie Edelsteine.
Das Handeln eines Drachen, das Brüllen eines Tigers –
wie könnten Hase und Hirsch sich der Bleibe eines Löwen nähern?

53. *Vom Buddha verwirklichte Erleuchtung*

Einen leuchtenden Stern ergreifend, tauchte er die Welt in Rot.
Seine Augäpfel ertönten laut genug, um den weiten Himmel zu durchdringen.
Fühlende und nicht-fühlende Wesen haben *satori* erfasst,
und überall bläst der Wind der Freiheit dem Frühling entgegen.

---

[613] Eigentlich die Udumbara-Blüte *(ficus racemosa)*, die nur alle dreitausend Jahre blühen soll, wenn ein Rad drehender König *(cakravartin)* erscheint.
[614] Eine Zeile aus dem *Lotus-Sutra*.

54. *Frühlingsanfang, zwei Mal im Jahr*

Der Frühling ist da, bevor die bittere Kälte vorbei ist.
Was nutzt es, die Beine auszustrecken?
Dieser Frühling ist jenseits von neu und alt.
Darum haben wir zwei Mal im Jahr Frühlingsanfang.

55. *Weitere Verse über den Kishitsu Jun in einer Schneenacht*

Hui-ko erklomm den Berg Sung, um den Weg zu erlangen,
  und stand in verschneiter Nacht.
Der Schnee im Garten war damals leider hüfttief.
Schaut euch das alte Kôan an, wo er sich seinen linken Arm abschnitt.
Wie viele Menschen haben dies verwirklicht
  und sind so ihrer Täuschung entsprungen?

56. *Leben in einer Bergklause*

I. Wie glücklich ich mit diesem stillen Leben in der Bergklause bin!
Ich lese die ganze Zeit das *Lotus-Sutra*
und übe unter einem Baum, frei von Liebe und Hass.
Ich sehe das Mondlicht und höre den Wasserfall.

II. Ich übertrage den Dharma der Patriarchen, der aus Indien bis nach Japan kam.
Ich übe mich selbst darin,
  als wollte ich den Mond angeln und Wolken bewirtschaften.
Kein Staubkorn weltlichen Ruhmes und Gewinnes kommt hier herauf.
Schneenacht in meiner einsamen Hütte tief in den Bergen.

III. Ich habe bis spät in der Nacht Zazen gemacht, doch ich bin nicht müde.
Ich habe herausgefunden, dass die Stille eines Berges
  der buddhistischen Übung guttut.
Hier hört man das Geräusch eines Rinnsals, und Mondlicht dringt ins Auge.
Ansonsten hege ich keinerlei Gedanken.

IV. Wenn ich einen Berg liebe, liebt der Berg auch mich.
Große wie kleine Steine zeigen hier
die ununterbrochene Wirkung des Dharma.
Ich sehe weiße Wolken und gelbe Blätter ihre Farbe je nach Jahreszeit ändern.
Die Ideen der neun weltlichen Schulen[615] habe ich bereits abgeworfen.

V. Auf einem Stein sitzend, den ich aus dem Wasser nahm, habe ich erkannt,
dass es keinen Unterschied zwischen dem lächelnden Kâshyapa
und dem die Blume hochhebenden Bhagavat gibt.
[Den Ursprung der Wolken erfassend und die Grenzen des Wassers durchschreitend,
strahlt mein Gesicht ehrfürchtig, als das Antlitz des Berges Blumen offenbart.]
Nun habe ich klar das altewige Versprechen erkannt:
Der Berg liebt die, die auf ihm leben, und folglich bleibe ich hier.

VI. Ich habe nie gewusst, was ein Berg ist, bis ich hierher kam.
Selbst wenn ich Blüten erscheinen und Früchte hervorbringen sehe,
zweifle ich [an der Befreiung von dieser Leere].
Lasst mich nun fragen, wie die ursprüngliche Farbe aussieht:
Blau, gelb, rot und weiß sind allesamt im Bild (des Dharma).

VII. Ich bin schon lange in der Menschenwelt, frei von Anhaften,
[Ich habe schon lange das Menschenreich verlassen, ...]
Schreibpinsel und Tuschesteine hatte ich schon weggeworfen.
Nun sehe ich Blumen und höre Vögel, ohne davon angezogen zu sein.
Herablassende Worte, wie ‚Dir fehlt es an Anmut', bedeuten mir nichts.
[Obwohl ich in den Bergen lebe, schäme ich mich meines geringen Talentes.]

VIII. Wie bedauerlich, dass mein Körper so altersschwach geworden ist!
Mein Gehör und meine Sicht scheinen mit den Jahren
immer eingetrübter zu werden.
Ich kann sehen und hören, weil ich mich erinnere, es früher getan zu haben.
[Da ist etwas, das schwer loszulassen ist und dass man leicht eindringen lassen kann.]
Ich sehe hier nur die Herbstszenerie
und höre das nächtliche Geräusch eines Rinnsals.

IX. Im Herbst ist der Geist der Pflanzen drei Monate lang beruhigt,
und das Wetter ist kühl.
Ich sehe die Mondsichel, höre das Lied eines Insektes
und bin voller tiefer Gefühle.
Wenn ich mir den Großen Wagen in der Stille der Nacht anschaue,
scheint er bei Tagesanbruch gen Osten zu rutschen.

---

[615] Konfuzianismus, Taoismus, Wahrsagerei, Rechtsprechung, Nominalismus, Mohismus, Kriegskunst, Landwirtschaft und Mischformen.

X. Durch diese strohgedeckte Einsiedelei von achtzehn Fuß Durchmesser
    fährt ein kühler Herbstwind.
  Der Duft von Herbstchrysanthemen kann meine Nase kaum täuschen.
  Selbst wenn ihr mit Augäpfeln aus Eisen und Kupfer[616] versehen seid,
  werdet ihr nicht wissen,
    dass ich neun Mal das Chrysanthemenfest in Echizen sah.

XI. Auf diesem Berg stehen erhabene Tempel vor herrlichen Pavillons.
  Auf seinem Gipfel gibt es eine sechs- oder siebenstöckige Pagode.
  In dieser Jahreszeit ist es tagsüber kalt und der Wind bläst stark.
  [Unter dem Mond im kalten Herbstwind schläft ein Kranich im Stehen.]
  Ich möchte meine Robe Mönchen vermachen,
    die bis spät in die Nacht Zazen üben.

XII. Wenn die Abendglocke geschlagen
    und die Laterne im Mondlicht aufgehängt wird,
  üben die Schüler Zazen in der Meditationshalle
    und meditieren still über die Leere.
  Glücklicherweise habe ich drei Arten von Schülern[617] hier,
  [Glücklicherweise haben sie die drei Roben (aus 5, 7, 9 Streifen) erlangt ...]
    die nun den Buddha-Samen säen.
  Wie herzerwärmend ihre reifende Befreiung im einen Geist doch ist!

XIII. Höre ich einen Grashüpfer oder eine Zikade zirpen, halte ich das für erlesen.
  Eine kühle Brise und ein trüber Mond sind gleichermaßen angenehm.
  Wolken verhüllen Kiefern, und Eichen umgeben die alte Hütte am Teich.
  Regentropfen auf einem Paulownia-Blatt im einsamen Bergtempel.

XIV. Ich möchte die Kleider ablegen [Ich möchte offen reden],
    hänge eine Laterne auf und ergreife den Schreibpinsel.
  Ich sehne mich nach der Geschichte,
    wo Kâshyapa im weit entfernten Indien die Robe übergeben wird.
  Ursprünglich geschieht es im Buddha-Land,
    dass unser Buddha seine Robe übergibt.
  Das Buddha-Land beschränkt sich also nicht
    auf den Shaolin-Tempel des Berges Sung im Winter.

---

616 Der unbewegliche Geist, die klare Erkenntnis.

617 *Shrâvaka,* Pratyeka-Buddhas und Bodhisattvas.

XV. In einer strohbedeckten Klause tief in den Bergen,
gibt es kein Ende für eure Konzepte [eure Kontemplation] und euer Zazen.
Ihr müsst sogar noch Staub auf dem Gipfel eurer Tugend ansammeln.[618]
Ein Schüler des Tathâgata wünscht sich übernatürliche Kräfte[619].

57. Die Verse der vierundzwanzig Stunden

I. Zwölf Uhr nachts

Zu dieser Zeit habt ihr die Erleuchtung
jenseits der Buddha-Weisheit verwirklicht.
[Der Barbar weiß, dass er noch nicht angekommen ist, sondern noch Auffassungen hegt.]
Ihr dürft also nicht daran zweifeln,
dass euch zuvor die Buddha-Robe übergeben wurde.
Jenseits der fünffältigen Beziehung von Essenz und Phänomenen[620] im Zazen
werft ihr euren ganzen Körper ab und schlaft einen ruhigen Schlaf.
[Schneidet beim Sitzen das Offenbare im Innern ab, so dass Wirklichkeit erscheint …]

II. Zwei Uhr morgens

Der gesamte Körper gehört euch vollständig selbst.
[Der gesamte Körper ähnelt dem Selbst und ist der gesamte Körper.]
Wie werdet ihr euren gesamten Körper träumen lassen?
Die Buddhas und Patriarchen finden in sich selbst freies Wirken.
Doch warum liebt ihr so häufig Vögel und hasst die wilden Tiere?

III. Vier Uhr morgens

Dies ist eine Zeit, wo niemand sich selbst täuschen kann.
Sechs Ohren[621], sieben Löcher, acht Ausbuchtungen – hört zu!.
Während ein mundloser Eisenhammer[622] nur ein wenig ausatmet,
wagt ihr Mönche zu behaupten:
„Ich habe *satori* erfasst, als ich einen leuchtenden Stern sah.“

---

[618] Um sie zu vermehren.

[619] Im Sinne alltäglicher Handlungen, siehe Kapitel „Jinzu“ im *Shôbôgenzô*.

[620] Diese „fünf Ränge“ stammen von Tung-shan, dem Begründer der chinesischen Caodong (jap. Sôtô)-Schule: (1) Phänomene sind eins mit der letztgültigen Wirklichkeit; (2) die letztgültige Wirklichkeit ist eins mit den Phänomenen; (3) die letztgültige Wirklichkeit selbst; (4) die Phänomene selbst; (5) das Reich jenseits von beiden.

[621] Die Sinnesorgane einschließlich des Hirns.

[622] Der Dharma.

IV. Sechs Uhr morgens

Wenn ich meine Augäpfel gegen diejenigen Buddhas eintausche,
  erkenne ich andere[623].
Wie viele tausend Male habt ihr in euren Nasenlöchern[624] gebohrt?
Der schneereiche Tagesanbruch in Japan ist nicht kalt.
Der Ort, wo die Sonne aufgeht, ist auch der, wo sie untergeht.
[Die geborene Sonne ist der Schoß des Sonnenlichts.]

V. Acht Uhr morgens

Während ich die Meditationshalle esse und die Buddhahalle verschlucke,
bin ich erhabenen Geistes, und mein leerer Magen liebt Wolken und Nebel.
Wenn ich Schalen in Indien anordne, erreicht diese Tugend Südkorea.[625]
[Die Schale in Indien aufstellend und in Korea benetzend]
Ich habe nie Chao-chou besucht,
  und doch bin ich satt von Reis und Tee.

VI. Zehn Uhr morgens

Das höhere Reich erlangend, nicke ich einfach,
  wie ein Drache, der Wasser bekommt.
Mit Körper und Geist Worte sprechend,
  erkenne ich den klaren Frühling des Dharma.
Wir wetteifern miteinander um Erkenntnis,
  doch das bedeutet nicht, andere als solche anzusehen.
Also schlage ich das gesamte Universum nieder,
  ohne dass ein Staubkorn entsteht.

VII. Zwölf Uhr mittags

Zu dieser Zeit gibt es keinen Unterschied zwischen Licht und Dunkel.
Das Licht des Wassers und die Farben des Frühlings leuchten am Himmel.
Einer kommt zum Verkaufen und kauft dann etwas für sich selbst.
Auf dem Markt beraubt er weder andere
  noch spricht er von seinem Verdienst.

---

[623] Selbst ist Andere.

[624] Selbst ist Selbst.

[625] Nah und fern sind eins.

VIII. Zwei Uhr mittags

Im Auge des Sonnengesichtes ist ein rundes Mondgesicht.
Wenn man seine Augen mit einem Sutra bedeckt, werden sie eins damit.
Es gibt nichts zu studieren außer diesem.
[Nach Studium und Meisterschaft verbleibt letztlich nichts Äußeres.]
Wolken sind am blauen Himmel, Wasser ist in einer Flasche.[626]

IX. Vier Uhr mittags

Ich trete die Kunlun-Berge mit meinen Zehenspitzen nieder.
Meine makellose Faust erweckt dunkle Wolken.
Plötzlich erschallen Wind und Donner.
In dieser Hinsicht ist auch Zazen völlig nutzlos.
[Reflexion während des bloßen Sitzens spielt mit innerem Geist.]

X. Sechs Uhr abends

Es ist dumm, den eigenen Sohn für einen Räuber zu halten.[627]
Wer die Macht erlangt, den Himmel zu berühren, ist unbewegt.
Wenn ihr die wahre Bedeutung des Dharma erkennen wollt,
müsst ihr wissen, dass eine Rebe sich um eine Rebe rankt.[628]

XI. Acht Uhr abends

Wie könnte ein Hund nicht seine eigene Natur haben?
Eine Kröte sieht genau wie eine Kröte aus.
Ein barfüßiger Chinese lernt chinesisch zu laufen.
Perser vom Südmeer bieten Elfenbein an.

XII. Zehn Uhr abends

Es ist nichts Besonderes, die Worte eures Meisters wiederzugeben.
Erfasst seine Worte vielmehr frei, bevor eine Erinnerung entsteht.
Nur ein Mensch mit dem Buddha-Auge auf seiner Zungenspitze
bezwingt den Feind im Stile eines Löwenbabys
und gibt diese Worte einer anderen herausragenden Person weiter.

---

626 Yaoshan auf die Frage des Beamtnen Li Ao im *Keitoku Dentôroku*.

627 Ein Satz aus dem *Shôdôka*.

628 Für dieses Bild siehe das *Shôbôgenzô*-Kapitel „Kattô“.

Nachwort

Das *Eihei Kôroku,* eine Sammlung von Reden Dôgen Zenjis (1200–1253), wurde nach dessen Tod vornehmlich von seinem Hauptschüler Ejô (1198–1280) zusammengestellt. Die Lehren, die Dôgen seinen Mönchen in den Tempeln Kôshôji, Daibutsuji und Eiheiji gab, wurden zunächst in sieben Kapitel eingeteilt: (1) Lehrreden in der Vortragshalle, (2) *shôsan*, (3) buddhistische Worte, (4) Kôan-Verse der Patriarchen, (5) Lob anderer, (6) Selbstlob und (7) Verse im Stil der Analekten Hung-chihs und Yün-mens.

Die auf Chinesisch verfasste Gesamtfassung des *Eihei Kôroku* enthält weiter ein achtes Kapitel mit *shôsan*, buddhistischen Worten sowie den Texten *Zazengi* und *Zazenshin*; das neunte Kapitel mit Kôan-Versen der Patriarchen und das zehnte mit Lob anderer, Selbstlob und weiteren Versen. Alle Lehrreden von Kapitel II., Abschnitt 53. bis einschließlich Kapitel VII. wurden im Eiheiji gegeben.

Kapitel I. wurde vom Abt Sen'e zusammengetragen; die Kapitel II. bis IV. von Ejô; Kapitel V. bis VII. von Abt Gien, Kapitel VIII. von Ejô und anderen, Kapitel IX. und X. von Sen'e und anderen.

Laut dem Priester Shunkô Itô wurde Kapitel I. zwischen 1236 und 1243 im Kôshôji gelehrt, Kap. II. zwischen 1243 und 1246 im Daibutsuji, Kap. III zwischen 1246 und 1248 im Eiheiji, Kap. IV von 1248–1249 im Eiheiji, Kap. V. und VI. ebenda im Jahre 1249 und 1250, Kap. VII. ebenda zwischen 1250 und 1252. Wann die Inhalte der Kapitel VIII. bis X. gelehrt wurden, ist nicht sicher.

Dieses Werk existierte lange Zeit in Abschriften, bis Manzan Dôhaku es im Jahre 1672 bearbeitete und herausgab. Es unterscheidet sich in Ausdruck und Stil von Dôgens Hauptwerk *Shôbôgenzô,* wenn sich auch in beiden Texten vier Themen ausmachen lassen: (1) Freiheit, (2) Identität, (3) Konkretheit und (4) altruistisches Handeln. Von daher sind das *Eihei Kôroku* und das *Shôbôgenzô* untrennbar wie die zwei Räder einer Karre, die die Einheit von Übung und Studium darstellen. All diese Themen, die ich mir erlaube so zusammenzufassen, sind miteinander verbunden. (…)

1. Freiheit

„Alle Dinge sind das klare *soshi-no-i* (der Geist der Patriarchen). Aber sie sind nicht das Gleiche wie *soshi-no-i,* noch sind sie davon verschieden." Darum ist das Reich des Weges frei und unabhängig von Ja und Nein. Der Dharma ist allgemeingültig: „Wenn wir einen Ausdruck des Weges äußern, hinterlassen wir davon keine Spuren, so wie Eis schmilzt und ein Ziegel zerfällt. Wenn wir einen anderen Ausdruck verwenden, tun wir dies so vollständig, als würde er ein Tal oder eine Grube bedecken … Der Weg ist ewig. Dort erlangen die Buddhas und Patriarchen ihre Lebensspanne."

Diese Freiheit bedeutet kein Ablehnen von Worten, sondern nicht daran zu haften. Darum heißt es: „Die Bedeutung durch Sutren zu verstehen würde den Buddhas der drei Zeiten schaden; doch ohne Sutren zu verstehen würde bedeuten, ein Opfer von Teufeln zu werden." Sobald wir unseren Körper und Geist abgeworfen haben, werden Buddhas und Patriarchen erscheinen, und wir erfassen den universellen Geist. Dieses Reich der Freiheit ist jenseits von Worten wie gut und böse, Sein und Nicht-Sein, Täuschung und Erleuchtung, heilig und gewöhnlich. Hierzu heißt es: „Im Reich der Erleuchtung werden weder äußere Dinge noch innerer Geist, weder Täuschung noch Nicht-Täuschung verfolgt." Und: „Er sagte: ‚Ich wurde erleuchtet und erinnere mich nicht weiter daran', doch ich würde sagen: ‚Ich wurde erleuchtet und habe mich nie daran erinnert.'" Oder: „Der ursprüngliche Geist ist auf natürliche Weise friedvoll … Es gibt keine Notwendigkeit, *satori* zu verwirklichen, um einen hellen Stern zu erkennen."

Das freie Reich jenseits der Unterscheidung ist identisch mit dem Weg. Dôgen kommentiert die Worte Lo-hangs „Nicht-Wissen ist identisch mit dem Weg“ so: „Wem es an dieser Erkenntnis mangelt, dem fehlt es auch an Tugend.“

Dieses Reich ist auch jenseits von Worten, Namen, Formen, Sutren und Regeln: „Wir müssen den endlosen Ausspruch ehren: ‚Dies ist nichts als dies.‘“ Und: „Es ist ein Fehler, das Schatzkammer-Auge des Wahren Dharma, den Wunderbaren Geist des Nirwana des Tathâgata absichtlich als die ‚Zen-Sekte‘ zu bezeichnen.“ Oder: „Selbst wenn sie versuchten, von den Regeln abzuweichen, könnten sie es nicht.“

Dôgen hielt andere an, schweigende Lehrreden zu halten: „Selbst die Lehrreden, die Shâkyamuni zu Lebzeiten darlegte, sind vom Standpunkt der Wahrheit zweit- und drittrangig.“ Auf der anderen Seite betonte Dôgen die Wichtigkeit der Sutren: „Ihr sollt verstehen, dass alle Lehren, die vom Buddha dargelegt wurden, Amulette für Menschen und Himmelswesen, für Erleuchtete und Bodhisattvas auf niedrigen wie hohen Stufen des Erlangens darstellen.“ Diese beiden Aussagen scheinen sich zu widersprechen, doch Dôgen wollte Sutren nicht ablehnen, sondern lediglich nicht davon abhängig sein.

Dôgens ursprüngliche Absicht liegt im fortwährenden Ausüben buddhistischer Praxis. Daher stammen die Worte: „Seit alters haben wahre *bodhi*-Suchende allein die Zeit geachtet, und nicht Staaten oder Burgen, männliche oder weibliche Bedienstete, die sieben Schätze oder ähnliche Dinge.“ Oder: „Die buddhistische Übung ist wie das Erzeugen eines Funkens: Niemand sollte damit aufhören, so dass Rauch aufsteigen kann.“ Seiner Meinung nach ist Übung identisch mit Erleuchtung, da sie in der ursprünglichen Erleuchtung begründet liegt. Diese Übung wird jenseits von Konzepten wie Erleuchtung, verstorbene Lehrer, Buddha und Dharma ausgeübt: „Wenn ihr dieses absolute Reich betreten wollt, müsst ihr es jenseits des Buddha verwirklichen.“ Und: „Wenn man nur Erleuchtung verwirklicht, ohne sie abzuwerfen, begeht man einen Fehler in der buddhistischen Übung.“ Oder: „Wenn jemand mich fragt: ‚Durch welchen Ausdruck hast du solch ein freies Reich in deinem Alltagsleben verwirklicht, als würde eine Antilope ihre Hörner an einen Zweig hängen?‘, dann antworte ich: ‚Ich kann nichts tun, ohne meinen verstorbenen Lehrer zu täuschen.‘“ Freiheit ist also kein konzeptionelles Verständnis, sondern durch endlose Übung erreichbar.

2. Identität

In meinem Buch „Zen-Meister Dôgen“ erwähnte ich die elf Arten der Identität als Charakteristikum von Dôgens Denken. Auch im *Eihei Kôroku* sind diese präsent, bis auf die Identität von Zen und Gelübde, Zen und Staat sowie Mann und Frau. Dôgen ging in die Vortragshalle, malte einen Kreis mit seinem *hossu* in die Luft und sagte: „Ich habe Körper und Geist abgeworfen“, um den Mönchen sein vollständiges Einssein mit dem Weg zu verdeutlichen. Dieses Einssein ist – wie die Freiheit – das Reich der Erleuchtung jenseits von Wahrnehmung und Unterscheidung. Daher kommen die Worte: „Aus dem Schlaf erwachend und mich erhebend, suche ich es, kann es jedoch nicht finden. Ich hebe nur meinen Kopf und schaue hoch zum blauen Himmel.“ Auch diese Identität ist nur durch angestrengtes Üben zu erlangen.

3. Konkretheit

Sowohl Freiheit als auch Identität sind eng mit Konkretheit verbunden, denn die beiden Erstgenannten können ihr Wirken nicht ohne Greifbarkeit entfalten, d. h. nicht ohne Wirklichkeit und Praxis. Die Praxis muss auf der Wirklichkeit gründen. Jede konzentrierte Tat ist die Essenz des Weges.

a. Wirklichkeit

Alle Dinge manifestieren den universellen Körper des Buddha, wie er den Dharma darlegt. Darum begriff Hsiang-yen den Dharma beim Geräusch eines Bambus, als dieser von einem Ziegel getroffen wurde, und Ling-yün erwachte beim Betrachten von Pfirsichblüten. Wem es an Übung mangelt und wer an der Unterscheidung anhaftet, ist sich dessen nicht bewusst. Dazu sagt Dôgen: „Wenn jemand mich fragt: ‚Was ist die Bedeutung von Nan-yüehs Worten ‚Es ist wirklich etwas Unbeschreibliches, obgleich es nicht so scheint', dann antworte ich: ‚Im Frühling ist das Elefantengras grün und jung.'" Oder: „Gefallene Blüten und fließendes Wasser haben ihren eigenen Ort." Oder: „Die *Cakravâda* umgeben die äußeren Ozeane der vier Kontinente, deren Zentrum der Berg Sumeru ist, und alles ist an seinem Ort." Und: „Berge und Wolken sind jenseits von Vertrautheit und Entfremdung." Und: „Was ist das ganze Universum? Yün-chü manifestierte die unzähligen Körper des Buddha und öffnete das höchste Tor des Dharma." Und: „Ein runder Pfeiler ist ein alter hochstehender Mönch, und eine Gartenlaterne ist der neue Tathâgata." Der universelle Körper des Buddha ist der Dharma selbst. Also ist die Wirklichkeit der Dharma. Der Dharma erläutert sich selbst; auch nichtfühlende Wesen erläutern ihn. Daher heißt es: „Die Buddha-Halle, die Meditationshalle, Bergströme, die Schatten der Bäume – all dies legt anderen den Dharma dar."

b. Praxis

Buddhistische Praxis bedeutet alltägliches Handeln – das Gehen, Stehen, Sitzen und Liegen der Übenden. Das Sitzen mit gekreuzten Beinen in Zazen ist dabei für Mönche das Wichtigste. Dazu meinte Dôgen: „Zazen ist keine Meditation in Stufen. Es ist eher die leichte und angenehme Übung des Buddha, die Verwirklichung von Buddhas Weisheit. Die Wahrheit erscheint und lässt keinen Raum für Täuschung."

Zazen ist das Handeln Buddhas jenseits eines Strebens nach Ruhm und Gewinn: „Zazen zu machen heißt, den Buddha zu suchen. Doch solltet ihr nicht versuchen, der Buddha zu werden. Wenn doch, seid ihr weit von ihm entfernt." Zazen ist das Handeln der Erleuchtung: „Ich habe erkannt, dass Zazen die Tat des Erwachens ist, und dass Erwachen nur konzentriertes Zazen bedeutet." Dies ist das Schatzkammer-Auge des Wahren Dharma, der Wunderbare Geist des Nirwana, der Freiheit und Identität enthält. Darum betonte Dôgen die Bedeutung des Zazen: „Macht konzentriert Zazen, abseits von Weihrauchverbrennen, Niederwerfungen, dem Anrufen von Buddhas Namen, dem Bereuen eurer Sünden oder dem stillen Lesen von Sutren."

Dôgens Zazen ist die wunderbare Übung des ursprünglichen Erwachens, ohne dass eine Notwendigkeit bestünde, nach dem Erwachen zu suchen. So kritisiert er einmal: „Ihr Zazen ist verschieden von dem der Buddhas und Patriarchen. Warum? Sie halten es für wesentlich, nach Erleuchtung zu suchen."

Das Verdienst von Zazen ist unermesslich, doch sollen wir nicht nach diesem Verdienst streben: „Nun haben wir erkannt, dass das Verdienst, Zazen zu üben, tiefgründig und herausragend ist. Zazen kann einen Menschen von Täuschung befreien, ohne eine Spur von dieser Befreiung zu hinterlassen. Darum gibt es auf ewig keine Kluft zwischen Innen und Außen."

Seine Worte „Ihr solltet aufhören, Worten und Buchstaben zu folgen, euch zurückziehen und auf euch selbst besinnen" zeigen, dass wir die buddhistische Wahrheit in unserem eigenen Geist und nicht in Äußerlichkeiten finden sollten. „Bei der buddhistischen Übung braucht ihr keines der vier letzten *skandha"* bedeutet, dass Dôgen der körperlichen Übung mehr Bedeutung beimaß als der geistigen.

Unser alltägliches Handeln – die dynamische Manifestation des Zazen – ist eine wesentliche Angelegenheit für Übende. „Wir sollten wissen, dass Shâriputra den Buddhas und Patriarchen an Weisheit unterlegen ist" heißt, dass die Taten Buddhas über der Weisheit stehen. Die alltägliche Übung eines Zen-Adepten ist das Wirken des Dharma, das darin besteht, Haferschleim oder Reis auf der langen erhöhten Plattform zu essen und dann schlafen zu gehen, wenn er müde ist. Wasser und Feuerholz zu tragen ist genau so *Mahâprajnâpâramitâ*. Darum lobte Dôgen Yüeh-shan: „Seine stumme Lehrrede hallte weit und fern wieder wie Donner."

Wo sollten wir also dieses Zazen und die buddhistische Übung vollziehen? Dôgen drängte Anfänger, in die Berge zu gehen, und zitierte Buddhas Worte: „Die Buddhas sind zufrieden, auf Bergen und in Wäldern schlafen zu können, doch in menschlichen Behausungen wollen sie nicht praktizieren." Dennoch lehrte Dôgen auch, andere vom Leiden in ihren menschlichen Behausungen zu befreien.

Was ist die rechte buddhistische Übung? Sie besteht darin, uns bei einem wahren Meister zu schulen. Wenn wir es unter einem falschen Meister tun, werden wir weit vom Weg abirren. Darum meinte Dôgen: „Wenn ihr den Weg studieren wollt, dann macht euch Körper und Geist von Buddhas und Patriarchen zunutze." Und: „Ein falscher Meister ist voller Vorurteile und Arroganz, während ein wahrer auf immer die Essenz der Dinge erkennt und seine Unterscheidung aufgibt."

4. Altruistisches Handeln

Vom Standpunkt der Identität gibt es keinen Unterschied in Sachen Gewinn zwischen Selbst und Anderen. Darum war Dôgen entschlossen, fühlende Wesen zu retten, ob Laien oder Geistliche, und sagte: „Die buddhistische Übung besteht zuerst im Erwecken des *bodhi*-Geistes, das heißt eines rettenden Geistes." Und: „Zwanzig Jahre lang habe ich die Essenz der Patriarchen studiert und auf tiefe Weise Herbstchrysanthemen und Frühlingskiefern erkannt. Ich werde den Weg verbreiten, dem Wind entgegenschauen, Unkraut jäten und jedes Verdienst überschreiten, das mir von meinem früheren Buddha gegeben wurde."

Ich möchte meine tiefe Anerkennung für Gerald J. Toff vom Nagoya-Institut für Technologie ausdrücken, der mir half, meine englische Übersetzung zu verbessern. Ein besonderer Dank geht an den Leiter von *Sankibô-busshorin* für seine freundliche und stetige Mitarbeit bei der Vorbereitung dieses Buches.

Yûhô Yokoi
Professor für Englisch, Aichi Gakuin Universität
Nagoya B.E. 2531 (A.D. 1987)

Kôdô Sawaki: ***Zen ist für nix gut.***
Kôdô Sawakis Kommentare zum *Zhengdao ge (Shôdôka)*, einem langen Gedicht, das Yongjia Xuanjue (Yôka Genkaku, 665–713) zugeschrieben wird, dessen Erleuchtung vom Patriarchen Hui-neng bestätigt worden sein soll. Es behandelt das Verhältnis von Dharma-Natur (Realität) zu Buddha-Natur und beschreibt die tägliche Zen-Praxis, die einem Sutra-Studium vorzuziehen sei. Sawakis Kommentare beruhen auf Reden, die er 1946 hielt, und er nennt den Autor des *Shôdôka* meist Yôka Daishi, den „Großen Meister Yôka". Auf seine unnachahmliche Weise erläutert Sawaki Zeile für Zeile, mit Bezügen zum Alltagsleben, zu seiner eigenen bewegenden Biografie und zu historischen Ereignissen und Figuren, insbesondere den Samurai. 368 Seiten. Paperback. [19,90 Euro]

Keizan Zenji: ***Denkôroku. Die Weitergabe des Lichtes.***
Dies ist die vollständige Sammlung der 52 Übertragungs-Geschichten des buddhistischen Dharma, von Buddhas Schüler Mahâkâshyapa bis zu Dôgen Zenji, dem Begründer des Sôtô-Zen in Japan. Die Kapitel sind jeweils aufgeteilt in Kôan, Hintergrund, Dharma-Diskurs und Vers und enthalten zahlreiche Fußnoten. Es handelt sich um die erste komplette Übersetzung des Zen-Klassikers ins Deutsche. 284 Seiten. Hardcover. [39,90 Euro; Kindle e-book 19,99 Euro]

Dôgen Zenji: ***Shôbôgenzô. Die Schatzkammer des Wahren Dharma.***
Klassiker der Zen-Literatur aus dem 13. Jh. Diese erste gebundene Gesamtausgabe, die außerhalb Japans je erschienen ist, enthält die überarbeiteten Einzelbände 1–4, die im Theseus- und Angkor Verlag erschienen waren, und die vier fehlenden Kapitel. 640 Seiten. Hardcover. [79,90 Euro; Kindle e-book 49,99 Euro]

Torakazu Doi (Hg.): ***Kegon-Sutra. Band I + II.***
Das Kegon-Sutra (auch: Blumengirlanden-, Hua Yen- oder Avatamsaka-Sutra) ist eine der wesentlichen Schriften des Mahayana-Buddhismus und grundlegend für das koreanische Zen. Es besteht aus 34 Büchern, die acht Gruppen bilden und acht Szenen der verschiedenen Versammlungen von Bodhisattvas um den heiligen Buddha darstellen. Diese acht Versammlungen haben je ihren eigenen Sprecher und ihren eigenen Vortragsort. Band I umfasst die Bücher 1–28, Band II die Bücher 29–34. Buch 34 ist das bekannteste, es trägt den Titel „Das Buch vom Eintreten in den Kosmos der Wahrheit" („Gandavyuha"). Das Kegon-Sutra wurde vom verstorbenen Priester und Philosoph Torakazu Doi in zehnjähriger Arbeit akribisch aus dem chinesischen Original ins Deutsche übersetzt. Es handelt sich hier um eine überarbeitete Neuauflage der einst vierbändigen Ausgabe von 1978–1983. Dies ist die einzige vollständige Übersetzung ins Deutsche. 616 Seiten. Hardcover. [je 100 Euro; E-books je 67,99 Euro]

www.angkor-verlag.de